AMERICAN FOREIGN POLICY
SINCE WORLD WAR II

二战后的美国对外政策

〔最新中文译本〕

[美] 史蒂文·胡克（Steven W. Hook） 约翰·斯帕尼尔（John Spanier）著
白云真 李巧英 贾启辰 译

金城出版社
GOLD WALL PRESS

图书在版编目（CIP）数据

二战后的美国对外政策 / (美) 胡克 (Hook, S.W.)，(美) 斯帕尼尔 (Spanier, J.) 著；白云真，李巧英，贾启辰译 . —北京：金城出版社，2015.8

(国家安全与对外战略丛书 / 白云真主编)

书名原文：American Foreign Policy since World War II

ISBN 978-7-5155-1260-0

Ⅰ. ①二… Ⅱ. ①胡… ②斯… ③白… ④李… ⑤贾… Ⅲ. ①美国对外政策－研究 Ⅳ. ① D871.20

中国版本图书馆 CIP 数据核字（2015）第 159512 号

二战后的美国对外政策
ERZHANHOUDE MEIGUODUIWAIZHENGCE

作　　者　[美] 史蒂文 · 胡克　[美] 约翰 · 斯帕尼尔
译　　者　白云真　李巧英　贾启辰
责任编辑　朱策英
文字编辑　李凯丽
开　　本　710 毫米 ×1000 毫米　1/16
印　　张　30.75
字　　数　500 千字
版　　次　2015 年 10 月第 1 版　2015 年 10 月第 1 次印刷
印　　刷　三河市鑫利来印装有限公司
书　　号　ISBN 978-7-5155-1260-0
定　　价　88.00 元

出版发行　金城出版社 北京市朝阳区利泽东二路 3 号　邮编：100102
发 行 部　(010)84254364
编 辑 部　(010)64271423
投稿邮箱　gwpbooks@yahoo.com
总 编 室　(010)64228516
网　　址　http://www.jccb.com.cn
电子邮箱　jinchengchuban@163.com
法律顾问　陈鹰律师事务所　(010)64970501

中国正在从一个区域性角色进入全球大国俱乐部行列，其国家利益、安全范围、战略视野、外交手法必然发生适应性变化。白云真博士主编的这套丛书，吸纳了国内外一些前沿的研究成果，展示出中国国家安全与对外战略的思考新空间。对于我们的读者及研究界来说，这些作品呈现的各种观点未必精确恰当，更遑论成熟完备，但可以而且应当成为借鉴的对象和创造性转化的来源。

——王逸舟

北京大学国际关系学院副院长、中国国际关系学会副会长

丛书总序

古往今来，国家安危之本，安国定邦之道，不可不察也。中外智者始终敏于安危之势，勤于制胜之道，精于安国之略，善于定邦之术。孙子曰："故经之以五事，校之以计而索其情：一曰道，二曰天，三曰地，四曰将，五曰法。道者，令民与上同意也，故可以与之死，可以与之生，而不畏危。"在《君主论》中马基雅维利指出："君主除了从事战争、训练和军事制度以外，不应该有其他的目标和思想，也不应该把其他事务当作自己的专业，因为这是做统帅的人仅能有的唯一的专业。"在现如今全球大变革的时代，世界各国不同程度地面临着国内安全与国际安全的双重挑战与压力，正在重新界定自身的安全需要，从根本上改变思考和应对安全威胁与风险的方式与手段。任何特定的国家安全不仅涉及政治、军事等传统议题领域，而且扩展到经济、生态、气候变化、能源等非传统议题领域，需要借助外交、发展援助、军事能力、情报能力、贸易权力等国家权力工具得以综合解决。鉴于安全与经济因素之间的相互依赖性，国家安全也广泛地涉及对国家安全的经济工具的考量，如制裁、贸易、金融、援助等。由此可见，国家安全机制不仅涉及传统的安全关切，而且包括更为广泛的社会、经济议题。

全球化不仅加深了国家间的相互依赖，也导致了国家与非国家行为体之间相对权力及其影响的变化，对全球安全环境、国家安全决策产生了复杂的影响。不同国家有着自己的安全威胁与风险的判断以及国家安全观。在这种背景下，奥巴马政府在2015年《国家安全战略》中将国家安全界定为“国防、国土安全、恐怖主义威胁、冲突预防的能力建设、大规模杀伤性武器、气候变化、网络安全、太空安全、海洋安全、全球卫生安全”。2013年《日本国家安全保障战略》提及海洋、太空、网络、官方发展援助、能源等领域的安全问题。根据2010年英国国家战略，英国国家安全委员会认为：“恐怖主义、网络攻击、以核武器或生化武器为方式的非常规袭击、大规模的突发事件或自然灾害——任何其一都会极大地损害我们的国家。”如康奈尔大学政府系教授乔纳森·科什纳(Jonathan Kirshner)所指出的，全球化以三种方式影响着国家安全，即国家的自主性与能力、力量平衡以及冲突的性质。一是全球化影响着国家、非国家行为体的能力与自主性，即国家、非国家行为体、社会力量与市场力量的相对权力。二是全球化影响着国家之间的力量平衡，导致国家安全维护能力的重新分配。三是全球化催生了国家间冲突的新根源、新的政治暴力形式，从而改变着冲突的性质。

随着中国日益崛起及其“一带一路”战略的深入推进，当前中国安全环境、决策及其观念等方面有着显著的进步性变化。特别是2013年11月12日，中共十八届三中全会公报指出，设立国家安全委员会，完善国家安全体制和国家安全战略。2014年4月15日，中国国家主席习近平深入阐述了我国的总体国家安全观，即构建集政治安全、国土安全、军事安全、经济安全、文化安全、社会安全、科技安全、信息安全、生态安全、资源安全、核安全等于一体的国家安全体系。我国中央国家安全委员会的成立与完善，不仅有助于深入推进我国安全战略的决策与协调、国家安全治理体系和安全治理能力的现代化，其在决策、协调、领导等方面将充分发挥作用，而且更加彰显了我国国家安全战略制定、战略评估、预防能力建设等方面的紧迫性与必要性。

孙子曰：为兵之事，在于顺祥敌之意，并敌一向，千里杀将，此谓巧能成事者也。马基雅维利认为："为了训练思维能力，君主还应该阅读历史，并研究历史上的伟大人物，学习他们在战争中是怎样做的，思考他们成败的原因，以免重蹈覆辙。最重要的是他应该学习过去那些伟大的人物，他要选择其中一个受到赞扬和尊敬的人作为榜样，并且经常把他们的言行铭记心间。"我国每一个公民都有必要学习大国战略与政策的有益经验，警醒大国行为与影响的惨痛教训，以"宽猛相济，政是以和；内圣外王，文武兼备"。克劳塞维茨在《战争论》指出："谁要是追求不可能的事情而忽视可能的事情，那就会是一个愚蠢的人。"为此，我们策划了这套"国家安全与对外战略丛书"，希冀政策者、学习者以及社会大众了解与认知世界安全大势、安全战略的权术，助力亚洲新安全观、中国特色大国外交以及避免陷入"修昔底德陷阱"，身体力行地为维护与拓展我国国家利益尽职尽责。

本丛书首先以国家安全为主题关注国家安全的不同维度及其政治、军事、经济等手段，以寻求确立理解国家安全的全景式框架与场景；其次聚焦于国家安全的观念、目标、战略、决策、政策、行为与外交等诸多方面，并不仅仅局限于单一方面或维度，因而会涉及大战略理论与方法、大国对外政策与行为、经济治国方略、公共外交等具体议题；再者以中国利益、立场与态度为落脚点，促进对我国国家安全的局势、环境、策略与手段等方面的理解与认知、思考与探索，力求使政商学各界人士为国家安全而组织与行动起来。

最后但重要的是，由衷地感谢金城出版社社长王吉胜等领导对本丛书策划的支持与关照，体现了对国家安危的深切关注，也致谢编辑们竭尽全力的编务与润色工作，确保了出版质量。需要提及的是，本丛书是金城出版社与高校教研机构通力合作的有益尝试之一。中央财经大学国际政治系与中国海外发展研究中心教研人员致力于从政治经济学、经济社会学等跨学科视角研究当代安全与战略、海外发展与对外援助、大战略的经济工具和手段等议题，将会深度参与本丛书的翻译与著述等工作。由此，真诚地感谢中财相关教研人员及其他教研机构青年学者出色的参与。读者是丛书质量与效果的最好评判者。该丛书仅供读者参考和学习，作者的观点并不代表出版社和译者的立场。请读者多批判性地阅读，提出建设性意见，向读者们致敬。

主编　白云真

美国对外政策行为：历史根源与战略前景

随着自身的经济崛起，中国日益寻求在地区事务、全球舞台上发挥更重要的建设性、合作性角色。一方面，作为新兴发展中大国，中国依然无法回避欧美国家所主导的全球政治经济秩序，特别是美国的亚洲再平衡战略、环太平洋经济伙伴关系等方面的限制。因而，中国决策者、研究者有必要意识到美国在国内外实现自己目标的能力与挑战，从而理解中国崛起所面临的机会与约束以在世界舞台上扮演着更为重要的政治、经济等领导角色。另一方面，二战后美国以各种“美国方案”领导和塑造着战后世界秩序，彰显了美国的软权力（soft power）[1]。2014 年 7 月 14 日，习近平主席在金砖国家领导人第六次会晤期间接受拉美四国媒体联合采访时提出：“我们将更加积极有为地参与国际事务，致力于推动完善国际治理体系，积极推动广大发展中国家在国际事务中的代表性和发言权。我们将更多提出中国方案，贡献中国智慧，为国际社会提供更多公共产品。”[2] 那么“美国方案”及其公共产品的供给方式是“中国方案”所借鉴与汲取的重要内容之一。

史蒂文·胡克等著的《二战后的美国对外政策》，恰巧为我们观察与理解美国对外政策提供了深刻的历史洞见与鲜活的历史教训。胡克是美国肯特州立大学政治学系教授兼系主任，在国际关系、美国对外政策、对外援助政策方面颇有建树，著述颇丰，包括《美国对外政策：世界权力的悖论》(2014 年第 4 版，专著)、《国家利益与对外援助》(1995 年版，专著)、《二战后的美国对外政策》(2012 年第 19 版，合著)，亦是《美国对外政策手册》(2012 年版)、《当今美国对外政策》(2012 年版)、《民主和平理论与实践》(2010 年版)、《比较性对外政策：大国与新兴国家的适应性战略》(2002 年版)、《迈向千年的对外援助》(1996 年版）的主编。他在《世界政治》、《亚洲评论》、《欧洲安全》、《对外政策分析》等学术杂志上刊发论文，2008 年获得肯特州立大学杰出教学奖。胡克广阔的学术视野及其丰富的教学经验为本书的通俗易懂、兼容并包、丰富内涵提供了可靠的保障。

一、本书的鲜明特点

作者在书中以同样的篇幅论述了冷战期间及其后美国对外政策的重大发展，在最后一章概述了美国对外政策观的核心主题及其当前全球权力分配对美国对外政策的影响。本书不仅信息量大、富有故事性，而且图文并茂，向研究者提供了出版物、网站与对外政策博客的所有目录。特别是，胡克等将美国对外政策置于全球背景之中加以批判性的理解与考量，展示了美国对外政策内在张力的根源。为此，我们认为本书有如下几个特点，供读者参考。

(一)聚焦于对外政策行为

对外政策分析是最具政治和知识重要性的领域，并不是个新现象，而是产生于 20 世纪 60 年代。第一代学者关注比较对外政策（comparative foreign policy)，然而第二代学者侧重对外政策的国内根源与过程，如决策过程与机制、官僚政治范式、社会根源、认知过程等。[3] 与之不同的是，本书作者认为：“我们主要关注美国对外政策的行为而不是制定过程，尽管后者是大多数教材的关注点。对于所有对外政策研习者而言，详细了解决策过程至关重要，包括立法与制度性约束、官僚行为、公民社会的诉求等。然而，只有探讨美国过去在全球舞台上的行为、历史先例及其模式，研习者才能充分理解当今美国所面临的诸多困境。借助这种历史反思的过程，他们会更好地将当下问题置于其整个背景之中。”[4]

（二）反思历史行为模式

“以史为鉴，可以知兴替。”19 世纪法国政治理论家、《论美国的民主》作者亚历克西·德·托克维尔（Alexis de Tocqueville）指出：“当过去不再照亮未来时，精神在黑暗中前行。”胡克等正是以此激励自己，并没有厚古薄今或薄古厚今。他以历史视角与维度探讨美国对外政策及其行为的历史根源与张力、美国所建构的自由主义世界秩序的变迁，以此汲取历史经验，昭示政策未来，富有启迪价值。例如，随着二战的结束，美国逐渐在欧洲与东亚确立了自己的传统盟国与友邦，与其他国家一起创建了联合国、国际货币基金组织、世界银行、北约等多边制度组织。现在美国传统盟友仍然被视为其价值无法估量的伙伴国，而且二战后所形成的多边秩序仍被视为美国国家安全所必需。尽管美国寻求与新兴大国等建立伙伴关系，参与到 20 国集团等多边制度中，然而美国传统盟友、二战后的多边秩序仍是当下美国对外政策的重要支柱之一。那么，了解与认识这些联盟及其制度的起源、变化及其性质是预判当今美国对外政策所必需的。

在本书的结尾，胡克等阐明了历史经验对于美国领导人或决策者的当代意义。“当今的领导人只有重新认识美国，学习过去的经验，才能利用美国持久的潜力而保护美国人的安全，也使更广阔的世界富足。在二战的废墟中，杜鲁门总统坦率地从 20 世纪二三十年代美国的错误判断中寻求指导。近半个世纪之后，老布什从过去帝国崩溃的悲剧结局中汲取经验，致力于和苏联建立合作与和平的关系。若有相似的后见之明，美国对外政策实践者和研究者们便能塑造未来的道路而实现美国远大的抱负。”[5] 由此可见，胡克着眼于探究美国的全球领导地位与角色，明确将这种探讨视为一项至关重要的国家利益。

（三）关注观念的角色

相比于对物质利益、制度架构因素的关注，胡克更关注观念在政策及其政府制度变迁方面的角色。例如，他以美国对外援助为例，考察了广泛的共有观念与因果性信念对美国对外援助政策变化的影响。由此胡克强调了持久及独特的价值观、美国国家特性对其对外政策及其行为的影响和塑造，如个体自由、代议制政府、自由市场、民族自决。美国国内经验与文化传统塑造着其国家特性，那么国家特性进而影响着美国对外政策行为。“二战后美国对外政策很大程度上是国家间体系与美国政治文化之间张力的产物。美国的成败皆归因于这种不稳定的关系。……美国对外政策依然反映着最初盛行的文化态度和信仰。如今美国的经历很大程度上可以追溯到这些持久性的文化影响上。”[6] 本书作者不仅运用了与观念与话语相关的建构主义，也强调权力与利益的理性主义思考，重视美国经济与军事权力的政策意义。[7] 因而他并没有完全否定美国军事权力、政治权力与经济权力等方面的角色。

二、思考与体会

本书作者描述了美国对外政策复杂的历史场景及其自由国际主义秩序狭隘的历史图景，较为客观地彰显了美国对外政策行为内在的矛盾与张力，为美国首要地位的战略前景而忧虑，展现了美国学者为美国国家利益负责的学术责任。当然其中的一些观点并不符合中国学者的学术观点，仅供读者理解美国对外政策，而不要一味地完全认同。译者从自由国际主义战略、全球均势变化对美国的影响及其美国经验的学习三个方面谈点个人体会。

（一）自由国际主义战略

二战以来，美国建构了一个自由国际主义的世界秩序，以此捍卫与拓展西方社会、尤其是美国社会的一系列价值观，如民族国家内部的民主治理、个体权利、自由市场、言论自由等。本书作者将自由国际主义界定为两个内容："其一注重建设自由主义世界秩序的各项制度，如联合国、布雷顿森林体系。第二条路径意在积极推进其他国家的民主改革——即'拓展'民主统治范围而不是'深化'全球治理架构的路径。"[8]当下自由国际主义战略论者将"失败国家"[9]、"流氓国家"[10]及其非民主国家视为美国国家安全的威胁来源。冷战后合作性安全与美国首要地位共同进一步推动了自由国际主义战略共识。艾肯伯里认为，美国承担起"自由主义利维坦"的统治，以至高无上的权力指向建设性的目的，有利于世界与美国。[11]这种体系会实现美国开国元老们的规范性目标，也使这种价值观所推动的美国对外政策特性全球化。

并非所有人对自由国际主义战略持毫无质疑的乐观态度。美国学者克里斯托弗·莱恩认为自由国际主义战略或许会不利于世界，但肯定有害于美国，因而强调以审慎、自我克制为基础的大战略。[12]由于小布什主义的单边行动、大量国内问题以及非西方国家的兴起，美国所领导的自由主义秩序受到前所未有的挑战。对此，胡克等认为单极世界格局及其自由主义世界秩序的持续时间取决于美国领导人再次展示其社会、政治、经济模式优势的能力。如果对这一体系的信心不断减弱，那么这将对美国所创造和统治的自由主义世界秩序产生根本性、或许暴力性的挑战。[13]

（二）全球均势变化与美国对外政策

叙利亚、乌克兰等日趋紧张的地区危机；阿富汗、伊拉克更加频繁的恐怖主义活动；中国、巴西、印度等新兴国家的经济崛起挑战着美国及其盟国所主导的全球政治经济秩序。由此，许多美国人开始担忧美国全球权力的衰退，为美国优势地位的前景而忧虑。美国学者巴里·波森认为，美国再无需维系自由主义霸权（liberal hegemony），反而需要以克制为基础的大战略，因为北约东扩、科索沃战争、伊拉克战争等事件表明过多的义务几乎无助于美国国家安全。[14] 相比之下，斯蒂芬·沃尔特认为，美国的首要地位既是条件，又是战略，而且美国需要维系与加强权力的不对称性。[15] 在政策实践上，美国决策者仍然寻求美国在全球秩序中的经济、军事与外交领导地位，并未遵循审慎与克制的对外战略。2014 年 5 月，美国总统奥巴马在西点军校演讲中指出，在美国从伊拉克与阿富汗撤军后美国权力并未衰退，而且美国必须在世界舞台上发挥领导地位。

美国前任国务卿希拉里·克林顿指出："全球权力的布局正变得更加分散，因此我们所面临的挑战变得更加复杂。这意味着，以共同行动为目标的联盟建设正变得更加复杂与关键。"[16] 为了适应新兴国家崛起与全球权力分配的变化等，美国不仅致力于巩固与加强欧洲与东亚传统盟友之间的政治与经济联盟，而且寻求与中国、印度、土耳其、墨西哥、巴西、印度尼西亚、南非、俄罗斯等建立新的伙伴关系，如中美战略与经济对话、美印战略对话等。美国以伙伴关系建设为切入点，增强区域性与全球性制度的有效性，优先考虑东亚峰会、阿拉伯联盟、非洲联盟等地区性制度。美国决策者并不仅仅以道德价值观指导美国对外政策，而是以"巧权力"（smart power）[17] 的方式寻求扩展对外政策工具，即所谓的"经济治国方略"（economic statecraft）。之所以如此，是因为美国决策者认为美国国家安全并不仅仅依赖于外交谈判及其军事决策，而且也有赖于金融市场等经济议题的决策。因此，美国要优先更有效地利用全球经济手段以推进自身海外战略目标。但是，美国决策者仍然强调多元主义、宽容、权利与机会均等等所谓的“普世价值观”，寻求在传统的政府间关系之外直接与民众接触，支持其民主变革的诉求。可见，美国决策者寻求借助其军事与物质实力，以对公平、正义、自由与民主的承诺维系其全球领导的角色。

（三）学习他国与自身经验

本书作者强调了美国在全球舞台上的战略行为、行动模式的历史经验与历史反思意义和价值。“这种历史教训的探索是永无止境的，因为历史教训本身充满了相冲突的判断。然而，如果这些教训遭到忽视，那么这会引起更大风险。”[18] 在崛起过程中，美国曾经试图摆脱欧洲以权力政治为主的旧外交，实施以商业关系为主的新外交，开启了外交变革、对外政策新范式，奠定了20、21世纪美国对外政策的基础。因而，历史经验与教训不仅对于美国决策者有着不可或缺的价值，而且对于我国新型对外关系建设具有借鉴与警示意义。中国应该警惕美国那种世界警察所谓的负责任大国的角色、政治与军事干预等，而要学习其多边方案设计、经济手段的战略使用等。

当然，我们完全没有必要妄自菲薄，迷失自己。毋庸置疑，道德中心论、集体的善、天下为公等传统文化与思想观念也塑造着中国对外关系的行为方式与战略互动。“中国外交决策、政策与行为有着深刻的历史文化渊源与现实世界依据，外交精英与社会大众对历史的认同与现实的解释潜在地影响着中国外交的行为模式与思维方式。”[19] 同样，新中国所形成的政治文化、思想形态也将会一如既往地塑造着中国对外事务观，如和平共处五项原则、和平发展等。如习近平主席强调：“中国是和平共处五项原则的积极倡导者和坚定实践者。和平共处五项原则是中国外交政策的基石。中国是当代国际体系的参与者、建设者、贡献者。中国将坚定不移走和平发展道路，坚定不移在和平共处五项原则基础上发展同世界各国的友好合作，坚定不移奉行互利共赢的开放战略。”[20]

总之，“每个政府有着独特的世界政治观。对外政策‘特性’也迥异。当应对周边国家的发展时，所有政府表现出独特的行为模式。”[21] 我们需要全面地重新认识美国对外政策及其对华政策，既不能高估，也不能低看其亚洲再平衡战略、经济伙伴关系、自由主义政治文化对我国的潜在影响，因为美国对中国等新兴大国的政策仅仅是其全球战略的一部分，那么中国在美国对外政策中的战略地位是需要不断重新评估与衡量的，而且这涉及美国自身能力强弱的问题。由此，美国对华战略的理解需要置于更为广泛的全球背景之中，而不能仅限于中美双边关系的考察。

特别是，中美之间的传统意识形态仍会对中美新型大国关系产生破坏性影响。对此，克里斯托弗·莱恩较为清醒地意识到自由主义意识形态阻碍着中美关系的正常发展，即美国主导性意识形态自由主义塑造着美国的中国观，因而“例外论”、自由国际主义战略等政治文化不可避免地将是中美新型大国关系建设的重大障碍。[22] 意识形态权力并非存在于真空中，而是与政治权力、经济权力、军事权力等密切相关。为此，在当前经济崛起阶段，中国决策者有必要借助自身不断增强的经济权力，以贸易、投资、金融等经济工具影响美国国内政治经济中不同产业与部门的收入分配及其政策偏好，从而影响和改变美国人的中国观，推动中美新型大国关系和谐、健康的发展。

在此感谢金城出版社王吉胜社长及潘涛总编创新的情怀、人文的关怀与精致的策划，北京武警警种学院李巧英以及华东师范大学贾启辰的参译工作。李巧英参译 1—7 章，贾启辰参译 8—14 章，译者自己负责序言及其附录部分，并对 1—14 章的初译稿进行了数次校译，力争使内容通达、形式与语言一致、译文较为准确。以此为机，也感谢学界师长与同仁的支持与关照，感谢家人、亲朋好友的理解与宽容。由于时间与水平所限，请大家多提出建设性意见。不当之处，由译者负责。

译者　白云真

2015 年 7 月 15 日

注释

[1]　亦称软实力、软力量。

[2]　“习近平接受巴西等拉美四国媒体联合采访”，详见：http://news.xinhuanet.com/zgjx/2014-07/15/c_133484426.htm。

[3]　Laura Neack, Jeanne A. K. Hey, Patrick J. Haney, *Foreign Policy Analysis:Continuity and Changes in Its Second Generation*, New Jersey: Prentice Hall, Inc., 1995.

[4]　Steven W. Hook, John Spanier, *American Foreign Policy Since World War II*, CQ Press, 2012, p.XVII.

[5]　Steven W. Hook, John Spanier, *American Foreign Policy Since World War II*, CQ Press, 2012, p.360.

[6]　Steven W. Hook, John Spanier, *American Foreign Policy Since World War II*, CQ Press, 2012, p.6.

[7]　Steven W. Hook, “Ideas and Change in U.S. Foreign Aid:Inventing the Millennium Challenge Corporation,” *Foreign Policy Analysis*, Vol.4, Issue 2, April 2008, pp.147-167.

[8]　Steven W. Hook, John Spanier, *American Foreign Policy Since World War II*, CQ Press, 2012, p.XXI.

[9]　指一个国家被认为未能满足和履行某一些作为主权政府应有的基本条件和责任。

[10]　又称无赖政权，是指以独裁和限制民权为主旨的国家政权、以流氓处事的模式对待自己的人民和其他平等地位的国家的政权。

[11]　G. John Ikenberry, *Liberal Leviathan: The Origins, Crisis, and Transformation of the American World Order*, Princeton, N.J.: Princeton University Press, 2011.

[12]　Christopher Layne, *The Peace of Illusions: American Grand Strategy from 1940 to the Present* (Ithaca, N.Y.: Cornell University Press, 2006), 204.

[13]　Steven W. Hook, John Spanier, *American Foreign Policy Since World War II*, CQ Press, 2012, p.339.

[14]　Barry R. Posen, *Restraint:A New Foundation for U.S.Grand Strategy*, Ithaca and

London: Cornell University Press,2014.

[15] Stephen M. Walt, *Taming American Power:The Global Response to U.S.Primacy*, New York:Norton,2005.

[16] Hillary Rodham Clinton, "The Art of Smart Power," http://www.state.gov/secretary /20092013clinton/rm/2012/07/195193.htm.

[17] 亦称巧实力。

[18] Steven W. Hook, John Spanier, *American Foreign Policy Since World War II*, CQ Press, 2012, p.XVII.

[19] 白云真：《当代中国外交变迁和转型：国家与社会关系的视角》，中国社会科学出版社 2011 年版，第 334—335 页。

[20] 和平共处五项原则发表 60 周年纪念大会在北京举行"，详见：http://www.chinanews.com /gn/2014/06-28/6330009.shtml。

[21] Steven W. Hook, John Spanier, *American Foreign Policy Since World War II*, CQ Press, 2012, p.5.

[22] Christopher Layne, "America's View of China is Fogged by Liberal Ideas," http://www.ft.com/intl/cms/s/0/6971dec4-22d3-11e4-8dae-00144feabdc0.html?siteedition=intl#axzz3ALOM5HCC.

目 录

图表目录

地图

图表

作用与影响

前 言

在过去10年中，对美国及其全球地位而言，这个时期是毁灭性的。2001年9月11日的恐怖袭击事件使小布什（George W. Bush）宣布进行“反恐战争”，因而“反恐战争”在接下来的时间里主导着美国对外政策。因阿富汗的塔利班政权资助恐怖袭击，美军便推翻了其政权。然而，美军无法为阿富汗人带来足够的稳定，也没有成立能提供基本服务或抵御军阀、叛乱分子、跨国恐怖主义的政治暴力的新政府。与此同时，2003年美国入侵伊拉克，事实上以错误情报为基础的，使得小布什着手于旷日持久的“国家建设”任务。在美军撤离后很久，这一任务仍在进行中。总而言之，两场战争损害着美国军事实力，据估计使纳税人负担了1万亿美元，使对外政策决策者不再关注全球其他头等问题。2008年，美国银行与抵押经纪人猖獗的投机、鲁莽的放贷引发了全球经济危机，给予美国最后一击。至今全球经济危机的影响仍然持续发酵。

最无能的是美国道德权威的流失，然而道德权威曾经是20世纪美国崛起为大国时的重要资产。甚至在小布什执政之前，许多美国领导人已经偏离了其前任们在二战后所确立的全球合作制度。[1] 美国国会拒绝支付20世纪90年代中期未付的联合国会费，随后驳回了禁止核试验、创建国际刑事法院（International Criminal Court）以及限制与全球变暖有关的化石燃料排放的诸多全球性条约。随着美军在阿富汗与伊拉克陷入困境，世人转而关注伊拉克阿布格莱布监狱未判决囚犯的虐待、关塔那摩湾拘留中心的“强制审讯”。在国内，美国政府实施窃听，在没有法院判令的情况下“偷窥”美国公民。白宫律师声称小布什身为统帅，被赋予了战时无限的权力，为上述行动提供正当性。

2009年1月，巴拉克·奥巴马（Barack Obama）总统开始执政，当时他面临着在数个层面上深陷危机的美国。《生活》杂志出版商亨利·卢斯1941年在其《美国世纪》的文章中正式宣告：美国的优势地位前景堪忧。奥巴马被迫关注国内经济动荡问题，但要实现其大多数全球性目标，时间有限，资源不足。国会党派之争阻碍着奥巴马的许多议程，因此其成功也仅限于军事行动：杀死奥萨马·本·拉登（Osama bin Laden，基地组织前首领）及其他基地组织领导人，帮助北约其他成员推翻了利比亚的穆阿迈尔·卡扎菲（Muammar el-Qaddaf）政权，结束了伊拉克战争。奥巴马的地缘政治战略转向东亚，反映了其对21世纪崛起大国竞争者——中国的关切。另外，美国对外政策仍关注中东的未竟事业。阿拉伯与以色列的关系仍然紧张，一触即发；伊朗实施核边缘政策；2011年“阿拉伯之春”（Arab Spring）的国内叛乱以无法预测、很大程度上无法控制的方式改变着中东地区的政治版图。

本书探讨二战以来美国作为世界上占主导地位的世界强国的历史经验，寻求更广泛地理解美国目前所面临的挑战。我们将会发现，美国以独特的国家特性在海外追求其目标，然而这种国家特性深深地根植于美国政治与社会文化之中。美国政府的巨大成就与其对外政策的许多挫折是由于美国作为例外的世界强国的国家认同，即美国不仅有资格主导着世界政治，而且有资格以增进所有国家福祉的方式改变世界政治。在如下几章中，我们会探讨美国领导人寻求利用其机会而重塑世界秩序的许多方式。

那时，美国仍在单极世界中暂时处于中心地位。没有任何一个国家或国家集团打破二战后形成的这种平衡。这种平衡在冷战期间让位于美苏两极格局，1991 年苏联解体之后又出现了。尽管中国领导人更关注全球问题，但也更意识到自己依赖于国内的稳定以及可靠的海外贸易市场。相比之下，俄罗斯则受困于内部镇压与经济动荡。与此同时，美国潜在的竞争对手追求广泛多样的对外政策目标，所以就没有形成针对美国的统一战线。在过去 10 年中，美国经受住了多次打击，仍然维系着全球霸主地位。这确实证明了美国影响他国政治、经济与军事事务的程度。

在未来岁月，美国领导人面临着重大抉择。他们该如何应对美国所面临的诸多挑战？他们能否复兴国内经济，同时致力于解决全球头等问题？他们能否克服政治内讧以统一战线面对世人？甚至当全球治理有损美国主权时，他们仍然会坚守这种期望吗？最重要的是，他们会采用反映其所宣称的价值观的对外政策而重塑美国道德权威吗？这些是《二战后的美国对外政策》这一新版所关注的关键性问题。

为了与前几版保持一致，我们主要关注美国对外政策的**实施**而**非制定**，尽管后者是大多数教材的关注点。对于所有对外政策研习者而言，详细了解决策过程至关重要，这其中包括立法与制度性约束、官僚主义行为、公民社会的诉求。[2] 然而，只有探讨美国过去在全球舞台上的行为、历史先例及其模式，研习者才能充分理解当今美国所面临的诸多困境。借助这种历史反思的过程，他们会更好地将当下问题置于其整个背景之中。

这种历史教训的探索是永无止境的，因为探索本身充满了相冲突的判断。然而，如果这些教训遭到忽视，那么这会引起更大的风险。19 世纪法国政治理论家、《论美国的民主》作者托克维尔指出：“当过去不再照亮未来时，精神在黑暗中前行。”生于西班牙的美国哲学家乔治·桑塔亚纳（George Santayana）以不同方式指出：“一个没有记忆的国家是一个疯子的国度。”这些见解启发并支撑着本书。本书首次出版于半个世纪之前，在冷战高潮时期也提出了相似的问题。读者将会发现，在世界政治的许多方面，包括美国的对外政策，过去只是一个序幕。

国家特性的发展

如上所述，长期以来美国以独特的国家特性处理世界政治，这种国家特性反映了国家间体系、美国地理位置及其丰富的自然资源所产生的不可避免的要求。历史分析表明，持久的文化价值观及其对国家认同、敌友界定的影响如何进一步改变着美国的对外政策。作为“不同意义的历史传播模式”，政治文化往往体现在民众的国家认同感中。[3] 这些观念有自己的作用，无法还原为物质利益与制度架构。[4]

美国政治文化深深地根植于其建国的时间与地域，总是塑造着其对外事务观。17 世纪初欧洲人开始在北美定居，致使信奉“新世界”宏愿的领导者摆脱了欧洲的政治与精神外衣。美洲殖民地的最初的发展恰逢强调理性、经验主义与个体自由的启蒙时代。新独立的美国与欧亚大国之间遥远的距离也有助于贯穿于美国历史的国家“例外论”的形成。[5]

这些社会力量界定着美国对外政策的路径。这一“国家特性”的关键在于，无政府状态且易于冲突的国际体系与美国人所广为信奉的规范性价值观（如个体自由、代议制政府、自由市场、民族自决）之间的张力。由于这些价值观的塑造，美国对外政策演变为一场道德运动，不仅为了保护美国利益，更为了挽救正在自我毁灭的国家间体系。两个目标往往被视为是相关的：一个更加民主的世界将会更和平，而且美国只有在这样的世界中才会真正地得到安全。这种道德观集中体现为托马斯 · 杰斐逊（Thomas Jefferson）所信奉的美国“自由帝国”、1917 年伍德罗 · 威尔逊（Woodrow Wilson）让世界“因民主而安全”的誓言、1983 年罗纳德 · 里根（Ronald Reagan）对苏联集团“邪恶帝国”的描述。2001 年恐怖袭击使美国更将世界政治视为善恶的冲突。

美国对外政策观的独特性也体现在另一种冲动中，即美国领导人使美国超脱于全球外交，按照美国人的意象重塑世界。这种语境中的超脱并不等同于孤立。孤立一词意味着与外部世界的分离，往往（而且错误地）用以定义美国早期的对外政策。相反，超脱（detachment）意指一种普遍存在的感觉，即美国应该积极参与全球商业，但要与其他国家保持“尽可能少的政治联系”。这是乔治·华盛顿（George Washington）总统在其《告别演说》（Farewell Address）中所建议的立场。近年来，这种超脱呈现出几种形式，包括20世纪90年代末美国国会对联合国的抵制、小布什政府的单边行动、对国际法选择性尊重的偏好。在公民社会中，这种超脱感反映在忽视世界历史与地理的小学教育体系、长期以来公众对全球性问题的错觉以及商业媒体新闻中。甚至当美国在冷战后获得史无前例的地位时，新闻媒体减少了对全球问题的报道。

民主理论认为，公民在对外事务中有发言权，对此他们也完全知情。然而，大多数美国人似乎没有准备好肩负起这种责任。公共舆论调查表明，仅少数美国人能够叫出国会议员的名字、了解世界地图上的重要国家或认出对外政策重要决策者。他们对当前事件的错觉抗拒着正确的新信息——例如，2004年8月，半数美国人认为伊拉克领导人萨达姆·侯赛因（Saddam Hussein）“向基地组织提供了实质性支持”，然而，3个月后“9·11”事件委员会正式反驳了这一声明。[6] 这些调查的结果证实了超脱感深深地根植于美国政治文化。

与此同时，美国对外政策决策者从历史上证明了美国的进取精神源于其所信奉的“例外论”。美国的西进运动被视为其“天命”的例证，这后来推动美国进入了东亚。西奥多·罗斯福（Theodore Roosevelt）宣称，美国是“国际警察”，维系着拉美的和平。二战后，美国政府寻求通过新建的联合国与布雷顿森林体系（Bretton Woods System）使其政治与经济价值观全球化。冷战的胜利迫使比尔·克林顿（Bill Clinton）总统将民主“扩展”视为其国家安全战略的关键。从超脱到融入全球事务，这种怪异行为对世界超级大国而言似乎是与众不同的。但是，这种行为模式与美国对外政策特性完全相一致。

当今美国所面临的许多问题不可避免地挑战着这种国家特性。最根本的是，美国必须意识到自己的局限性，不是在经济产值或军费开支方面而是在价值观方面。如政治学家塞缪尔·亨廷顿（Samuel P. Huntington）在很久前所观察到的，自由、平等、个人主义、民主与法治，“美国信条”的这些核心要素难以适应复杂的现代国家，更不用说处于全球首要地位的国家。当领导人未能遵守这些价值观时，“教义激情”（creedal passion）的时期随之而来，特征往往是公众愤世嫉俗、国会两极化以及改革者竭尽全力“回归到基本原则”。这种激情在越战时爆发了，当时“美国人开始针对中央情报局、联邦调查局、国防开支、海外武力使用、军工联合企业以及至高无上的总统职权进行改革”[7]。不可避免的是，当下这个时期也是如此。

尽管美国政府对全球首要地位的诉求在国内外是颇有代价的，但最近基本原则的回归会带来一些安慰。虽然白宫反对，但美国最高法院依然捍卫“非法战斗人员”的权利。美国国会彻底调查了“9·11”恐怖袭击的原因、侵袭伊拉克之前错误的情报、日益增多的国内监听。舆论调查表明，公众广泛地反对单边军事干预，但却支持美国重返国际社会。[8] 在 2008 年总统选举中，选民按照这些信念为美国国内与对外政策选择了新的路径。

人们往往认为，美国的首要地位是独特的，因为到二战结束时美国才发现自己是一个“受邀的帝国”[9]。由此观之，如果有区别的话，那就是在 19 世纪，美国并不愿崛起以反对大国政治，以及在两次世界大战爆发很久之后才选择介入。由于美国民主政治理念的推动，美国在这些冲突中获胜了，致使美国处于全球均势的顶端。然而，并不像其他霸权国，美国以一如既往的领导回应着国际社会的诉求。大多数外国领导人信奉美国政治与社会价值观，期望美国的物质支持，因而“追随”而不是制衡美国。美国采取自由国际主义，接受了这种高度的责任，作为世界“不可或缺”的力量既服务于自身的利益，也满足了志趣相投的伙伴国的需求。[10]

无论美国是否是并不情愿地崛起，随着冷战开始，美国自由国际主义实践呈现出数种形式。这一政策沿着两条路径前行。其一注重建设自由主义世界秩序的各项制度，如联合国、布雷顿森林体系。第二条路径意在积极地推进其他国家的民主改革——即“拓展”民主统治范围而不是“深化”全球治理架构。我们的历史分析表明了冷战结束之后美国自由国际主义的变化。1994 年以来，美国从全球治理转向单边行动，积极推进其他国家的民主改革。在这个意义上，克林顿在没有联合国支持的情况下干预科索沃，很大程度上成为小布什单边侵袭伊拉克的前奏。美国在这些冒险活动中有何收获，这是一个长期悬而未决的问题。答案就是美国凌驾于于国际社会之上，从而放弃了之前两代人所确立的东西。

奥巴马政府实施自己的对外政策目标，信奉软权力。软权力意指“按照自己的想法改变他者偏好的能力”[11]。与此同时，国务卿希拉里 · 克林顿（Hillary Clinton）呼吁“多伙伴”的世界，期望更多的志趣相投的政府担负起一个和平、稳定与民主的世界秩序。然而，中国、俄罗斯及其他潜在的世界大国反对这种论述，它们“并不将自己视为美国的伙伴”。[12] 中国经济快速发展吸引着许多发展中国家。俄罗斯领导人也以经济福祉的名义阻挠新闻报道与大众异见。与此同时，在阿拉伯世界新的选举促成了伊斯兰政权的建立，然而，伊斯兰政权并不接受美国文化价值观与全球利益。

今日，美国面对着一个快速变化的世界，显然意识到在海内外要实现自己目标，能力有限。因此，对美国对外政策研习者而言至关重要的是，理解美国所面临的约束以及在世界舞台上重塑政治、经济、军事领导的机会。这些经验教训极大地考验着美国道德领导的耐力，将会进一步说明美国“例外论”是真实、合理的，还是仅仅是个“神话”。[13] 博学的美国对外政策研习者、公民及外国领导人最终会做出自己的判断。

本版概述与改进

本书以同等的篇幅讲述了冷战期间、冷战结束之后动荡的岁月。在第一章介绍了本书主题之后，我们在第二至七章回顾了冷战期间（1945—1991 年）的重大事件。本书第二篇（第八至十四章）探讨了冷战以来对外政策的重大发展，包括 1991 年海湾战争、美国对前南斯拉夫的两次军事干预、“9 · 11”恐怖袭击及其随后的反恐战争、最近美国对“阿拉伯之春”所导致北非、中东的许多动荡的回应。本书最后一章重温了一些关于根深蒂固的美国对外政策观的重要主题，以及思考当前全球均势的变化会如何影响这种对外政策观。

我们的论述以特色内容相补充，以引起读者的兴趣并且确保论述全面。通观全书，读者会了解到每个时期发挥特别“作用与影响”（impact and influence）的国内外重要人物。各章中的图表强调美国与全球的重要趋势。第一个附录指明了二战以来美国政府中最具影响的对外政策决策者。第二个提供了整个时期世界政治重要发展的大事年表。最后三个附录分别向研究者提供了出版物、网站与对外政策博客的一览表。毫不奇怪的是，过去 10 年的动荡性发展使关于美国对外政策富有思想的书籍、文章与论文报告涌现。这些直接启发着本书的内容，我们以章后注形式予以标注。

这些特色内容意在促进我们了解美国历史上这一划时代的时期，进而进行批判性思考。在其成长之初，美国超越其疆土改变世界的巨大潜力得到了认可。德国哲学家黑格尔（Georg W. Hegel, 1770—1831）将 19 世纪初的美国描述为“未来的大陆。在我们今后的时代里，那里将会肩负起世界历史的重任”。这种有关美国历史潜能的看法现在已被实现，而且美国决策每天都在所有社会中产生反响。由于从未与全球安全有如此重大的利害关系，因而对过去与当前美国对外政策有根有据的考查本身也是一项重要的国家利益。

致 谢

本书是集体努力的结晶。我们感谢那些为第 19 版的写作提供帮助的人士。首先，我们感谢外审专家，为本书提供了宝贵的指导。第二，出版社方面的布伦达·卡特（Brenda Carter）、埃莉斯·弗雷泽（Elise Frasier）仍然负责本书。制作编辑莉比·拉森（Libby Larson）、文字编辑梅琳达·马森（Melinda Masson）自始至终巧妙地处理了文稿。研究助理杰西·拉姆齐（Jessie Rumsey）工作勤恳，有效地为本版汇集了文献资源，收集了数据，润色了论述。作为作者，我们对本书的内容承担基本责任，欢迎诸位向 shook@kent.edu 发送电邮予以点评与建议。

注释

[1] 对于美国对外政策中这种多边主义趋势的详细评论，参见：Steward Patrick, *Best Laid Plans: The Origins of American Multilateralism and the Dawn of the Cold War* (Lanham, Md.: Rowman and Littlefield, 2009)。（如无特别说明，本书注释均来自英文原著。——编者）

[2] Steven W. Hook, *U.S. Foreign Policy: The Paradox of World Power,* 3rd ed. (Washington, D.C.: CQ Press, 2011).

[3] Clifford Geertz, *The Interpretation of Cultures: Selected Essays* (New York: Basic Books, 1973), 89.

[4] Judith Goldstein and Robert O. Keohane, eds., *Ideas and Foreign Policy: Beliefs, Institutions, and Political Change* (Ithaca, N.Y.: Cornell University Press, 1993)；Steven W. Hook, "Ideas and Change in U.S. Foreign Policy: Inventing the Millennium Challenge Corporation," *Foreign Policy Analysis* 4 (April 2008): 147–167.

[5] Charles Lockhart, *The Roots of American Exceptionalism: Institutions, Culture, and Policies* (New York: Palgrave Macmillan, 2003).

[6] Rick Shenkman, *Just How Stupid Are We? Facing the Truth about the American Voter* (New York: Basic Books, 2008), chap. 2.

[7] Samuel P. Huntington, *American Politics: The Promise of Disharmony* (Cambridge, Mass.: Harvard University Press, 1981), 238.

[8] Andrew Kohut and Bruce Stokes, *America against the World: How We Are Different and Why We Are Disliked* (New York: Times Books, 2006); Benjamin I. Page and Marshall M. Bouton, *The Foreign Policy Disconnect: What Americans Want from Our Leaders But Don't Get* (Chicago: University of Chicago Press, 2006); and Julia E. Sweig, *Friendly Fire: Losing Friends and Making Enemies in the Anti-American Century* (New York: Public Affairs, 2006).

[9] Geir Lundestad, "Empire by Invitation? The United States and Western Europe, 1945–1952," *Journal of Peace Research* 23 (1986): 263–277.

[10] 对于最新的两种视角，参见：Robert Kagan, *The World America Made* (New York: Knopf, 2012), 以及 G. John Ikenberry, *Liberal Leviathan: The Origins, Crisis, and Transformation of the American World Order* (Princeton, N.J.: Princeton University Press, 2011)。

[11] Joseph S. Nye, Jr., *The Powers to Lead* (New York: Oxford University Press, 2009), 29.

[12] Daniel Drezner, "Does Obama Have a Grand Strategy?" *Foreign Affairs* 90 (July–August 2011): 65.13.

[13] Godfrey Hodgson, *The Myth of American Exceptionalism* (New Haven, Conn.: Yale University Press, 2009).

第一章
美国对外政策观

2011 年 5 月，美国国家安全委员会（National Security Council）成员密切关注抓捕奥萨马·本·拉登的行动。其中包括副总统乔·拜登（Joe Biden，左一）、总统巴拉克·奥巴马（左二）及国务卿希拉里·克林顿（右二）和国防部长罗伯特·盖茨（Robert Gates，右一）。

2011 年 5 月 2 日，巴基斯坦阿伯塔巴德

月黑风高的夜晚，两架美国黑鹰直升机飞越阿富汗沙漠，悄然进入巴基斯坦领空，紧贴沙漠地带以逃避侦查。很快，机上 23 名海军海豹突

击队（Navy SEALs）[1] 队员突然降临小城阿伯塔巴德，期望抓获本 · 拉登。本 · 拉登是 2001 年美国“9 · 11”恐怖袭击事件的幕后策划者。第一架直升机在一个院子里坠毁。这个院子由 12 英尺的混凝土高墙所环绕，而且高墙上有铁丝网。突击队队员重新部署，猛攻基地组织头目的可疑藏身地。第二架直升机在附近的场地安全着陆。此后突击队员迅速包围院子，击毙了 5 名居住者，因为这些人员挡住了通往三楼本 · 拉登套房的道路。突击队员在三楼的套房中找到了本 · 拉登及其两位妻子。顷刻之间，美国的“头号公敌”被击中胸部和头部，当场毙命。突击队员带上本 · 拉登的尸体及电脑文件，完成了这次“抢夺”行动（“snatch-and-grab” operation），返回基地。

2011 年 8 月 5 日，美国纽约

权威的金融分析机构标准普尔公司（Standard & Poor's）历史上首次降低了美国政府的信用评级。因史无前例的国债和贸易逆差，美国经济发展步履蹒跚。美国经济的衰退与重创，导致道琼斯工业指数（Dow Jones Industrial Average）暴跌 512 点。这是自 2008 年经济危机以来最大的单日跌幅。根据标准普尔公司的数据，下调信用评级“反映了我们的观点，即在财政与经济的持续性挑战情况下，美国决策与政治制度的有效性、稳定性和可预测性弱化了”[2]。3 个月后，美国国会的“超级委员会”也未能制订出控制国债的计划。当时美国国债已达 15 万亿美元，与其经济产值持平。

2011 年 10 月 20 日，利比亚苏尔特

利比亚反政府军击毙了穆阿迈尔 · 卡扎菲上校（Col. Muammar el-Qaddafi），结束了其长达 40 多年的独裁统治。奥巴马总统为此欢呼雀跃。在此之前，利比亚民众举行了 8 个多月的大规模游行示威，惨遭政府的暴力镇压以及美国为首的北大西洋公约组织的干预。奥巴马忙于阿富汗和伊

拉克战争，呼吁利比亚民众“决定自己的命运”。4 天后，数百万突尼斯人参加了历史上首次自由选举，是 2011 年“阿拉伯之春”的另一戏剧性结果。“阿拉伯之春”曾经使北非和中东地区发生了民主革命，的黎波里（Tripoli）、突尼斯欢呼庆祝。然而，在统治者被废黜很久之后，军政府仍统治着埃及；叙利亚的巴沙尔·阿萨德总统（Bashar al-Assad）严阵以待，下达了向其公民开火的命令。

这些最新进展，反映了在世界政治发生深刻变化的时刻，美国对外政策的不同侧面。在全球均势中，美国仍然扮演着 1945 年二战结束之后所形成的关键性角色。然而，数十年草率的财政和货币政策使美国陷入了金融泥潭。这种情况或许也困扰着效仿美国经济模式的其他工业化国家。美国政治领导人没有摆脱困境的共识，反而纠结于意识形态分歧、选举优势的竞争。美国无力治理好国内秩序，正在失去塑造反映着美国价值观和利益的世界秩序的能力。

本书将当前美国对外政策所面临的困境置于历史环境中。不久之前，美国还处于全球领先的地位。正如下面几章所述的，在二战中战胜法西斯国家德国和日本后，美国始终拥有独一无二的军事权力。[3] 但是，苏联共产主义制度、核武库及其卫星国威胁着美国。在与苏联近半个世纪的斗争之后，1991 年美国再次取胜。对于许多美国人来说，苏联解体证明美国民主体系优越于共产主义阵营的一党专政、受压制的自由和国有工业。一位著名学者观察到：“我们现在所见证的不仅仅是冷战的结束或一个特定历史时期的逝去，而是历史的终结，即人类意识形态变迁的终结。”[4]

不过事实上，对于美国而言获得和平比赢得战争更加困难。当许多地区的种族和宗教冲突死灰复燃时，20 世纪 90 年代，美国政府官员们在国防战略上并没有达成一种共识用以取代“遏制”共产主义政策。冷战时期的遏制政策与美国历届政府有着千丝万缕的联系。由于无法达成共识，美国即刻将陷于分裂。1993 年，比尔·克林顿总统“承诺”对朋友、敌人一视同仁，但后来国会冻结了美国应交纳的联合国会费，大幅削减对外援助，阻挠了一系列国际协议。对普通民众而言，他们对外交事务几无兴趣。[5] 1993年2月，纽约世界贸易中心遇袭等以美国目标的一系列恐怖袭击，并没有引起民众太多的关切，也没有激起强有力的反制措施。他们似乎认为恐怖主义威胁迟早会消失。

在基地组织（al Qaeda）策划“9 · 11”袭击事件之后，平静很快让位于震惊和愤怒。基地组织恐怖分子信奉激进的伊斯兰军国主义，威胁着所有的工业化国家。在其执政的最初数月内，小布什总统很少关注对外政策，但事件发生之后，他迅速地宣布开始“全球反恐战争”。2002年，小布什奉行一种基于美国首要地位的对外政策原则。白宫宣称：“如今美国拥有无与伦比的军事实力、重大的经济和政治影响力。”“我们积极致力于将民主、发展、自由市场、自由贸易带到世界的每一个角落。”[6] 这些言辞表明了小布什总统的全球野心。尽管小布什有些乐观，但他正在从美国所遭受的最致命袭击中恢复过来。

在“9 · 11”恐怖事件中，美国不仅仅失去了生命，长达两个世纪的刀枪不入的感觉随之崩塌。在崛起为世界强国的过程中，美国克服了更多的挑战。就其财力和军事实力而言，其他任何国家都无法望其项背。然而，当2009年小布什卸任时，“9 · 11”恐怖袭击事件的幕后策划者依然逍遥法外。作为美国军事行动两大主要目标，阿富汗和伊拉克并没有像白宫所期待的那样实现民主，依然战火纷飞。更糟的是，美国失去其大部分道德权威或“软权力”。民意调查显示，小布什的美国首要地位原则使大多数其他国家的民众倍感威胁而不是安全。

小布什的继任者巴拉克 · 奥巴马上任时，全球金融市场、外国政府和国内外无数的民众期待白宫有摆脱经济危机的方法。[7] 当时，不仅是美国基本制度、数百万美国人的生计陷入危机，而且代表着无尽繁荣与机遇的美国梦也岌岌可危。“阿拉伯之春”改变了北非和中东政治格局，然而由此引发的骚乱也使美国领导人束手无策。虽然奥巴马为美国赢回了些许小布什执政时失去的全球尊严，但未能实现为“复兴”美国而提出的许多目标。[8]

随着地区冲突的恶化、中国经济的崛起，许多美国人担心美国在全球权力方面已开始不可逆转地衰退。美国政府的报告又加剧了这种担心。其中一项报告指出：“全球财富和经济实力大体上正在从西向东进行转移，这在现代历史上是史无前例的。”[9] 受“大衰退”（Great Recession）的拖累，这种悲观主义情绪更浓了。美国国会负有缩减长期赤字的任务，但在下一步行动的问题上也未达成共识。美国领导人没有解决这些当务之急，反而留下了一个权力真空。其他地区和全球性大国寻求填补这一权力真空。

在世界历史上的这一重要时刻，对于美国对外政策研习者而言，有几个问题至关重要。即：在长达 10 年的战争之后，美国能否重获其军事影响力，重新成为全球经济增长的强大动力？更通俗地说，美国应该为保持自己的“世界警察”的角色而去干预远地区的冲突或以自己的标准重塑外国政府吗？美国应该带头解决全球贫困、气候变化等诸如此类的问题，抑或美国领导人应该意识到其发展的局限性，而“奉行以审慎、自我克制为基础的大战略？”[10]

吸取经验

要解决这些问题，人们就要开始意识到，像其他国家一样，美国民众及其领导人具有超越国家边界的独特世界观。诸多因素影响着政府践行对外政策的方式，包括国际体系所施加的压力、公民社会的诉求、政治制度的架构等。鉴于这些因素及共同的历史经历，每个政府有着独特的世界政治观。对外政策的“特性”也迥异，因此当应对周边国家的发展时，所有政府都表现出独特的行为模式。

历史上，美国在政治和军事方面超脱于欧洲，因此相比于其他国家，美国国家特性更多地源于其国内经验和文化传统。这种超脱使美国得以巩固政府体系，发展成熟的市场经济，并在北美开疆拓土。然而，20 世纪初美国崛起成为大国并在两次世界大战中扮演着决定性角色，这种超脱就难以为继了。在“9 · 11”恐怖事件以前，大多数美国人感觉不会受“外界”的危害，但在这个灾难性日子之后，这种奢望便再不可能了。

本书探讨了美国国家特性如何影响着其作为大国的对外政策行为。从二战结束到全球反恐战争，本书思考了美国人自相矛盾的态度——与外界爱恨交织关系的变化——如何反映着美国位列大国之前早已形成的历史模式。本书第一篇（第二至第七章）考察了这种对外事务观的复杂性，及其如何促成了冷战期间美国的胜利。第二篇（第八至第十四章）回顾美国政府为巩固其收益，适应 21 世纪更为复杂的国际体系所做的诸多努力。笔者在最后数章特别关注美国对“9 · 11”恐怖事件、一系列海外地区冲突和当前世界经济危机的应对，所有这些都威胁到了美国世界大国的地位。

美国首要地位的根源

二战后，美国对外政策很大程度上是国家间体系与美国政治文化之间张力的产物。美国的成败皆归因于这种不稳定的关系。在美国独立前的一个世纪，无政府状态的民族国家体系早已形成。在国家体系中，每个国家的生存和安全最终依靠自己。国家领导人倾向于将对方视为潜在的竞争对手。一国很容易引起他国的猜疑，彼此之间也有敌意。然而对许多美国人而言，历史上这种动荡的全球背景是陌生的。他们感觉不受外界压力的影响，在其政府体系、公民社会是安全的。这种超脱在美国建国过程中是可行的，但事实上，当 20 世纪美国崛起为世界大国之后就难以为继了。美国对外政策依然反映着最初盛行的文化态度和信仰。如今美国的经历很大程度上可以追溯到这些持久性的文化影响上。

均势的变化

20 世纪之前，由于 1815 年维也纳会议上形成的均势，让美国享有史无前例的安全感。这种存在于欧洲大陆的均势由英国和奥地利、法国、俄国有效地维系着。“欧洲协调”（Concert of Europe）旨在执行维也纳会议的决议，为欧洲带来了难得的稳定。它也使美国得以践行乔治·华盛顿总统的诺言，即避免“永久性联盟”。但是，在 1871 年德国统一以及随后数个欧洲帝国灭亡之后，这种均势分崩离析了。欧洲无力形成新的稳定均势，1914 年陷入第一次世界大战。在经历了 3 年史无前例的杀戮后，美国军队参战，于 1918 年帮助世界实现了脆弱的和平。

第一次世界大战后，伍德罗·威尔逊总统试图使世界“因民主而安全”，但失败了。在此之后，美国退回到西半球。威尔逊提议建立“国际联盟”（League of Nations）以集体安全体系避免未来的战争。作为一个长老教会牧师的儿子，威尔逊坚信自己事业的正义性，以至于在巴黎和会上他个人就代表了美国。他几乎单枪匹马地说服欧洲领导人签署《凡尔赛和约》（Treaty of Versailles）以结束战争，并加入国际联盟。然而，在努力改变世界政治时，威尔逊忽视了美国政治，特别是国会在批准条约中的角色。许多国会议员质疑国际联盟甚至会在美国核心利益并未受到危及时，强迫美国出兵海外，这会损害美国主权。参议院否决了《凡尔赛和约》，所以美国从未加入国联。

虽然战后美国经济超过了所有欧洲国家，但美国政府拒绝担负与其经济权力相一致的政治和军事角色。美国的干预是德国战败至关重要的原因，但美国领导人对大国政治没有什么兴趣。相反的是，美国寻求以 1928 年的《非战公约》（Kellogg-Briand Pact）废除战争。62 个国家在该公约中，宣布放弃将战争作为一种“国策”。随后 20 世纪 30 年代，德国阿道夫·希特勒（Adolf Hitler）巩固了自己的权力，意大利独裁者贝尼托·墨

作用与影响

伍德罗·威尔逊

近一个世纪前，伍德罗·威尔逊总统（左）代表着美国对外政策的特性。这位长老教会牧师的儿子，往往将世界政治描述为善与恶的较量。他认为，美国负有道德责任，不仅要争取自身利益，而且要使国家间体系摆脱无政府结构和好战倾向。

如图所示，与法国总统雷蒙·庞加莱（Raymond Poincaré）一起，威尔逊领导美国及其盟友在一战中获胜，然后在1919年巴黎和会（Paris Peace Conference）上担任美国代表团主席。他提出了改革世界政治的“十四点计划”(Fourteen Points)，包括全球裁军、非殖民化、公海自由、取缔秘密外交等。威尔逊还号召成立一个“国家联盟”，以集体安全体系维持秩序。60多个国家赞同其建议，从而成立了“国际联盟”。威尔逊因此荣获诺贝尔和平奖，然而他未能说服参议院批准《凡尔赛和约》，因此美国从未加入国际联盟。

索里尼（Benito Mussolini）则转战非洲。而美国国会则通过了两个《中立法案》（Neutrality Acts），从而妨碍了美国的果断应对。

1939 年第二次世界大战爆发，1940 年德国击败法国，此时欧洲均势被打破了，美国被迫卷入战争。当美国再次眼见英国将要战败而且德国可能控制欧亚大陆时，富兰克林 · 罗斯福（Franklin D. Roosevelt）总统采取了数项措施，以帮助英国抵御纳粹德国的进攻。但是，他很少关注日本在东亚地区的军事扩张。等到 1941 年 12 月日本轰炸珍珠港时，更血腥的第二次世界大战便在所难免。

美国安全的重新界定

在世界大战前，美国并没有军事或外交的全球性影响。美国在西半球是安全的。在美国革命后的一个世纪里，欧洲殖民统治土崩瓦解了。欧洲大国仍沉溺于无休止的政治暴力，有可能将美国拖进来，然而这种前景没有什么吸引力。1796 年，华盛顿总统在其《告别演说》中指出："欧洲的一系列基本利益对于我们毫无或甚少关系。欧洲经常发生争执，其原因基本上与我们毫不相干。""我国独处一方，远离别国，这种地理位置允许并促使我们奉行一条不同的政策路线。"其继任者们谨遵教诲，在此后 150 多年时间里独自向西扩张，避开了和平时期的军事联盟。

到 1900 年，美国、日本借助地区军事扩张、全球贸易一道步入了大国行列。日本由于缺乏许多重要的自然资源，20 世纪开始成为"掠夺者"。相比之下，由于自身丰富的国内资源和不存在可预见的国土安全的威胁，美国很大程度上可以自给自足。美国远离其他大国间的争端，同时维持自身安全，这使美国相当出色。但是，欧洲德国和亚洲日本的崛起，威胁到了美国在西半球的"光荣孤立"。

美国参与世界大战的时机是由海外事件所决定的。1917 年，德国发动潜艇战，迫使美国参战。1941 年，日本轰炸停靠在夏威夷群岛的美国舰队，致使美国对日宣战。大国通常不会将关乎它们安全的决策留给对手。国家体系中重要国家的战略是（或应该是）反对对其自身安全构成威胁的任何国家。由于自身独特的国家特性，在安全战略方面美国两次任由他国支配。

美国国防总是不仅仅涉及实体安全。一战时来自德国的威胁并非是某一次的直接入侵，二战初德国击败法国后的入侵也并非是主要的威胁。相反，美国被迫介入战争，是因为美国“社会”受到了威胁。一旦德国控制了欧亚大陆，美国将不得不一直提防袭击。为了维持西半球的安全，美国被迫成为“军事独裁国家”，一个纪律严明的军事化国家，以安全的名义牺牲民主，以自卫的名义牺牲个人自由。

这种文化的影响塑造着冷战期间和之后的美国行动。然而最近一段时期，对手所造成的威胁促使美国领导人在战争时期、和平时期都建立了大规模的军事装备。二战后，美国作战部更名为国防部（U.S. Defense Department），这一变化强调了美国军事首要地位的持久性。包括文化价值观在内的国家安全总是受到威胁，共产党政府、恐怖组织或者其他对手寻求重创美国权力。

美国人的天命观

美国应对欧洲战争及此后冷战的特点是国内经历的产物。由于南北邻国及东西公海方面没有威胁，美国可以专注于国内经济和政治发展。长期以来美国能远离大国权力政治，不仅仅归因于其与欧洲大陆的距离，民主的特性也应该被考虑在内。美国自视为世界上“第一个新国家”，即政府要求领导人向全体民众负责。[11]

民主理论认为，民众是理性、品行端正的，这意味着他们可以以理性思考和道德劝诫解决分歧。美国人通常认为，和平作为民众和谐相处的产物，是一种自然状态，然而冲突是一种主要由邪恶的领导人导致的偏离。也就是说他们的道德和理智受到了腐化。“权力政治”是旧世界治国之术的决定性因素，因而是自私、独裁的统治者们使用的工具。对于他们来说，战争只是大型游戏。他们会待在宫殿里，远离战争的残酷，而普通民众却肩负重担，被迫背井离乡地参战，承担战争所需的沉重税赋，或目睹家园被毁。结论很明确：非民主国家本质上是好战的、邪恶的；然而民主国家是爱好和平的、品行端正的，因为民众当家做主并定期更换其领导人。[12]

美国的经历似乎支持着这种结论：美国是民主国家，经济稳定增长，而且与大多数国家保持着亲密友好的关系。因而，民主、和平在逻辑上被视为同义词。美国人很少思考民主是否是其享有和平的原因，抑或是其他力量的结果。欧洲频繁的战争提供了答案：欧洲政治是权力政治，反映了欧洲政体的封建主义根源。为了远离欧洲等级制的社会结构、暴力冲突，美国必须在西半球内保持独立，这是一项道德上正确的政策。小说家约翰·多斯·帕索斯（John Dos Passos）曾指出：“毕竟，美国与欧洲断绝关系是其存在的主要借口。”

从一开始，美国人宣称坚信其所谓的天定命运，以**榜样**的方式传播自由和社会公平，带领人类远离邪恶而步入世间的“天堂”。早期定居者视其为激发其他社会跟随自己的天佑使命。19 世纪末大规模的移民潮强化了这种使命感。随后美国自愿拒绝权力政治，因为这与其对内、对外政策不符。1823 年的“门罗主义”（Monroe Doctrine）首次强调了新世界、旧世界的这种意识形态差异。詹姆斯·门罗 (James Monroe) 总统宣称，美国政治体系“本质上有别于”欧洲政治体系。在这种精神下，门罗警告：“我们把（欧洲）在西半球扩展其体系的任何企图都视为对我们和平与安全的威胁。”[13]

这种观点使美国伪善地行动，像其他国家一样，美国亦在美洲大陆扩张，同时却以高尚的话语描述其动机。[14] 例如，1845 年，记者约翰·奥沙利文（John O'Sullivan）呼吁美国人侵墨西哥，辩称这是“天定命运赋予的权力，以开疆拓土而且占领整个大陆。为了行使自由权利和联邦自治，上帝将其赋予我们。其地面应该是整个半球，其屋顶是群星闪耀的苍穹，其圣会（congregation）是由亿万之众组成的共和国联盟，并受制于上帝平等的自然法和道德法”[15]。

美国区分了新旧世界，警告欧洲别插手西半球事务，将自己描述为上帝的使者，从而有效地为其全球首要地位铺平了道路。这种首要地位不是以**帝国**或是对偏远的领土实施主权权威的形式。相反，从西半球到整个国际体系，美国都在扩展其非正式的势力范围或霸权。任何其他国家扩展这种权力都是令人忧虑的。但是，美国的价值观被视为普世的，而且美国的霸权对所有国家似乎是自然的且有益的。

权力政治的怀疑论

美国人对国际利益协调的认识，与国家体系对国家间不可避免的冲突以及不同利益的强调形成鲜明对比。如上所述，传统上美国人将冲突视为一种异常状况，但其他国家视和谐为一种幻想。美国长期远离欧洲，没有受到国家体系的社会化，因此不会接受国家间冲突的现实及持久性。甚至是单一民族国家之间有所分歧也被认为是不正常的。但是，当民族国家间冲突的确发生时，美国人便归因于邪恶领导人（可以根除）、威权主义政治体系（可以改革）或误解（可以外交方式解决）。一旦这些障碍被消除，和平、和谐、善意将会主宰一切。

和平与民主的关联性，并不是 18、19 世纪美国怀疑权力政治的唯一原因。大体上欧洲国家是三个阶级的社会。除了中产阶级之外，小贵族致力于重新掌权，重回封建历史的辉煌日子。此外，更庞大的无产阶级包括低收入的农民和工人。正如 1835 年法国政治观察家亚历克西·德·托克维尔所指出的，美国“天生”是一个平等、民主的社会。

“由此，你会发现广大民众对宗教、历史、科学、政治经济、立法和政府持有基本相同的观点。”[16]

对美国社会基本价值观的广泛认同、欧洲激烈的阶级斗争，强化了美国对国际舞台上权力性质和作用的误解。在美国，心怀不满的群体从未提出一种革命的意识形态，因为在将对资本主义体系的不满转化为政治行动前，他们感受到了日益繁荣的景象。但非裔美国人是个例外，因为他们从未享有这种财富或政治权力。奴隶制的“特别制度”（peculiar institution）公然挑战着美国民主价值观，最终将美国拖入了内战。不然，美国将是一个政治安全、社会团结、经济繁荣的国家。美国以和平方式解决大多数政治分歧，而且美国民众崇信渐进、民主、经济繁荣的历史进程。

私营企业、经济发展进一步加深了对权力政治的漠视。英国政治理论家约翰 · 洛克 (John Locke) 启迪着美国国父们。洛克认为，国家应该致力于“生存权、自由权和谋福权”。托马斯 · 杰斐逊宣称，最佳政府是管事最少的政府。对市场经济规律随意的政治干预，只会扰乱这些规律所产生的成果，即普遍繁荣和公众福利。因此就商业而言，美国人没有使自己孤立于外部世界。诚然，以对外贸易为基础的经济扩张是最初美国对外政策的中心内容。关键是确保没有附加的政治条件。正如华盛顿在其《告别演说》中声明 ：“对我们而言，对外关系的重要原则是扩展商业关系，而尽可能地减少政治联系。”

美国人对经济和政治的这种二分法再自然不过了。对美国人而言，经济自由带来的好处正如《独立宣言》所阐述的真理一样不言自喻。丰富的自然资源、自由企业、支持性的政府政策使美国人成为“富庶之民”[17]。美国人视国家权力为威胁，因而奋力限制这种权力。由此，美国宪法起草者将职权分别赋予州和联邦政府，而后在联邦政府中实行行政、立法和司法三权分立。他们有意设计联邦制和分权制以限制中央政府的权力。

不足为奇，在这些情况下，美国建国后的一个世纪里，国际问题的解决被视为经济事务而非政治事务。经济等同于社会和谐、民众福祉；政治等同于冲突、战争和死亡。[18] 正如"美好社会"是自由竞争的产物一样，和平的国际社会是由自由贸易所造就的。贸易依赖于共同繁荣。相比之下，战争会给国家带来贫穷、毁灭和敌意。商业对所有参与国都有利，在和平环境下产生既得利益；然而战争在经济上是无利可图的，因而过时了。[19]

作为道德使命的对外政策

美国"例外论"或美国本质上有别于其他国家的看法，并非基于一种共同的民族认同、语言或宗教，而是基于对个人自由、有限政府和有力的公民社会的信仰的广泛认同。这些原则构成了美国"公民信仰"，从而界定着国家和社会的关系，构成了美国民族主义的根基。

美国人往往将自己视为特殊社会的一员，因而他们对政府的态度受到一种道德使命感的驱使。约翰·温斯罗普（John Winthrop）是从英格兰教会叛逃的清教徒，也是马萨诸塞州第一任州长。1630 年，他称新英格兰地区 [20] 为"山巅之城，举世瞩目"。他宣称，北美的欧洲定居者会建立一个虔诚的天堂，远离旧世界腐朽的宗教和政府之厅。从此，宗教价值观常常出现在美国政治话语中。对于托马斯·杰斐逊来说，美国民众是"上帝的子民"（chosen people of God）[21]。在美西战争期间，威廉·麦金利 (William McKinley) 总统声称他得到了神性指引（divine guidance），"以教化菲律宾人，提高其文明程度，以上帝的恩惠竭尽全力帮助他们"[22]。罗纳德·里根（Ronald Reagan）在冷战后期时指出："世界上存在着罪恶和邪恶，我们受圣经和圣主耶稣之嘱托，全力反抗之。"[23]

这种神圣使命感也扩展至美国民众。1998 年，一项包含 43 个国家的民众调查表明，美国在数个方面位列榜首：信奉"人格神"（personal God）；遵循"善恶分明的原则"；赋予宗教在其生活中"非常重要"的角色。[24] 反过来，这些观点造就了美国民众的对外政策观。在 2004 年一项调查中，近四分之三的受访者认为“遵循道德原则”应当是对外政策的当务之急（见表 1–1）。[25]

表 1–1　美国对外政策优先顺序：2004 年美国公众舆论

何者应该成为美国对外政策“优先议题”的人的比例	
遵循道德原则	72
审慎	66
决断	62
务实	58
怜悯	54
灵活	40
遵循宗教原则	33
理想主义	25
强硬	23

来源：Pew Research Center for the People and the Press, “Foreign Policy Attitudes Now Driven by 9/11 and Iraq,” August 18, 2004, 23。

虽然近年来这些宗教观点更加明显了，但长期影响着美国对外政策。其影响常常是至关重要的，特别是对武力使用的影响。如果不道德的敌国威胁着一国民主原则的完整性，这一敌国必须被摧毁。美国权力必须是“正义”的权力，而且只有全力以赴地运用这种权力，美国人才确保被救赎。因此，20 世纪初的世界大战被视为对道德和地缘政治的巨大挑战。使世界“因民主而安全”的做法——伍德罗 · 威尔逊在一战期间所阐述的目标——会以使冒犯国民主化的方式而实现（如德国），并使新的统治者对其治理的民众负责，因而将邪恶政权转化为爱好和平的民主国家，并永久摈弃权力政治。一旦这个目标实现了，美国会再次退踞一隅，再次确保美国人的行动事实上是“善意之举”。

由于类似的原因，美国领导人在建国初期便将武力与外交分开。在和平时期，外交维持着国家间的和谐。虽然美国人将外交视为消除国家间误解的理性行为，但对此也极其怀疑。由其观之，外交需要国家间的讨价还价与妥协，这必然会牺牲国家的道德纯洁性。因此，直到成为大国很久以后，美国政府才同意设立大型的、永久性的外交使团。至于军事力量的使用，美国早期的领导人担心常备军最终会威胁中央政府、普通公民的自由。当需要军事实力时，美国会要求作战部去动员冲突后复员的大规模后备部队。

历史上，美国对外政策遵循着这种模式："在不加选择地远离权力政治与同样不加区分国际主义或全球主义两端之间"[26]钟摆似的摇摆。威尔逊在国际联盟上的失败，清晰地说明了这种精神分裂症的方法，因为美国政府从努力拯救世界转向了同样坚决的逃避。哈佛大学教授斯坦利·霍夫曼（Stanley Hoffmann）指出："这两个极端有共同的意图，即避免受来自国外麻烦的威胁。"[27]

冷战后，两种行为随即显而易见。比尔·克林顿总统的接触政策与国会对联合国维和、对外援助的抵制不期而遇。其继任者小布什退出了一系列全球协定，却努力在中东推行民主。最近，国会保守派强烈反对奥巴马总统转向"全球治理"、国际法规则。甚至当美国"介入"时，美国利益也以特殊待遇而获得保护：联合国安理会的否决权、世界银行的加权表决、北大西洋公约组织（NATO）部队的指挥、《化学武器公约》(Chemical Weapons Convention) 关键条款的豁免权。[28]

虽然传统上美国人将其价值观视为普世性的，而且美国政府在世界舞台上的行动深受"上帝特别眷顾"（special providence）激发，但他们往往在实现对外政策目标的恰当**手段**方面存在着分歧。[29]第一种也是最温和的途径：率先垂范，这会鼓励民众专心于国内发展，限制华盛顿鲁莽的国外冒险活动，阻止花费巨大、压制性的强大军队的发展。第二条途径：积极进行海外干预，充当世界警察，这会加速全球自由的历史趋势，为美国的道德使命而辩护。

美国在建国后的一个世纪中，“榜样论者”（Examplarists）遵循乔治·华盛顿“孤立主义”的倡议，但在美国成为大国后，伍德罗·威尔逊等“辩护论者”（vindicationists）普遍占了上风。[30] 当 2001 年小布什执政时，他重拾早年的传统。在 2000 年 10 月的总统辩论中，小布什指出：“我认为美国必须谦逊。”“我们必须以我们的价值观为荣，对此充满信心，但要谦逊地对待那些正在探索自己道路的国家。”然而，“9·11”恐怖袭击事件掀起了一场“完美辩护的风暴”（perfect vindicationist storm），因为它们将无与匹敌的美国军事权力、“无信仰者”对美国的直接袭击以及美国民众信奉宗教基要主义的激增结合在一起。[31]

小布什总统迅即转而为美国价值观辩护，而不是采取更加消极的态度，将民主推进确立为美国的主要任务。正如 2005 年小布什在第二次就职演说中所宣称的：

> 自由在我国的生存，日益依赖于自由在他国的胜利。世界和平的最大希望是自由扩展到全世界。实现这些理想是我国的使命，是先辈们的光辉成就。如今，这是我们国家安全的迫切需要，也是时代的召唤。因而，美国的政策就是寻求和支持所有国家和文化中民主运动和制度的发展，最终实现在全世界消除暴政的目标。

小布什的言辞反映了其第一任期内的戏剧性变化，但“在全世界消除暴政”的呼吁，再次显示了美国对外政策的特性。与美国敌友的特点和价值观相比，均势显得没有那么重要。如小布什前任们所认为的那样，世界政治的确是善与恶的较量，而且支持全世界的民主与自由是美国的道德责任。2011 年 3 月，奥巴马总统与北约组织一起努力帮助利比亚反对派推翻专制领导人卡扎菲时，也遵循了相同的原则。

自我怀疑、修正主义和社会建构

在对外政策行为方面，最具说服力的特征之一是每一场大战期间或战后，对美国参战原因的审查和评论。反战活动分子组织示威游行并鼓励反战，前政府官员在社论版上挑战着国家行为，学者们纠正历史记录以反驳传统观点。这种自我批评在民主国家是常见的，从而催生了民众的分歧。但在美国，这种公共讨论从根本上质疑了美国对外政策的既定目标及实现手段之间的联系。

20 世纪修正主义历史学家提出了两个重要观点。第一，除二次世界大战外，美国卷入的冲突事实上并没有威胁到其安全利益。因此，1800 年后美国频繁的军事干预都是“选择性战争”。这些军事干预既没有必要，亦无无道德可言。[32] 被标榜为挑衅者的敌方其实根本不是美国安全的直接威胁。相反，威胁来自美国国内。

第二，美国之所以参战，是因为其领导人受制于民意、自私的官僚甚或银行家和企业家，如 20 世纪 30 年代“军火商”、20 世纪 60 年代“军工复合体”，他们从战争中获取经济利益。1959 年，这种观点最有力的支持者威廉 · 阿普尔曼 · 威廉姆斯（William Appleman Williams）认为，对经济滞胀和国内社会动荡的恐惧使美国走向全球扩张。[33] 相似的是，1972 年乔伊斯 · 科尔科（Joyce Kolko）、加布里埃尔 · 科尔科（Gabriel Kolko）认为，二战后美国对外政策“并不是受遏制共产主义的驱使，而是更直接受美国资本主义扩张的驱使”[34]。一些人认为，2003 年美国入侵伊拉克“就是为了石油”，他们从总统与副总统过去与石油工业的联系中找到了充分的证据。最初只有一小群批评者持这种观点，后来随着冷战期间与其后美国频繁地干预地区冲突，这种观点变得更为普遍。

受修正主义历史学家的启发，新一代政治科学家认为，自由、均衡、国家利益等概念是由政府领导人“社会建构而成”，因此不是外交关系的合法基础。[35] 政治领导人支配着美国对外政策，他们往往美化美国价值观，贬低对手，夸大海外威胁，以此保持美国在世界的主导地位。大卫·坎贝尔（David Campbell）指出，冷战“既是一场战胜苏联军事威胁的战争，又是一场所有潜在选手——无论其战略能力是否构成威胁——都被视为威胁的战争”[36]。鉴于 20 世纪的三次全球冲突为美国带来的有利结果，美国参战的意图和行为在国内引发了激烈争论。

在后冷战时代的冲突中，这种分歧依然存在。1993 年美国试图恢复索马里的秩序，20 世纪 90 年代末努力阻止南斯拉夫的“种族清洗”。这些努力触发了国内对其新帝国主义的控诉，虽然后来“9 · 11”袭击事件为美国提供了自我批评的机会。美国世界角色的著名批评家诺姆·乔姆斯基（Noam Chomsky）曾预言，反恐战争难以取胜，因为美国本身是“一个头号的恐怖主义国家”[37]。2003 年第二次伊拉克战争尤其招致批评，因为小布什政府所陈述的战争原因是要清除伊拉克独裁者萨达姆·侯赛因的大规模杀伤性武器，但事实上这是错误的。小布什总统转而致力于伊拉克的民主国家建设。这项使命源自美国传统价值观和认同感，但引发了对美国领导人伪善行为的控诉，因为美国支持军事独裁者（巴基斯坦）、专制君主（沙特阿拉伯），侵犯战犯的人权，甚至在国内秘密监视民众。

所有的这些批评都质疑着美国政治制度、文化价值观和全球抱负方面的“例外论”。[38] 由此观之，美国一直是传统的世界大国。美国领导人关注私利，对于外部威胁极为敏感，也往往极度缺乏自我批评。美国人搞不懂伊拉克战争期间为什么多数世人反对美国。记者乔治·帕克（George Packer）认为，美国追查了“错误的调查线索。最迫切的问题不是大规模杀伤性武器，而是我们自己：我们的领导人、我们的制度、我们作为有凝聚力的民族和做出理性决策的能力、我们在海外没有弄巧成拙的行动能力”[39]。

或许对美国当前形势最严厉的批评来自经济统计数字。数字表明美国迅速成为世界上最**不平等**的工业化国家之一。[40] 近年来，美国经济的些许增长很大程度上使美国最富有的 20% 人群受益。2005 至 2007 年，他们的总收入超过其余所有人群的收入总和。[41] 这些趋势非常棘手，因为人们由此质疑美国人早期"富庶之民"的名声。美国人并未经历过激烈的阶级冲突，然而，数个世纪以来欧洲的革命和战争皆因此而起。这种历史经历与托克维尔对早年美国平等主义根源的赞许相矛盾。因此不足为奇，2011 年抗议者组织集会"占领"数百个公共场所，强烈抗议越来越严重的不平等。

总之，美国的处世态度和行为模式由来已久，源自丰富的自然资源、"例外论"的自我形象及与外国势力好恶参半的关系。美国早期的成功——首先远离大国政治，继而在两次世界大战中取胜——激发了"天定命运论"。这种成就在冷战期间受到严峻考验。冷战几乎主宰了全球关系近半个世纪，改变着几乎其他所有国家的国内外政策。冷战后美国无常的行为、解决当前国内紧迫问题的尝试，对当今和未来的世界政治同样重要。以下数章将表明，考虑到美国管理动荡世界的未来机会与局限性，因此，历史教训对于美国对外政策研习者及其国家领导人而言至关重要。

注释

[1] 美国海军海豹突击队（Navy SEALs，即 U.S. Navy's Sea, Air, and Land teams 的缩写）为国防部执行特殊任务，"9 · 11"事件以来几乎都是在陆上执行任务，详情可参见：Elisabeth Bumiller, "In Bin Laden's Compound, Seal's All-Star Team," *New York Times* (May 4, 2011)。

[2] Standerd & Poor's, "United States of America Lont-Term Rating Lowered To 'AA+' Due to Political Risks, Rising Debt Burden; Outlook Negative" (August 5, 2011).

[3] 对于最新的二战史，参见：Max Hastings, *Inferno: The World at War, 1939-1945* (New York: Knopf, 2011)。

[4] Francis Fukuyama, “The End of History?” *National Interest* (Summer 1989): 4.

[5] 当 1999 年被问及美国对外政策所面临的最大问题时，全国调查的受访者大多回答“不知道”。参见：John E. Reilly, ed., *American Public Opinion and U.S. Foreign Policy 1999* (Chicago: Council on Foreign Relations, 1999), 11。

[6] President George W. Bush, T*he National Security Strategy of the Unite States of America,* (Washington, D. C.: The White House, September 2002).

[7] David E. Sanger, *The Inheritance: The World Obama Confronts and the Challenges to American Power* (New York: Harmony Books, 2009).

[8] Steven W. Hook and James M. Scott, ed., *U.S. foreign Policy Today: American Renewal?* (Washington, D.C.: CQ Press, 2011).

[9] National Intelligence Council, “Global Trends 2025: A Transformed World” (Washington, D.C.: U.S. Government Printing Office, 2008) or Alfred McCoy, “The Decline and Fall of the American Empire,” *The Nation* (December 2010).

[10] Christopher Layne, *The Peace of Illusions: American Grand Strategy from 1940 to the Present* (Ithaca, N.Y.: Cornell University Press, 2006), 204.

[11] Seymour Martin Lipset, *The First New Nation: The United States in Historical and Comparative Perspective* (New York: Basic books 1963).

[12] 这些论断形成了世界政治研究中主要思想流派民主和平论的基础。详情参见：Tony Smith, *A Pact with the Devil* (New York: Routledge, 2008), chap 4。

[13] Armin Rappaport, ed., *Sources in American Diplomacy* (New York: Macmillan, 1966), 53.

[14] 美国对外政策中自由主义和现实主义最初之争的历史评论，参见：Robert W. Merry, *A Country of Vast Designs* (New York: Simon and Schuster, 2009)。

[15] Howard Jones, *The Course of American Diplomacy: From the Revolution to the Present*, 2nd ed. (Chicago: Dorsey Press, 1988), 143.

[16] Alexis de Tocqueville, *Democracy in America* (New York: Harper and Row, 1960), 56.

[17] David M. Potter, *People of Plenty: Economic Abundance and the American Character* (Chicago: University of Chicago Press, 1954).

[18] Gordon S. Wood, *Empire of Liberty: A History of the Republic, 1789-1815* (New York: Oxford University Press, 2009), chap 17.

[19] 这些观点的完整阐述，参见：Adam Smith, *The Wealth of Nations* (New York: Oxford University Press, 1976)。

[20] 指美国东北部康州、缅因州、新汉普郡、罗德岛和佛蒙特六个州。——译者

[21] Robert W. Tucker and David C. Hendrickson, *Imperial Temptations: The New World Order and America's Purpose* (New York: Council on Foreign Relations, 1992), 30.

[22] Walter A. McDougall, *Promised Land, Crusader State* (Boston: Houghton Mifflin, 1997), 112.

[23] 1983年3月8日，对全国福音协会的评论，选自：Strobe Talbott, ed., *The Russians and Reagan* (New York: Vintage Books, 1984), 113。

[24] Pew Research Center for the People and the Press, "Foreign Policy Attitudes Now Driven by 9/11 and Iraq," August 18, 2004; Ronald Inglehart, Miguel Basanez, and Alejandro Moreno, *Human Values and Beliefs: A Cross Cultural Sourcebook* (Ann Arbor: University of Michigan Press, 1998).

[25] 宗教信仰与对外政策观密切相关，最近的调查显示出了"神圣分裂"。详见：Daniel Yankelovich, "Poll Positions," *Foreign Affairs* 84 (September-October 2005): 2-16; James L. Guth, John C. Green, Lyman A. Kellstedt, and Corwin E. Smidt, "Faith and Foreign Policy: A View from the Pews," *Review of Faith and International Affairs* 3 (Fall 2004): 3-9。

[26] Hans J. Morgenthau, *A New Foreign Policy for the United States* (New York: Praeger, 1969), 15.

[27] Stanley Hoffmann, *Gulliver's Troubles, or the Setting of American Foreign Policy* (New York: McGraw-Hill, 1968), 98.

[28] David Skidmore, "Understanding the Unilateralist Turn in U.S. Foreign Policy," *Foreign Policy Analysis* 1 (July 2005): 207-228.

[29] Walter Russel Mead, *Special Providence: American Foreign Policy and How It Changed the World* (New York: Knopf, 2003).

[30] H. W. Brands, *What America Owes the World: The Struggle for the Soul of Foreign Policy* (New York: Cambridge University Press, 1998).

[31] Jonathan Monten, "The Roots of the Bush Doctrine: Power, Nationalism, and U. S. Democracy Promotion in U.S. Strategy," *International Security* 29 (Spring 2005): 140.

[32] 1798年至2010年，美国使用武力300多次，其中冷战期间占三分之一。正式宣战仅有11次，最后一次为二战。从此，国会以非正式授权方式批准了大多数军事干预。参见：Richard F. Grimmett, *Instances of Use of United States Armed Forces Abroad* (Washington, D.C.: Congressional Research Service, March 10, 2011。

[33] William Appleman Williams, *The Tragedy of American Diplomacy* (New York: Harper and Row, 1959). Walter LaFeber, *The New Empire: An Interpretation of American Expansion, 1860-1898* (Ithaca, N.Y.: Cornell University Press, 1963).

[34] Joyce Kolko and Gabriel Kolko, *The Limits of Power: The World and United States Foreign Policy, 1945-1954* (New York: Harper and Row, 1972), 480.

[35] Alexander Wendt, "Anarchy Is What States Make of It: The Social Construction of Power Politics," *International Organization* 46 (Spring 1992): 395-424.

[36] David Campbell, *Writing Security: United States Foreign Policy and the Politics of Identity* (Minneapolis: University of Minnesota Press, 1992), 34.

[37] Noam Chomsky, *9-11* (New York: Seven Stories Press, 2001), 16.

[38] Godfrey Hodgson, *The Myth of American Exceptionalism* (New Haven, Conn.: Yale University Press, 2009) ；Stephen M. Walt, "The Myth of American Exceptionalism," *Foreign Policy* (November 2011): 72-75.

[39] George Packer, "Coming Apart: After 9/11 Transfixed America, the Country's Problems Were Left to Rot," *The New Yorker* (September 12, 2011): 62-71.

[40] 20 世纪 90 年代以来，工业化国家最富有的 1% 人口收入占国家收入的比例，美国名列榜首。参见：OECD, *Divided We Falll: Why Inequality Keeps Rising* (Paris: OECD, December 2011), chap 9.; Tomothy Noah, *The Great Divergence* (New York: Bloomsbury Press, 2012)。

[41] Edward Harris and Frank Sammartino, "Trends in the Distribution of Household Income Between 1979 and 2007" (Washington, D.C.: Congressional Budget Office, October 2011), ix.

第一篇

冷　战

第二章

从世界大战到冷战

1943 年 11 月，富兰克林·罗斯福总统（中）、苏联领导人约瑟夫·斯大林（左）、英国首相温斯顿·丘吉尔（右）在德黑兰举行会议。三国领导人联合击败了德国，1945 年 2 月在雅尔塔再次会晤，商讨军事战略和战后世界格局。

第二次世界大战使欧洲大陆一片狼藉。日本及其短命的帝国垮掉了；中国深陷内战；印度及大多数非洲国家依然处于殖民统治之下；拉丁美洲，贫穷、政府镇压致使生灵涂炭。

相比之下，二战后美国国土安全、政治稳定、经济繁荣。由富兰克林·罗斯福总统创建的“民主兵工厂”（arsenal of democracy）至今仍然是世界上最强大的军事力量。[1] 在30年内，美国第二次被拖入世界大战，并且大获全胜。

美国如何管理其“压倒性权力”呢？[2] 在美国西部开发和工业发展时期，一方面美国利用似乎取之不尽的北美自然资源。另一方面，美国政府以维护自身安全的方式，管理转型后的世界秩序。1945年二战后的世界秩序在许多方面尚未明朗，然而唯一确定无疑的是，美国在创建和管理战后秩序中举足轻重。美国的决策会波及世界，美国的敌友选择决定着均势。

然而，在二战的余烬尚未冷却之前，就发生了新冲突，这说明了美国未来的对外政策。由于竞争性的政治体系、世界范围内利益的冲突，美国和苏联彼此对立。正如本书前半部分所述，美苏两国权力之争成为之后几十年世界政治的定义性特征。9位美国总统参与管理了这种两极均势。任何其他国家都无法逃脱冷战的压力、危险和后果。

由于二战的最后数场战斗仍在中欧和东亚进行着，美苏分裂的迹象被忽视了。[3] 这种忽视可以在英国首相温斯顿·丘吉尔（Winston Churchill）与美国总统罗斯福会晤前的美国陆军部备忘录里看到。该备忘录指出：“德国垮掉了，她（苏联）的强大军事实力在欧洲再无对手。”“综上所述，结论是显而易见的。由于苏联是战争中的决定性因素，我们必须给予全力协助，使之成为友邦。同样的，‘轴心国’战败后，苏联无疑会主宰欧洲，因而与其发展并保持最友好的关系更为关键。”[4] 这个评述的重要性不在于对战后苏联地位的预言，而在于对未来美苏关系的期望的论述。对于苏联未来会成为欧洲的新主宰，军事领导人显然毫无任何疑虑地接受了。他们没有想到，苏联可能会取代德国而成为对欧洲、全球均势的严重威胁。尽管20世纪美国两次卷入欧洲战争，当时适逢德国日益强大，几乎破坏了欧洲均势。但是，美国还是尚未吸取历史教训，具体而言就是，主宰欧洲的任何一个国家都会对美国安全产生影响。罗斯福和美国政府没有试图重新确立欧洲均势以保护美国安全，相反，他们期望以美苏的彼此友善而不是权力考量来支撑美国安全。但是，这种对善意和彼此尊重的依赖似乎是愚蠢的，且在最坏的情况下是致命的。

战时美国的幻想

对战后美苏关系“善意的时代”的期望，集中体现为美国对外政策的理想主义特性。这种政策将战争视为国家间和谐关系的插曲。一旦战争结束，自然就会恢复和谐，权力之争也结束了。美国政府领导人为美国道德观的胜利及拒绝了旧式权力政治而欢呼雀跃。在二战结束之际，国务卿科德尔·赫尔（Cordell Hull）预言在那一天“一切都不需要了：势力范围、联盟、均势以及一切其他的特殊安排。在不幸的过去，国家竭力以此保护自身安全或维护自身利益”[5]。

鉴于对未来美苏关系的乐观态度，这使得我们有必要解释下二战期间苏联猜疑的迹象。1942 年至 1944 年，盟军推迟了西部前线对德国的进攻，苏联领导人约瑟夫·斯大林（Joseph Stalin）并不接受盟军的解释，即盟军尚未为执行重大任务做好充分的军事准备。斯大林特别谴责了丘吉尔的不作为，因为德国人如此软弱，盟军本不必承受巨大损失。

无疑，苏联对美英的行为有着自己的看法。根据马克思主义的观点，盟军的行为正是理性观察家所期待的：推迟第二战场，直到苏联共产主义大国、德国法西斯大国彼此消耗殆尽。然后美英不费吹灰之力在法国登陆并挺进德国，为法德两国带来和平。苏联认为，英美资本主义大国蓄意拖延西线进攻，一石双鸟摧毁意识形态领域的两大劲敌。

美国领导人就苏联的猜疑准备好了解释。罗斯福把苏联的猜疑置于此前西方反苏的大背景下：一战末，同盟国干预苏联，试图推翻苏联政权，失败后又在东欧建立**缓冲带**（cordon sanitaire）以遏制苏联的势力扩张；20 世纪 30 年代中后期，西方拒绝了苏联联合对抗希特勒的提议；特别是当纳粹德国占领捷克斯洛伐克时，英法袖手旁观，然而 1938 年的《慕尼黑协定》（Munich agreement）为希特勒打开了东方的大门。西方努力削弱并试图最终消灭苏联，还企图把希特勒的威胁从西欧转嫁给苏联。这些被认为是苏联敌意的主要原因。为改变苏联的敌意，美国领导人认为他们只得展示出善意。

罗斯福努力实现美苏合作，因而关注斯大林。一方面，罗斯福的直觉是正确的。如果他能够获得斯大林的信任，那么战后美苏合作是可能的。另一方面，他的直觉很差。罗斯福的政治经验局限于国内领域，他成功地应付各种政客，以妥协的方案圆满地解决分歧，因此罗斯福非常相信自己能够赢得斯大林的支持。他会像“政治家对政治家”那样与斯大林展开对话。简言之，罗斯福把斯大林视为俄国版的自己，是一位可以以让步和善意争取过来的同僚。罗斯福没有想到，他高超的技巧及个人魅力对这位他称为“乔大叔”（Uncle Joe）的人远远不够。在国内，这些品质足以，因为他和对手在根本目标上是一致的；分歧很大程度上在于实现目标的手段上。然而，美苏的分歧在于对根本目标以及战后世界安排的看法。

1945 年 2 月，罗斯福、斯大林和丘吉尔“三巨头”在雅尔塔举行会议。当时罗斯福和其顾问们认为，美国已经与苏联确立了牢固持久的友好关系。斯大林在许多关键性问题上做了让步，并承诺将来会合作。在《欧洲解放宣言》（Declaration of Liberated Europe）中，他承诺支持东欧的自治政府，允许自由选举。斯大林还回应了美国军方的期望，承诺最终击败希特勒后对日宣战。斯大林多次向盟国表达了寻求战后 50 年和平、大国合作的期望。

从雅尔塔回国后，罗斯福告知美国国会和民众，他与斯大林、丘吉尔的会晤“意味着单边行动体系、单独结盟、势力范围、均势及所有其他权宜之计都将结束。几个世纪以来，我们不断尝试建立这些体系，但总是以失败而告终”。相反“我们建议普遍性的组织取而代之。所有爱好和平的国家都有加入的机会" [6]。

联合国集中体现了善意的新时代，代表着全球范围内的民主。由此，合理的普世原则与合作取代了权力政治。1945 年初，罗斯福在旧金山主持召开联合国筹建大会。与会的 50 个国家一致同意，联合国大会（UN's General Assembly）将为所有国家会面与讨论彼此的关切提供一个平台。最迫切和紧要的问题，提交给由 15 个国家组成的联合国安理会（UN Security Council)。其中 10 个席位由联合国成员方轮流担任，美国和其他四个大国——英国、中国、法国和苏联拥有永久席位，能够否决自己所反对的提案。威尔逊的国际联盟缺乏现实性，但在联合国创建中，这些措施却遵从于现实，因而确保了《联合国宪章》(UN Charter）的通过，并在纽约市建立联合国总部。

苏俄的对外政策观

如第一章所述，二战前美国的对外政策源于自身的文化传统，反映了美国远离欧洲大国并寻求西半球的地区安全。因此，比较美国传统与其冷战对手苏联的传统是有必要的。在数个世纪里，苏联在凶险的外部环境下如履薄冰，苏联领导人也因此继承了独特的对外政策特性。苏联领导人将俄国历史教训与马克思列宁主义原则相结合，从而形成了战后武断的、对抗性的对外政策观。苏联崛起成为全球性超级大国，然后美国应对均势变化。在近半个世纪里，这两种情况一直主宰着世界政治。

苏俄的背景

苏俄对外政策根源的理解始于对地域的简单分析。不像美国和其他海上大国，俄国没有得天独厚的地理位置。由于没有大洋或高山等自然屏障的保护，俄国人容易四面受敌。俄国幅员辽阔，致使内聚力、交流和交通成为难题。俄国人多样的民族背景、语言以及宗教认同又使其雪上加霜。

俄国领导人视自己的历史为一系列外来的侵略史。13、14 世纪，东方蒙古人统治着俄国。15 世纪 60 年代，俄国推翻了蒙古人的统治，建立俄国，定都莫斯科。在近代史上，1812 年拿破仑 · 波拿巴（Napoleon Bonaparte）的军队入侵，占领了莫斯科。1854 年至 1856 年，在奥斯曼帝国（Ottoman Empire）的支持下，英法联军试图占领克里米亚半岛，在数次血战之后占领了几个城市。半个世纪后的 1904 年至 1905 年，日本入侵东俄并宣称对其拥有主权。最受人关注的是，20 世纪德国两次入侵俄国。第一次进攻促使俄国君主制最终解体，导致了内战和共产党执政；第二次进攻造成数百万苏联人丧生和无法估量的财产损失。在伍德罗 · 威尔逊领导下，美国也出兵俄国，1918 年派出一支远征军支持反布尔什维克的军队，企图阻止在莫斯科的共产党政府，但没有成功。

历史上，俄国从未高枕无忧过，也不能优先处理国内事务。在这些情况下，权力越来越集中。沙皇政府和共产党政府的所有政治领导人都会牢牢地控制其广袤领土。然而，这些努力需要大规模常备军，并且许多俄国人被动员起来参军。俄国军队确实一直比其他欧洲大国的军队庞大，这必然引起华沙、布达佩斯、巴黎和伦敦政治领导人的关注。

据称，俄国社会的军事化是为了防御，也可能是为了对外侵略。俄国缺少自然边界，这使俄国难免于外来侵略，同样也会使俄国向外扩张。历史学家理查德 · 派普斯（Richard Pipes）认为，人不会因被抢劫而变富，同样，俄国也不会因抵御不断的入侵，而成为世界上领土最大的国家。[7] 的确，持续不断的领土扩张成为众所周知的“俄国方式”。吉米 · 卡特（Jimmy Carter）总统的国家安全顾问兹比格纽 · 布热津斯基（Zbigniew Brzezinski）指出，俄国针对邻国的一系列扩张行动，使其过去两个世纪中遭受的一切侵略相形见绌。[8]

无论俄国的动机是防御性还是进攻性的，其结果都是一种扩张模式。

俄国统治者特别害怕受到攻击，因而尽可能地将敌人拒于千里之外。领土扩张某种程度上弥补了作为自然保护屏障的大河和高山的缺失。个别统治者的野心也导致领土征服，挫败妨碍其目的的国家。例如，彼得大帝（Peter the Great）为获得出海口而打败瑞典。甚至在共产党革命者或布尔什维克夺取政权并建立一党执政国家之前，威权主义、军国主义和扩张主义就已成为俄国政府的特点。权力政治的基本“原则”：对国家利益的强调、对他国的猜疑、冲突的预期、自力更生、拥有足够的实力，尤其是军事实力，在俄国领导人心中早已根深蒂固。

苏联因素

1917 年以后，苏俄新政权修正并强化了这些俄国历史根深蒂固的态度。苏联领导人弗拉基米尔 · 列宁（Vladimir Lenin）将马克思主义意识形态与俄国政治文化结合在一起。他兼容并包的世界观并没有决定着具体情况下的行动。相反，列宁的看法为新政权理解和处理外部关系提供了一个宽泛的框架。

列宁及其布尔什维克党人认为，历史是占有生产资料的富人和权贵与为其劳动的大量无产阶级之间的阶级斗争。为什么绝大多数人贫穷、目不识丁又多病呢？为什么国家要发动战争呢？答案就是，少数资本家垄断着工业化世界的财富和权力，剥削在其工厂劳动的工人以获取最大利润。他们压低工资，降低食品价格，致使农民陷于贫困。这些资本家对利润的不断追逐，导致了国内和国际战争。

可以预料到的是，冲突因瓜分欧洲以外的殖民地而起。列宁认为，全球帝国主义代表着“资本主义的最高阶段”。正如 1917 年列宁所论述的 ：“帝国主义是发展到垄断组织和金融资本的统治已经确立、资本输出具有突出意义、国际托拉斯开始瓜分世界、一些最大的资本主义国家已经把世界全部领土瓜分完毕这一阶段的资本主义。”[9] 列宁将一战视为资本主义帝国的决战，由于资本主义帝国确定了自身的边界，这就是一场将发展中世界作为战利品的战争。正如鲨鱼一样，资本主义经济不会停止不前。资本家必须不断地扩大公司和市场，以免在经济市场竞争中沉沦。如果人类期望获得自由，过上体面的生活，那共产主义必须取代资本主义，如果必要就以革命的方式。

列宁意识到，在俄国，马克思主义的运用有一个明显的缺陷。在卡尔·马克思的辩证观看来，共产主义直接源于资本主义的失败。因此，共产主义社会必须首先进行工业化、城镇化，使工人阶级成为有组织的“无产阶级”。尽管这些在俄国并不存在，但某种程度上是革命所需的。列宁试图将权力集中于马克思主义先锋者手中，以解决这个问题。马克思主义者并没有首先告知民众资本主义的矛盾和不平等，而是向民众宣传共产主义。一旦这些先锋者巩固了政权，他们就会以普遍的宣传攻势广泛地传播列宁的意识形态观。

苏联领导人认为，由经济联系日渐密切的资本主义国家构成的国家体系是个充满敌意的环境。他们拒绝后者表达的善意、和平意图，致力于与资本主义国家进行“不可避免、无法调和的斗争”。斯大林特别重视自力更生以及苏联的权力。在策略上他确信，如果敌人在谈判中做出让步或更加通融，那么这不是因为对方想要更友善的关系，反而是由于苏联不断增长的实力，敌人**被迫**如此。斯大林以此聚集了更大的军事权力。简而言之，他及其继任者不断地向美国及其盟友施加压力，同时以铁腕手段管理国内共产主义体系。[10]

俄国历史提醒着苏联领导人，和平仅仅是为下场战争埋下伏笔。简言之，苏联人的世界观强化了不断再现的历史周期，导致苏联权力的进一步扩张。即使是不安全感而非任何历史使命驱使着扩张，那么对其邻国而言结果都是一样的，即它们都易于受到攻击。它们被视为对苏联利益的固有威胁，很可能成为苏联的领土。冷战初期，苏俄寻求绝对安全的诉求使其他国家不安全，然而这种绝对安全完全是不可能的。美国文化、苏联文化的差异如此地惊人，前者视和平为常态，冲突为非正常状态；后者却强调战争的普遍性。两国都有一种历史使命感，但它们的原则、目标、策略却有天壤之别。当苏军和美国领导的西方军队从欧洲两翼向前推进时，这些相互冲突的对外政策观必将互相对峙。

二战后苏俄的扩张

1942 年末，苏联军队（红军）最终阻止了纳粹军队，在斯大林格勒决定性地重创德军。当苏军一路向西追击撤往柏林的德军时，战后和平的美国梦破灭了。甚至在战争结束之前，苏联已扩张到东欧和中欧，开始控制波兰、匈牙利、保加利亚、罗马尼亚和阿尔巴尼亚。苏联在这些国家单方面建立了“傀儡”政府。当共产党人占据政府要职时，苏联人更容易进一步扩大自己的统治。苏联在《雅尔塔宣言》(Yalta Declaration) 中承诺允许在东欧建立民主政府。显然，《雅尔塔宣言》对苏联人和美国人而言不尽相同。在不到 30 年的时间里，苏联两次受到德军的攻击。因而不足为奇，苏联致力于在本地区建立“友好”政权。对于苏联人来说，民主政府意指共产党政权，而且自由选举也仅限于共产党党员。1945、1946 年，西方战胜国艰难与德国的前卫星国（匈牙利、保加利亚、罗马尼亚）进行谈判，签订了和平条约，但苏联不会因此放松对当时已是苏联卫星国的国家的控制。

就国家体系而言，苏联的行为是可以理解的。这个体系是以国家间冲突、不安全感、恐惧为特征的。每个国家必须自卫，以反对潜在的敌人。当为了对付共同敌人而建立的联盟不复存在时，苏联自然会加强自身实力，以应对最可能成为自己新对手的大国。长期遭受东西方侵略的沙俄，用惨痛的教训学会了国际游戏的基本规则。在意识形态上，苏联将资本主义国家视作无法和解的对手，从而强化了其危机感、猜疑感。战争已经造成两千多万苏联平民和士兵伤亡。因此，苏联不会允许东欧建立起任何非共产党政权。苏联认为，美国坚持自由选举，试图把苏联逐出欧洲。

美苏差异

选举问题生动地说明了美苏两国的差异。二战期间，罗斯福担心在德国战败后的动荡期间，美苏利益会发生冲突。因此，他一相情愿地对苏联实行友好政策。但是，他并不认为东欧的自由选举会形成一个新的反苏地带。在他看来，自由选举和东西方的友好关系完全是相容的。

罗斯福心中的典范是捷克斯洛伐克。作为东欧唯一的民主国家，捷克斯洛伐克从一战后建国起，就一直与西方保持着密切的联系。但是，1938年慕尼黑会议上法英没有保护捷克，却绥靖希特勒而背叛了捷克。然而，捷克也同苏联建立了友好关系。1945年后，像其他东欧国家一样，捷克斯洛伐克知道自己处于苏联的势力范围内，而且其自身安全取决于与这个强大邻国的和平相处，而不是将其激怒。因此捷克领导人向苏联示好，与其签订了安全条约。经苏联允许，捷克可以在东欧进行有限的自由选举，捷克共产党在所有党派中获得最多票数，由此在政府担任要职。

苏联人在二战期间的英勇和牺牲，赢得了西方的极大好感。如果战后斯大林更克制性地行动，不计较邻国的政府组阁而接受那些本会适应苏联邻邦的国家，那么他就会获得自己所寻求的安全。但是，斯大林猜疑美国政府。无论罗斯福如何理性，斯大林都将他视为资本主义国家的领导人。他坚信，作为“华尔街的工具”，罗斯福不可能诚心诚意地寻求和平。

丘吉尔在伦敦表达了对苏联扩张的担忧，力促美国出兵控制柏林并继续东进占领捷克斯洛伐克。他还建议，在苏联遵守其关于东欧的协议前，美国军队不要撤回共同商定的德国占领区，也不要将兵力调至远东，以展开对日本的最后攻势。罗斯福拒绝了丘吉尔的所有建议，他向斯大林保证战后两年内将撤回所有美国军队。那么斯大林为何还担心美国会反对自己控制东

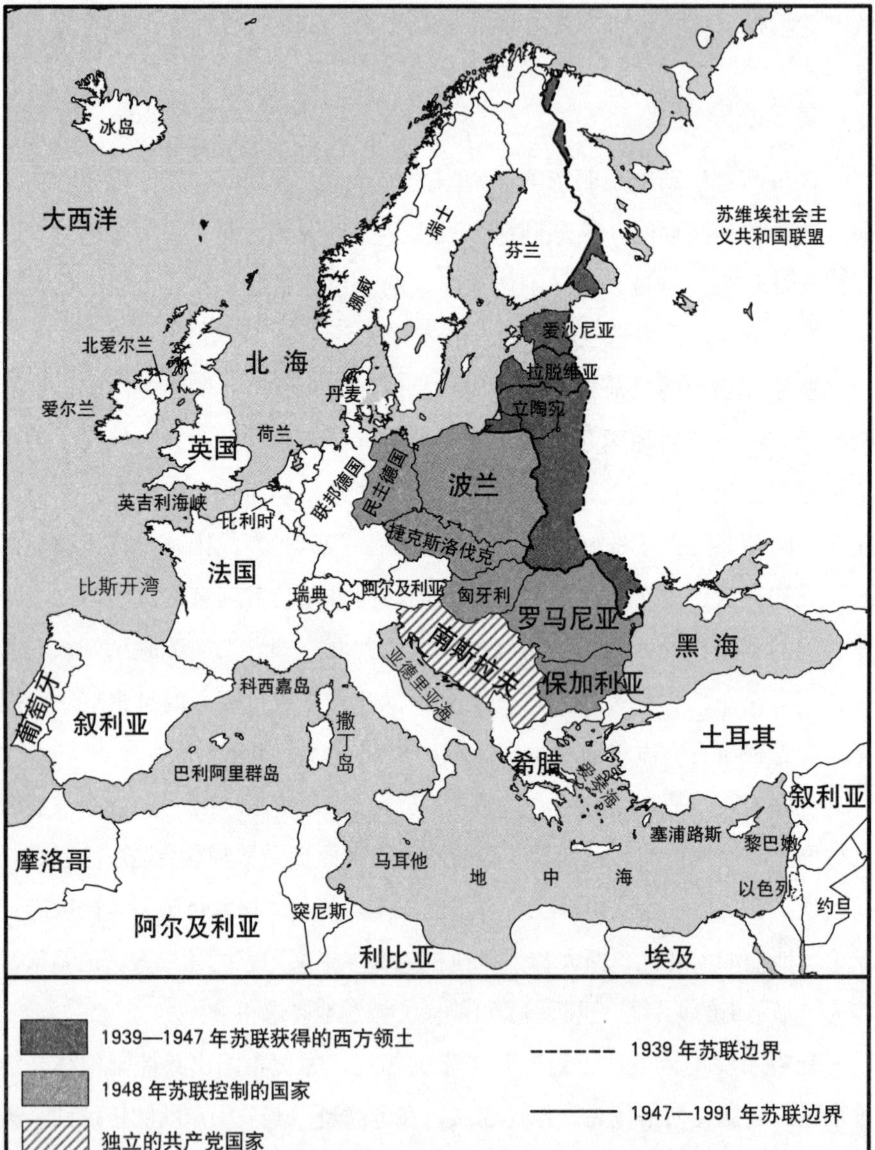

地图 2–1　1939 至 1948 年，苏联在欧洲的扩张

欧呢？他允许捷克斯洛伐克和匈牙利的自由选举，小心翼翼地静观美国的反应，是因为这两个东欧国家与美国最密切。但他加强了对其他地区的控制。

西方没有抗议斯大林的行为，因而苏联人很快镇压了匈牙利的自由。[11]即使共产党成为了第一大党，但1948年在一场政变中，苏联还是推翻了捷克政府。与罗斯福的期望大相径庭，斯大林甚至不能接受一个共产党控制的联合政府。苏联领导人的安全观几乎没有为邻国留有安全的余地。苏联的权限不得不由美国界定。

苏联的南进

正如在两次世界大战中，英国带头遏制德国，1945年后也是英国（而非美国）率先反对苏联。的确，美国起初试图在苏联和英国之间，扮演着调停者的角色。仅当英国力量不足时，美国才担负起了制衡苏联的任务。正如本章随后所详述的，1946年至1947年期间，美国逐渐掌握主动权。由于斯大林企图加强在东欧以外的权力，因而这促成了美国的主动权。甚至在二战的硝烟尚未散去之前，苏联已开始行动了。土耳其、希腊和伊朗最先感受到苏联人的压力。如果苏联在东欧的行为可以从防御角度进行解释，那么对苏联以南从土耳其到印度这片区域而言，这种解释并不适用。俄国沙皇试图在地中海建立一个温水港，并在中东取得一席之地，然而斯大林也希望实现这个目标。

1945年6月，苏联提出数项要求，试图在土耳其获得影响力：割让土苏边界上的几个土耳其地区；修改管辖达达尼尔海峡的《蒙特勒公约》（Montreux Convention）[12]，以便土苏联合管理；要求土耳其断绝与英国的关系，与苏联签署协议；最后为苏联海军和陆军租借达达尼尔基地以“共同防御”。这些要求引起美国的极大关注，因而美国将一支海军特遣部队派往地中海地区。12天后，美国正式回应，拒绝苏联同土耳其共同防御达达尼尔海峡的要求。英国也做出类似回应。

1946 年秋游击战的不断蔓延，使得希腊政府感受到共产主义的压力。希腊内战没有什么新奇。二战期间，共产党与反共游击队为相互争斗而不是抗击德军消耗了大量精力。当英军在希腊登陆，德军撤离时，共产党人企图接管雅典。在数周的残酷巷战、英国援军登陆之后，共产党对雅典的控制才结束了。1945 年 1 月，各方签订了停战协议。但仅一年以后，右翼势力在一次希腊大选中赢得多数选票。1946 年 8 月，共产党在希腊北部重新开战，苏联的东欧卫星国为希腊游击队提供了充足的给养。

与此同时，苏联拒绝从伊朗撤军，从而向伊朗施压。1941 年末，苏军进驻伊朗。当时苏英侵占伊朗以阻止纳粹势力的扩张，并使其成为西方向苏联运送军事援助的通道。苏联占领了伊朗北部，英国占领了伊朗中南部。英国撤军后，苏联试图将伊朗变成自己的卫星国。苏联断然拒绝伊朗总理以石油开采权换取苏联撤军的提议。苏联的目标无非是分裂阿塞拜疆北部地区，然后以各种手段迫使伊朗沦为受奴役的国家。美国政府需要再次支持英国。美英明确表态会以武力防御伊朗，此后斯大林最终才缓和了下来。

虽然美国在这些地区的对外政策很大程度上是有效的，但罗斯福的继任者哈里 · 杜鲁门（Harry S. Truman）总统所采取的行动，只是对突发危机的迅速反应。这些政策并不是美国发动和打赢冷战总体战略的产物。仅当重新评估苏联对外政策之后，这种连贯一致的战略才形成。这种评估需要以历史的视角来审视二战后苏联的行为。

遏制战略

18 个月后，美国才开始进行评估，即从 1945 年 9 月 2 日日本投降到 1947 年 3 月 12 日“杜鲁门主义”（Truman Doctrine）的发表。或许这种重新评估不可能更快地完成，因为一个民主国家的公众舆论一般不会一夜之间彻底改变。我们不要期望美国人会突然放弃对苏联的友好态度。这种态度很大程度上源于二战时期苏联的勇气、坚韧以及美国对战后和平性合作的期望。另外，厌战的美国公民希望不受干扰地回到处理国内事务中。

军方领导人力劝杜鲁门要慢慢削减军队，以保护美国不断增强的战略地位。然而，总统和国会觉察到国民想要远离外交事务的愿望，便下达了“世界历史上最快速的复员令”[13]。现役部队人数从 1945 年的 1200 万突降至 1948 年的 150 万以下（见图 2–1）。军事实力的锐减标志着美国从心理上的复员，这无疑助长了苏联在欧洲的不妥协态度以及在其他地方扩大影响的图谋。虽然军事人员大幅削减，但美国依然有世界上最大规模的海军，而且拥有核垄断地位。但是，考虑到之后美国对占领区的承诺，“美国缺乏足够的地面部队干预小规模冲突以外的任何情况”[14]。

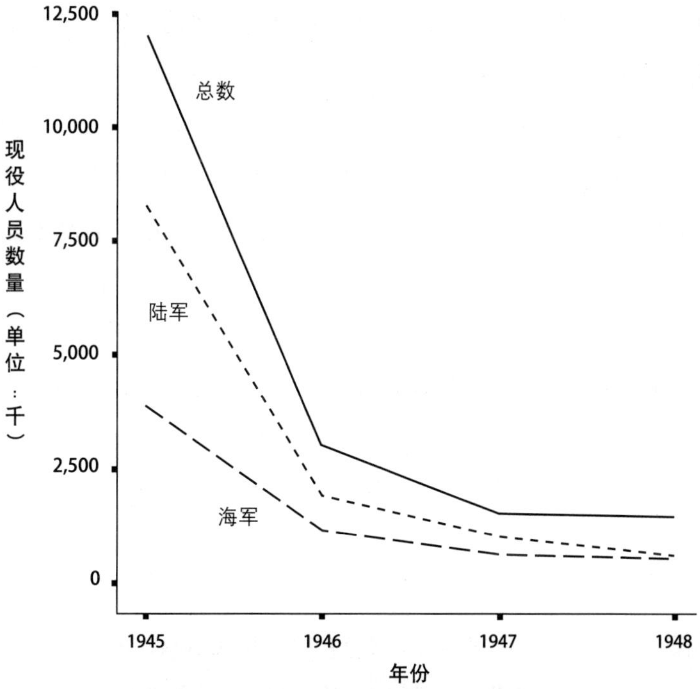

图 2–1　二战后美国的复员情况

当苏联的扩张最终导致美国政策的重估时，三项战略立场越来越清晰。其一，年迈的现实主义者温斯顿·丘吉尔长期反对美国从欧洲撤军。他认为，英美两国的驻军会迫使苏联履行雅尔塔会议的承诺，即允许东欧自由选举，从东德撤军。美国拒绝了丘吉尔的请求。此后 1946 年 3 月，丘吉尔在密苏里州富尔顿发表演说，直接向美国民众说明情况："从波罗的海的什切青（Stettin）到亚得里亚海（Adriatic）的里雅斯特（Trieste），一幅横贯欧亚大陆的铁幕已经落下来。中欧和东欧古国的都城坐落在铁幕之后。华沙、柏林、布拉格、维也纳、布达佩斯、贝尔格莱德、布加勒斯特、索非亚，所有这些名城及其居民都身处苏联的势力范围内，不仅以某种形式受苏联的影响，而且日益受控于莫斯科。"[15]

丘吉尔认为，苏联人不愿发动战争，"他们意欲战争的果实、自己权力和原则的无限扩张"。苏联人及其心愿之间唯一的事情是，英联邦和美国的对抗性权力。简言之，丘吉尔坦率地指出冷战已开始，美国必须承认这个现实，放弃三巨头（美国、英国和苏联）在联合国中团结的幻想。

其二，美国商务部部长亨利·华莱士（Henry A. Wallace）认为丘吉尔的对抗性观点只会激起苏联的敌意。华莱士指出，如同苏联在拉美一样，美英在东欧也没有什么事务。因此，西方对苏联邻国的干预势必会引起苏联的猜疑。华莱士表示："我们或许不喜欢苏俄在东欧的所作所为，但是不管我们喜欢与否，苏俄人都会努力在其势力范围内实现社会主义，正如我们在自己的势力范围努力实现民主化一样。"仅仅互信才能使美苏和平共处，然而，美国不友善的态度和政策不可能产生这种信任。华莱士预言："我们越强硬，苏俄人就会越强硬。"[16]

乔治·凯南与新大战略

美国国务院首席苏联问题专家乔治·凯南（George F. Kennan）受命构思美国应对苏联的全面措施。在 1946 年发自美国驻苏大使馆的一份详电中，凯南分析了苏联的世界事务观，勾勒出了应对之策，从而奠定了未来半个世纪美国对外政策的基础。[17]

凯南的报告首先总结了历史上俄国因很大程度上未受保护的广阔疆界，而所产生的不安全感。此后，将这种文化特点与共产主义思想相结合。后者宣称，共产党人的使命是推翻世界上的资产阶级国家。在“俄国历史与传统强有力的”指引下，苏联的军事权力会维持其摧毁资本主义体系的断言。[18] 从美国政府的观点来看，这种敌意在苏联对外政策中处处可见：“秘而不宣、缺乏诚意、表里不一、战争疑心、毫无善意。”凯南解释道：“就像是先决条件，苏联政策的这些特点是其权力**内在**属性的根本所在。在苏联权力性质改变之前……这种情况将与我们形影不离。”[19] 他认为，在那之前，苏联的战略和目标依然如故。

因此，美苏的较量是长期的，但凯南强调苏联的敌意并不意味着苏联将会实施孤注一掷的计划，以在确定的日期推翻资本主义。鉴于其历史必然性的观点，苏联没有为胜利设定时间表。在以下精彩段落中，凯南概述了苏联的斗争观：

> 苏联没有急于实现自己目标的意识形态冲动。正如教会一样，其意识形态概念是长期有效的，因而苏联会从容应对。苏联无权为了未来无用的东西而冒现有革命成果之险。列宁本人也教育民众在追求共产主义理想时要小心谨慎、灵活处理。俄国的历史教训进一步强化了这些训诫：数世纪以来，游牧民族为了毫无设防的广袤平原进行了数不清的战争。谨慎、细心、灵活和欺骗是可贵的品质……关键是这一预期目标总面临着压力、持续不断增大的压力。没有证据显示苏联人心理上认为这个目标必须要限期完成。[20]

美国如何才能应对这种政策呢？凯南的答案是，美国政策必须是一项

“长期的、耐心而又坚定、警惕的遏制政策”。他将遏制视为对美国民主的一种考验，以践行一项明智的长期对外政策，同时又力促苏联的改变，并最终使其缓和革命目标。他在一篇 40 年后依然意义非凡的文章中强调，美国

> 有实力极大地增加苏联行动所受到的压力，迫使克里姆林宫与近几年相比更加节制、谨慎，以此促使苏联最终走向分裂或日渐柔和。如果最终没有以某种方式适应事态发展的逻辑，那么任何神秘的、弥赛亚救世主式的行动——特别是克里姆林宫的行动——无法无限期地面对挫败。[21]

那么，美国为什么如此热衷于与苏联的长期斗争呢？凯南认为，原因在于工业是权力的关键因素，而且美国控制了大多数的工业中心。世界上有五个工业中心：美国、英国、西德、日本和苏联。美国及其盟友占了四个，苏联仅占一个。遏制政策使苏联限于一个工业中心。凯南指出，问题不在于美国是否有足够的实力遏制苏联，而是是否有这样做的耐心和智慧。[22]

遏制政策的替代方案

凯南的遏制战略被美国政府普遍接受。此后，美国政府着手于复杂的任务，将战略概论转化为具体举措。这些举措包括兵役的新战略，更重视经济治国之术和对外援助，以及持续不断地将外国纳入双边和多边的联盟网络中（见第三章）。

杜鲁门政府采纳了遏制战略，含蓄地拒绝了其他两个广受支持的行动方案。第一个是退回到远离欧洲的传统外交模式中，这一方案被否决了。1947 年 2 月 21 日下午，英国驻美大使馆的首席秘书向美国国务院官员递

作用与影响

乔治·凯南

在美国，对即将到来的冷战的关切，很快取代了二战结束后的欢呼雀跃。美国政府求计于二战期间和之后驻苏的国务院官员乔治·凯南，以勾勒苏联在中欧的挑战的应对之策。正如本章所述，在1991年苏联解体之前，美国总统们一直奉行凯南的“遏制”战略。

虽然凯南深刻地影响着战后美国对外政策，但战后的大部分时间里他并未在政府任职。1950年，他加入了普林斯顿高级研究院，依然参与对外政策争论，但经常招致批评，因为其遏制政策直接导致了美国干预朝鲜、越南和拉美地区。凯南指责美国领导人已经偏离了自己所提出的战略。更普遍意义上，他批评美国对外政策的“法制—道德”方法，宣称这妨碍了美国在20世纪末关注自身的国家利益。由此，凯南被视为战后重要的现实主义者之一。这些现实主义者的观点与美国对外政策的特性背道而驰。

交了英国政府的两份报告。一份有关希腊，另一份有关土耳其，但这两份报告异口同声：英国已无力履行对这两个国家的传统责任，因为希腊、土耳其两国已处于崩溃的边缘。由此观之，英国报告的意图非常明显：只有美国才能阻止苏联的破竹之势。

对于西方而言，2月21日是个转折点。西欧仅存的唯一大国英国承认已力不从心。英国曾经与西班牙菲利浦二世（Philip II）、法国路易十四（Louis XIV）、拿破仑·波拿巴、德国威廉二世（Kaiser Wilhelm II）以及阿道夫·希特勒交战。长期以来，英国一直维系着均势，但在20世纪英国维系均势的能力不断下降，曾两度向美国求援。每次英国参加的战争都旷日持久，但是，仅当德国及其盟友明显强于英国，而且美国必须保卫自身安全时，美国才会参战。

美国政府也否决了另一方案，即对苏联的直接军事打击。二战时，苏联惨遭重创。虽然美国的常规力量远胜于苏联的常规力量，但很少有人支持直接打击，因为厌战的美军已回国。虽然20世纪40年代末美国拥有核垄断地位以及摧毁苏联的能力，但美国政府依然放弃了这个方案。原因在于对苏联先发制人的核攻击显然有违普遍的道德准则。

美国领导人依然尽可能保持自身的核垄断地位。他们的建议在1946年《艾奇逊—利连索尔报告》（Acheson-Lilienthal Report）中首次提出，而后在《巴鲁克方案》（Baruch Plan）中修改，此后提交联合国，这个建议号召国际社会控制核原料，同时要求各国领导人承诺不研发核武器。不出所料，斯大林怀疑杜鲁门的动机，拒绝了《巴鲁克方案》。苏联驻联合国大使安德烈·葛罗米柯（Andrei Gromyko）指出："美国垄断着核武器生产，并且想要保持这种垄断。"[23] 更为意料之中的是，1949年8月29日苏联成功试射了自主研发的核武器，从而引发了一场旷日持久、复杂而危险的核军备竞赛。

数个世纪以来，军备的首要任务是赢得战争。从现在开始，超级大国军备的主要目的是**阻止**战争。核武器没有其他合理性。如今美国不得不发动一场旷日持久的低强度冲突，这种冲突与传统的对外政策特性截然相反。常用来代指这场冲突的词——冷战——恰到好处。“战”表示美苏对抗的严重性；“冷”表明核武器极具毁灭性。即使是使用常规武器，两个核大国也不能开战。

即使遏制共产主义的战略是美国战略的关键，但它依然招致多方的批评。一些人认为遏制战略远远不够，因为这一战略没有利用美国军事和经济霸权，却使苏联人有机会确定超级大国对抗的时间和地点。[24] 其他人认为，遏制战略可能太过火。然而，遏制政策介于两个极端之间，广受美国内外温和派的支持。遏制战略开启了美国对外政策的幸运新时代。国务卿迪恩·艾奇逊（Dean Acheson）的回忆录标题《参与创造世界》(*Present at the Creation*）或许是最佳体现。艾奇逊认为，20 世纪 40 年代末“见证了超级大国之一的美国陷入了饱受战争蹂躏、分崩离析、近乎混乱的世界中。为了时代的责任和需要，美国做了史无前例的最大努力，比以往战争年代还努力。所有身处那个岁月的人也有机会提供自己的最佳例证”[25]。

此后冷战的特点是长期敌对、彼此避免灾难性军事决战。由于美国承担起英国守护均势的角色，因而不得不学习权力政治。在自我保护的同时，美国也必须学会在和平时期处理持久的冲突。这种新体验不同于美国历史上处理外敌和国际体系的方式。

冷战宣言：“杜鲁门主义”

1947 年 3 月 12 日，哈里·杜鲁门总统在国会联席会议上发表了美国历史上最重要的演讲之一。他首先概述了希腊局势，此后阐明了众所周知的“杜鲁门主义”。他说，美国只能在自由之花盛开的世界上才能生存。这一目标无法实现，除非美国愿意帮助自由之民维持其制度和领土完整，抵御试图将极权主义统治强加给他们的入侵行为。这仅仅是坦率地承认，如果极权主义以直接或间接的入侵方式被强加于自由之民，那么这会危及国际和平、美国安全的根基。

在世界历史上的此时此刻，几乎每个国家都必须在两种生活方式中选其一。选择往往不是自由的选择……我认为我们必须帮助自由之民以自己的方式掌握自己的命运。[26]

杜鲁门总统请求国会拨款4亿美元向希腊和土耳其提供经济和军事援助，并授权派遣美国人员协助两国重建，为其军队提供适当的指导和培训。他含蓄地提议美国援助“自由之民”。这种口头承诺旨在传递自己的善意。[27] 在这些措施的获批方面，杜鲁门最重要的策略性胜利之一是得到了密歇根州参议员阿瑟·范登堡（Arthur Vandenberg）的支持。范登堡是知名的共和党孤立主义者、参议院对外关系委员会主席。在范登堡的赞同下，国会支持“杜鲁门主义”的精神与资金要求。[28]

自此，美国推出了遏制政策。正如20世纪40年代末杜鲁门政府所预测的，战后超级大国间日益浮现的冲突，体现在双方的敌对行动中。对许多人而言，1947年7月2日是决定性时刻。当时西方领导人在巴黎组织会议讨论马歇尔计划的分配问题，俄国代表团却当即离席（见第三章）。从那时起，两个对手甚至都不会假装大国合作的样子。

在这种动荡的环境中，苏联行为使美国几乎毫无选择，只能采取对抗政策。二战期间，美国曾试图消除苏联对西方的疑虑，体会到苏联在东欧的安全关切，为战后合作奠定基础。二战结束后，美国决策者的首要关切并不是消灭苏联——这个自称是世界革命的堡垒和西方资本主义的敌人，也没有试图把苏联赶出东欧。毕竟，美国政策并不是早已存在的反共意识形态的产物。相反，美国希望阻止大国主宰欧洲。20 世纪这种情况，曾两度将美国拖入战争。

由此冷战伊始，美国对欧洲的军事战略与其两次世界大战之初期的战略相一致，即一战打击德国保守的君主，而二战打击德国和意大利法西斯。冷战期间美国的对手是苏联共产党政权。不管苏联是何意识形态，美国的战略及其行动依然如故。然而，这并不意味着意识形态与冲突无关。相反，所有这些对手的政府体系、国家与社会的关系都与美国的民主观相抵触，似乎威胁着美国的民主观。因此，处于意识形态范围两端的法西斯主义、“无神论的”共产主义政权也激起了美国政府的道德冲动，为冷战提供了更多的合理性。这种战略非常契合美国对世界的传统二分法，即世界不是善的就是恶的，因而再次激起了美国的道德讨伐。

二战后美苏行为的强烈反差，加剧了这些本已存在的紧张局势。苏联吞并了波罗的海的爱沙尼亚、拉脱维亚和立陶宛，将共产党政权强加于周边国家，以驻军的方式确保这些国家的效忠。事实上，如果苏军没有进驻，这些政府便无以存活。相比之下，伊朗、土耳其和希腊请求美国施予援手，因为它们害怕苏联的施压和恐吓。苏联的扩张意味着它们将失去独立；然而，美国的援助却使其独立。所有这些国家都同意美国的观点，将苏联视为对它们政治独立和领土完整的威胁。它们督促美国纠正 1945 年以后的失衡。它们的关切并不是美国的扩张和霸权，而是惧怕其放任不管。

最初，“杜鲁门主义”是具体的、有限的，而不是全球性的。美国决策者们清楚地意识到作为大国，美国也并非无所不能；他们必须认真地决定美国的首要任务，有区别地使用美国权力。之后美国的应对，取决于外部挑战源自哪里，以及美国如何界定这种挑战与其安全之间的关系。遏制政策只适用于苏联扩张其权力的地区。显然，从一开始均势得到优先关注。

尽管“杜鲁门主义”传递了民主的价值观，但它首先应用于希腊和土耳其，这两个国家并不是民主国家。但是，相比于其政府特性，这些国家的战略地位被认为更重要。然而，美国在西欧的战略和权力考量与其民主价值观相一致，遏制苏联相当于捍卫民主。由此，美国身陷一个典型的困境：保护伊朗、土耳其、希腊等战略要地，非民主的国家可能会遏制苏联权力，但有损美国声誉，削弱了美国政策的公信力。但仅与屈指可数的民主国家联盟，或许使美国无法实施遏制政策。尽管事业的纯洁性得以保存，但民主的安全性却大打折扣。冷战期间，这种困境一直困扰着美国的政策。如今，同样的困境又在反恐战争中重现了。

总之，正在形成的两极国家体系和苏联的行为，是促成冷战的根本原因。美国对冷战的形成有何影响呢？若有的话。或许，当时美国原本不仅仅是抗议苏联的扩张及其在东欧的霸权。事实上，像英国人一样，美国人崇拜苏联红军在阻止和击退纳粹势力时的英勇奋战。另外，相比于同盟国相对较轻的损失，苏联的巨大伤亡西方有目共睹。在这些情况下，对战后与苏联友好关系的期望是可以理解的。然而，东欧的事件很快驱散了这些乐观的预测。当美国撤离和遣返军队时，苏联领导人明确表示，他们对该地区的控制绝不是暂时的。因此，当与苏联集团相邻的国家受到威胁时，它们转而向美国求援。美国不得不放弃了对战后和谐世界秩序的幻想，最终采取必要措施坚决抵抗斯大林。

注释

[1] Julian E. Zelizer, *Arsenal of Democracy: The Politics of National Security from World War II to the War on Terrorism* (New York: Basic Books, 2010).

[2] Melvyn P. Leffler, *A Preponderance of Power: National Security, the Truman Administration, and the Cold War* (Stanford, Calif.: Stanford University Press, 1992).

[3] 对于关键性“转折”时期的多角度阐述，参见：Arnold A. Offner and Theodore A. Wilson, eds. *Victory in Europe, 1945: From World War to Cold War* (Lawrence: University

Press of Kansas, 2000)。

[4] Robert E. Sherwood, *Roosevelt and Hopkins, An Intimate History*, vol. 2 (New York: Bantam Books, 1950), 363-364.

[5] Herbert Feis, *Churchill, Roosevelt, Stalin: The War They Waged and the Peace They Sought* (Princeton, N.J.: Princeton University Press, 1957), 238.

[6] James MacGregor Burns, *Roosevelt: The Soldier of Freedom* (New York: Harcourt Brace Jovanovich, 1970), 582.

[7] Richard Pipes, *Game Plan: A Geostrategic Framework for the Conduct of the U.S.-Soviet Contest* (Boston: Atlantic Monthly Press, 1986), 19-20.

[8] Zbigniew Brzezinski, "The Soviet Union: The Aims, Problems, and Challenges to the West," in *The Conduct of East-West Relations in the 1980s*, Adelphi Paper No. 189, Part I (London: International Institution for Strategic Studies, 1984).

[9] Vladimir I. Lenin, *Imperialism: The Highest Stage of Capitalism* (New York: International Publishers, 1939), 89.

[10] 对于最近的历史及对苏联领导人的评论，参见：Vladislav M. Zubok, *A Failed Empire: The Soviet Union in the Cold War from Stalin to Gorbachev* (Chapel Hill: University of North Carolina Press, 2007)。

[11] Charles Gati, *Hungary and the Soviet Bloc* (Durham, N.C.: Duke University Press, 1986).

[12] 亦称《关于海峡制度的公约》，该公约确认了海峡通行自由的原则。由保加利亚、法国、英国、澳大利亚、希腊、日本、罗马尼亚、土耳其、苏联、南斯拉夫于1936年7月20日在瑞士蒙特勒签订。同年11月9日生效，有效期20年。——译者

[13] Stephen E. Ambrose, *Rise to Globalism: American Foreign Policy since 1938*, 5th rev. ed. (New York: Penguin, 1988), 79.

[14] Robert A. Pollard, *Economic Security and the Origins of the Cold War, 1945-1950* (New York: Columbia University Press, 1985).

[15] 演讲全文，参见：Thomas G. Paterson, ed., *The Origins of the Cold War*, 2nd ed. (Lexington, Mass.: D.C. Heath, 1974), 11-17。

[16] Henry Wallace, "The Way to Peace," September 12, 1946, http://www.lib.uiowa.edu/spec-coll/MSC/ToMsc200/MsC177/index.speechesby1946.htm.

[17] 此后这份"长电报"刊印在1947年7月的《外交事务》杂志上，题目为"苏联行为的根源。同时也登载于以下作品中：George F. Kennan, *American Diplomacy, 1900-1950* (Chicago: University of Chicago Press, 1951), 107-128。

[18] Kennan, *American Diplomacy*, 111-112.

[19] Ibid., 115.

[20] Ibid., 118.

[21] Ibid., 127-28.

[22] 凯南（2005 年 3 月去世）的最新传记，参见：John Lewis Gaddis, *George F. Kennan: An American Life* (New York: Penguin Press, 2011), John Lukacs, *George Kennan: A Study of Character* (New Haven, Conn.: Yale University Press,2008), and T. Christopher Jesperson, ed., *Interviews with George Kennan* (Jackson: University of Mississippi Press, 2002)。

[23] Michael Gordin, *Red Cloud at Dawn* (New York: Farrar, Straus, and Giroux, 2009), 53.

[24] 有关重要的批评，参见：Walter Lippmann, *The Cold War: A Study in U.S. Foreign Policy* (New York: Harper, 1947)。

[25] Dean Acheson, *Present at the Creation: My Years in the State Department* (New York: Norton, 1969), 725.

[26] 重点强调。关于这一时期局势与杜鲁门的国会演讲的最佳理解，参见：Joseph M. Jones, *The Fifteen Weeks* (New York: Viking Press, 1955), 17-23。

[27] Denise M. Bosterdoff, *Proclaiming the Truman Doctrine: The Cold War Call to Arms* (College Station: Texas A&M Press, 2008).

[28] "杜鲁门主义"的最新阐释，参见：Jan S. Prybyla, *The American Way of Peace: An Interpretation* (Columbia: University of Missouri Press, 2005), chap.7; and Arnold A. Offner, *Another Such Victory: President Truman and the Cold War, 1945-1953* (Stanford, Calif.: Stanford University Press, 2002), chap. 8。

第三章

遏制：从理论到实践

1948 年，德国西柏林的民众正在观看美国空军运输机着陆。1948 年 6 月，苏联切断了西柏林的陆路通道和水源供应，致使西柏林居民直到 1949 年末以前，一直依靠美国而生存。冷战初期，对柏林的物资空运成为美国对外政策的成功范例之一。

两次世界大战相距的 21 年（1918 年至 1939 年），使得参战国有时间从重创中复兴，恢复某种表面的国内秩序，重新界定其国家利益，为未来挑战而准备。但二战结束后，事实并非如此。甚至在二战未结束之前，苏联和西方盟国双方就都在垂涎中欧的势力范围。在日本投降仅 6 个月后，丘吉尔就沮丧地宣称“铁幕”已在中欧落下，界定着下一场全球对抗的战线。如果这种情况出现在“两次世界大战”期间，那么这是难以察觉的。对美国来说幸运的是，20 世纪 40 年代末是美国外交史上最富想象力的岁月。在颇具凝聚力的顾问团指导下，哈里 · 杜鲁门总统改变了美国对外政策，因此美国作为政治、经济和军事超级大国，可以无限期地参与竞争。杜鲁门政府的这些“智者”确立了冷战期间最终获胜的西方战略的基础。[1]

全球范围的挑战致使遏制政策的实践成为一项艰巨任务。一些障碍极大，因为美国传统上倾向于，在和平时期回避与远离大国政治。应对全球威胁的制度基础并不存在，这进一步阻碍了美国。这些全球威胁不可能在数年内消失或用武力征服。美国政府在一战结束时才有了相当规模的外交使团，而且长期以来就对常备军心存芥蒂。但正如本章所述，美国领导人克服了这些障碍，创建了国家安全架构和多边组织的网络，从而全方位地抵制苏联。

这些安排已经超出了反共的范畴。相比于其欧洲盟友及东亚、非洲和拉美发展中国家，美国在创建和管理战后秩序中的核心角色，赋予美国领导人更多的影响力。另外，美国所构想的“宪法”秩序青睐国际法和参与国的政治自由，因此这种秩序成为了宣传美国价值观的手段，同时它以对外援助、军事保护和其他形式的支持使穷国的民众受益。[2] 数十年后，这种秩序的持久性价值是不言而喻的，因为 20 世纪 40 年代末形成的国内和全球制度网络在冷战结束后依然如故。但对于当时执政者来说，当务之急是抵御苏联的威胁。

首先，杜鲁门政府寻求复兴饱受战争蹂躏的西欧盟国。在美国看来，西欧盟国急需建立联合阵线以应对苏联。然而，如果欧洲国家内部的历史性竞争关系依然存在，那这样的任务是不可能完成的。因此，美国鼓励欧洲政府在重建经济、解决其政治争端、抵御外来侵略方面进行密切合作。美国不仅从言辞上支持这种合作，而且承担了西欧复兴的大部分资金。

然而，美国不会止步于欧洲。为了遏制共产主义，美国也必须积极介入其他地区。20 世纪 40 年代末、50 年代初，苏联和中国的亚洲周边地区成为美国遏制的第二个目标。相比于西欧，许多亚洲国家当时刚刚摆脱了殖民统治，民族主义和反西方的情绪高涨。特别是 1949 年中国共产党的执政削弱了美国在亚洲的地位。自此，美国面对两个军事强大的共产党政权：一个（苏联）是世界上国土面积最大的国家，另一个（中国）是世界上人口最多的国家。正如乔治·凯南警告的那样，冷战是大规模的持久战（见第二章）。

经济和军事新格局

不同于其他大国所面临的局势，二战后美国军事实力比以前更强大了。美国拥有毫无衰减的工业产能，垄断着核武器，在全球范围内驻军。特别是相比于欧洲和东亚遭受重创的工业经济而言，二战反而增强了美国经济。即使在其经济竞争者复兴以后，美国依然占全球生产总值的四分之一，这使其前所未有的财富与其军事实力相匹配（见图 3–1）。

大国的对外政策不仅仅需要一个广为接受的大战略。无论这个战略受到多么广泛的支持，对外政策决策者也必须关注国内、国际层面的政治制度的现实情况，因为这些政治制度践行着战略。美国官员除了致力于在二战结束 3 个月后创建联合国，也关注了两个领域。第一，他们创建了一个国际经济体系以支持资本主义国家间的商业。第二，他们重整美国军事架构，创建了详尽复杂的联盟网络。总之，这些改革所确立的制度性蓝图在整个冷战期间及其后都持续有效。

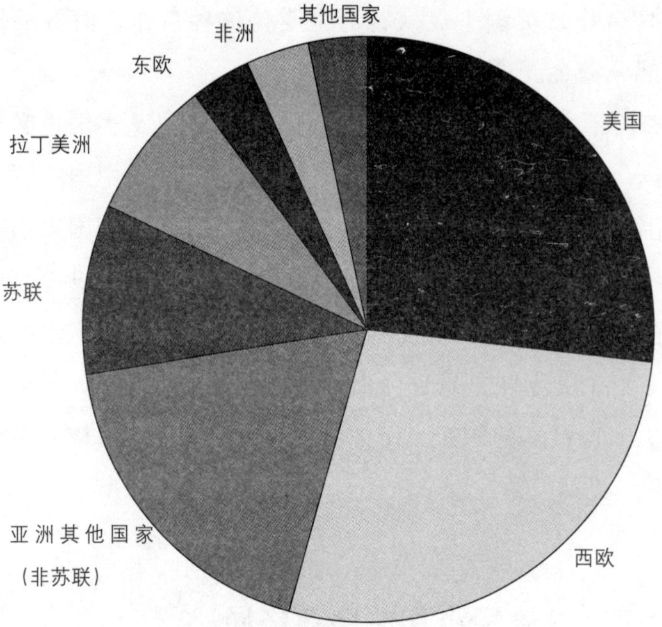

图 3–1　1950 年，世界经济分布图

（国内生产总值按 1990 年美元为不变价格，单位：十亿）

来源：Angus Maddison, *The World Economy: A Millennial Perspective* (Paris: Organisation for Economic Co-operation and Development, 2001), 261。

布雷顿森林体系

二战期间，西方国家一致认为，一种新体系是必要的，以管理全球经济关系。它们意识到，贸易壁垒、国家的工业补贴和其他形式的重商主义导致了 20 世纪 30 年代的“大萧条”(Great Depression)，继而激起了民族主义情绪，催生了纳粹德国。人们普遍认为，以开放市场为基础的自由国际经济秩序促成了欧洲工业国家的复兴，也能避免这种灾难的重演。[1] 以市场为基础的经济秩序造就繁荣的资本主义国家，从而降低了共产主义的吸引力，但这个目标是次要的。建国以来，美国领导人一致认为美国经济繁荣、全球总体稳定有赖于鼓励跨国贸易和投资一体化的全球经济。

虽然美国领导人常常违背其对自由贸易的承诺，但他们坚持认为：自由市场这只“看不见的手”会带来全球繁荣。[2] 他们与欧洲领导人一起构思了国际经济、财政和货币合作的计划，并以美国巨大经济资源认购。1944 年，44 个国家的代表相聚在新罕布什州布雷顿森林，批准了这项由美英官员构想的计划。布雷顿森林体系在加速工业国家复兴方面，扮演着关键性角色。这一新体系也巩固了与共产主义相竞争的市场经济。

布雷顿森林体系创建了两大组织机构以促进市场经济国家的经济增长。[5] 其一是国际复兴开发银行（International Bank for Reconstruction and Development，IBRD），即世界银行（World Bank），负责向成员方借贷工业重建所需的资金。在其成立之初，美国提供了大部分资金，然后世界银行以慷慨的条款借贷给成员方。世界银行首先向欧洲政府提供资金支持，之后转向了正摆脱殖民统治的发展中国家。其二是国际货币基金组织（International Monetary Fund，IMF），负责管理货币兑换，为深陷短期货币危机的成员提供信贷，因而成员方无需发行更多货币以弥补赤字。20 世纪 30 年代，货币超发曾导致许多国家恶性通货膨胀和中央银行的倒闭。

主要经济大国曾试图创建第三个组织机构以管理国际贸易，但没成功。1948 年《哈瓦那宪章》所提议的国际贸易组织（International Trade Organization，ITO）呼吁消除对全球商业的控制，包括对外投资、就业政策和商品价格。但是，包括美国在内的一些国家认为，国际贸易组织会侵犯其经济主权，违背自由企业原则。相反，美国和其他 22 个国家批准了《关税和贸易总协定》（General Agreement on Tariffs and Trade，GATT），确立了世界市场上的“非歧视性”原则。关贸总协定的后续谈判进一步限制了国家违反自由贸易规则的能力。1995 年，关贸总协定的多轮谈判最终促成了世界贸易组织（World Trade Organization，WTO）。

布雷顿森林体系为更加一体化的世界经济奠定了基础。以美元为基础的固定汇率体系维护了市场经济的稳定。反过来，美元是以美国黄金储备每盎司 35 美元价值为基础的。[6] 因此，美元成为世界货币，为金融市场提供担保，为贸易和对外投资提供基本框架。一旦美国的西欧盟友和日本从布雷顿森林体系的改革、马歇尔计划（如本章随后所叙述的）以及美国其他援助项目中获益，那么它们便有能力从二战中复兴，见证史无前例的经济增长。与此同时，苏联及其东欧卫星国仍然超脱于以市场为基础的全球经济，从而预示着冷战不祥的结局。

《国家安全法》

冷战伊始，杜鲁门得到国会的大力支持，重组美国军事架构以便有能力遏制共产主义。根据 1947 年的《国家安全法》(National Security Act)，此前各自为政的陆军部和海军部合并成立新的国防部，取代了作战部（Department of War）。如今，美国按照国防一般原则而不是作战设立了**永久性**的军事机构。作为重组的一部分，以前由陆军统领的空军成为一个独立部门。美国空军很快超过了原来的两个部门，因为其主要任务是管理美国不断增长的核武器库。

《国家安全法》还成立了中央情报局，这是战略情报局（Office of Strategic Services，OSS) 的产物。战略情报局在二战期间曾负责收集外国情报，从事间谍活动。人们普遍认为，战略情报局从事“流氓”行为，在世界各地执行秘密任务但很少受到监管，因而二战后即刻被取缔了。作为比战略情报局规模更大的情报组织，中央情报局尽管备受争议，但很快成为美国遏制计划的关键组成部分。中央情报局之所以“关键”，是因为中央情报局收集与分析的信息成为美国对外政策的基础。中央情报局之所以“备受争议”，是因为它传承了战略情报局的遗风，情报局人员往往在海外执行秘密任务，寻求颠覆那些被认为敌视美国的政府。

最后，《国家安全法》成立了国家安全委员会（National Security Council，NSC) 以帮助总统协调对外政策。入驻白宫的国家安全委员会成员包括总统（委员会主席）、副总统、国务卿和国防部长。参谋长联席会议主席、中央情报局局长及其他为总统提供建议的政府官员也时常与会。设立国家安全委员会办公厅以便为这些领导人提供信息，新设的国家安全顾问成为总统的“看门人”（秘书）和密友。借助国家安全委员，在某种程度上通过控制国务院、国防部等部门，总统能更好地控制对外政策，因为这些部门的领导因屈从于各自的官僚机构而广受质疑。同样重要的是，国家安全委员会成为总统危机管理的首选机构。危机管理在核时代日渐紧迫。[1]

对外政策的权力日益集中在行政部门手中，而且美国还创建了大规模的常备军，这些与美国对外政策的传统特性背道而驰。如前所述，美国开国元勋们有意限制总统的权力，避免拥有常备军，从而避免美国在对外事务中鲁莽行事。托马斯·杰斐逊和其他的早期领导人更担心“军事独裁国家”、“武士阶级”将来会威胁到个人自由。[8] 虽然这种担忧在冷战期间重现了，但人们普遍认可，总统日渐对国家安全的控制是作为世界大国的代价。

重振西欧盟国

二战后，欧洲的崩溃再次提出了一个根本性问题：欧洲的稳定对美国的安全是至关重要的吗？从建国之初，这个问题始终困扰着一代代美国领导人。美国两次投身于世界大战，说明答案是不言自喻的。但美国的两次参战都历经长时间的犹豫不决，最终皆因受到德国控制欧洲大陆的威胁。在每次冲突结束之际，美国又力求在政治上远离欧洲。美国人这种几乎病态的本能已有两个多世纪。然而二战后，美国首次被迫与西欧建立了**持久性**的多层关系，因为在岌岌可危的战后秩序中，只有美国才有采取行动的资源。

当两极世界形成时，欧洲的至关重要性尤其明显。欧洲地区的综合经济权力——工业、生产力、技工、科学家和工程师，仅次于美国。另外，美国与西欧的贸易网络和文化联系历史悠久而且紧密。同样重要的是，西欧在两个超级大国之间形成了一个“缓冲区”，从而在即将到来的冷战中占据了重要的战略地位。由于西欧的巨大潜力、地理位置，因此西欧的稳定与美国安全密不可分。

然而，二战给欧洲带来的毁灭性使欧洲大陆极其动荡不安。战乱深入欧洲腹地。当纳粹撤退时，几乎没有城镇能免于同盟国的轰炸、巷战以及蓄意破坏。成百万的民众食不果腹或流离失所。1947 年 1 月的生产力水平下降到 1936 年的 31%。这些困境迫使美国官员迅速应对。显而易见的是，美国无法将其行动仅限于一个方面，如经济发展、军事防御或政治改革。美国的应对必须是全面的，致力于使西欧成为冷战防御的前沿阵地。

马歇尔计划

西欧不仅处于经济崩溃的边缘，而且面临政治和社会动荡，因而精疲力竭的西欧政府被迫依附于美国。重建和经济振兴所需的大多数物资——糖、煤、小麦、棉花、硫磺、机器和卡车——只能依赖于美国供应商的大批量供应。然而，欧洲缺少食物和燃料，而且城市和工厂惨遭受损，根本没有购买这些产品的美元。另外，美国国内物资丰富，无需从国外购买。结果是**美元短缺**（dollar gap），这就意味着欧洲的复兴依赖于美国。

美国不会允许苏联将其影响扩展到西欧，因而美国决策者们必须找到帮助欧洲地区复兴的方式。国务卿乔治 · 马歇尔（George Marshall）呼吁欧洲国家为共同需要和共同复兴构想一项计划。美国以欧洲复兴计划为其提供资金（后来被称为马歇尔计划），但欧洲必须制订计划并采取措施。由此，欧洲经济合作组织（OEEC）产生了，据估计，欧洲复兴四年多时间的费用达 330 亿美元。杜鲁门向国会申请拨款 170 亿美元，但议员们缩减到 130 亿美元。实际上从 1948 年至 1951 年末计划结束之时，花费仅 120 多亿美元。英国、法国和西德获得了其中一半以上的数额。

美国起初的提议有意扩大到所有欧洲国家，包括苏联和东欧国家。因为如果美国仅邀请西欧国家，那美国会因分裂欧洲、加剧冷战而备受指责。但苏联人拒绝了马歇尔计划的援助，因而负有分裂欧洲的责任。然而，如果苏联同意参与马歇尔计划，美国国会或许就会否决马歇尔计划。鉴于二战时苏联所遭受的惨重损失，援助费用会飙升。幸运的是，约瑟夫·斯大林未能识破美国的哄骗手段。他拒绝了援助，命令其东欧卫星国也如此。[9]

马歇尔计划成功了吗？结果是不言自明的。1950 年，欧洲的生产力已经超过战前水平的 25%，两年后这个数字倍增。英国出口情况良好，法国通货膨胀好转，德国的生产力恢复到 1936 年的最高水平。美元短缺从 120 亿美元降至 20 亿美元。欧洲城市得以重建，工厂热闹繁忙，商店重新进货，农场主高产。马歇尔计划获得巨大成功，其花费仅占四年同期美国收入的一小部分。诚然，欧洲人自己的努力是主要原因，但没有马歇尔计划，如此迅速的转变是不可能的。丘吉尔将马歇尔计划称为“史上最无私的行动”[10]。

欧盟的根源

美国对西欧的援助是以欧洲国家间的经济合作为条件的。显然，美国自视为榜样。1948 年的《经济合作法案》(Economic Cooperation Act) 具体提议建立一个统一的欧洲市场，正如美国 48 个州的经济组织方式一样。如其所述，“美国意识到没有内部贸易壁垒的大规模国内市场所产生的益处，(认为) 欧洲国家也具有这种益处。”美国官方认为，经济一体化对于欧洲复兴和长期繁荣至关重要。

对德国实力再次崛起的担忧，进一步加快了欧洲一体化的进程。一个完全复兴的德国使其大多数邻国倍感恐惧。法国人对普法战争（1870 年至

1871 年)、两次世界大战记忆犹新，对德国重新崛起的前景尤其警惕。受美国冷战政策而复兴的德国成为其伙伴国的严重问题：当德国可能是欧洲除苏联以外实力最强的国家时，德国的伙伴国应该如何牵制德国?

在传统均势战略中，弱国试图制衡强国。法国意识到这种传统均势战略的失败，便寻求新途径以对越来越强大的德国施加某种控制。即德国和其他欧洲国家让渡部分主权，建立**超国家**机构，从而控制德国。德国实力不再为自己目标服务，而是服务于欧洲的集体目标同时，德国政府重新获得某种程度上的地区公信力。

1950 年 5 月，法国在欧洲一体化道路上迈出了勇敢的一步。外交部长罗伯特 · 舒曼 (Robert Schuman) 建议“小欧洲”(Little Europe）国家（法国、西德、意大利、比荷卢经济联盟国家的比利时、荷兰和卢森堡）成立欧洲煤钢联营 (European Coal and Steel Community，ECSC)。舒曼计划的目的是促进德法重工业的整合，使之无法分离。这样德国再也无力将煤钢产业用以民族主义和军国主义目的。德法之战将不仅是无法想象的，而且也是不可能的。

将重工业联营的好处显而易见，因而欧洲领导人希望其他经济部门也能效仿，或许会促成“欧洲合众国”(United States of Europe）[11]。1957 年，欧洲领导人又迈出了重要一步：当时 6 个“小欧洲”国家成立了欧洲经济共同体（European Economic Community，EEC)，俗称“共同市场”(Common Market)。欧洲经济共同体成员方同意取消妨碍其间贸易的关税和配额体系，不再对商品、服务、劳工和资本地区流动进行限制。此外，它们还建立了欧洲议会等一系列管理机构，为欧洲政治一体化铺平了道路。

毫无疑问，苏联强烈反对共同市场。一个欣欣向荣，特别是经济繁荣、政治稳定的西欧不仅是苏联扩张的巨大障碍，而且可能会威胁到东欧的现状。西欧国家对于苏联卫星国有巨大的吸引力，特别是当两个阵营的生活水平有着明显的差距时。但西方对斯大林的抗议置之不理。此后，这位苏联领导人更加倍地使东欧人不受西欧的影响，使之完全处于苏联的控制下。

欧洲安全与北约联盟

在马歇尔计划实施后不久，仅仅经济措施显然无法充分对抗苏联的扩张。1948 年 2 月，苏联人在布拉格策划了一场军事政变，在慕尼黑协定和希特勒占领捷克斯洛伐克的 10 年后，捷克斯洛伐克消失在铁幕后。二战后，德国被一分为二，西方国家占领联邦德国，苏联控制民主德国。柏林城也是如此。在数月后的 6 月，苏联发动挑衅，封锁了西柏林，企图驱逐西方国家的盟军。不足为奇，苏联明目张胆的敌对行为惊醒了西欧人。突然明确的是，欧洲经济的进一步复苏及区域一体化的第二项要求是更大的军事安全。

欧洲在这个方面迈出了几小步。1947 年 3 月，法英签订了《敦刻尔克协定》（Treaty of Dunkirk）以共同防卫彼此的安全。一年后，为了集体自卫，英国、法国、荷兰、比利时和卢森堡签署了《布鲁塞尔公约》(Brussels Pact)。这些国家期望由西欧联盟正式宣布的集体防御体系获得美国的军事支持，它们没有失望。1949 年 4 月，这些国家与美国、加拿大、丹麦、冰岛、意大利、挪威和葡萄牙一起建立了北大西洋公约组织。北约呼吁签署国"持续有效地自助与互助"；一国受到攻击，"会被视为对所有国家的攻击"。美国参议院对外关系委员会主席阿瑟 · 范登堡（Arthur Vandenberg）曾经是位孤立主义者，却称赞该公约是"自门罗主义以来，美国对外政策最重要的一步"。

北约的创建为美国提供了先例。美国长期以来警惕"联盟的危害"，特别是与欧洲国家的联盟，但在和平时期却置身于联盟中。美国不会允许均势悬殊差距，也不会使自己深陷战争。美国会无限期地努力维系欧洲均势。在美国看来，北约有两个重要作用。首先，在对抗苏联威胁方面，北约会增强成员方的**集体防御**以应对苏联挑衅。其次，西欧国家将其军队交付美国为首的联盟，可以平息西欧各国之间的内部竞争。欧洲内部竞争曾经引发了两次世界大战。虽然欧洲和美国领导人很少强调，但区域性**集体安全**的这种作用在其考量中扮演着至关重要的角色。当 1955 年 5 月西德加入北约时，北约更能抑制内部紧张局势。

正如马歇尔计划一样，北约促使苏联采取类似的行动。在联邦德国加入北约之后不久，苏联人成立了华沙条约组织（Warsaw Treaty Organization），包括苏联及其东欧的 7 个卫星国：阿尔巴尼亚、保加利亚、捷克斯洛伐克、东德、匈牙利、波兰和罗马尼亚。虽然苏联卫星国在管理联盟方面扮演着相对次要的角色，但众人所知的华沙条约仍然效仿了北约模式。东欧国家确实别无选择，因为苏联控制着其政府。

北约的成立和扩张与德国的未来密切相关，因为德国与苏联阵营接壤。1870 年，普鲁士击败欧洲卓越的陆上大国法国，建立了统一的德国。至少从那时起，德国就成为了欧洲均势的关键。甚至在 1945 年战败后，德国的关键角色依然没有变化。那么，苏联和美国势必会在德国未来的问题发生冲突。如前所述，苏联军队占领民主德国，盟军控制联邦德国。在二战后期，英法美领导人选择兼并德国领土，统一管理。而苏联仅仅控制了德国东部边陲。

这个僵局使德国因冷战阵营而分裂。同盟国试图以波恩为首都建立一个独立、民主、经济上有活力的联邦德国。与此同时，苏联加强了对民主德国的控制，扶植亲苏政府，使之成为东欧共产主义阵营的一分子。同盟国采取帮助而不是惩罚昔日的敌人的决定，使之从这种安排中受益最大。联邦德国拥有德国的大部分人口和工业实力。然而，民主德国则资源匮乏，二战后所剩无几的物资也被苏联货车拉走了。

持续不断的柏林冲突

1948 年，苏联人封锁了西柏林，以应对潜力巨大的联邦德国。正如德国一样，柏林本应由四个占领国共同管理，但如冷战使德国分裂一样，这个城市也处于分裂状态。西柏林坐落在苏军所包围的民主德国，成为苏联对西方大国施压的软肋。但是，存亡攸关的问题不仅仅是柏林的西方势力，而正在于德国本身。作为德国的旧都，柏林是苏联和西方持续不断的冲突的标志。如果盟军被赶出柏林，那么德国对美国的信心会大大受挫。

苏联人试图将美国赶出西欧，致使美国别无选择，只能奋起捍卫自己在西柏林的地位。为此，杜鲁门为柏林源源不断地空运物资，但并未试图打破地面封锁，因为这样或许会引发两个超级大国的武装冲突。苏联拭目以待，看西方能否无限期地满足西柏林 250 万居民的需要。他们每天至少需要 4000 吨食物和燃料，这对于空运来说是个大数目。但 324 天后，苏联人确信美英两国完成这个任务绰绰有余。虽然总供应量没有达到 4000 吨的目标，但西方的飞机每三分钟降落一次，最终一天运送 13000 吨之多，比以前西方地面运送的 8000 吨多出 60%。面对盟军的巨大成就，1949 年 5 月苏联解除了封锁。

美国向苏联明确表示，美国决心守住西欧，不会坐视苏联扩张，而且联邦德国人民能够依赖于美国的保护。在经济方面，美国以马歇尔计划加速了德国的复兴。在军事方面，联邦德国以北约获得了更大的国家安全感，同时又不对其邻国构成威胁。

此后，苏联试图将西方盟国驱逐出柏林，却坚定了联邦德国的决心。斯大林的继任者尼基塔·赫鲁晓夫（Nikita Khrushchev）面临着一个几乎无法完成的任务。他试图进行改革，缓和强硬的斯大林主义，但仅仅催生了不满，使苏联对东欧的统治受到威胁。苏联作为地区霸主的公信力依赖于其在西柏林的影响。为此，1958 年赫鲁晓夫向盟国发出最后通牒，限期 6 个月内结束四国占领柏林的局面。然而，西方国家对赫鲁晓夫的威胁充耳不闻。最终于 1961 年，赫鲁晓夫下令在柏林修建了一堵墙，使这座城市分为东西两半，以阻止民主德国人逃离。自此，柏林墙成为欧洲漫长冷战最生动的标志。

总之，冷战初期美国在西欧的战后战略实现了其许多目标。“杜鲁门主义”阻止了苏联对美国盟国国内政治的干预。布雷顿森林体系、马歇尔计划使西欧走上了经济复兴、民主和社会稳定之路。美国以北约确立了无法撼动的军事影响，进一步巩固了欧洲安全。最重要的是，美国明确划分了美苏的势力范围，表明自己仍将留在欧洲。

应对东亚革命

在冷战初期，美国防御战略的重点是欧洲，亚洲位居其次。事实上，美国认为西欧对美国安全极其重要，以至于郑重宣告苏联在该地区的任何举动都会引发其与美国、北约的全面冲突。而且，美国始终向苏联领导人明确地传递了这个信息。相比之下，亚洲任何地区都不值得全面开战。这个地区太遥远了，经济疲软，而且其政治和社会体系与西方有着天壤之别。

然而，美国领导人在振兴西欧时，很快意识到为了遏制共产主义，他们必须把经济和军事资源输送到世界其他地方，包括苏联和中国的亚洲周边地区。欧洲面临的压力使西方大国团结起来，但亚洲局势却使欧洲和美国陷入分裂。亚洲的动荡在美国引发了“亚洲优先论者”(Asia Firsters)与主张将美国遏制影响限于西欧的人士之间长时间的激烈争论。诸多事件迫使美国双线作战。

1949年，在即将到来的冷战中，美国所倚重的“中华民国”轰然倒塌，毛泽东领导的共产党建立了中华人民共和国。紧随其后，中国收复了西藏，签订了中苏友好条约，同时朝鲜进攻韩国。乔治·凯南遏制战略的逻辑在远离铁幕的地方经受着考验，而且美国在反共联盟的领导角色也是如此。美国的决心不仅仅需要言辞，具体行动对于全球范围的遏制是至关重要的。

中国革命

二战期间，美国在西太平洋地区有两个目标：打败日本和协助维持中国政府，以使自己在东亚战后和平方面扮演领导角色。[12] 在 1943 年的开罗会议上，罗斯福总统、丘吉尔首相向中国领导人蒋介石许诺，日本所侵占的中国领土战后都会归还中国。罗斯福以典型的美国方式认为，美国只宣称中国为大国，这事实上就会使中国成为大国：一个人仅需坚信，这足以使一件事会发生。但是，没有得力的中国政府，美国的信念不足以完成该项任务。美国人期望以美中联盟为基础实现东亚稳定，然而罗斯福和杜鲁门政府，忽视了执政的中国国民党和共产党的深仇大恨。当时两党正深陷旷日持久的内战。

二战前，共产党人已经控制了中国的大片地区。二战期间，他们又扩大了自己的范围。同时，亲美的国民党政权正失去大众的支持，分崩离析。蒋介石没有满足中国最多的人口农民的需求，而且政府官员腐败成风，致使自己无力控制全国。主要支持者为地主的政府，不可能实施农民所盼望的改革。蒋介石越来越失去民心，他转而诉诸压制措施，更是疏之于民，致使共产党在内战中获胜。蒋介石意识到战败，撤至一个距中国大陆海岸 100 英里的小岛台湾。1949 年秋，共产党领袖毛泽东宣告胜利，成立了中华人民共和国。

美国决策者讨论，美国是否本可以阻止中华人民共和国的胜利，答案是“也许”——**如果**美国军官指挥国民党军队；**如果**美国乐意派遣大规模陆海空部队；**如果**美国愿意提供比抗日战争胜利后所投入的约 20 亿美元更多的财政援助。但是，这些条件不可能得到满足。美国迅速实施的复员令使其无力向国民党军队提供所需的指挥官或干预中国。甚至在签署《国家安全法》之后，美国本土也仅有有限的常备军。20 世纪 40 年代末，美国人也无心再战，几乎无人要将东欧从苏联的统治下“拯救”出来，更别

作用与影响

毛 泽 东

如今作为世界上主要超级大国之一，中华人民共和国依然深受奠基者毛泽东的影响。毛泽东生于1893年。在他的童年记忆里，处于世纪之交的中国奋力摆脱外国干预而获得自由。毛泽东在接受了现代教育后成长为一个社会改革者，于20世纪20年代组织了工农会。此后他转战农村，成立了农村“苏维埃”，致力于建立共产党的革命团体。30年代，毛泽东转向武装斗争。作为中华苏维埃政府主席，毛泽东领导了1934年的长征、1935年的全国反国民党革命。二战期间，他率领军队，同两股敌人作战：日本侵略军；蒋介石领导的国民党军队。

作为1949年成立的中华人民共和国首任领导人，毛泽东很快控制了世界上最多的人口。56岁时，他身处政府和社会的核心位置，使全体人民实施中国共产党的“群众路线”。数年后，毛泽东的强硬姿态有所缓和，1956年宣布了“百花齐放，百家争鸣”的方针。但在目睹匈牙利的反共叛军几乎颠覆这个苏联卫星国后，他又迅速扭转了自由主义改革的趋势。从此，毛泽东以“大跃进”和“文化大革命”等方式治理着中国。1976年毛泽东去世后，共产党的统治依然稳固。但是，长达25年多的中央计划性管理模式和社会工程使中国经济停滞不前。60年代，毛泽东与苏联决裂。1972年与美国建立外交关系，致使毛泽东执政后期对美国的威胁有所减弱。

提在中国开战了。

在展望中国共产党胜利之后的情景时，美国官员持乐观态度。国务卿迪恩·艾奇逊认为，虽然中国和苏联有着共同的意识形态，但它们最终会发生冲突。艾奇逊预言，俄国一向喜欢在中国东北和北方地区扩大势力范围，从而激起中国人的民族主义情绪。因此，艾奇逊警告杜鲁门总统、国会议员，美国不应该将中国人对俄国人的义愤和仇恨转移到美国人身上。[13]

艾奇逊的言下之意是显而易见的。如果中国共产党人真正关切自身的国家利益，他们就会抵制苏联的进攻。正如南斯拉夫马歇尔·约瑟普·布罗兹·铁托（Marshal Josip Broz Tito）拒绝加入东欧的苏联阵营，毛泽东或许也会成为一个独立的共产党领导人。但如果毛泽东对苏联俯首帖耳，他就会失去中国民众的支持。共产党政权将被视为外国统治，因为毛泽东似乎在为另一国的利益服务，即使是伙伴共产党政权。最后，虽然斯大林和毛泽东意识形态类同，但彼此并不信任，各自视自己为国际共产主义的真正领袖。即使1950年两个领导人签订了友好协议，但彼此的敌意显而易见。然而，在美国分而治之策略经受考验之前，战争就在东亚的另一个地方爆发了。朝鲜半岛的冲突，在美中之间造就了一道长达一代人的痛苦深渊。

朝鲜热战

杜鲁门政府的持续关注导致1950年4月最终发布了一份报告——《国家安全委员会68号文件》（NSC-68），即国家安全委员会关于共产主义在欧洲之外扩张的警惕。该报告主要撰写人保罗·尼采（Paul Nitze）指出："我们面临的问题是至关重要的，不仅关系到美利坚合众国的存亡，更关系到文明本身的实现或毁灭。"[14] 该报告旨在使国会同意大幅提高美国国防开支。更重要的是，报告的作者故意引起民众的恐慌，因为冷战的升级需要民众的支持。

东亚地区的事件，很快印证了《国家安全委员会68号文件》可怕的预言。1950年6月，朝鲜进攻韩国，引发了美国在联合国支持下的军事行动，这意味着乔治·凯南遏制政策经受第一次考验。更广泛地说，朝鲜战争表明冷战偶尔会成为“热”战，致使超级大国陷入遏制前沿的强烈敌意中。

二战结束后，朝鲜一直处于分裂状态。在战后部署中，苏联将北纬38度以北的入朝日军解除武装，美国解除了38度以南日军的武装，致使朝鲜深陷分裂，直至新政权建立。然而，随着冷战的开始，这种分裂状态成为永久性。美国人曾竭力磋商以结束分裂状态，建立一个统一的朝鲜，但是无果而终。[15]1947年，美国将该问题提交联合国，建议联合国在朝鲜半岛发起自由选举。然而，苏联否决在朝鲜进行自由选举，因此仅仅韩国人投票选举。美国很快将韩国接纳为最新盟友。

朝鲜半岛的两个政府都视自身为朝鲜民众的合法代表，致力于在自己控制下实现半岛统一。在此意义上，1950年6月25日朝鲜进攻韩国，致使战争爆发。这是一场彼此决心消灭对方的内战。但这也是一场国际战争，因为1945年后的朝鲜局势是冷战对抗的一个缩影。没有斯大林的批准，朝鲜不会进攻韩国。根据后来披露的证据，斯大林是在1949年3月批准的。[16]

韩国的生存立即趋向于遏制原则。如果遏制的主要目的是阻止苏联的进一步扩张，那么在明目张胆的挑衅下，美国的无动于衷只会怂恿更多的侵略行为。如果韩国沦陷时，美国袖手旁观，这就向世人表明美国惧怕苏联，或漠视盟友的安全。美国向其他国家保证其政治独立的承诺将会被视为一纸空文，致使其他国家别无选择而诉诸中立以求自保，寻求与苏联达成某种形式的和解。

起初，美国试图仅以空军和海军阻止朝鲜的前进。但数天后，美国远东军司令道格拉斯·麦克阿瑟 (Douglas MacArthur) 将军报告称，美国需要派遣地面部队阻止敌军的挺进，否则朝鲜将失守。作为回应，美国命令驻扎在日本的美军开赴朝鲜，正式加入联合国维和部队。联合国对这次冲突的介入符合美国利益，因为美国对外政策的目的之一，是将其冷战政策与联合国的人道主义价值观、维和使命联系起来。尽管许多国家以道德名义为其政策提供正当性，美国领导人尤其对此乐此不疲。但国家权力必须是“正义”的权力，并非为了权力政治和自私的国家利益，而是为了所有人的和平、福祉。

朝鲜的进攻远不止到首尔。到 1950 年 9 月，联合国军已退到了朝鲜半岛的东南一隅。在 9 月 15 日的一次大胆的行动中，时任联军总司令的麦克阿瑟带领军队在仁川西海岸登陆，发动了一场反攻，旨在将朝鲜军队各个击破。这个策略成功了，联合国军重新占领了半岛腹地，朝鲜军向北撤退。留在南部的朝鲜军队陷入困境，失去了援军和给养。

当联合国军到达“三八线”时，美国领导人面临的问题是是否跨过“三八线”。战争的政治目的与韩国的收复相一致；美国领导人无需全面战争，无需消灭朝鲜政府或使朝鲜军队无条件投降。但军事局势有利于实现美国数年坚守的目标：统一朝鲜半岛。因此，美国政府将重点从遏制苏联势力的扩张转向了有力地消灭一个共产党国家。朝鲜撤退，中国介入，最终导致僵局，这样的结果使美国明白了，在战争中期为响应战场的一时胜利，而不断改变有限的政治目标，是多么的愚蠢。

10 月 7 日，联合国决议认可了新目标，即建立一个军事上统一的朝鲜。中国将向其边境的进军视为威胁，正如朝鲜向南进军日本，美国也将之视为威胁一样。因此，中国向朝鲜派“志愿军”，11 月底发起了一次主攻，将联军逼退到“三八线”以南。整个 1950 年 12 月和 1951 年 1 月上旬，联军控制朝鲜半岛的前景远未明朗，但他们团结起来并击退了中国的进攻。3 月，他们再一次挺进“三八线”。美国再次面临抉择，或寻求一个军事上统一的朝鲜，或接受朝鲜分裂的现状。[17]

麦克阿瑟有力地表达了传统的美国战争观，其行为是确定无疑的。麦克阿瑟说，战争表明“你已穷尽解决分歧的所有其他可能性”。一旦交战，“别无选择，只能以各种有效手段迅速结束战争。战争的目标就是胜利——不是优柔寡断。在战争中，胜利无可替代”[18]。麦克阿瑟建议美国海军封锁中国海岸；轰炸中国工业中心、通信网络和军事基地；由蒋介石向大陆采取“可行的反击牵制行动”。

但是，杜鲁门因麦克阿瑟的建议过于冒险而没有采纳，因为这样的行动会引发两个超级大国的全面战争。总统无法说服自己的军事指挥官，宁可将麦克阿瑟解职，也不愿看到白宫和五角大楼之间旷日持久的内斗。就当时利害而言，这种暗斗的代价太大了。中苏条约表明，如果日本“或其他与日本联手的任何国家”（显然意指美国）攻击中国，那么苏联会出手相助。苏联需要维护其在共产世界的尊严，它不可能袖手旁观中国受到直接攻击。

始于 1951 年夏天的停战谈判陷入僵局，没有取得任何进展。美国备受朝鲜战争的消耗，必须结束战争。1953 年 1 月，执政的德怀特 · 艾森豪威尔 (Dwight D. Eisenhower) 决定，如果签订停战协议的努力失败，美国将轰炸中国的基地、补给，封锁大陆海岸，也可能使用核武器。美国政府的威胁导致了战事于 7 月结束，这令人质疑。因为其他因素似乎更为关键，其中主要是斯大林于 3 月去世。其继任者呼吁与西方“和平共处”，努力使非共产主义世界相信他们希望缓和国际紧张局势。停战协议就是其善意的证明。

由此，朝鲜战争结束于其开始的地方——“三八线”，杜鲁门政府以往根本不会妥协于相同的条件。结果，朝鲜的分裂成为共产主义和非共产主义阵营之间全球分界线的一部分。1953 年 8 月，美国与韩国签订了共同安全条约以阻止朝鲜的进攻。这个条约在冷战期间和此后一直有效。

遏制线也划在了台湾海峡上。在中国革命并参加朝鲜战争后，中美关系急剧恶化。对于毛泽东来说，台湾是一个“治外省”，必须在北京麾

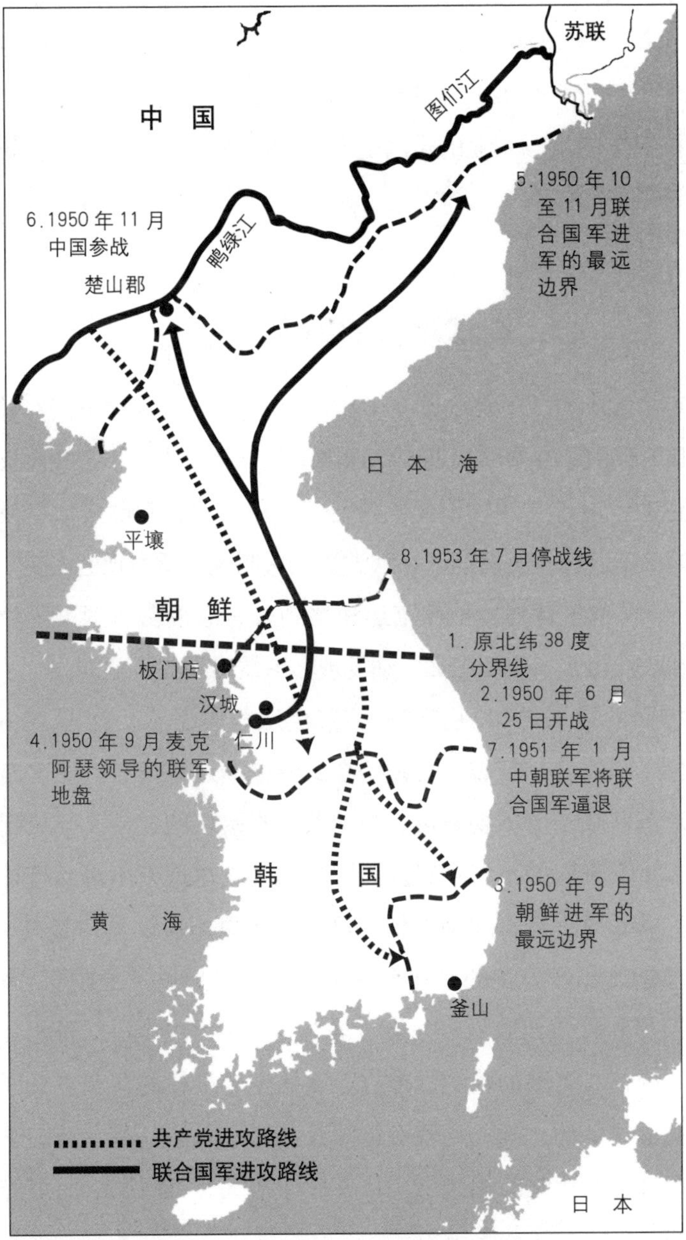

地图 3–1　1950 至 1953 年，朝鲜战争

下；但对于美国领导人来说，台湾代表“中国政府”合法的席位。艾森豪威尔要求派遣美国军队，保护台湾及总统认为必要的“相关地区和领地”，这个要求于 1955 年 1 月得到了国会批准。正如在朝鲜一样，美国承诺在东亚捍卫遏制线。东亚的台湾之争成为冷战在东亚的缩影，正如柏林墙之于欧洲之争一样。

全球攻势的国内压力

中国革命和朝鲜战争彻底改变了仅仅形成不到 10 年的美国对外政策。美国政策那时仅限于在西欧和地中海地区遏制苏联势力，但现在发展成更广泛的反共运动。1949 年中国国民党垮台、中华人民共和国成立以及朝鲜热战，使美国倍感震惊。突然间，在欧洲实行遏制政策所实现的安全——“杜鲁门主义”、马歇尔计划、柏林空运和北约——似乎灰飞烟灭了。这么看来，美国在欧洲阻止了共产主义，却发现它突然出现在了亚洲。

其他方面的进展更加剧了这种不安全感和焦虑感。首先，1949 年苏联第一颗原子弹爆炸，打破了美国的核武器垄断地位。核武器垄断曾被广泛视为应对苏联攻击的主要威慑。中国共产党政权的成立及其后朝鲜战争的爆发，加重了美国的不安全感。美国国内两党也逐渐不再支持杜鲁门的对外政策。共和党保守派尤为无情。以威斯康星州参议员约瑟夫·麦卡锡 (Joseph R. McCarthy) 为首的批评者认为，中国之所以“沦陷”，因为“亲共”的罗斯福和杜鲁门政府有意或无意地“出卖了中国”。因此，美国政府一定有“调整”美国的政策以推进苏联的全球目标的共产主义同情者。中国国民党士气低迷、国民党政府腐败及其军事无能、蒋介石的镇压政策统统与此无关；共产党的优秀组织、方针、士气与认同民众期望的能力也与此无关。

国务院首当其冲地承受着言辞攻击。麦卡锡每天都对外交人员和国务

卿迪恩 · 艾奇逊进行人身攻击。甚至在担任艾森豪威尔政府行动委员会主席之后，他依然没有停止指责，而且不仅仅限于政府官员。学者和其他人士也因安全风险或“反美”而受到指控。许多受控者遭到解雇，其他很多人也被列入黑名单，特别是舞台演员和好莱坞演员。20 世纪 50 年代初，美国政治氛围近乎歇斯底里。尽管 1954 年 12 月麦卡锡因为过度的指责和恶意受到参议院的责难，但他对全国狂热情绪的影响已无可挽回。

所有这些进展的最重要后果是：美国对外政策从有限的反苏转向了更广泛的反共运动。当时主要目标是防止中苏阵营中任何一国的领土扩张。所有共产主义国家无论大小、位置和地位，都被视为敌人。美国首要和次要利益的关键性差异消失在反共运动中。冷战中所有的利益都是至关重要的，所有的国家非友即敌，所有公民都要站队。

艾森豪威尔对外政策的“新貌”

即使公众担心冷战会持续发酵，艾森豪威尔在全国仍广受支持。他试图以数种方法缓解这些恐惧，比如：加强美国常规部队、核部队，建立新的安全联盟，批准中央情报局的各种秘密行动。1953 年，美国国防开支占联邦预算的 60%，军队服役人员达 350 万人。与此同时，国务院人员翻了两番，极力扩展海外外交影响。二战期间罗斯福所建立的“民主兵工厂”成为美国的永久性措施——一直延续到冷战后。[19]

如上一章所述，核武器在全球反共斗争中扮演着关键性角色。对核毁灭的恐惧会阻止超级大国打破现状。简言之，核武器的重要作用是威慑，而非使用。核武器还可以减少军费开支。除了战争英雄的称号，艾森豪威尔在财政上是个保守派。核武器能为美国带来更大的影响力，对此他印象深刻。[20]

鉴于这个及其他原因，艾森豪威尔在重新制定美国安全政策时，赋予了核武器显著角色，为其贴上了“新貌”的标签。美国未来的军事实力会更少地依赖于常规部队，因为其培训、装备和维护的费用昂贵，反而更多地依赖于核威慑。同时，艾森豪威尔、国务卿约翰·弗斯特·杜勒斯(John Foster Dulles)认为，维持“恐怖均势”（丘吉尔所提出的术语）的唯一有效途径是表明挑战现状会遭到“大举报复”。在他们看来，如果共产党人预料到自己的进攻会使莫斯科受到报复性空袭，他们便不会进攻韩国了。他们所期望的是，美国通过诉诸战争边缘政策，从而有能力威慑将来的朝鲜半岛。[21]

在这种情形下，美国核力量的存亡是其国家安全与盟友安全的关键所在。这些盟友受到美国“扩张性”威慑力和北约核实力的保护。艾森豪威尔政府意识到这种情况，努力将美国核部队“一分为三”：陆基发射台、飞机、潜艇，以便在突然袭击的情况下，核武器不会轻易受损。保护核力量的目标与其生产一样关键。保持威慑力是永无止境的任务，不仅仅因为均势的某种改变会引发战争，而是因为不断变化的战略平衡会影响各方愿意承担的风险。[22]

艾森豪威尔的“新貌”还有其他方面的意义。甚至在艾森豪威尔当选前，美国领导人就已经进一步偏离了厌恶“纠缠联盟”（entangling alliances）的传统。除了北约，1947年美国承诺以《美洲国家间互助条约》(Inter-American Treaty of Reciprocal Assistance）防御西半球国家。一年后，《里约条约》(Rio Treaty）成立了美洲国家组织，其中21个国家间的合作超越了集体安全的范围。1951年，美国同澳大利亚和新西兰成立了“太平洋共同防卫组织”（ANZUS)。当“条约热”（pactomania）在美国军事规划者之间兴起时，安全保证也扩展至日本、菲律宾、中国台湾和韩国。

艾森豪威尔政府加快了联盟建设的这一进程，1954年成立了东南亚条约组织（Southeast Asia Treaty Organization，SEATO)。这个新联盟意在

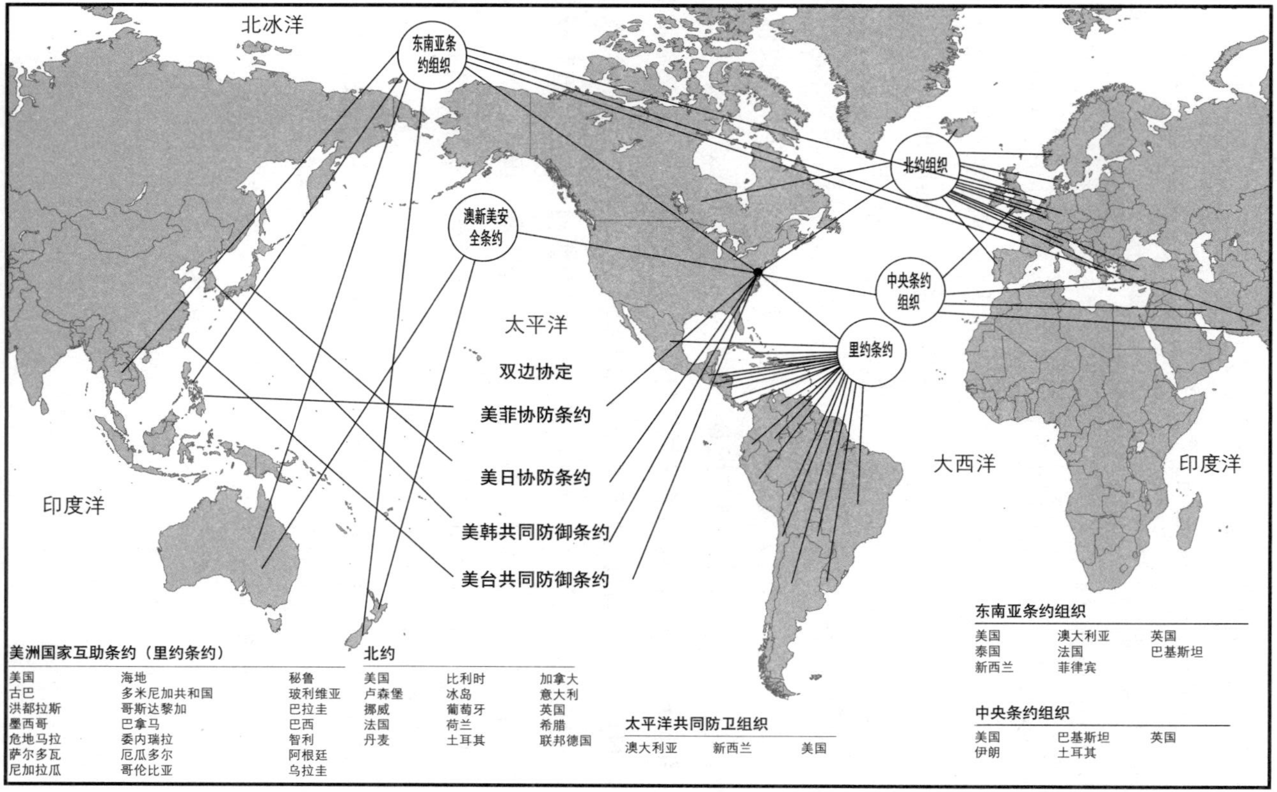

地图 3–2 美国的冷战联盟

欧洲以外的地区“遏制”苏联，包括美国、澳大利亚、英国、法国、新西兰、菲律宾、巴基斯坦和泰国。5 年后，艾森豪威尔主持成立了中央条约组织（Central Treaty Organization，CENTO），包括美国、英国、伊朗、巴基斯坦和土耳其。但由于缺乏广泛的支持，这两个联盟事实上不如北约组织更为持久。这些国家虽寻求维持遏制政策，并且有美国的帮助，却往往无力动员本国民众。许多民众认为，这些联盟企图维持西方的影响力，支持威权主义政权。由此当遏制政策的地理范围扩大后，美国的遏制策略遇到了更大的困难。20 世纪 60、70 年代，这种情况在发展中国家更加明显了。

最后，艾森豪威尔极大地扩展了中央情报局的职责。中央情报局执行一系列“秘密”行动，以使均势向有利于美国的方向倾斜，但又不必使用大规模（和公开的）军事力量。除了其他行动以外，1953 年，中央情报局帮助组织推翻了伊朗总理穆罕默德 · 摩萨台（Mohammad Mossadegh）的行动，因为摩萨台企图在石油领域实行国有化。一年后，艾森豪威尔批准中央情报局在危地马拉的秘密行动（如下章所述），因为危地马拉选举的领导人被怀疑是一名共产主义支持者。这些秘密活动在中央情报局成立之初的数年中，几乎没有被提及过，因为一旦美国人和外国政府得知，就会引起极大争议。对许多美国人而言，这种行动并不符合美国的民主价值观，并威胁着其作为“例外论”世界大国的自身形象。

显而易见，中央情报局的大多数秘密行动都是在发展中国家进行的，远离中欧的冷战前线。这种战术表明，当南北紧张局势与冷战中两个超级大国间的紧张局势重叠时，美国对外政策会变得多么复杂。非洲和拉美成为冷战的血腥“战区”，而且越南冲突使美国的遏制行动瘫痪。如下章所述，对这些冲突的管理耗费了美国对外政策决策者的精力，恰逢他们在寻求新办法以解决美苏之间不断升级的东西方紧张局势。

注释

[1] Walter Isaacson and Evan Thomas, *The Wise Men: Six Friends and the World They Made* (New York: Simon and Schuster, 1986).

[2] G. John Ikenberry, *After Victory* (Princeton, N.J.: Princeton University Press, 2001).

[3] 当时颇具影响的观点，参见：Nicholas Spykman, *America's Strategy in the World* (New York: Harcourt, Brace, 1942)。

[4] Robert A. Pollard, *Economic Security and the Origins of the Cold War, 1945-1950* (New York: Columbia University Press, 1985).

[5] 对于全面的历史评论，参见：Harold James, *International Monetary Cooperation since Bretton Woods* (New York: Oxford University Press, 1996)。

[6] 当时美国占世界黄金储备的 75%，达 250 亿美元。

[7] Jone Prados, *Keeper of the Keys: A History of the National Security Council from Truman to Bush* (New York: Morrow, 1991). 更多最新分析参见：David J. Rothkopf, *Running the World: The Inside Story of the National Security Council and the Architects of American Power* (New York: Public affairs, 2005); Karl F. Inderfurth and Lock K. Johnson, eds., *Fateful Decisions: Inside the National Security Council* (New York: Oxford University Press, 2004)。

[8] Aaron L. Friedberg, *In the Shadow of the Garrison State: America's anti-Statism and Its Cold War Grand Strategy* (Princeton, N.J.: Princeton University Press, 2000)。

[9] 针对马歇尔计划，苏联成立了经济互助委员会（CMEA）为东欧国家提供经济援助，但事实上苏联的援助与马歇尔计划相比，逊色很多。

[10] 在美国财政援助的使用问题方面，马歇尔计划依然是当下政策讨论的话题。新近的评论，参见：Eliot Sorel and Pier Carol Padoan, eds., *The Marshall Plan: Lessons Learned for the 21st Century* (Paris: Organization for Economic Co-operation and Development, 2008)。

[11] 对区域一体化的“功能主义”方法的最初阐释，参见：David Mitrany, *A Working Peace System* (Chicago: Quadrangle Books, 1966)；Ernst Haas, *The Uniting of Europe: Political, Social, and Economic Forces, 1950-1957* (Stanford, Calif.: Stanford University Press, 1968)。

[12] Herbert Feis, *The China Tangle: The American Effort in China from Pearl Harbor to the Marshall Mission* (New York: Atheneum, 1967).

[13] Dean Acheson, *Present at the Creation: My Years in the State Department* (New York: Norton, 1969), 356.

[14] Ernest R. May, eds., *American Cold War Strategy: Interpreting NSC-68* (New York: Bedford, 1993), 26.

[15] William W. Stueck, *The Korean War: An International History* (Princeton, N.J.:

Princeton University Press, 1995)；Bruce Cumings, *The Origins of the Korean War* (Princeton, N.J.: Princeton University Press, 1981).

[16] Kathryn Weathersby, "The Soviet Role in the Early Phase of the Korean War: New Documentary Evidence," *Journal of American-East Asian Relations* 2 (Winter 1993): 425-458.

[17] Rosemary Foot, *A Substitute for Victory: The Politics of Peacemaking at the Korean Armistice Talks* (Ithaca, N.Y.: Cornell University Press, 1990).

[18] John Spanier, *The Truman-MacArthur Controversy and the Korean War* (Cambridge, Mass.: Belknap Press, 1959), 222.

[19] 艾森豪威尔使武装力量集中化的努力，参见：David Jablonsky, *War by Land, Sea, and Air: Dwight Eisenhower and the Concept of Unified Command* (New Haven, Conn.: Yale University Press, 2010)。

[20] 美国五角大楼强烈抵制艾森豪威尔的核战略，声称总统正在"廉价"地维护美国安全。参见：Dale R. Herspring, *The Pentagon and the Presidency: Civil-Military Relations from FDR to George W. Bush* (Lawrence: University Press of Kansas, 2005), chap 4。

[21] Richard H. Immermann, *John Foster Dulles and the Diplomacy of the Cold War* (Princeton, N.J.: Princeton University Press, 1990).

[22] Lawrence Freedman, *Deterrence* (Cambridge, UK: Polity Press, 2004); Freedman, *The Evolution of Nuclear Strategy*, 3rd ed. (New York: Palgrave Macmillan, 2003).

第四章

南北冲突与越南战争

1965 年 3 月，西贡（现胡志明市）附近，南越地面部队攻击越共营地，美国军用直升机为其提供空中支援。虽然这个时期美国在越南投入的军队人数猛增至 50 多万，但美国依旧没能掌控战争，也没能阻止越南共产党政权的建立。

冷战一般被视为“东方”（苏联阵营）、“西方”（美国阵营）之间的斗争。然而，这一时期也代表了重要的南北格局。由此观之，世界按功能可大致分为工业化国家和基本上以农业为主的国家——所谓的**发展中**国家。在二战后，欧洲大国放弃了在非洲、南亚和其他地区的殖民地。在战后 20 年里，南北格局的重要性与日俱增。尽管这显然是迈向全球民主的一步，但美国领导人对伴随“第三世界”[1] 崛起出现的政治和经济动荡深感忧虑。

联合国不断增长的成员数量确立了发展中国家的重要性。1946 年联合国有 55 个成员；1955 年 76 个；1970 年 127 个；1980 年 154 个。到 2009 年，成员数量达到 192 个。这个数字每增加一次，发展中国家的比例就会有所增长。除以前的殖民地外，拉美、东亚和其他地区新成立的国家在全球经济均势中成为“南方”的一部分。根据联合国大会一国一票的原则，这些成员能够，并且将会主导议事日程。

深陷困境的发展中国家

在冷战的两极世界里，发展中国家不是独立的权力中心，而是两个超级大国竞相争取的对象。然而，在其独立之初，大多数前殖民地都拒绝与华盛顿或莫斯科联盟。相反，它们开创了“不结盟运动”，但尽管百般努力，却仍没有成功。

共产党领导人将去殖民化视为资本主义国际秩序走向解体的证据。依据马克思列宁主义理论，英国和法国等殖民大国从海外殖民地攫取原料和出口市场，从而维持其资本主义经济的发展。这个理论正好解释了第一次世界大战、大萧条的原因，即资本主义国家为何要千方百计地扩张殖民地。苏联和中国领导人对此观点深信不疑，拥护与支持这些新成立的国家。他们的示好引起了许多发展中国家对前殖民者的敌意。

与其相反，美国担忧苏联和中国的共产主义对发展中地区的渗透，并非由于对其阴谋或军事控制的恐惧，而是担忧共产主义所提供的压制型发展模式。苏联将自己树立为在一代人的时间内，从旧式的封建社会转为现代工业国家的模式。然而，与成就相伴的高压政治、大规模恐怖、惊人的人力成本却常被忽视。斯大林强迫将苏联农业集体化，导致一千多万“富农”丧生。(他们消灭富农阶级的途径)，或是通过对斯大林反对派的清洗、大规模暗杀，或是通过 20 世纪 30 年代初席卷苏联的饥荒。[2] 在此期间，苏联领导人未经宣战就对苏联的非俄少数族裔、特别是穆斯林发动战争。斯大林的安全部队残忍地镇压了盛极一时的基督教教会的领袖。

尽管苏联等国造成了这些灾难和暴行，但美国领导人担心，这些穷国的领导人或许认定共产主义的潜在好处超过了其社会代价。使美国人更不安的是，斯大林在其封闭性社会中所犯的暴行一般不为外人所知；所有公开传递的都是承诺解放人民群众。在这种背景下，美国决策者认为发展中国家所采用的经济发展模式，对美国安全至关重要，更宽泛地说是对开放和民主社会所需的安全的国际环境至关重要。

第三世界的国家一旦独立，它们就必须面对贫穷、文盲和疾病等遗留问题。例如 20 世纪 50 年代，这些国家的人均年收入不到 100 美元，寿命不到 50 岁。为了减贫，缩小穷国和富国的差距，许多新成立的国家努力从传统农业国转为现代工业国。这种转型也有着重大的政治意义，因为这要求公民将其对民族和宗教群体的忠诚转移到新成立的民族国家。新独立国家的公民很大程度上并不熟悉国家忠诚的概念。这一事实使要满足“备受期待的大众革命”的需求更为必要。美国国家建设者们认为，前殖民地必须要“现代化，再融入一个更为广泛的自由资本主义体系中……经济发展成为经济学家的口号。对于那些关注全球原料生产、金融和贸易、技术援助、贸易歧视、劳工以及一般贫困的人士而言也是如此”[4]。

新兴国家的领导人在考虑经济发展的前景时，意识到自己的成功取决于经济的增长速度能否超过人口增长的速度。1830 年，世界人口是 10 亿；1930 年，翻一番到 20 亿。到 1975 年——仅 45 年后——再次翻番达到 40 亿。1999 年 10 月，世界人口超过 60 亿。截止到 1970 年，正如发展中国家占民族国家的大多数一样，它们占世界人口的比例也飞速增长。2008 年，67 亿的世界人口中，82% 都生活在发展中国家，[5] 与此相反，1850 年后工业化国家的出生率下降。伴随工业化和城市发展而来的是识字和节育技术的普及。然而，发展中国家的经济发展没有达到相应水平。在发展中国家，人们越贫穷，人口增长率就越高。[6]

发展中国家充满了各种冲突。这些国家的民众通常没有国家团结所依赖的共同文化。他们对新成立的国家也没有与生俱来的忠诚。这些国家的国界往往粗略地按照殖民地时期的边界划定。一旦独立战争结束，权力即趋于分裂。例如，印度独立后因暴力冲突而分裂为印度教和伊斯兰教地区，后者又分治为巴基斯坦和孟加拉国。塞浦路斯分裂为土耳其和希腊，导致了分裂以及联合国维和部队的无限期驻军。1972 年，非洲国家布隆迪的图西部落（Tutsi tribe）屠杀了十万多胡图人，开启了一轮暴力活动，1994 年达到更加令人发指的地步。当时布隆迪及其邻国卢旺达 80 万胡图人惨遭杀害。与此同时，印度的近邻岛国斯里兰卡的僧伽罗族和泰米尔族也流血冲突不断。

国家认同感的缺失很快体现出来，因为新成立国家的领导人将自己树立为国家象征。这个重要任务对他们来说并不难，因为作为独立运动的领导人，他们极负盛誉。一党执政或军事政府在发展中国家几乎无处不在。例如，世界上最后摆脱殖民统治的非洲，1970 年独立 10 年后，在其 3.45 亿人中，依然有四分之三的人处于一党或军事政府统治下。这些政权高度专制，但政治领导人却坚信这些是正当和必要的。在他们眼中，美国式民主不仅导致政府更迭，而且引起大规模的骚乱和无政府状态。

对于许多发展中国家而言，共产主义为政治、社会、经济和文化的迅速变化提供了一种缜密的手段。据称，这种体系的受益者不是统治者，而是数世纪以来含辛茹苦地耕耘，但没有分享到应得财富的广大群众。无论是苏联（列宁主义）还是中国（毛泽东思想）的共产主义都承诺实行经济增长的平均主义模式，而且发展的收益会在所有人中公平分配。新马克思主义者强调国内发展，发展中国家要远离全球市场。全球市场只会使“核心”的西方资本主义国家受益，然而使“边缘”发展中国家的依附永久化。[7]

这些观点对许多发展中国家领导人颇具吸引力。20 世纪 70 年代初，他们寻求建立“国际经济新秩序”，从而不依赖于富裕工业化国家。在联合国，发展中国家成立了 77 国集团以维护自己的经济利益。鉴于发展中国家在联合国大会上的数量优势，因此它们企图控制联合国的议程，支配联合国机构的架构和目标，迫使工业化国家满足自己的要求。然而，这很难实现。西方经济学家认为，发展中国家经济之所以发展，因为它们融入而非远离于布雷顿森林体系所形成的、以市场为基础的经济秩序。尽管为确保稳定，短期内威权主义的统治是必要的，但经济增长会为政治改革铺平道路。[8] 美国和欧洲领导人乐观地预计，在工业化国家的援助下，发展中国家会历经可预知的“发展阶段”而进入现代的、工业化的民主社会。[9]

为此，工业化国家同意将其国民生产总值的固定比例用于发展援助。1969 年，世界银行的皮尔逊委员会（Pearson Commission）认可将国内生产总值的 1% 作为最低捐助额，联合国将此比例降为 0.7%。工业化国家普遍接受了 1% 的比例。然而，在实践中这些援助资金远远低于预定目标，尽管捐助者和受捐人均从中受益。1950 年，朝鲜战争爆发后，美国大多数的援助都用于军事支持，在冷战期间，它们都被用于支持美国的威权主义政府中。与此同时，英法两国主要将对外援助拨给了其前殖民地，招致了“新殖民主义”的指控。日本仅对其东亚邻国提供大规模的“限制性”援助（tied aid），以便使其能够支付日本出口的产品。虽然斯堪的纳维亚的小国的援助额度在绝对数量上最低，但只有它们一直达到世界银行规定的援助百分比。[10]

许多美国人难以理解发展中国家的困境。作为中产阶级社会的美国，成功避开了阶级冲突、基本价值观方面的争论，然而这些问题曾困扰着欧洲国家以及许多发展中国家。美国建国时没有经历真正的社会革命——社会革命会摧毁旧社会的制度和社会组织，创立新制度和社会阶级，因此美国对革命尤其没有同情感，并且倾向于将其与共产主义等同起来。由此，作为对共产主义威胁的回应，美国几乎支持所有宣称反共的政权，无论它们实施什么样的压制性政策。美国与许多短命的独裁者为伍，中国的蒋介石、印度支那的保大（Bao Dai）、菲律宾的费迪南德·马科斯（Ferdinand Marcos）仅是其中的三个例子。

这是美国自以为是的典型态度，而且美国无法理解第三世界更为激烈的社会斗争。为了遏制共产主义的威胁，美国致力于维持这些地区的国内、社会和政治现状。为了保护自由，美国自相矛盾地支持那些忽视民众期望的独裁者。美国联盟体系内的这种内部矛盾最终必须得到解决。美国对“战略盟国”的支持只会压制社会和政治愤恨与动乱，从而更增大了在冷战期间和之后突发的爆炸性力量。当发展中国家的内部困境蔓延到邻国，或导致政治分裂和内战时，它们便会引起苏联和美国的注意，从而引发对抗与军事冲突。

撒哈拉以南的非洲在20世纪90年代才为世人所知，尤其容易沦为“失败国家”。去殖民化产生了数十个国家，然而其边界常常由欧洲大国随意划定。同时，这个地区经历着快速的人口增长和城市化，从而要求新成立的国家提供更多的公共设施、道路、住房和公共服务。由于缺乏支付这些费用的财力，非洲领导人常常别无选择，只能求助于美国或苏联。伴随现代化而来的思想和文化变革，进一步加剧了社会动荡和混乱。人们被迫离开世代生活的故土，随之许多维持某种社会稳定的风俗传统和宗教价值观荡然无存。人们失去了前殖民地时期的传统，在快速变化的世界中被边缘化，最终他们往往陷入内战或革命。

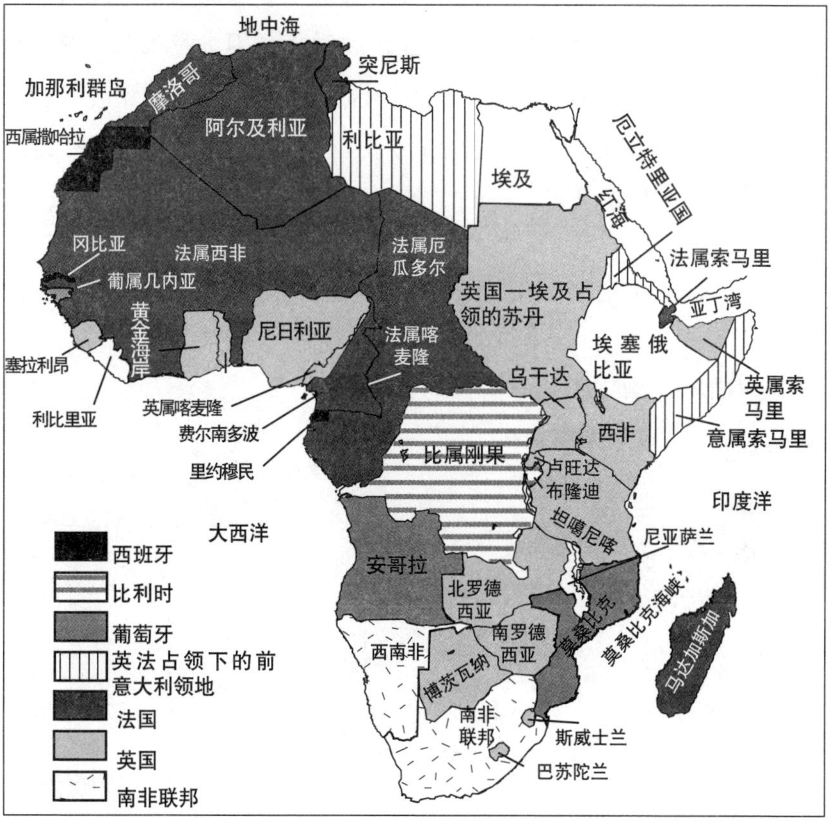

地图 4–1　1945 年的非洲

比属刚果（Belgian Congo）是非洲国家独立后进行斗争的典型例子。1960 年比属刚果独立后，随即陷入一片混乱。当富含矿产的加丹加省（Katanga）独立为一个国家时，政治局势便开始恶化。此后，刚果军反抗一直在新政府中提供技术援助的比利时官员。在一次野蛮的行动中，刚果士兵开始袭击比利时妇女和儿童，迫使比利时家庭纷纷逃离故土。与此同时，由于刚果缺乏训练有素的公务员，致使所有的公共服务陷入瘫痪。

当比利时政府派遣空降兵保护本国公民时，刚果总理帕特里斯·卢蒙巴（Patrice Lumumba）向联合国呼吁抵制这个前殖民国家。此时此刻，冷战渗入到刚果。联合国军没有驱逐比利时人，因为秘书长达格·哈马舍尔德（Dag IIammarskjold）下令联合国军避免内部冲突和敌对行为。卢蒙巴转而反对联合国，谴责比利时和西方大国阴谋推翻自己，特别是美国。之后他向苏联求援，得到了苏联的外交支持、军事供给、派军或称为“自愿军”。

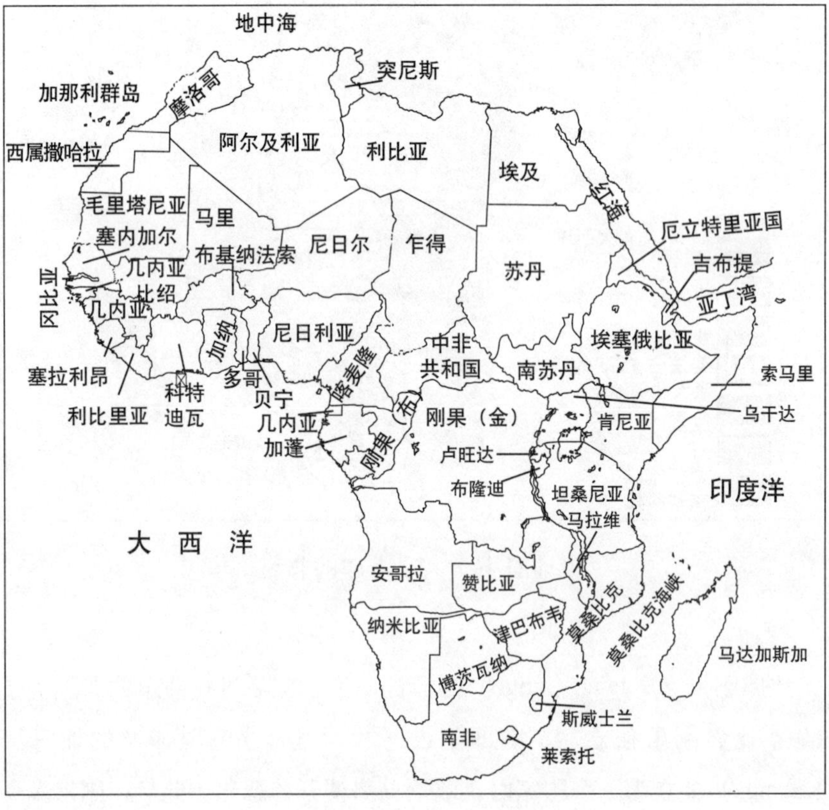

地图 4–2　今日非洲

1962 年初，统一刚果的所有努力均遭失败后，联合国改变了其最初的立场，转而派军平息内战。尽管联合国的努力历时数月，还以生命为代价，但是最终国家还是“统一”了。刚果领导人蒙博托 · 塞塞 · 塞科（Mobutu Sese Seko）将国家更名为扎伊尔（Zaire），因其反共立场而受到美国的支持。蒙博托执政数十载，接受了美国的巨额援助，其中大部分用以巩固其统治，根本没有惠及其民众。他将扎伊尔的矿业资产占为己有，居然成为世界上最富有的人之一，然而自己的国家却更加贫困。蒙博托的行为和扎伊尔的事例，通常代表了冷战政治与第三世界的发展相冲突时所产生的乱局。

拉美的地区冲突

拉美地区的事件进一步说明，二战后美国的对外政策如何受到发展中国家事件的驱使。在美国领导人看来，拉丁美洲以群众为基础的革命为共产主义在西半球创造了一个潜在的立足之地，从而对美国构成了威胁。面对越来越动荡的“后院”，美国领导人决定干预这一地区。大多数情况下，美国干预是间接的，但当共产主义的胜利似乎在望时，美国领导人会直接干预。

二战后的数十年间，所有拉美发展中国家有两个共同愿望：民众更美好的生活和国家命运的自决。从 19 世纪初西班牙和葡萄牙离开拉丁美洲后，美国一直与拉美国家富有的、拥有土地的统治阶级结盟，主宰着这些西半球的邻国。美国人或许认为，拉美已摆脱了殖民统治，然而这一地区的大多数居民并不这么认为。1823 年的门罗主义将整个西半球纳入了美国的势力范围，美国不必直接进行殖民统治。在拉美的美国投资资本比枪炮更有力。当一个国家是“香蕉共和国”[11] 时，美国政府便无需维持政治秩序。

美国领导人一边鼓吹民主原则，另一边积极地支持整个拉美地区的军事统治者。美国在拉美地区行使着其自封的“国际警察权力”[12]。20 世纪初，为保持地区**稳定**（“稳定”一词等同于“美国控制”），美国频繁地干预中美洲和加勒比地区。当美国军队撤离时，他们留下了精心挑选的军事领导人，以便保护美国经济和军事利益。富兰克林·罗斯福总统 1933 年推出的“睦邻政策”（Good Neighbor Policy）主要是旨在加强与那些亲美独裁者的密切关系，包括古巴的巴蒂斯塔（Fulgencio Batista）、多米尼加共和国的拉斐尔·特鲁希略（Rafael Trujillo）以及尼加拉瓜的阿纳斯塔西奥·索摩查（Anastasio Somoza）。这些人全都乐于前往华盛顿进行奢华的国事访问。直到 1979 年之前，索摩查家族一直统治着尼加拉瓜这个贫困且受压迫的国家。对于索摩查，罗斯福评论道：“他确实是个杂种，但至少他是听命于我们的杂种。”[13]

冷战期间，美国对拉丁美洲的态度非常强硬。当时美国认为自己所受到的威胁一般不再是内部动乱，具体地说是共产主义革命。如同非洲和南亚一样，绝大多数拉美人没有多少财富，更不用说政治权力。他们的困境增强了马克思主义意识形态的吸引力，因为它不仅解释了其困难处境，而且为农民许诺了一条出路。因此，长期以来美国主导拉美事务的兴趣愈发强烈了。1948 年，美国建立了美洲国家组织（Organization of American States，OAS），有效地保证了整个西半球美国邻国的安全。美国政府以此也确保共产主义无法轻易地在该地区站稳脚跟。

危地马拉的军事政变

美国对危地马拉的干预最能体现美国的对外政策。危地马拉是拉丁美洲最贫穷的国家之一。数十年来，危地马拉的少数精英一直控制着国内大种植园。相比于那些无地的**农民**，他们与美国银行、公司维持着更密切的联系，尽管农民占危地马拉人口的 90%。因此，1950 年国内民主改革所产生的反对派领导人试图废除这个制度，也就不足为奇了。由于不断壮大的共产党的支持，雅各布·阿本斯·古斯曼（Jacobo Arbenz Guzman）在危地马拉掌权，承诺进行大刀阔斧的改革。他试图接管许多种植园，然后把土地分给农民，其中包括总部设在美国的联合果品公司所拥有的 22.5 万英亩土地。

由于担心如此激烈的土地改革会进一步引发中美洲其他地区的起义，从而威胁到美国对巴拿马运河的控制，艾森豪威尔总统支持了一项推翻阿本斯的计划。1954 年，阿本斯正好为美国提供了一个借口——他自己从捷克斯洛伐克进口武器。因此，中央情报局以此为由发动了军事政变。数天内，阿本斯被赶下台，其改革也被废除。军方重新控制了农民，然而，美国也强化了自己在拉美"革命之敌"的形象。[14]

在广泛反美的情况下，美国领导人宣称自己打算以对外援助改善拉美民众的生活水平。他们的既定目标是，帮助拉美经济体提升自我维系的经济增长率，除了发展原料提取或单一出口农作物的农业以外，还要创造条件使企业吸引私人资本。由于预测到拉丁美洲人口会快速增长，因而美国实现这些目标的努力变得更为迫切。为了应对这一挑战，1961 年肯尼迪 (John F. Kennedy) 总统执政后不久，便发起成立了"进步联盟"（Alliance for Progress）。他承诺将在未来 10 年内，向拉丁美洲提供 200 亿美元的援助。更重要的是，他强调了社会变革的必要性。肯尼迪以和平队及其他创新方式意在重振罗斯福的抱负，即使美国成为拉丁美洲的"睦邻"。肯尼迪意识到，如果没有这些努力，拉美经济发展毫无可能，新的叛乱却极可能出现。

然而，肯尼迪的进步联盟从未实现其既定目标。整个拉丁美洲的政治氛围如此两极化，以至于美国支持温和派的任何企图事实上都是徒劳的。在经济领域里，任何关于缩小贫富差距及形成中产阶级的讨论都受到精英的百般阻挠。这些精英都与军方有着密切联系，他们坚守自己的财富。肯尼迪的这一倡议也未能在国内获得支持，国会领导人顽固地认为改革相当于革命，然而革命相当于共产主义。由此，肯尼迪被迫维持拉丁美洲的现状。在冷战时期，这就意味着普遍的经济贫困、政治压迫和社会动荡。

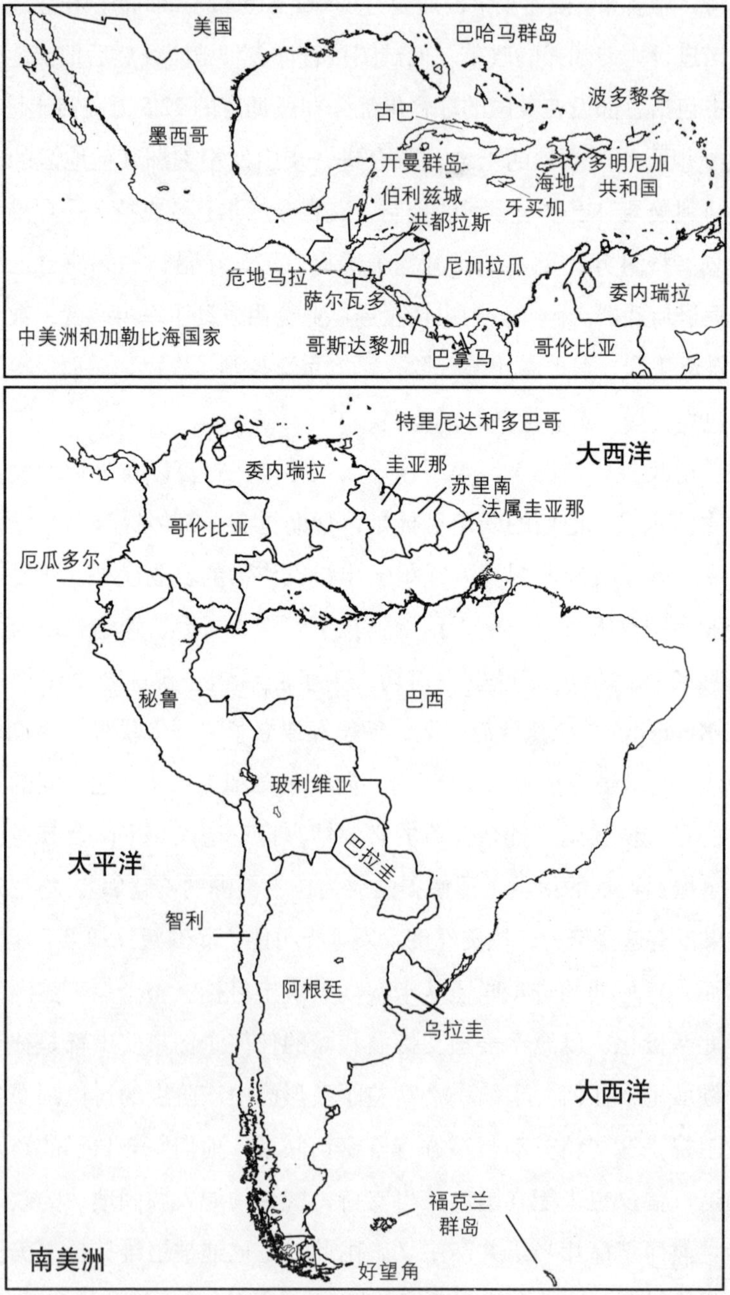
美国
巴哈马群岛
波多黎各
古巴
墨西哥
开曼群岛
多明尼加
共和国
海地
伯利兹城
牙买加
洪都拉斯
尼加拉瓜
危地马拉
委内瑞拉
萨尔瓦多
中美洲和加勒比海国家
哥斯达黎加
巴拿马
哥伦比亚
特里尼达和多巴哥
大西洋
委内瑞拉
圭亚那
苏里南
法属圭亚那
哥伦比亚
厄瓜多尔
秘鲁
巴西
玻利维亚
巴拉圭
太平洋
智利
阿根廷
乌拉圭
大西洋
福克兰
群岛
南美洲
好望角

地图 4–3　拉丁美洲

古巴导弹危机

超级大国间的紧张局势影响着美国与拉美的关系，最明显的表现是古巴。与冷战其他时期一样，1962 年，美国和苏联领导人在古巴差点发生直接冲突，险些酿成毁灭性的冲突。1959 年 1 月 1 日，武装人员推翻了美国所支持的巴蒂斯塔独裁统治，成立了古巴革命政府。在这些人员中，菲德尔·卡斯特罗（Fidel Castro）自诩为社会正义的化身，获得了古巴民众的广泛支持。正是由于群众的支持，他所领导的游击队才击败了更强大的政府军。新政府实行了土地改革，建设廉租住房、学校、诊所，致力于改善生活条件。然而，卡斯特罗的社会革命注定与更保守的美国政治意识形态相冲突。

在 19 与 20 世纪之交，美国领导人在美西战争中帮助古巴摆脱了西班牙的殖民统治。为配合美国对外政策的道德观，他们将古巴描述成欧洲帝国主义的受害者、值得保护的“儿童”、注定会落入美国这位看护人怀中的“一块水果”。由此观之，美国将自己的邻国从殖民统治下解救出来，彰显了自己作为一个“例外论”世界大国的美德。[15] 1902 年，国会在古巴宪法中新增了一项修正案，授予美国人随时干预古巴的权利，以便维护古巴独立，确保岛内稳定。尽管这一行动也是有道德理由的，但美国领导人却向这个仅距佛罗里达州不到一百英里的国家施以权力政治的铁腕。

1934 年，这条所谓的《普拉特修正案》(Platt Amendment) 被废除了。在此之前，美国曾经直接军事干预古巴（1906 年至 1909 年），在关塔那摩湾设立了海军基地。美国资本控制了古巴 80%的公共事业、90%的矿山和养牛场、几乎全部的石油以及 40 % 的食糖产量（古巴食糖占美国市场的 25% 左右）。不足为奇的是，古巴革命将其长期被压抑的民族主义和社会不满发泄于“美帝国主义”(*Yanqui* imperialism)。一旦牢固掌权，卡斯特罗政府便日益走向共产主义。如果与美国决裂，卡斯特罗政府必须寻求美国竞争对手苏联的支持。由此，这位古巴领导人也背叛了革命之初的民主承诺，而成为了独裁者。除了共产党，其他所有政党均被取缔。之后，卡斯特罗使古巴与苏联结盟，苏联则为古巴提供了大量军事援助。在苏联领导人赫鲁晓夫看来，古巴革命是其他发展中国家的榜样。1961 年 1 月，赫鲁晓夫宣称 ：“我们的时代是社会主义革命和民族解放革命的时代 ；是资本主义解体和殖民体系瓦解的时代 ；是越来越多的国家走上社会主义道路的时代 ；是在世界范围内战胜资本主义的时代。”[16]

随着古苏关系的恶化，美国领导人开始谋划推翻卡斯特罗政府。为此，1961 年 4 月，肯尼迪新政府试图鼓动古巴流亡者接管该岛。曾在艾森豪威尔领导下谋划过行动的中央情报局认为，卡斯特罗的军队和许多古巴人民会像欢迎解放者一样欢迎这些入侵者。但事实上中央情报局的预测是错误的。在猪湾海岸上，卡斯特罗的军队轻而易举地击退了这次袭击。此前在危地马拉政变中受损的美国威信跌至新低。[17] 美国的惨败是预料之中的。卡斯特罗超级英雄的地位重新点燃了拉美反美的热情，也使那些以美国马首是瞻的盟国丧失信心。自此，古巴成为苏联威胁美国并获取西半球其他发展中国家支持的一个共产主义基地。美国再也无力实现门罗主义的既定目标了。

猪湾灾难引发了苏联新的挑衅。1962 年 10 月，美国一架 U-2 侦察机发现苏联人正在古巴建设发射基地，用以发射数十枚携带核弹头的短程及中程弹道导弹。这一发现使美国决策者惊慌失措。赫鲁晓夫竟敢将自己的导弹置于离美国如此近的地方，显然希望美国不会做出外交抗议之外的任何反应。这是一个危险信号，如果美国不做任何回应，那这正是美国的北约盟国所担心的事情 ：美国极易受到袭击，再也无力保护欧洲了。

然而，苏联在错误的地方向美国施压。如果这对苏联利害攸关，那对美国而言利害更加重大。肯尼迪认为，无论如何美国不能认输。事实上，肯尼迪明确地警告苏联领导人不要把进攻性导弹部署在古巴，所以他必须迫使他们撤走导弹，以维护自己的公信力。10 月底近两个多星期内，肯尼

作用与影响

菲德尔·卡斯特罗

冷战期间及其结束后，在所有发展中国家的领导人中菲德尔·卡斯特罗对美国的谴责最令人瞩目。1959 年，他领导革命成功推翻了美国支持的巴蒂斯塔政权。此后，他掌管了古巴共产党政权。作为西半球的第一个共产主义政权，古巴成为苏联的亲密盟友。

卡斯特罗、其兄弟劳尔（Raül）以及切·格瓦拉（Ernesto "Che" Guevara，原名埃内斯托·格瓦拉）都希望古巴能够激励其他国家的革命运动。革命之后，卡斯特罗将教育、医疗等社会服务扩大到所有古巴民众。然而，他的独裁统治却使许多人逃往美国。在共产党控制下，古巴经济持续恶化。美国和古巴之间的争执一直持续到 21 世纪，但卡斯特罗作为抗争的象征仍然广受支持。2008 年，饱受疾病困扰多年的卡斯特罗卸任主席，国民议会一致选举他的弟弟劳尔为政府领导人。

迪夜以继日与其政治和军事顾问会晤。一些人建议外交妥协，其他人强烈要求大规模空袭，或甚至全面入侵古巴。[18] 肯尼迪拒绝了第一个提议，因为他认为与苏联的妥协只会使美国进一步丧失威信。第二、三个建议因过于危险也未予考虑。

最后，肯尼迪选择了第四个建议，下令封锁古巴，以阻止运送更多的导弹。10 月 22 日，他要求拆除已到位的导弹。为了表明自己的决心，肯尼迪命令战略空军司令部进入最高戒备状态，下令部署 500 多架装备有核弹头的 B-52 轰炸机。与此同时，美国的潜艇和水面舰艇一直在加勒比海域巡逻，随时准备袭击违反封锁的苏联海军舰艇。所幸的是，克里姆林宫退让了。赫鲁晓夫召回了舰队，下令停用导弹基地。美国国务卿迪安 · 腊斯克（Dean Rusk）生动地描述道 :“我们剑拔弩张，然而对方仅仅眨了下眼。”

肯尼迪的边缘政策达到了预期的效果，然而，在古巴导弹危机中幸存的卡斯特罗仍是美国的一个威胁。多米尼加共和国是位于加勒比海的一个贫穷国家，与海地共有伊斯帕尼奥拉岛。1965 年 4 月，美国干预多米尼加，反映了卡斯特罗的持续影响力。这场危机源于 1961 年拉斐尔 · 特鲁希略（Rafael Trujillo）的倒台。作为一个独裁者，31 年来拉斐尔 · 特鲁希略一直压迫多米尼加民众，不断地为自己敛财。两年后胡安 · 博什（Juan Bosch）取而代之。博什是位很受欢迎的作家、特鲁希略（在第一次自由选举中获胜并掌权）的强烈批评者。为了吸引极度贫困的广大多米尼加人的支持，博什开始大刀阔斧地进行社会和经济改革，旨在提高除少数精英阶层以外的民众的生活水平。然而，与富裕地主和天主教会关系密切的军方指责他为“另一个卡斯特罗”。1963 年 9 月，一场军事政变结束了博什短暂的统治。

仍对古巴在拉美地区的影响颇为忧虑的美国领导人，看到这些变化，如释重负。然而 1965 年，当博什的支持者们又推翻了多米尼加共和国政府时，林登·约翰逊（Lyndon Johnson）总统采取了军事行动。当时约翰逊的首要任务是实施肯尼迪的国内计划。约翰逊认为美国大使馆和中央情报局的报告“极度夸大了共产主义在叛乱中的影响力”[19]。多达23000人的美国部队迅速粉碎了复辟博什政权的企图。随着威权主义现状的回归，拉美地区的统治阶级松了一口气，他们指望美国将其从一种不公平的生活方式中拯救出来。然而，约翰逊在多米尼加共和国的行动并没有使该地区的均势有利于美国，反而使卡斯特罗更受欢迎，进一步巩固了其国内统治。

充满暴力的智利

正如中美洲及加勒比海一样，美国一直将南美洲视为自己的势力范围。冷战期间美国领导人担心，美洲大陆共产党政权的兴起会将苏联的影响带到美国的海岸。1973年，美国反对智利的民选总统，谋划将其推翻。由此除了南美洲的其他爆发点以外，智利引起了全世界的关注。

3年后，智利民众选举改革派萨尔瓦多·阿连德（Salvador Allende）为总统。美国总统尼克松最初企图阻止阿连德上台。失败之后，尼克松开始为难阿连德。尼克松所特别关切的是，阿连德将智利的许多产业实行国有化，要取代美国占有的铜矿、银行和公用设施。阿连德拒绝屈从于美国的压力，于是，1973年尼克松指使心怀不满的智利军队，发动了一场军事政变，将阿连德赶下台。此后，智利落入以奥古斯托·皮诺切特将军（Gen. Augusto Pinochet）为首的四人集团控制之下。作为铁血无情的领导人，皮诺切特坚决阻止共产党在智利掌权。为了回报美国的帮助，直到冷战结束前，皮诺切特一直都是美国的忠诚盟友。不过，他的统治招致批评，被认为美国以遏制为名“溺爱”外国独裁者。但这种做法也被推广至其他国家。[20]

这种指责很大程度上是有道理的。像冷战期间对待其他发展中国家一样，美国宁愿与智利军事独裁者联盟，也不愿冒险使智利成为马克思主义革命的桥头堡。在这些情况下，道德绝对主义让位于道德相对主义。威权主义政府往往达不到杰斐逊式民主的要求，尤其是当普通公民被剥夺了政治权力，以及公然反对国家而被惩罚之时。然而，从美国角度来看，任何情况都比马克思主义极权政权更好，因为马克思主义极权政权不可能修正自身行为或不再敌视资本主义世界。[21]

如上所述，遏制政策的全球化对拉美产生了深远的影响。如许多批评者所担心的一样，美国逐渐在远离海岸线的地方陷入了当地内战和地区冲突。其中很多冲突并不是因共产主义颠覆而引起的，而是因为民众渴望像大多数美国人一样享有自由。遏制政策升级为毫无边界的反共运动，因而，美国领导人违背了其所推广的民主价值观，致使美国慷慨援助的受益者，即发展中国家的广大民众反对美国。更为糟糕的是，美国的干预也经常事与愿违，导致许多公然敌视华盛顿的新政权得以建立。尽管如此，白宫仍然不断地干预整个发展中世界。美国的战略导致了灾难性的越南战争。正是在那里，遏制战略经受了根本的考验。

越南：遏制的局限

许多发展中国家都发现自己身陷美国和共产主义阵营的对抗中。最惨的莫过于越南。当时越南是俗称为印度支那的东南亚地区一个无名的省份。19 世纪 60 年代以来，印度支那是法国殖民帝国的一个重要组成部分，为法国人提供橡胶等大量原材料。因此，二战结束后，法国仍然拒绝印度支那独立，即使日本军队在二战中取代了法国的影响。1946 年 7 月，美国准备允许菲律宾独立；次年大不列颠也如法炮制，允许印度独立；但法国领导人反而加强了在印度支那的殖民统治。事实上，他们的决策对法国、美国是灾难性的，因为美国将印度支那的冲突视为更大规模的东西方斗争的一个缩影。[22]

即使法国重返后，越南地区的动荡使之成为美国政府的“核心利益”，但美国人普遍对印度支那的历史、文化传统或政治知之甚少。美国军方也同样无知，“缺乏时间和机会去了解与认识越南，仅仅视其为一个炎热、潮湿、危险、甚至充满敌意的地方”[23]。美国领导人求助于大学、私人基金会和宗教团体以寻求公众支持越南大规模的重建。“该计划从一开始就要将越南转型，建构成一个现代国家，使之融合到更大的地区性或甚全球性资本主义体系中。”[24]

1946年，法国最初承认越南民主共和国为新形成的法兰西联邦（French Union）内的一个“自由邦”。法兰西联邦还包括老挝、柬埔寨。但是，这种安排遭到了越南独立同盟（Revolutionary League for the Independence of Vietnam，简称越盟）的反对。斗争很快升级为“第一次”越南战争，从1946年持续到1954年。越盟革命领导人胡志明(Ho Chi Minh)试图建立一个独立的民主国家，但西方国家领导人断然拒绝了。此后20世纪20年代，他开始信仰共产主义。20世纪30、40年代日本占领越南时，胡志明一直奋力争取越南的独立。

二战结束后，日本战败，而且联合国承诺要结束殖民统治，由此胡志明认为国家独立的时机终于来了。然而，西方各国的不予支持令他大失所望。他很快决定全面反抗法国统治。1950年，杜鲁门总统开始向法国提供经济和军事援助，以支持其与越盟的斗争。到1954年，美国纳税人承担了约75%的战争代价，但法国军队仍未能镇压越南的“革命战争”。1954年3月，越盟军队袭击了法国在奠边府的战略要地，战局已经变得非常明朗。显然，如果美国不干预，法国就坚持不住了。奠边府正是美国决策的时刻。[25]

“多米诺骨牌理论”的考验

1953年1月上任之初，艾森豪威尔对越南并没有多大兴趣。类似于上述的许多其他发展中国家，越南统治阶级忽略了广大民众的普遍贫穷。然而，美国不会袖手旁观，因为一旦越南建立共产党政权，将导致南亚地区的其他革命，或许会扩展到整个发展中世界。艾森豪威尔观察到：“假设排好了一列多米诺骨牌，一旦你推倒了第一块骨牌，那么最后一块骨牌也势必会以最快的速度倒下。因此，你只有瓦解这列骨牌，才产生最深刻的影响。”[26] 美国总统的“多米诺骨牌理论”迫使美国军方领导人把越南置于全球均势的支点上，尽管这个国家对大多数美国人而言，仍然极其遥远与未知。

在此期间，法国身陷第二次阿尔及利亚战争，已经厌倦了越南，像当年美国厌倦朝鲜一样。和平解决的唯一希望在瑞士日内瓦。1954 年，法国同意将越南以北纬 17 度线为界暂时划分为两部分。过渡时期越南将建立两个独立政府：北部的共产党政权；南部的非共产党政权。选举被安排在 1956 年 7 月，以实现越南的“统一和领土完整”。由于日内瓦协议呼吁大选，因此越盟期望不得人心的南部政权垮台。[27] 北越首都河内的领导人认为，越南将在胡志明的领导下重新统一。然而，胡志明的声望迫使美国阻止 1956 年的选举。南越专制领导者吴庭艳（Ngo Dinh Diem）是狂热的反共派，他立誓无论日内瓦协议如何规定选举事宜，他也必将继续执政。鉴于 1959 年协议已支离破碎，胡志明便动员起义军起义，于是第二次越南战争爆发了。这一次是美国而不是法国介入其中。

尽管朝鲜和越南的冲突有许多相似之处，但美国以截然不同的方式介入越南冲突。朝鲜战争始于旗帜鲜明、咄咄逼人的攻势，不仅鼓舞了美国民众，而且团结了主要的西方盟国以对付共同的威胁。朝鲜战争仍是常规战争，即共产党的常规军队与韩国、美国和联合国的常规部队交战。相比之下，1954 年法国在奠边府的失利是军事史上一个决定性时刻，因为它表明了**游击**战术能够战胜实力更强大的军队。吴庭艳没有获得民众的支持——特别是政治、社会和经济改革未能赢得广大农民的支持——致使越南成为冲突的温床。

不仅美国公众对越南一无所知，而且美国政治和军事领导人也对这次冲突的认识很是肤浅。艾森豪威尔认为，虽然事实看起来并非如此，但中苏阵营肯定是团结在一起的。由此，他夸大了越南成为中国“傀儡”的可能性，尽管事实上这两个领土大量接壤的邻国历史上是宿敌。这一疏忽促使艾森豪威尔认为胡志明深受共产主义意识形态的影响。事实上，胡志明根本上是一个越南**民族主义者**，希望将自己的国家从外国统治中解放出来，无论是法国、中国或美国。然而，这些事实需要对越南这个鲜为人知的地区进行深入研究——身在西半球安乐舒适世界的美国领导人自然不会如此。艾森豪威尔对越南的承诺使战争不断升级。1961 年 1 月上任之初，肯尼迪总统派遣 16500 名军事顾问帮助南越军队。到 1969 年，其继任者林登 · 约翰逊将军队增加到了 50 多万。

约翰逊的首要任务是实现肯尼迪的国内目标，但约翰逊是以错误的前提获得了国会对越南战争的支持：据称，1964 年 8 月北越袭击了美国海军在北部湾的驱逐舰。然而，当新的证据浮出水面时，事实上他的观点是值得商榷的，即所报告的“马多克”号（Maddox）的袭击并不存在。随后，美国国家安全局的调查发现了情报报告中的翻译错误以及大量错误，最终认为“交战是错觉”[28]。《北部湾决议案》（Gulf of Tonkin Resolution）授权约翰逊采取“一切必要的措施……以避免进一步的侵略”。此后他没有确认袭击，由此设定了越南战争的走向。

在这种纷扰的情况下，美国领导人没有解决有关越南的基本问题：它对美国安全利益重要吗？如果重要，到底有多重要呢？鉴于南越在西贡（南越首都）的独裁政府缺乏民众支持，军事行动能够挽救这种局势吗？美国需要多大规模的军事部署呢？鉴于这些问题没有具体答案，1965 年 7 月，一些白宫顾问敦促约翰逊放弃其盟国。美国副国务卿乔治 · 鲍尔（George Ball）宣称：“总统先生，我们无法获胜。这场战争将会旷日持久。最好的结局也不过是一个混乱不堪的局面。”[29] 然而，约翰逊的军事幕僚呼吁进一步升级，而不是退出战争。约翰逊支持自己的军事幕僚。因为就像杜鲁门“失去中国”、艾森豪威尔“失去古巴”一样，约翰逊害怕因“失去越南”而备受指责，他依然信守“多米诺骨牌理论”。尽管美国总统坚持自己的观点，但“全世界的朋友和敌人往往认为，美国的公信力与越南没有任何干系”[30]。

游击战的不当行为

事实上，美国不仅没有理解南越的文化景观，而且也忽略了南越的政治结构。如上所述，多年来美国一直为吴庭艳撑腰。作为虔诚天主教徒的吴庭艳，因威权主义统治和冷漠离群已经疏远了大多数信奉佛教的南越民众。1963 年，南越军队推翻并处决吴庭艳，那时反政府武装控制了大部分地区，而且战争获胜所需要的国内改革被长期忽略了。

迅速战胜叛军的可能性很渺茫，因为游击战完全不同于传统战争。游击战的目标是赢得普通民众的“全心全意”，削弱其对政府的信心从而从内部夺取政权。为了实现这一目标，游击队无须彻底击败敌人，或迫使其无条件投降。游击战是一项长期战略，即反政府武装运用“边打边跑”的战术，仅仅袭击那些自己能够打败的规模较小、实力较弱的政府军。对付这种战略，政府的唯一抵御措施是部署军队使每一个城市、每一个村庄以及每一座桥梁免于袭击。因无力应付敌人、缺少公众支持、再三受挫，政府军意志开始消沉，转而以防御为主。

毛泽东曾经指出，“像鱼离不开水一样”，游击队离不开群众；如果没有民众的支持，游击队就没有新兵、食物、藏身之处以及关于政府军部署的情报。游击队成功地将自己化身为解放者，将农民从殖民主义或外国统治、本国专制政府、经济剥削或社会不公正中解放出来，从而得到了民众的支持。游击队以此在国内孤立政府。因此，不同于常规战争中双方都企图击败对方的军事力量，游击战的策略是自下而上地推翻政府。一个民众所效忠的政府不会为游击队提供温床，但是，但凡有对社会不满的地方，游击队都能打开突破口。

这一切意味着，仅有常规战经验的美国军队很难应付东南亚的游击战。游击战者主要关注社会和政治改革，与美国传统的军事战略背道而驰。持久战给美国造成了极大的挫折感，因为在强烈的舆论压力下美国政府再三承诺，战争会很快结束，而且美国领导人已经看到了“一线希望”。然而，当面对颇为迥异的游击战术无法很快取胜时，美国军方领导人面临着两难选择：要么撤军，要么以军事升级寻找取胜的捷径。冷战结束后，美国依然面临这种困境，因为外国敌对势力在阿富汗和伊拉克等地区采取恐怖袭击、“低强度”军事战术以拖垮美国。

越南的军事战场

越南战争期间，美国决策者对自己的军事实力以及改变游击队“游戏规则”的能力盲目自信。1965 年，他们还认为美国无所不能。毕竟，美国在古巴成功地应对了苏联的威胁，迫使苏联做出让步。那么谁还会怀疑，在美国国防部长罗伯特 · 麦克纳马拉（Robert McNamara）的领导下，拥有大规模军队、卓越机动性和火力的美国会没有能力击败区区几千“身穿黑色睡衣的农民”呢？然而，为了赢得这场战争，美军必须保护村庄，让人们看到南越政府关心他们。相反，南越军方实施大规模的扫荡行动，致使无数村庄化为废墟。即便游击队被逐出了村庄，却仍然控制着农村地区。

显然，美国士兵没有理解游击战的社会和政治本质。他们接受的训练是针对常规战争的，在消耗战中以最大火力击垮敌人。美国士兵很自信自己能够做到，成功的标准是每天清点丧生的共产党人。但是，美国大规模的轰炸袭击并没有削弱河内的战斗意志，也没有切断充足的供给以牵制南方的战斗，或大大降低部队的渗透活动。反过来，河内的坚韧导致美国呼

作用与影响

罗伯特·麦克纳马拉

1961年至1968年，罗伯特·麦克纳马拉担任美国国防部长，监管美国在越南的战况。身为福特汽车公司的前总裁，麦克纳马拉与其他“青年才俊”尝试在军队里运用现代分析方法和进行技术创新。除了其他举措，他还改变了美国核战略，从艾森豪威尔时代的“大规模报复”转为以“灵活反应”为基础的战略。

然而，越南战争的压力逐渐消耗了麦克纳马拉的能量。麦克纳马拉最初曾经赞同美国军事介入，但后来开始质疑战争行为，并呼吁以谈判解决争端。当他发现谈判解决不可能实现时，1968年2月麦克纳马拉从约翰逊政府离职，开始担任世界银行行长。在其任职的13年间，世界银行大大增加了对发展中国家的援助。麦克纳马拉在1995年的回忆录《回顾：越南的悲剧与教训》（*In Retrospect: The Tragedy and Lessons of Vietnam*）中详细介绍了当时导致美国在东南亚惨败的许多错误假设、政治问题和战术失误。

吁更多的空袭、新的袭击目标。主张加强空袭的人士坚持认为，只有以最高效率大规模地轰炸时，美国才能取胜。[31]

反政府武装的实力越来越强，然而美国目标却依然遥不可及。在南越，由于战事升级，甚至较稳定的阮文（Nguyen Van）军事政权也未进行社会和经济改革。在如此长的时间内，他都没有将那些在外地主的土地重新分配给农民，真是迟缓。由于没有改革，反政府军的实力愈发强大。从军事角度看，美军的每次增兵都会遇到从北到南的游击队和常规部队更广泛的渗透活动。尽管如此，美国政府仍然定期发布乐观的战事报告以及对胜利的预测。

尽管美国一再乐观地预测，但 1968 年 1 月最后一天反政府军发起的“春节攻势”（Tet Offensive）[32] 彻底表明，美国严重低估了敌人。反政府军在农村地区发动了大规模进攻，袭击了西贡、顺化及所有其他的省会城市。反政府军的一个营队甚至渗透进了美国大使馆区，因而取得了标志性的重大胜利。然而，随后的战斗非常血腥，反政府军最终被拖垮。不过，它们已明确表明，无论 50 万美国大军还是更大规模的南越军队都无力确保广大民众的安全。

国内政治战场

越来越多的美国人认为，越南战争即使不是极其不道德，也是考虑不周。在划分北越和南越的北纬 17 度的地方，真正的袭击从未发生过，因而指责河内是攻击者的言论并不可信。西贡政权实行高压统治，不受欢迎，证明了这一观点，即这场战争是一次针对中央政府的叛乱。美国的强大火力导致大量平民丧生，刺痛了许多美国人的良心。

游击战从心理上消耗对手的战略成功了，美国的消耗战略失败了。尽管美国军方赢过许多战役，但当美国民众厌倦越战时，它就已经输掉了战争。对美国人而言，越南仍旧是一个神秘莫测而又令人困惑的地方。越南战争有两个战场。第一个战场是在越南，尽管血雨腥风，但军事上尚无结果。第二个战场是在美国国内，虽然并不那么血腥残忍，但在政治上却是具有决定性的。[33] 随着战争的拖延，美国对战争的意愿不断下降。这场冲突不同于两次世界大战：在两次世界大战中，尽管并非事关生存问题，美国人却深切地感受到自己的安全危在旦夕。公众对越南战争的支持率不断下降，1968 年总统大选时，当时恰逢越战造成的死亡人数不断攀升，支持率仅不到 40 %。到 1968 年末，死亡人数已经超过了 3 万人（见图 4–1）。

民主党因越战而分裂。1968 年 11 月，作为反共人士及共和党总统候选人的前副总统理查德 · 尼克松（Richard Nixon）承诺，如果当选总

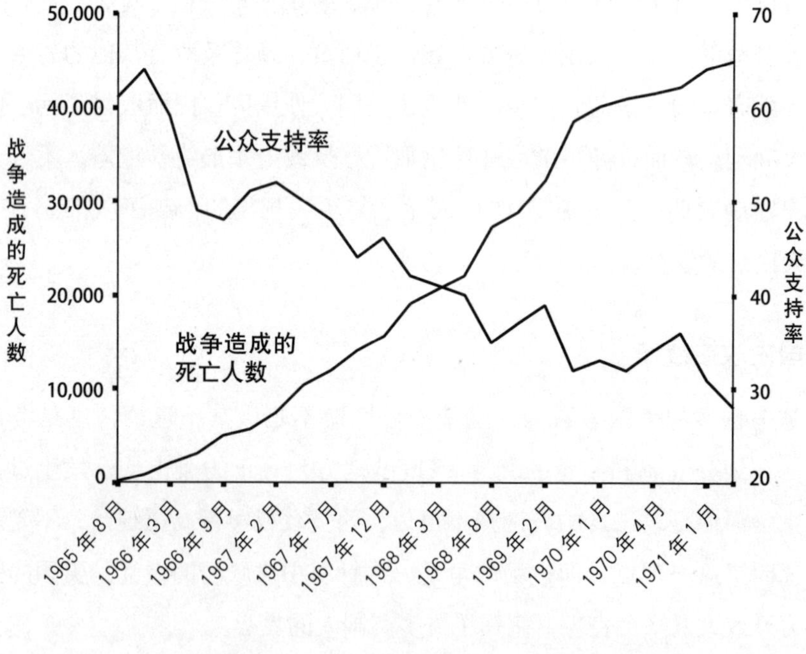

图 4–1　1965 至 1971 年，越南战争的趋势

来源：Eric V. Larson, *Casualties and Consensus: The Historical Role of Casualties in Domestic Support for U.S. Military Operations* (Santa Monica, CA: RAND, 1996), 111。

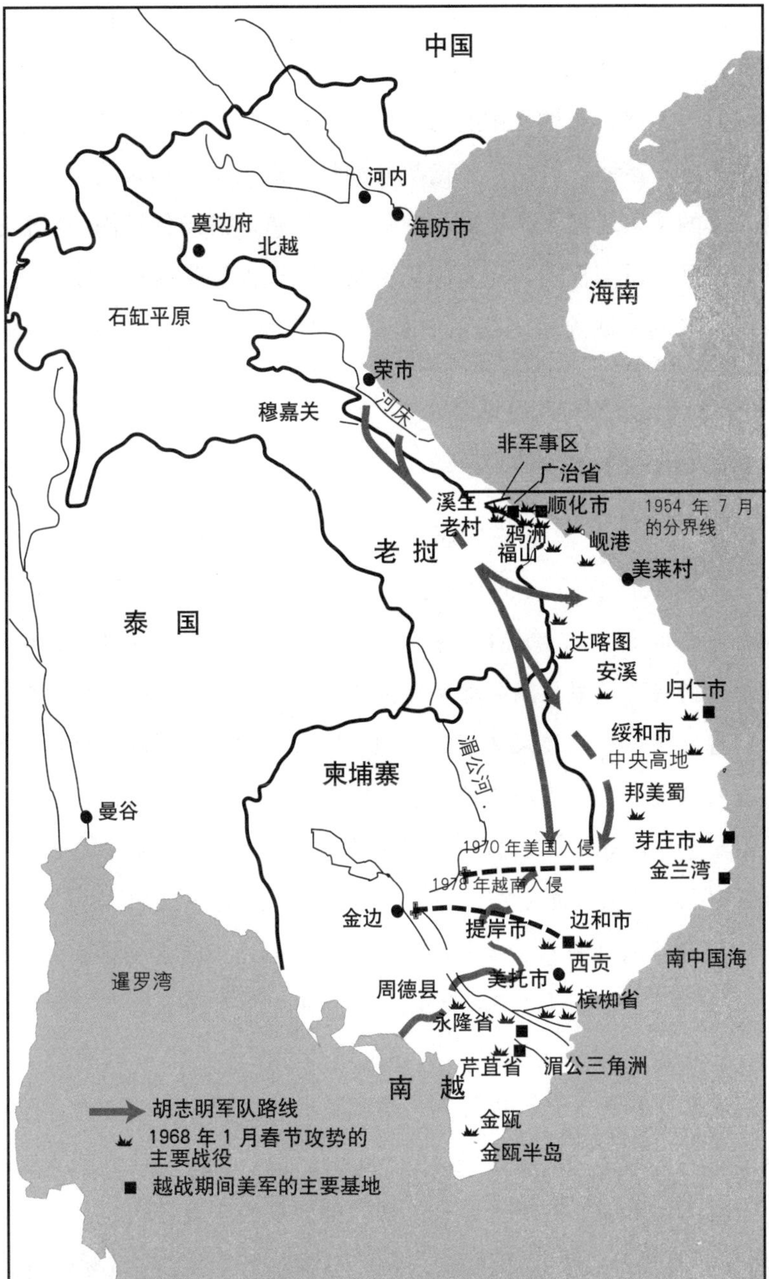
中国
河内
海防市
莫边府
北越
海南
石缸平原
荣市
穆嘉关
非军事区
广治省
溪生
老村
顺化市
1954 年 7 月
的分界线
鸦洲
岘港
福山
老挝
美莱村
泰国
达喀图
安溪
归仁市
绥和市
中央高地
柬埔寨
湄公河
曼谷
邦美蜀
芽庄市
金兰湾
1970 年美国入侵
1978 年越南入侵
金边
边和市
提岸市
西贡
南中国海
暹罗湾
美托市
周德县
槟椥省
永隆省
芹苴省
湄公三角洲
南越
金瓯
金瓯半岛
胡志明军队路线
1968 年 1 月春节攻势的
主要战役
越战期间美军的主要基地

地图 4–4　越南战争

统，自己会结束战争。尼克松、民主党候选人副总统休伯特 · H. 汉弗莱（Hubert H. Humphrey）竭尽全力地希望给予越南“光荣”和平。唯一的问题是何时以何种条件从中脱身。尼克松承诺抵制美国的“道德沦丧”并赢得了大选。然而，他结束越南战争的计划却仅限于削减美军，却对南越羽翼未丰的军队增加军事援助。在尼克松的首届总统任期内，尽管成千上万的美国军人返回祖国，但美国仍为其西贡盟友提供持续的空中支援，轰炸农村地区的反政府军。尼克松发誓，他仅接受“光荣和平”，意味着战争必须以美国的条件结束。

美国的战败与退却

越南之外的其他事件加速了美军的失败。1970 年，柬埔寨军方领导人试图将共产党军队驱逐出去，推翻了柬埔寨西哈努克亲王（Prince Norodom Sihanouk）的统治。西哈努克亲王仅允许叛军在越南边境建立基地兵营。当共产党军队向柬埔寨首都进发要推翻新政府时，尼克松决定干预，瞒着公众下令空袭柬埔寨的腹地。这次干预一经暴露，便再次引发了美国国内抗议。大学校园的抗议活动席卷全国。在俄亥俄州，国民警卫队在反战集会中枪杀了 4 名肯特州立大学学生。另外，在抗议人群中，有 9 人因看似无意的流弹而受伤。

1970 年 5 月 4 日肯特州的悲剧清楚地表明，美国必须结束越南战争。1972 年 11 月，在美国总统大选前的一个月，河内表示愿意接受非全面的胜利。协议条款包括美国停止所有轰炸并在两个月内从越南撤出所有军队；柬埔寨及其邻国老挝也分别与美国达成停火协议。双方在巴黎和谈中达成协议，将战俘交换作为协议的一部分。但当最后的谈判陷入僵局时，尼克松诉诸众所周知的“圣诞大轰炸”的大规模报复袭击。从 12 月 18 日至 29 日，美国 B– 52 轰炸机和战斗机对河内及其他北越目标进行了 1500 多次轰炸，这是二战以来美国最致命的空中打击。

1973 年 1 月，双方最终在巴黎签订了停火协议，战争结束。美国、苏联和中国等 12 个国家正式批准了这份在“圣诞节轰炸”之前就已准备妥当的条约。当时刚刚连任的尼克松总统声称，他已经实现了“光荣和平”。然而，美国几乎没有庆祝活动，因为大多数美国人早已得出结论，这场战争是一个极大的错误。尼克松重新关注苏联和中国，对其而言重新赢得公众的信任至关重要。像约翰逊一样，尼克松试图将越南战争的结果让美国满意，但这“事实上是一项非常艰巨的任务。约翰逊、尼克松两位总统无法以任何有效的方式完成这个任务”[34]。

不过，尼克松并没有完成其第二届任期。1974 年 8 月，由于水门事件的丑闻，他辞去了总统职务。[35] 其继任者杰拉尔德 · R. 福特（Gerald R. Ford）总统监管美国的最终撤军。美国在越南的战败使长久以来不可战胜的世界大国观荡然无存。对许多人而言，这场战争代表了美国对外政策的道德转折点；美国内疚于对越南国内镇压性的非法政权的支持。参议员威廉 · 富布赖特（J. William Fulbright）长久以来将美国对外政策等同于道德使命，当时以“恃势骄横”为证据攻击美国的全球角色。[36] 越南的余痛还会持续许多年，因为美国人寻求让在“行动中失踪”（MIA）的“战俘”、士兵们回国，但往往徒劳无功。[37]

美国立法者为防止越南事件的再现而寻求改革，试图限制总统在对外政策方面的权力，特别是总统作为总司令指挥美军作战的权力。民主党人特别要求限制行政机构。他们认为，总统、“军工复合体”和中央情报局有意使美国过多地身陷代价惨重的海外冒险。对于保守派或自由派而言，“帝王式总统职权”的解决办法是重申国会对对外政策的监督权，恢复宪法的制衡作用。[38] 为此，1973 年国会批准了《战争权力决议案》（War Powers Resolution），使得国会有权在美国军事干预失利的情况下命令撤军。尽管此后总统们纷纷谴责这项决议案违宪，并且很少援引，但《战争权力决议案》仍然反映了民众的情绪。民众将战争归咎于过度的总统权力。由此观之，权力的行使必然会使美国桀骜不驯。权力本身是腐败性的；民主和权力政治根本不相容。这典型是美国的观念。

越南的经历绝不会是美国对外政策在发展中国家所面临的最后一次始料未及的挑战。随后数章将表明，由于对历史和文化缺乏了解，美国也在中美洲、撒哈拉以南非洲、中东及中亚地区受挫。鉴于美国的全球首要地位及其民众相对较高的教育水平，这些军事干预的失败被认为是自相矛盾的。但或许**因为**他们拥有的权力和财富，才会有如此多的美国人不会对周围的世界感到好奇。身处一个无懈可击的国家里，人们好像没必要向外国学习，尤其是那些极度贫困的国家。然而，时间将会证明美国人是否能永远够得上这种奢望。

注释

[1] 尽管“第三世界”这个词模糊了发展中国家之间的地区多样性，但对于当时政治领导人和大多数学者来说，这个词将贫穷国家与北部的资本主义国家——第一世界——和共产主义国家——第二世界区分开来。

[2] Robert Conquest, *The Great Terror: A Reassessment* (New York: Oxford University Press, 1990).

[3] Frederick C. Teiwes, *China's Road to Disaster: Mao, Central Politicians, and Provincial Leaders in the Unfolding of the Great Leap Forward, 1955-1959* (Armonk, N. Y.: M.E. Sharpe, 1999).

[4] James M. Carter, *Inverting Vietnam: The United States and State Building, 1954-1968* (New York: Cambridge University Press, 2008), 28-29.

[5] Population Reference Bureau, “2008 World Population Data Sheet,” www.prb.org/Publications/Datasheets/2008/2008wpds.aspx.

[6] 1995 年工业国家的人口平均增长率为 0.2%，然而发展中国家均值接近 2%，撒哈拉以南非洲地区的世界上许多最贫穷国家的增长率超过 3%，详情参见：Richard J. Tobin, “Environment, Population, and the Developing World,” in *Environmental Policy in the 1990s: Reform or Reaction?* ed., Norman J. Vig and Michael E. Kraft (Washington, D. C.: CQ Press, 1997), 321-344。

[7] 该时期有影响力的作品包括 Immanuel Wallerstein, *The Modern World-System: Capitalist Agriculture and the Origins of the European World-Economy in the Sixteenth Century* (New York: Academic Press, 1974); Gunner Myrdal, *Economic Theory and Underdeveloped Regions* (New York: Harper and Row, 1971); Andre Gunder Frank, *Capitalism and Underdevelopment in Latin America: Historical Studies of Chile and Brazil* (New York: Monthly Review Press, 1969)。最新的评论，参见：Wallerstein, "The Inter-State Structure of the Modern World-System," in *International Theory: Positivism and Beyond*, Steve Smith, et al. (Cambridge, UK: Cambridge University Press, 1996), 87-107。

[8] Samuel Huntington, *Political Order in Changing Societies* (New Haven, Conn.: Yale University Press, 1968).

[9] W. W. Rostow, *Politics and the Stages of Growth* (New York: Cambridge University Press, 1971).

[10] Steven W. Hook, *National Interest and Foreign Aid* (Boulder, Colo.: Lynne Riennner Publishers, 1995).

[11] 属于单一经济（通常是经济作物，如香蕉、可可、咖啡等）的经济体，拥有不民主或不稳定的政府，特别指那些存在广泛贪污和强大外国势力介入的国家，通常指中美洲和加勒比海的小国家。——译者

[12] 西奥多·罗斯福总统杜撰了这一术语，以此为美国在拉美和加勒比海地区频繁的干预和占领提供合法性。对于批判性观点，参见：Walter LaFeber, *Inevitable Revolutions: The United States in Central America,* 3rd ed. (New York: Norton, 1993)。

[13] Peter H. Smith, *Democracy in Latin America: Political Change in Comparative Perspective* (New York: Oxford University Press, 2005), 111; Smith, *Talons of the Eagle: Dynamics of U.S.-Latin American Relations*, 2nd ed. (New York: Oxford University Press, 2000), chap. 3.

[14] Stephen Schlesinger and Stephen Kinzer, *Bitter Fruit: The Untold Story of the American Coup in Guatemala* (Garden City, N.Y.: Anchor Press, 1982).

[15] 对此及其他为美国干预古巴提供正当性的详述，参见：Louis A. Pérez, *Cuba in the American Imagination: Metaphor and the Imperial Ethos* (Chapel Hill: University of North Carolina Press, 2008)。

[16] John Lewis Gaddis, *We Now Know: Rethinking Cold War History* (New York: Oxford University Press, 1997), 183.

[17] Howard Jones, "not only did the Bay of Pigs fiasco expose (Kennedy) to the charge of imperialism; worse, it showed he wasn't even good at it." Jones, *The Bay of Pigs* (New York: Oxford University Press, 2008), 132.

[18] Graham T. Allison and Philip Zelikow, *Essence of Decision*, 2nd ed. (New York: Longman, 1999).

[19] Michael Grew, *U.S. Presidents and Latin American Interventions: Pursuing Regime*

Change in the Cold War (Lawrence: University of Kansas Press, 2008), 81. 正如博什后来所说的："我们国家的共产党员还不够经营一个酒店的人数，更别提管理国家了。"

[20] 皮诺切特一直执政到1990年。当年智利民众通过选举恢复了民主统治。1998年，一位西班牙法官以"普遍管辖权"指控皮诺切特侵犯人权。2000年被批准返回智利前，这位前独裁者一直住在伦敦的一个监狱。回国后他面临多项指控，但在被判有罪前，便于2006年10月去世了。

[21] 一位前美国驻联合国大使对此观点的详述，参见 Jeane J. Kirkpatrick, "Dictatorships and Double Standards," *Commentary* (November 1979): 34–45.

[22] Stanley Karnow, *Vietnam: A History* (New York: Penguin, 1983).

[23] Robert E. Vadas, *Cultures in Conflict: The Vietnam War* (Westport, Conn.: Greenwood Press, 2002), 58. 关于美国对越南误解的详细陈述，参见：Jeffrey Record, *The Wrong War: Why We Lost Vietnam* (Annapolis, Md.: Naval Institute Press, 1998)。

[24] Carter, *Inventing Vietnam,* 44.

[25] 关于越战的全面评论，参见：Martin Windrow, *The Last Valley: Dien Bien Phu and the French Defeat in Vietnam* (London: Wiedenfeld and Nicolson, 2004)。

[26] *New York Times,* April 8, 1954, 18.

[27] 越战前期《纽约时报》出版了富有启发意义的文集，参见：Mark Lawrence, ed., *The Vietnam War,* vol. 1 (Chicago: Fitzroy Dearborn, 2001)。

[28] John Prados, *Vietnam: The History of an Unwinnable War, 1945–1975* (Lawrence: University of Kansas Press, 2009), 95.

[29] Charles Peters, *Lyndon B. Johnson* (New York: Basic Books, 2010), 122–23.

[30] Frederik Logevall, "America Isolated: The Western Powers and the Escalation of War," in *America, the Vietnam War, and the World,* ed. Andreas W. Daum, Lloyd Gardner, and Wilfried Mausbach (New York: Cambridge University Press, 2003), 175.

[31] 国防部长麦克纳马拉及其高级顾问自信地坚持这种战略，并以先进的计算机模型和成本效益为基础预言胜利，然而事实上大多数在游击战中是错误的，参见：David Halberstam, *The Best and the Brightest* (New York: Random House, 1972)。

[32] 1968年1月越南民主共和国（北越）正规军和越共游击队联手，针对越南共和国（南越）境内各军民指挥枢纽发动的大规模攻势。该攻势是越南战争中规模最大的地面行动，也是造成美国主动自越南撤军的重要事件。

[33] 涉及到越南的美国国内政治详情，参见：Melvin Small, *At the Water's Edge: American Politics and the Vietnam War* (Chicago: Ivan R. Dee, 2005)。

[34] Robert J. McMahon, "The Politics, and Geopolitics, of American Troop Withdrawals from Vietnam, 1968–72," *Diplomatic History* (June 2010): 471.

[35] 丑闻涉及1972年再次竞选中，尼克松政府的非法行为及尼克松企图掩盖真相的各种手段。

[36] J. William Fulbright, *The Arrogance of Power* (New York: Vintage Books, 1967).

[37] Michael J. Allen, *Until the Last Man Comes Home: POWs, MIAs, and the Unending Vietnam War* (Chapel Hill: University of North Carolina Press, 2009). 有关越战持续争论的概述，参见：Gary R. Hess, *Vietnam: Explaining America's Lost War* (Malden, Mass.: Blackwell, 2009)。

[38] Arthur M. Schlesinger Jr., *The Imperial Presidency* (Boston: Houghton Mifflin, 1973).

第五章

缓和与世界秩序政治

1973 年 9 月，宣誓就任美国第 56 届国务卿后，亨利·基辛格（Henry Kissinger，左）与尼克松总统（右）进行了一次非正式交谈。基辛格此前曾担任尼克松政府国家安全顾问，构想了缓解冷战紧张局势的缓和政策。

越南的惨败印证了许多美国人最担心的问题，即一旦步入大国之列，美国将会如何行事。虽然在 20 世纪初的两次世界大战中美国获胜了，但美国推卸了自己应当承担的责任，因而在两次世界大战之间“失去了”和平。到 20 世纪 70 年代，美国似乎仍未准备好担任起自称的“自由世界”领导者角色。越战失利也使人们极其质疑以反共作为美国对外政策基石的做法。越战前，美国处处遏制共产主义。越战后，美国领导人对于偏远地区的军事干预更加谨慎，希望以其他手段赢得冷战。

共产主义阵营的分裂削弱了美国的遏制政策。与看似坚如磐石的共产主义相斗是一回事。当共产主义国家越来越多而且内部分裂时，西方的最佳应对措施更难以界定了。美国是否必须区分共产主义国家，以确定哪个国家会形成真正威胁吗？美国会放心地允许怎样的权力分配变化呢？如果有的话，美国在哪里划定边疆呢？当 20 世纪 70 年代面对全球均势的快速变化时，美国领导人难以回答这些问题。

在此期间，为应对这些变化，理查德·尼克松及杰拉尔德·福特（水门事件之后尼克松的继任者）政府采取了“缓和政策”（détente），即缓解紧张局势。越战后，美国遭到了削弱。对“帝王式总统”的抨击、愈加自信和警惕的美国国会对白宫所施加的限制说明了这种情绪。另外，鉴于作为大国的自身局限性和道德缺陷，美国自封为“全球民主的监护人”，这个角色广受诟病。1977 年，吉米·卡特就任总统后常常流露出这种情绪，他试图重夺美国对外政策的有利地位。

军事方面，苏联已经赶上美国。从 20 世纪 50 年代至 60 年代末，美国轰炸机和导弹日益得到海军核潜艇的支持，以摧毁苏联城市相威胁，从而威慑苏联。但是，苏联以其庞大的陆军制衡美国的战略力量。苏联陆军有能力横扫西欧，迅速击败北约部队。事实上，均势是不对称的：美国拥有覆盖洲际范围的战略（核）优势，而苏联仅有覆盖区域范围的常规军事优势。1964 年，苏联启动了大规模武器建设，到 1970 年，苏联的核武器库已与美国不相上下。甚至当苏联达到了美国及其盟国**确保相互摧毁**的水平后，苏联军队建设也没有任何放缓的迹象。

甚至在美国有战略优势时，苏联领导人仍然在柏林和古巴等国家甘冒一定挑战的风险，但在对抗时仍很谨慎。一旦遇阻，苏联会退让。因此，美国的实力限定苏联自我感觉推进的范围。但是，由于战略平衡正发生变化，因而以核威慑为手段的遏制政策更具风险。在世界格局的两极均势中，苏联实际上已经占据了与美国一样的顶级位置。在这些情况下，苏联会满足于仅在陆地上扩大自己的影响吗？具有新力量的苏联领导人会满怀信心，在海空领域更大胆地行动吗？就其本身而言，一旦失去了战略优势，美国会更不愿应对吗？

一个国家发现自己相比于其他国家权力衰落时，往往会减少自己的承诺，并寻求新的盟国或现有盟国更多的帮助。它们一般也会寻求以外交方式减少自身利益所受的威胁。越战后当失去自己的战略优势时，美国也曾经寻求减少自己的义务。美国的缓和政策意在以较低程度的紧张局势与较少的代价确保美国的利益，而非通过军事干预和危机管理达到目的。相比早期美国战略优势的时代，美苏两极均势变得更加复杂、更加动荡。

管理超级大国竞争

1969 年，即将执政的尼克松政府决定采用以国家体系的传统逻辑为基础的对外政策。这一极大的转变令人惊讶，因为它远离了以美国国内价值观和经验为本的道德主义风格。尼克松早期曾参与约瑟夫 · 麦卡锡参议员的意识形态“政治迫害”行动，拒绝与共产党人有任何瓜葛。然而作为美国总统，他实施更加务实的对外政策，以便适应全球均势的变化。亨利 · 基辛格是出生在德国的犹太人，为逃离纳粹德国的迫害而移民美国。尼克松对基辛格的任命表明，尼克松期望采用旧世界的“权力政治”。[1] 在此意义上，尼克松和基辛格是第一批公开挑战并偏离美国对外政策传统特性的领导人。[2]

基辛格起初担任国家安全顾问，后又出任国务卿，负责实施尼克松和福特政府许多公开及保密的外交活动。他主宰着两位总统的内部圈子，在白宫内外猛烈地抨击其批评者，“媒体、外交使团、甚至外国领导人无法幸免于其怒火”。[3] 不过，基辛格作为现实主义者的直觉得到了其上级尼克松和福特的认可。尼克松、福特迫切需要新的对外政策。缓和一词源自法语，意指紧张局势的缓和，似乎非常适合美国在后越战时代的需要。

亨利·基辛格的世界观

基辛格比较了苏联的崛起与20世纪初德国在国际舞台上的崭露头角。在这两种情况中，挑战者雄心勃勃地大肆扩张陆权，远远超出其边界。美国意识到，德国成为世界大国的愿望导致了第一次世界大战。像多年前的德国一样，苏联也寻求更多的海外卫星国，使其成为苏联阵营的一员。尽管这些地区的战略价值往往有限，但它们是共产主义全球扩展的重要象征。因此，苏联军事建设不仅产生了军事均势和稳定的问题，而且涉及苏联的根本意图。

在基辛格任职期间，美国对外政策的战略基础始于一个假设，即世界政治并非“善”与“恶”之间的斗争。根据现实主义的观点，所有国家都有生存的权利，都能拥有合法权益。因此，各国不会以一种假设发动道德讨伐（moral crusades），即利益分歧意味着善恶的冲突。基辛格认为，核时代的美国安全要求领导人在共同利益的基础上，努力解决与其他大国的分歧。无可否认，差异不会轻易或是迅速得到和解。领导人之间良好的私人关系或许使这一过程更加平稳，但也不会取代艰难的讨价还价。协议基本上反映了领导人所代表的国家之间权力的对比。[4]

那么，美国该如何应对其强烈谴责的共产主义政权呢？美国权力太过有限，不足以改变苏联的行为。为维护和平、安全，美国只能放弃讨伐敌人的习惯以使敌人民主化，与苏联共存。这关键在于均势。美国需要使主要挑战者的合法要求适应这一均势。由此观之，权力克制反对力量。美国通过满足其他大国利益的方式将会更有可能维持现状，而不是使美国永远处于与外部敌对的状态。

总而言之，基辛格使美国对外政策更符合国家间体系的传统规范。美苏均势仍是当务之急；作为一个大国，苏联仍必须受到遏制。以协商和妥协方式而实现的与苏联的共处足以维持均势，从而确保美国的安全。与基辛格一样的现实主义者乔治·凯南，在25年前曾预言，最终的胜利不会源自美国的道德讨伐，而是来自苏联国家和社会的日渐衰退。

利用中苏分裂

基辛格的目标并非仅仅管理苏联日益强大的战略力量，他还寻求与中国共产党建立工作关系。1969年1月，尼克松执政时，美国与中国没有任何官方联系。只要华盛顿官方承认中国台湾的国民党政权，那么中国领导人就拒绝与美国建立关系。不过，尼克松意识到不断变化的战略环境，也考虑到将毛泽东领导的中国大陆纳入其整个外交体系中的重要性。尼克松正式称呼中华人民共和国政权，命令美国海军不再在台湾海峡定期巡逻，解除对中国的贸易限制，从而为其1972年2月对中国的私人访问开辟了道路。对于长期敌视与中国交往的美国公众和国会而言，这次访问标志着美国政策的巨变。尼克松、基辛格通过打出这张“中国牌”，开始消除彼此敌对状态，探索相互合作的领域。

在执行这一战略的过程中，尼克松利用了苏联、中国之间日益紧张的关系。作为第一个共产主义国家，苏联曾长期垄断着国际共产主义运动。二战后，它还控制了东欧各国。虽然中国也是由共产党领导的，但极具民族主义色彩的中国领导层不可能屈服于苏联。另外，毛泽东的“农村”共产主义模式或许更适用于第三世界的发展中国家。因此，中苏关系有可能破裂[5]，即使1950年两国签署了友好条约，但两国反目是必然的。到1970年，两国默许的友好条约已失效。苏联人公开将毛泽东比作希特勒，然而中国领导人把苏联描述为“德国法西斯式独裁”。中苏决裂为美国提供了优势，以使两个共产主义巨人彼此对抗，在三角权力斗争中处于优势地位。

1972年，在尼克松对中国历史性访问即将结束之际，美国和中国联合发表了《上海公报》，宣布两国反对**任何**国家在亚洲的霸权，很显然，它们意指苏联。中美关系以互利为坚实的基础。于美国而言，它急切地希望中国加入反苏联盟。为此，美国宣布将逐步从台湾撤走所有军队和设施，且不会干预共产党和国民党之间的“和平协商”。这一协议一劳永逸地结束了不合理的局面，即在将近25年的时间里，美国一直无视全世界人口最多的国家。这个国家拥有巨大潜力，长期敌视苏联。中苏论战反映了根深蒂固的利益冲突比共产主义意识形态的表面联系更深刻。

1979年1月1日，中华人民共和国和美国在外交上彼此承认，并互派外交大使。随后，中国的未来领导人——时任副总理的邓小平对美国进行了正式访问。1976年9月，毛泽东逝世；2年后邓小平接任，成为中国掌舵人。在中美彼此承认后，新的贸易机会随之而来，贸易往来是新任中国领导人的首要任务。邓小平希望西方世界帮助发展中国经济，他欢迎美国和西欧的外国投资，试图使中国经济全球化。到20世纪90年代，中国成为美国的主要贸易伙伴之一。尽管中国共产党执政，但美国国会每年都会延长中国的最惠国待遇地位，由此可见中国对美国的重要性。很明显，中美关系中的意识形态已经让位于双方的经济收益。

军控与“联系”

尽管中美外交关系导致北京与莫斯科之间的隔阂越来越深，但是，尼克松和基辛格所采用的缓和政策需要在一系列问题上与苏联有更加密切的联系。基辛格将**实力政治**（realpolitik）应用于美国对外政策中，在这种世界中，当存在共同利益时，对手也可以合作。在这方面，双方都受益于日益放缓的紧张局势以及稳定的工作关系。的确，整体上国家间体系特别需要超级大国之间竞争的放缓。超级大国的竞争煽动了许多国家的国内政治，引起了地区冲突，有时会升级为正面对抗。

美苏潜在合作的另一个领域是战略武器控制。多年来，武器控制的重要性与日俱增。军备竞赛表现了美苏之间深刻的政治分歧。危险在于，持续不断的冲突所加剧的军备竞赛在某一刻演变成核战争。为避免这种灾难性的结果，双方都建设各自的核力量，创造新的方法以发射各种射程的致命导弹（见图 5–1）。由于核武器不可能被取消，双方意识到未来的最佳策略是以军备控制协定管理核均势。[6]

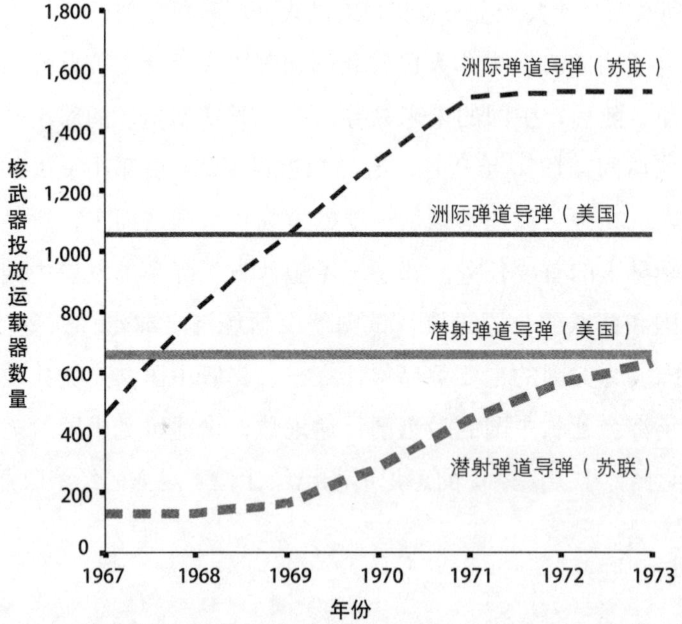

图 5–1 1967 至 1973 年，美苏核均势

来源：International Institute for Strategic Studies (IISS) , *The Military Balance,* 1973–1974, No. 2 (London: IISS, 1973), 71, 1141。

尼克松的主要成就之一，限制战略武器谈判（Strategic Arms Limitation Talks，SALT）是缓和政策的关键所在。这些会谈均有美苏高层官员的参与，有四个目标。首先，确定、记录和报告双方拥有的战略武器数量，使军备竞赛更具可预见性。第二，确保“相等”或军事平等。在核优势缺失的情况下，美国和苏联各自保留足以二次打击的能力，以确保相互摧毁。第三，减少对各自威慑力量的威胁。新式防御武器的开发是一个关注点。苏联人在莫斯科周围部署了反弹道导弹，正致力于开发在全国范围部署的第二代反弹道导弹。如果反弹道导弹击落美国洲际弹道导弹，把其对苏联造成的伤亡降至“可接受”的水平，那么反弹道导弹会破坏美国的威慑力。[7] 最后，限制战略武器谈判对于缓和是至关重要的。限制战略武器谈判的任何失败必定会阻碍美苏全面政治关系的缓和。只有紧张局势的缓解才能使两大核巨头感觉更安全。

1972 年 5 月，尼克松与苏联领导人勃列日涅夫签署了《第一阶段限制战略武器谈判条约》。双方的谈判历时两年半，包含两份协议。第一份协议规定，两国各自将反弹道导弹限制在 200 个发射架之内，后又减少至两国各 100 个。第二份协议冻结了当时两国所拥有的全部进攻性飞弹塔。在这个全面量化的协议中，双方保留了改善其武器的权利，以维持双方的平等。在 1974 年福特总统与勃列日涅夫的一次会见上批准了其后续协议《第二阶段限制战略武器谈判条约》。这份协议要求对两个超级大国的核武库增加新的限制。1979 年末，苏联派军进驻阿富汗以支持亲苏的军事政权。尽管这使美国国会在批准《第二阶段限制战略武器谈判条约》问题上的辩论变得毫无意义，但双方仍然遵守了《第二阶段限制战略武器谈判条约》的条款。直到 20 世纪 80 年代末，在里根总统的领导下，美国才再次加快减少核储备（见第六章）。

同时，缓和政策也为使双方受益的其他协定、合作措施提供了契机。不过，这类安排的关键在于主要指向苏联的“联系”（linkage）策略。如果双方在军控和贸易等事务上达成谅解，那么苏联将从与美国的良好关系中获取既得利益。和以前一样，苏联面临着强大的美国。然而，这个“大棒”和足够的经济“胡萝卜”相补充，使合作更有益。在战略均势时期，美国对苏联的军事制裁更具风险。联系策略为苏联提供了广泛的贸易机会，以更少的风险达到同样的效果。一个领域的进展是与另一个领域的进展相关联的。

当1969年尼克松执政时，极度脆弱的苏联经济举步维艰。在20世纪50、60年代初的迅速发展之后，20世纪70年代初苏联经济增长率从5%跌至2%。在与“第二次”工业革命相关的行业里，经济下滑尤其显著，如计算机、微电子和电信等等。总之，在对经济增长极为重要的行业领域里，苏联远远落后于西方国家。此外，苏联的工作场地存在高旷工率、酗酒、贪污、伪劣产品问题，农业部门也停滞不前。这破坏了苏联作为社会主义国家的吸引力，阻碍了其与美国相竞争的能力，威胁着其超级大国的地位。

男性在和平时期的平均寿命下降了，且婴儿的死亡率呈上升趋势，这在工业社会中，唯有苏联一例。1964年上台的勃列日涅夫非常清楚，前任赫鲁晓夫垮台的直接原因在于其未能实现更高的生活水平。在古巴导弹危机受挫之后，赫鲁晓夫试图提升民众对经济增长的普遍期望，却依旧未能成功。勃列日涅夫也许遭遇同样的境地。当时无论从绝对值角度或是与西方资本主义国家相比，苏联生活水平都呈下滑趋势。

尼克松政府认为，这些经济问题为美国提供了可乘之机。冷战期间，美苏之间的贸易使美国工业和农业受益匪浅。不过，这种贸易关系的主要原因是政治方面的。人们希望，美国的生产力能够为克制与和解苏联对外政策提供有力的物质支撑。基辛格认为，经济关系无法脱离政治环境。当然，美国不应以经济利益回报敌对行为。作为对贸易扩展的回报，美国要求苏联人在重要的对外政策问题上进行合作是合理的。实际上，联系策略会促使苏联**自律**。

在尼克松—福特执政时期，美国也面临严重的经济问题，所以也需要从美苏紧张关系的缓和中获益。越南战争耗尽了五角大楼的预算，却几乎没有回报。1973 年，石油危机引发了高通胀，而且股市连续两年陷入低迷。与此同时，欧洲大陆已经不再像二战结束时那样软弱无力、四分五裂、萎靡不振。当时兴起的共同市场，即今日欧盟的前身已成为强有力的经济竞争者。[8] 由此，美元在全球货币市场再也不被视为“十分可靠”，而且固定汇率的布雷顿森林体系也告终了。信赖于自己的现实主义本能，尼克松意识到了美国及其死敌苏联所面临的局限。

尽管缓和政策标志着美苏关系的突破，但事实上，尼克松和福特实施这一新战略绝非易事。尼克松首先徒劳地寻求越战的“光荣和平”，而且随后的水门丑闻事件迫使其于 1974 年 8 月 9 日辞职。作为没有任何对外政策经验的前国会领袖，福特总统在其任期内致力于恢复国内政治稳定。此外，作为一种冲突与合作相结合的战略，缓和政策使很多美国人倍感困惑。公开的敌对或友好关系更容易解释国家间关系，而不是介于其间的情况。冷战唤醒了人们；缓和政策则安抚了人们。然而，这种关系仅意味着紧张局势的缓和，而不是超级大国之间角逐的消失。因此，缓和政策催生和谐的期望注定会落空。

卡特的世界秩序观

1976 年，福特总统执政的最后一年，政府官员们和很多美国民众对缓和政策不再抱幻想，这不足为奇。如上所述，美国总是在对立且彼此排斥的类别之间摇摆不定：孤立或干预、和平或战争、外交或武力、理想主义或现实主义、和谐或冲突。然而，缓和政策总是充满歧义的。同时，许多美国人在越南战争、水门丑闻事件和美国经济长期低迷后变得愤世嫉俗。

当整个国家自我怀疑时，美国人往往会求助于那些未受过去政府行为影响或允诺新的国内外政策观的局外人。[9] 在 1976 年美国总统竞选中，民主党人吉米 · 卡特（Jimmy Carter）当选。吉米 · 卡特曾是种植花生的农场主，担任过佐治亚州州长。在卡特身上，美国民众似乎看到了以往总统们所缺乏的美德。卡特利用其在浸信会教堂主日学校任教的经历，极具说服力地描述了美国在越南战争和水门事件的创伤之后对道德复兴和精神重生的需求。卡特的话语引起了美国民众的共鸣，因而他们选举卡特而非福特为总统。

借鉴伍德罗 · 威尔逊总统的理想主义，卡特将人权视为美国对外政策的恰当基础。卡特将美国的道德原则等同于普世标准，成为美国对外政策特性的化身。这位新总统为其所称的"低靡"指明了一条出路。他认为，美国的最佳方案是拒绝权力政治，专注于国内事务而实现革新，建立一个完全自由与公正的社会，从而成为影响全世界的楷模。参议院对外关系委员会前主席 J. 威廉 · 富布赖特认为，美国应该"成为世界上民主的榜样"，但"不是以其**强权**的能力，而是以**社会**的能力"在世界上发挥自己的角色。[10] 美德而非权力是对外政策的特点；美国的全球影响应该源自其作为良好与公正社会的道德地位。

历史表明，如果没有国内共识，民主国家就无法有效地推行对外政策。在美国历史上的大多数时候，美国有这种共识，即需要远离欧洲的大国政治，确立经济和政治发展的首要地位。在没有外部威胁的情况下，美国人只想关注于自身。然而，当二战时美国成为重要的世界大国之后，这种共识瓦解了。尔后，美国举止像世界大国了，并付出了巨大的军事、经济和道德代价。

卡特赞成重建对外政策共识的任务，他认为这种共识在于美国自称的"民主和个人自由捍卫者"的历史角色。人权取代遏制政策成为卡特动员民众支持世界新秩序观的平台。[11] 卡特许诺，美国与其他国家的关系是以其对人权的尊重为条件的，而非取决于国家的贫富。他认为，超级大国通过将冷战扩展到世界的每个角落，怂恿了各种意识形态的军事独裁者，破坏了民主改革，阻碍了经济发展。总之，冷战只是恶化了世界上许多地区的悲惨状况。美国重新利用其民主遗产及对外政策的道德基础，具有独特意义。作为一名重生的基督徒，吉米·卡特由此成为美国理想和道德原则的救赎者。

卡特总统也敏锐地意识到世界政治的一般趋势，特别是国家和社会之间日益发展的**相互依赖**关系。冷战各方均承认，任何形式的核战争会影响到世界的各个角落，或许使地球的许多地区无法居住。全球经济已经发展成为单一市场，为贸易和投资打开了新市场，同时促进了政府间更高程度的合作和协调。最后，卡特意识到人口的快速增长、日益恶化的污染以及其他跨国问题均无法由各国单独地解决。相互依赖并不仅仅是一种期望，也是世界政治的现实。任何国家再也不会独自繁荣。

相互依赖的吸引力在于更和平、更和谐的世界前景。这个世界与美国价值观相一致，远离权力政治的麻烦世界。卡特执政时，美国正在从越南战争中复兴。因而毫不奇怪的是，这种跨国的相互依赖强烈地影响着卡特。在肯尼迪—约翰逊执政期间，卡特的许多对外政策顾问早前曾参与管理过战争。对于美国权力的滥用、对世界范围内独裁者的支持，他们公开表示遗憾。因此，他们不再理会基辛格对均势政治非道德的定位，反而期望全球合作的新时代。

20 世纪 70 年代末，卡特也深为关切饱受普遍贫穷和苦难的发展中国家。乐观情绪逐渐消退，即对外援助将会推动发展中国家的现代化或不断扩大的贸易为发展中国家的自身发展提供资金。由于各种复杂原因，“北方国家”数十亿美元的发展援助几乎或是根本没有影响到广阔的“南方国家”。尽管周密的援助“机制”形成了，但全球最富裕、最贫穷人口之间的差距仍日益扩大。对卡特而言，南北关系所产生的紧张局势威胁着其“世界秩序政治”观，如同资本主义和共产主义国家之间的东西方斗争一样。

如第一波“石油危机”对世界经济的困扰所表明的，全球相互依赖的特点是危险与机会并存。如下文所详述的，1973 年以色列与其阿拉伯邻国之间的战争导致汽油价格不断上升。石油输出国组织（Organization of the Petroleum Exporting Countries，OPEC) 冲击了工业经济体，它控制着世界市场上的石油供给、价格。[12] 由于这个卡特尔组织控制了世界上的石油储备，其他所有国家深受其影响。高油价引发了美国的滞胀（通货膨胀和经济衰退并存)、失业率的激增。20 世纪 70 年代的能源危机不仅仅导致了偶尔的麻烦，诸如排长队加油或加油站的涨价。能源危机更深深地扰乱了整个经济，改变了生活方式，如美国小排量汽车、更低的车速限制。毛泽东曾经指出“枪杆子里出政权”，这句话也适用于一桶油。

卡特认为，美国采用更加合作的对外政策，将会恢复其政治、经济和道德实力。在其看来，负责任的美国领导将会产生更加民主、和平的世界秩序，因为民主国家具有彼此合作的自然倾向。卡特不仅在言辞上将人权作为其对外政策的“核心”，而且以此重塑美国对外政策机构及其与国际组织的关系。这成为其总统任期内的定义性特征。[13] 之后，他试图重振美国经济，保持超级大国之间的亲密关系以及为全世界最具火药味的中东地区带来和平。这也许是他最大的挑战，因而他的乐观情绪经受了艰难的考验。

中东的战争与和平

除了如上所述的发展中地区以外，冷战期间，中东地区也需要美国对外政策决策者的持续关注。这一地区有 3 组竞争者：以色列与其邻国阿拉伯国家、阿拉伯国家之间以及美国和苏联。整个 20 世纪 70 年代，石油输出国组织一直开发该地区蕴藏的大量石油，使得这个冷战期间及战后全球最不安的地区更加动荡。

最初的阿以战争

阿拉伯与以色列的敌对，起源于 1917 年的《贝尔福宣言》(Balfour Declaration)。在该宣言中，英国政府承诺为犹太人建立一个“民族家园”，还提出这个家园应设在巴勒斯坦，即一战后英国所控制的地中海东南岸地区。该宣言还承诺会保护巴勒斯坦籍阿拉伯人的权利。二战后，600 万犹太人死于大屠杀，这使得建立安全国家的事业与需要尤为紧迫。

1947 年 11 月，联合国将巴勒斯坦分为两个独立国家：一个犹太国家、一个阿拉伯国家。尽管阿拉伯人拒绝了这一解决方案，但犹太国家的规划仍在继续。1948 年 5 月 14 日，英国正式结束对巴勒斯坦的托管，以色列诞生。犹太复国主义运动领袖大卫·本－古里安（David Ben-Gurion）一直倡导成立这样一个国家，成为以色列首位总理。

在以色列建国当日，第一次阿以战争就爆发了。当时阿拉伯国家联盟的军队（埃及、伊拉克、约旦、黎巴嫩和叙利亚）入侵以色列。本－古里安任以色列统帅，领导以色列新成立的国防军击退了最初的攻击。到 7 月，以色列国防军包括现代陆军、海军和空军全部得到加强，因为其武器装备均采购于美国、捷克斯洛伐克。由于在该地区获得了制空权，以色列成功地击败了阿拉伯军队，并且将其领土扩大至联合国指定的分治边界之外。以色列在其“独立战争”中获得了决定性胜利，并与战败的阿拉伯国家分别谈判和平协议。

然而，阿拉伯人仍然拒绝承认以色列。作为阿拉伯世界的领导，埃及试图寻求外国军火援助，准备对以色列发起第二次袭击。1956 年，贾迈勒·阿卜杜·纳赛尔上校（Col. Gamal Abdel Nasser）领导埃及，沙特阿拉伯、叙利亚和也门联合进军，加紧了对以色列的包围。当美国收回对纳赛尔心仪的阿斯旺大坝项目的资助时，纳赛尔被激怒了。纳赛尔发誓对连接红海和地中海的苏伊士运河实行国有化，并将收入用以资助大坝项目。纳赛尔蔑视美国，使整个中东地区的阿拉伯民族主义者激动不已，因此都视他为英雄人物。

在这种狂热的环境下，以色列采取攻势，进军埃及，在西奈半岛上迅速击溃埃及军队。英法联军仍寻求在该地区的影响，并代表以色列进行干预，寻求控制苏伊士运河。英法联军不仅没有得到美国的支持，反而激怒了艾森豪威尔总统，因为他担心中东地区发生更大范围的战争。事实上，艾森豪威尔的反对在化解苏伊士运河危机、建立美国对该地区稳定的责任有着决定性的作用。1957 年，美国国会批准了一项联合决议，宣称中东地区对美国的安全至关重要。在艾森豪威尔主义的指导下，美国将使用武力确保中东地区的和平和以色列的安全。[14]

但事实上，维系和平是不可能的。1967 年，纳赛尔重申了对阿拉伯民族的领导，由此导致了第三次阿以战争。曾短暂加盟埃及而建立阿拉伯联合共和国的叙利亚再三呼吁摧毁以色列。阿拉伯军队很快包围了以色列：叙利亚从北面，埃及从南面，约旦从东面。然而当以色列率先发起空袭时，泛阿拉伯主义的野心受挫了。以色列军队击溃了约旦军队，占领了耶路撒冷的一半地区及约旦河西岸。最后，以色列摧毁了叙利亚的戈兰高地基地，叙利亚此前一直在戈兰高地炮击以色列。以色列用短短 6 天时间再次赢得了与阿拉伯邻国的战争。纳赛尔的阿拉伯帝国梦永远破灭了。与此同时，美国更加牢固地控制中东地区，因为该地区巨大的石油储量在未来数十年中，将是至关重要的安全利益——也是冲突频发的原因。

美国依然无法阻止中东地区的另一次战争。这次战争使冷战超级大国几乎陷于致命的直接冲突。1973 年，埃及和叙利亚在赎罪日（Yom Kippur）袭击了以色列，赎罪日是所有犹太宗教节日中最重要的日子。埃及之所以参与这场冲突，因为其领导人安瓦尔·萨达特 (Anwar Sadat) 对以色列倍感灰心。以色列拒绝放弃其在 1967 年六日战争中夺取的埃及领土。埃及及其叙

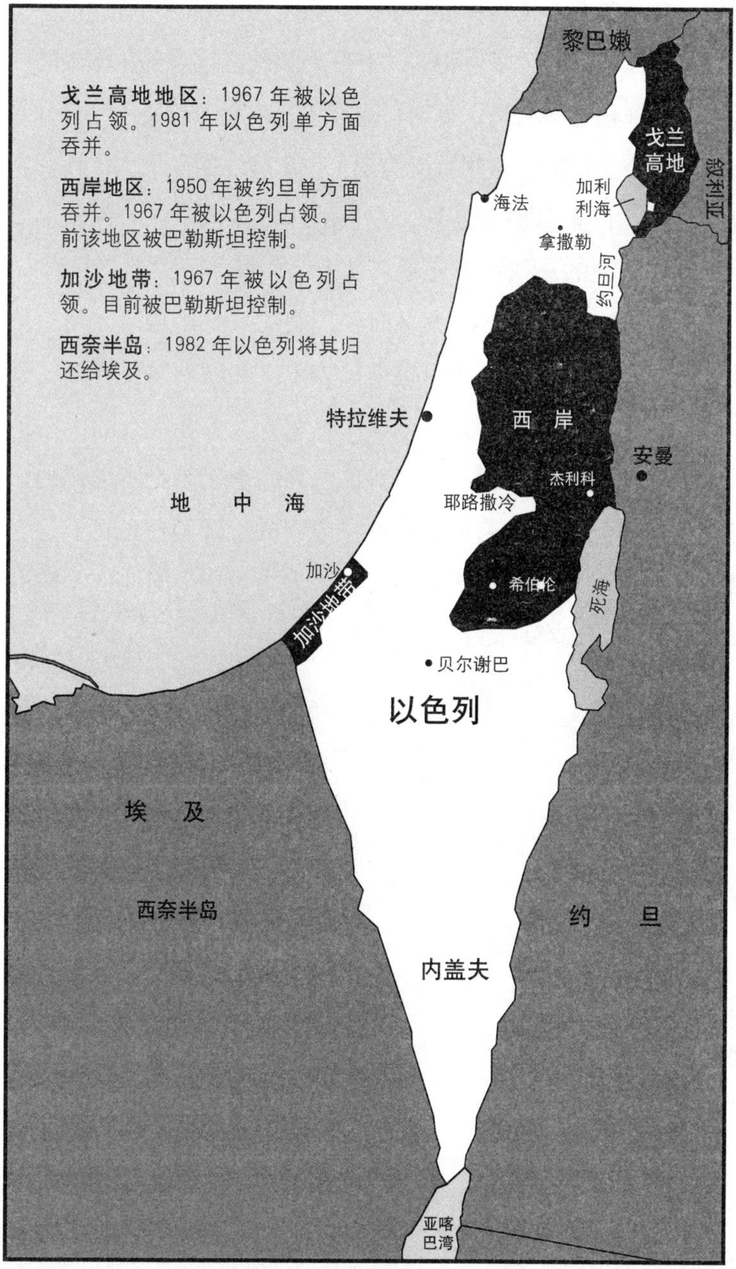

地图 5–1 以色列及其争议领土

利亚盟国得到了苏联大规模军事物资，在收复领土方面初有成效。但相似的是，美国也向以色列空运军用物资。苏联在该地区部署部队相威胁，此后，美军进入了全球核警报状态。莫斯科退让了，然而急切避免局势升级的美国也迫使以色列停止进军。这些举措实现了一次脆弱的停火。

除了与苏联的紧张局势之外，中东地区的其他对立的各国也使美国意识到自己在该地区的干预将十分复杂且难以预料。历史学家乔治 · C · 赫林（George C. Herring）指出 ：“大多时候，美国只是绝望地在阿拉伯和以色列之间、阿拉伯国家之间以及阿拉伯民族主义和欧洲殖民列强的激烈冲突之间咆哮。”[15] 尽管如此，美国领导人感觉有义务在混乱的中东地区促进稳定。基于道德及战略目标，他们对以色列的承诺是毫不动摇的。鉴于美国对石油的依赖，其在中东可靠石油供应中的经济利益也日益迫切。如艾森豪威尔主义所表明的，鉴于中东地区“重大利益”的地位，撤退是美国对外政策中一个无法实现的梦。

《戴维营协议》

在赎罪日战争[16] 4 年后，吉米 · 卡特总统执政，他惊慌地注视着积重难返的阿以争端。因此他建议，各方恢复他们在战后开始的谈判。此外，卡特主动拉拢苏联，希望一起合作达成和平方案。鉴于苏联在巴勒斯坦解放组织（Palestine Liberation Organization，PLO）的影响，这是重要的一步。巴解组织正是为解决巴勒斯坦重新建国而成立。因此，苏联人可能会带来很多麻烦，甚至阻碍谈判进程。但是，如果莫斯科也加入谈判，超级大国相冲突的可能性会下降，而且苏联与美国的缓和状态也会恢复。

1977 年末，美苏两个超级大国在解决中东冲突问题上达成了协议。然而，耶路撒冷和开罗都对美苏协议不满。因而，以色列和埃及决定绕开苏联、美国，直接谈判。1977 年 11 月，萨达特访问了耶路撒冷，承认了阿拉伯人的大敌，这颇为引人注目并在全球电视台转播。此后的氛围是情绪高涨的，但并未持续多久。由总理梅纳赫姆·贝京（Menachem Begin）所领导的以色列新的联合政府建议从西奈沙漠撤军，但拒绝承认约旦河西岸和加沙地带的巴勒斯坦的国家地位。约旦河西岸和加沙地带都有大量的阿拉伯人。以色列政府宣布，这些地区的犹太人定居点仍保留着，甚至还鼓励建立新的犹太人定居点。

不足为奇，双边谈判破裂时，美国重新介入了谈判进程。卡特认为，萨达特为以色列提供了其渴望已久的安全与和平。如果没有抓住这个机会，那么对以色列政治、西方经济而言，结果是灾难性的。卡特总统认为，中东地区的解决方案必须满足3个条件。首先，以色列必须归还其1967年所占领的阿拉伯领土，但出于安全原因的考虑，小幅调整是允许的。第二，巴勒斯坦人必须参与和平进程。卡特本人宣布，巴勒斯坦人拥有“家园”的权利。虽然他故意采用这个含糊不清的用词，但颇具象征意义。第三，作为对以色列让步的回报，阿拉伯国家必须承诺结束对以色列的敌对行动，而且签署和平条约。

贝京仍然反对巴勒斯坦国，因为与大多数以色列人一样，他认为这会危及以色列的生存。此外，他在所占领土上推进自己的以色列定居点计划。1967年以来，美国一直反对这些非法的定居点，卡特政府也一再重申这种反对意见，但看着以色列政府在和平进程中积极鼓励人们在那些阿拉伯人声称属于自己的土地上建立新的定居点，他感到难以置信。1978年9月，卡特决心放手一搏，邀请贝京和萨达特在戴维营与自己会晤。戴维营是位于马里兰州的总统度假地。这次邀请是一场赌局，因为如果这次首脑会议没有结果，卡特总统的威信会严重受损，美国调解的尝试只好顺其自然，而且美国和以色列的关系会进一步受阻。不过，卡特总统仍然坚持不懈。在12天的耐心谈判之后，一系列协议达成了，包括两国领导人在3个月内签署和平条约的承诺。

虽然以色列拒绝撤离西岸和加沙地带，但以色列政府承诺承认“巴

作用与影响

安瓦尔·萨达特、吉米·卡特与梅纳赫姆·贝京

吉米·卡特在担任总统的大部分时间里，努力地重新定位美国对外政策，远离僵硬的反共遏制政策以及基辛格基于权力政治的非道德考量的缓和政策。虽然卡特的“世界秩序政治”及其强调人权的尝试在全球事件中屡屡受挫，但1978年他在调解《戴维营协议》中的核心作用使以色列及其西部邻国埃及得以建立和平关系，并持续至今。

1978年12月，评奖委员会主席奥瑟·莱纳斯（Aase Lionaes）授予萨达特和贝京诺贝尔和平奖时，他概括了《戴维营协议》的重要性：“这是有史以来和平奖见证的最伟大、最大胆的希望——埃及人们对和平的希望、以色列人们对和平的希望、所有饱受冲突和战争蹂躏的中东人们对和平的希望。”尽管《戴维营协议》后阿以紧张局势仍然持续，但两国一直和平相处。

勒斯坦人的合法权利”，允许巴勒斯坦人参与未来谈判，暂时停止在约旦河西岸建立新的以色列定居点。作为交换，以色列得到了最大阿拉伯邻国埃及的正式承认。如果没有埃及，其他阿拉伯国家不可能承认以色列。因此，以色列以看似微小的代价，获得了真正的安全感。

萨达特希望，和平协议敦促其他阿拉伯国家解决与以色列的分歧。但是，阿拉伯世界对戴维营协议持否定态度，而且许多阿拉伯领导人谴责萨达特。尽管如此，卡特的勇敢介入——包括他对埃及和以色列的访问——产生了历史性的外交突破，为这两个宿敌带来了和平。为了支持这一和平，美国向两国政府提供了大量对外援助，每年总额多达 80 亿美元。对卡特来说，如果这些钱为中东“和平进程”、饱受战乱的以色列和其他阿拉伯国家的彼此承认而换得时间，那么这些钱是值得的。

反制与苏联的强权行为

尽管尼克松和卡特有着许多不同之处，但两人都决心改变美国对外政策的方向，以应对国家间体系、均势的变化。越南战争在军事、经济和道义上都使美国筋疲力尽。与此同时，这场战争支撑并怂恿了苏联。苏联绝不会满意白宫和五角大楼的一连串误判。正是这些误判曾经导致美军深陷印度支那的泥潭。相比之下，苏联似乎更具灵活性，对后殖民时期的非洲、拉丁美洲和南亚地区的广大贫困者更具吸引力。苏联拥有庞大的核储备和先进的运输体系，似乎更有能力在未来不确定的时间内推翻美国在世界政治中的首要地位。

20 世纪 70 年代中期，吉米 · 卡特支持的世界秩序政治，与许多人对政府的“信任危机”不谋而合。水门事件的丑闻有损美国人对政治制度合法性根深蒂固的信仰。政治制度的唯一的职能缺陷似乎与三权分立的低效有关。理查德 · 尼克松的掩饰包括监听总统办公室、定期窃听那些列入政府“敌人名单”的人士的电话等，意在保护无所不用其极的总统。尼克松不惜违反法律以推进自己的政治议程。这一丑闻事件加重了人们随越战而来的愤世嫉俗，揭露了总统从一开始就要歪曲事实的真相。

尽管卡特总统继续寻求与苏联的缓和，但“缓和”这个词却与蒙受耻辱的尼克松政府的关系如此密切。因而，卡特很少使用这个词，他从超级大国斗争中退却下来，转而关注世界政治的新现实。不过，东西方斗争并非仅仅是糟糕的陈旧回忆。在全球相互依赖、权力分散、发展中国家日益增长的民族主义、权力政治向世界秩序政治的转变情况下，即使美国坚持认为遏制再无意义了，但东西方斗争仍然存在着。美国对许多国家的干预使这些国家的民众痛苦不堪，使美国易受到“反制”，或者发生针对美国及其盟国的报复行为。

苏联人既不认为国际政治已发生变化，也不认为军事力量在对外政策中无足轻重。在国外，苏联利用发展中国家对“北方国家”的敌意，为这些国家提供自己的共产主义模式和工业集体化供其效仿。苏联经济的内部衰退尚未显露，并因其军事权力的提升有所掩盖。苏联的烂根病至少再需10年才能充分显现出来。

尼克松和基辛格遵循现实主义传统以开启新的历程，然而卡特的自由主义路径更符合美国的道德使命感和天命观。卡特承认美国过去曾违背过自身的原则，承诺在言行上维护人权及其自决行为，因而暗中支持外国的起义活动。这些国家的民众认为过去曾被美国出卖而且深受其害，开始被动员起来以纠正这些错误。随后的动荡对美国造成了始料未及的新挑战。其实当1979年12月苏联军事接管阿富汗时，缓和政策、世界秩序政治均惨遭失败。冷战已开始全新升级。

尼加拉瓜的桑地诺革命

卡特呼吁人权，在中美洲深受欢迎。几十年以来，中美洲经济不景气、军事独裁和意识形态的两极化催生了各种革命运动。这些运动往往不仅针对统治者，而且也在反对美国，因为美国以遏制共产主义之名对独裁者表示支持，这在整个拉丁美洲和加勒比地区引起普遍不满。在门罗主义的指导下，美国自封为中美洲的“保护者”，但许多人将其视为威胁，而非助人的保护人。卡特通过改革美国政策，确立真正“睦邻”的新声誉，以求改变这种看法。

在尼加拉瓜，卡特反对阿纳斯塔西奥·索摩查（Anastasio Somoza）长期的军事独裁统治。索摩查家族曾残忍控制尼加拉瓜长达近 50 年之久（自美国海军陆战队撤离以后）。卡特改变了美国政策，符合其全面的努力，即他将对冷战的关切转移到贫穷国家内部的社会和经济问题上。他认为，如果美国继续支持右翼独裁政权，那这必定会危及美国在该地区和整个发展中世界的利益。民怨和愤怒最终会导致这种独裁政权的垮台，然而对美国现状的认知只会疏远新的统治者。如某些人所说，不像越南那样，美国必须将自己置身于“历史的正确一方”，因而卡特支持社会和政治变革，试图使美国政策与这种变革相一致，而不是相反。

尽管尼加拉瓜领导人日渐残酷地利用国民警卫队，但 20 世纪 70 年代末反对索摩查的起义仍在增加。1978 年 1 月，政府授意谋杀报纸出版商及当局反对者佩德罗·华金·查莫洛（Pedro Joaquin Chamorro），引发了美洲国家组织的总罢工，以及呼吁自由选举。1979 年 6 月，政府军在大街上处决了美国广播公司新闻记者比尔·斯图尔特（Bill Stewart）。当时所有摄制组成员共同目睹了这一残酷行径，致使暴力漩涡蔓延至美国国内。由于对索摩查的厌恶的人已经远远超出了尼加拉瓜，7 月其政权最终垮台了。[17] 起初，卡特支持桑地诺民族解放阵线所领导的反索摩查军队联盟。至少在最初，天主教、受过教育的中产阶级和企业界都支持过尼加拉瓜国内的反索莫查军队联盟。因而，在联盟领导的最初时日里，尼加拉瓜从美国获得了 8000 万美元的对外援助拨款，而且美国承诺会长期支持。

然而，尼加拉瓜的新政权辜负了卡特的期望。随着以丹尼尔·奥尔特加（Daniel Ortega）为首的桑地诺支持者在五人组成的“国家重建军政府”中形成了中央集权，具有广泛基础的反索摩查联盟很快分裂了。新政权推迟了自由选举，又审查媒体，而且强加其他政治限制，日渐转向于马克思列宁主义模式以建立一个自给自足的共产主义国家。奥尔特加加强了自己的掌控和权力，宣称与古巴、苏联有共同的事业。此外，他还援助邻国萨尔瓦多的起义军，那里的起义军也开始反对军事独裁。萨尔瓦多独裁政府派遣“敢死队”到贫困的乡村地区，杀害可疑的武装分子。当一名天主教大主教和三位美国修女也受其害时，卡特政府撤销了对萨尔瓦多的援助，静观其变，因而内战愈发血腥。无论意图多么友善，美国政策的即刻转变也不可能抵消拉美人对“美帝国主义”长期积压的怨恨和不满。

伊朗人质危机

1979 年 11 月，位于德黑兰的美国驻中东大使馆遭到大批示威者的袭击，进一步表明了反美敌意的深度。在混战中，激进的学生抓住了 52 名美国大使馆工作人员。当时，伊朗的亲美领袖穆罕默德·礼萨·巴列维国王（Shah Mohammed Reza Pahlavi）刚刚被罢黜。在这之前，德黑兰和华盛顿默认，国王以反共为名对国内民众数十年的残酷镇压是正当的。10 月，被驱逐的伊朗国王以治疗癌症为名入境美国，激怒了伊朗民族主义者，引发了人质危机。[18] 美国人质的扣押，使卡特不知所措。后来他争取人质安全获释的努力成为广受关注的戏剧性事件。美国电视台的晚间节目还特别播放了伊朗人群高呼反美口号，焚烧卡特肖像的画面。

新成立的革命政权希望在伊朗建立伊斯兰神权统治，因此对此次人质劫持事件给予了史无前例的祝福和支持。伊朗所有什叶派穆斯林的宗教领袖或**伊玛目**（imam）鲁霍拉·穆萨维·霍梅尼（Ayatollah Ruhollah

Khomeini）称美国为“撒旦”。“美国必亡”是德黑兰街头的战斗口号。在竞选中强调人权的卡特陷入两难境地。虽然伊朗国王的垮台与卡特的说辞一致，但卡特总统对霍梅尼的理解很是肤浅。在那个世俗年代，卡特以及其他世界领导人都未曾认真考虑过宗教运动的力量，及其将伊朗转变成伊斯兰神权统治的可能性。

在人质劫持事件后的444天时间里，世人注视着卡特政府试图以各种手段使人质获释。此外，白宫还诉诸联合国及其国际法院，实施了一系列经济制裁。然而，所有这些都是徒劳无功的。人质劫持是对美国支持伊朗国王的一种象征性的反抗和报复。新政权将伊朗国王描述为美国的傀儡，代表美国利益，残酷剥削伊朗民众。美国政府逐渐失去了耐心，因而于1980年春尝试过一次营救任务。然而，在执行任务的8架直升机中，有3架因沙漠沙尘暴而发生故障，因此该项任务最终被迫取消。更糟的是，一架直升机撞上了一架飞离伊朗途中正停在地面上加油的飞机，造成8名机组人员丧生，其他5人受伤。

整个美国都处于心烦意乱中，因而营救任务的失败标志着美国的无助、准备不足、能力不足以及可信度不足。国务卿赛勒斯 · 万斯 (Cyrus Vance) 因抗议营救任务而辞职，显示出卡特政府内部日益的分裂。万斯的对手国家安全顾问兹比格涅夫 · 布热津斯基（Zbigniew Brzezinski）要求实施强硬的对外政策，以军事权力取代卡特的善意，从而实现美国目标。卡特的理想主义日渐让位于现实主义，因为卡特听从了布热津斯基的请求，即“采用强硬、威胁、示威以及准备使用武力作为赢得胜利的手段”[19]。

1981年1月20日，卡特卸任总统，两件事有助于人质的释放。第一，1980年秋，伊拉克对伊朗发动攻击。伊朗的军队装备很大程度上来自美国，但美国对伊朗实施了经济制裁，特别是美国银行冻结了伊朗资金，因此突如其来的战争使伊朗颇感麻烦。伊朗对零部件及其现金的需要增加了，然而伊朗石油生产几乎锐减为零。第二，1980 年 11 月，曾任加利福尼亚州州长的共和党人罗纳德·里根在美国总统大选中获胜。他倾向于强硬的对外政策，谴责伊朗为“野蛮人”、“绑匪”，所以伊朗人认为里根会采用更严厉的措施，包括军事行动。在这些情况下，外交手段终于成功了。52 名人质在里根就职典礼结束后获释。

苏联接管阿富汗

卡特世界秩序政治观的最大挑战来自苏联。长期以来，苏联一直觊觎阿富汗。1979 年圣诞节，苏联就开始行动。阿富汗位于中亚地区，是苏联扩展势力范围以及进入中东油田的潜在跳板。像伊朗一样，独裁君主长期以来统治着阿富汗，1973 年因其残酷统治终被推翻。在数年的国内冲突之后，1978 年马克思主义政权开始执政，向这个贫困的国家允诺苏联式现代化、文化改革，以削弱伊斯兰教在阿富汗社会的作用。苏联领导人以军事援助支持这一新政权，然而 1979 年 7 月，卡特总统批准了支持阿富汗反叛分子或圣战者（mujahidin）的秘密资金。这些反叛分子寻求推翻马克思主义政权，取缔激进的土地改革，不再建设非宗教性的共产主义国家。

除了其他考虑之外，苏联担心当时席卷伊朗、巴基斯坦的伊斯兰激进组织或许会吞噬阿富汗。阿富汗位于伊朗和巴基斯坦之间，与苏联南部交界。大约 5000 万穆斯林居住在苏联南部边境，形成了一个不安全的环境。为此，莫斯科提出了勃列日涅夫主义，声称一旦一个国家走上社会主义道路，那么它就不再屈从于“反革命”了。此前这一理论仅用在东欧，如 1956 年的匈牙利、1968 年的捷克斯洛伐克。当时红军试图在苏联势力范围以外的发展中国家确保历史进步。勃列日涅夫援引了 1978 年与阿富汗亲苏政权签订的《友好条约》，利用喀布尔长期混乱的局势，派遣近 10 万空中和地面部队进入喀布尔，占领了政府的权力中心，建立了傀儡政权，这与苏联在东欧的卫星国家建立的政权极为相似。

苏联估计，美国人只不过会谴责12月25日阿富汗“解放”运动是不光彩的行为。事实上苏联认为，自己的重要安全利益深受威胁，并没有过多地考虑美国的反应，反而认为美国毫无所失。毕竟，苏联没有从缓和政策中得到其预期的贸易、技术和经济收益。苏联没有最惠国的商业地位，然而即使中国缺乏政治和社会改革，却依然享有最惠国的商业地位。不管怎样，这种无视美国反应的行为表明了苏联对美国权力的蔑视。

对卡特和万斯而言，他们曾将对世界秩序政治的许多希望寄托于超级大国的合作之上，然而苏联的入侵行为是一个打击。卡特非常恼怒，称入侵阿富汗为二战以来对世界和平的最大威胁。他指出：“（苏联的行动）极大地改变了我对苏联根本目标的理解，远超过了苏联人此前在我任职期间做过的所有事情。”卡特的这些话语显得十分天真。后来，他增加军事开支，禁售高科技，禁运谷物，倡导美国抵制1980年的莫斯科夏季奥运会。与此同时，参议院拒绝批准与苏联的《第二阶段限制战略武器谈判条约》。卡特宣称，苏联寻求控制波斯湾的任何行为均将被视为对美国重要利益的直接威胁。最重要的是，他批准了**圣战者**的秘密基金，此后的继任者也效仿之，这对于10年后将苏联驱逐出阿富汗、美国对阿富汗国内政治的渗透至关重要。事实上，这种政治渗透对于冷战后很久的“反恐战争”具有决定性作用。[20]

1980年，随着超级大国间关系的解体，尼克松的缓和政策和卡特的世界秩序政治寿终正寝。如上所述，尼克松政府的“联系”策略未能博得苏联的好感。卡特的对外政策是以如下假设为基础的，即并非所有的地区冲突都是对超级大国实力和公信力的考验。然而，实际上仅极少数的地区冲突，可以完全独立于超级大国紧张关系的环境之外。显然，苏联领导人认为自己与美国的竞争远未结束。事实上情况恰恰相反：他们利用了越战后美国的幻想，即区域问题不受超级大国竞争的影响。

随着冷战的持续，“历史性力量”并不像卡特所预期的那样迈向大国合作。相反，世界政治和美国的对外政策，仍然深陷于相互冲突的利益和对实力的考验中。

注释

[1] 有关基辛格生活与事业的最新研究，参见：Mario Del Pero, *The Eccentric Realist: Henry Kissinger and the Shaping of American Foreign Policy* (Ithaca, N.Y.: Cornell University Press, 2010); Jeremi Suri, *Henry Kissinger and the American Century* (Cambridge, Mass.: Belknap Press, 2007)。评论类书籍，参见：Jussi Hanhimäki, *The Flawed Realist: Henry Kissinger and American Foreign Policy* (New York: Oxford University Press, 2004); Christopher Hitchens, *The Trial of Henry Kissinger* (New York: Verso, 2001)。

[2] 关于此关系的进一步阐释，参见：Robert Dallek, *Nixon and Kissinger: Partners in Power* (New York: HarperCollins, 2007)。

[3] Barbara Keys, “Henry Kissinger: The Emotional Statesman,” *Diplomatic History* (September 2011): 588.

[4] 对基辛格与其他现实主义者有意义的比较，参见：Michael Joseph Smith, *Realist Thought from Weber to Kissinger* (Baton Rouge: Louisiana State University Press, 1986)。对于基辛格的世界观对其作为决策者的行为的影响，参见：Stephen G. Walker, “The Interface between Beliefs and Behavior: Henry Kissinger's Operational Code and the Vietnam War,” *Journal of Conflict Resolution* (March 1977): 129–168。

[5] 中俄两国历史上的猜疑主要缘起于领土诉求，始于冷战前但在两个共产主义国家之间进一步恶化了。

[6] 如本书其他章节所述的，此行动经常有悖于美国政府的传统对外事务观。参见：Colin S. Gray, *Nuclear Strategy and National Style* (Lanham, Md.: Hamilton Press, 1986)。

[7] Robert E. Osgood, *The Nuclear Dilemma in American Strategic Thought* (Boulder, Colo.: Westview Press, 1988), 48–55.

[8] 该时期内西欧“功能一体化”进程的评论，参见：Martin Holland, *European Integration: From Community to Union* (London: Pinter, 1994), 22–59。

[9] 在这方面，卡特与奥巴马有惊人的相似之处。和卡特一样，奥巴马在 2008 年 11 月当选美国总统前一直缺乏广泛的认可。同时，奥巴马也以“更民主”的对外政策来回应公众压力（见第 13 章）。

[10] J. William Fulbright, *The Arrogance of Power* (New York: Vintage Books, 1967), 256.

[11] Stanley Hoffmann, *Primacy or World Order: American Foreign Policy since the Cold*

War (New York: McGraw-Hill, 1978).

[12] Daniel Yergin, *The Prize: The Epic Quest for Oil, Money, and Power* (New York: Simon and Schuster, 1991).

[13] Mary E. Stucker, *Jimmy Carter, Human Rights, and the National Agenda* (College Station: Texas A&M University, 2008).

[14] Peter L. Hahn, *The United States, Great Britain, and Egypt, 1945–1956: Strategy and Diplomacy in the Early Cold War* (Chapel Hill: University of North Carolina Press, 1991).

[15] George C. Herring, *From Colony to Superpower: U.S. Foreign Relations since 1776* (New York: Oxford University Press, 2008), 671.

[16] 又称第四次中东战争。发生于 1973 年 10 月 6 日至 10 月 26 日，其起因是埃及与叙利亚分别攻击六年前被以色列占领的西奈半岛和戈兰高地。——译者

[17] Anthony Lake, *Somoza Falling* (Boston: Houghton Mifflin, 1989).

[18] 数月后，伊朗国王在埃及去世。对于其与美国的密切关系，参见：Mark Gasiorowski, *U.S. Foreign Policy and the Shah: Building a Client State in Iran* (Ithaca, N.Y.: Cornell University Press, 1991)。

[19] Betty Glad, *An Outsider in the White House: Jimmy Carter, His Advisers, and the Making of American Foreign Policy* (Ithaca, N.Y.: Cornell University Press, 2009), 286. 或参见：Jeral A. Rosati, *The Carter Administration's Quest for Global Community* (Columbia: University of South Carolina Press, 1987), 142–149。

[20] Steven Coll, *Ghost Wars: The Secret History of the CIA, Afghanistan, and Bin Laden, from the Soviet Invasion to September 10, 2001* (New York: Penguin, 2004).

第六章

超级大国对抗的再现

罗纳德·里根常被称为“伟大的沟通者”，20世纪80年代初，他主张对社会主义国家实行强硬政策。1989年他离任时，苏联集团解体了。

正如吉米·卡特的执政反映了越战、水门事件时期美国人的自省、苦闷一样，罗纳德·里根的领导象征着20世纪80年代初更加自信的美国精神。里根总统曾做过电影演员、通用电气公司的广告员，并非因其才智或在总统办公室长期伏案而著称。[1] 他显然有别于前任总统。卡特的世界观强调相互依赖的复杂性，然而，里根的世界观是肤浅的。当卡特深入思考背景报告而且因政策选择而苦恼时，里根往往在高层会议中打瞌睡。但其工作的两个特点使其相当出色：强烈的反共本能、强大的舆论动员能力。

里根重提美国在国际事务中的积极角色是世界和平的关键，他试图以此重塑美国遭受重创的国家形象和民族自豪感。他认为，苏联领导人利用了美国缓和政策、越南综合征、卡特将人权置于美国对外政策中心地位的意图。在里根的支持者看来，卡特的理想主义与尼加拉瓜的桑地诺革命、伊朗人质危机以及苏联入侵阿富汗有着直接联系。里根认为，美国必须与 20 世纪 70 年代苏联的核武器、常规军事建设相竞争，因而建议大力建设美国军队。国会批准了其建议，使其首届任期内美国国防开支翻了一番，研发出了新一代北约导弹，以赶超苏联当时在欧洲部署的中程核导弹。

里根自己往往吹嘘，他拥有“爱尔兰人的好运”。他确实在执政方面有好运，因为苏联的权力由保守派传递到米哈伊尔 · 戈尔巴乔夫（Mikhail Gorbachev）所领导的新一代改革者手中。20 世纪 80 年代初没人会预料到，超级大国之间紧张局势的缓和会归因于戈尔巴乔夫。他在里根第二届任期时的 1985 年入住克里姆林宫。戈尔巴乔夫一代的苏联精英们多出生于城市而非农村，与外国有一些接触。由此他们更加意识到苏联体系的不足，批判其自身的内在缺陷。如果列昂尼德 · 勃列日涅夫或紧随其后的两位继任者活了下来，那么戈尔巴乔夫的内外新政策或许难见天日。冷战也不可能以和平或有利于西方的方式结束。

一些人认为，无论 20 世纪 80 年代谁担任美国总统，1991 年华约和苏联的解体都在所难免。僵化的苏联体系早已进入衰退期，其内部问题每况愈下，而且其对东欧及其以外的卫星国的控制日渐脆弱。因此，戈尔巴乔夫——或任何一位苏联领导人——必须对苏联政治和经济体系进行重大改革；允许华沙、布拉格和东柏林躁动不安的民众表达心声；对美国采取更加合作的姿态。持这种观点的人认为，这些措施仅会夸大苏联体系的缺陷，加快自我毁灭。

但这种解释极度轻视了里根和戈尔巴乔夫的角色，有失偏颇。它没有意识到里根在两个方面所扮演的关键角色，即提高超级大国竞争的成本，迫使苏联改革其自身体系。卡特执政最后一年，美国开始加强军事建设，这要求苏联对军事更多的投入，然而当时日益稀缺的苏联资源需要满足国内优先事项。另外，北约在西欧的导弹新部署抵消了当时苏联部署的战略优势。里根《战略防御计划》（Strategic Defense Initiative）的诸多建议使苏联倍感忧虑，因为无论该项计划是否会成功地形成保护美国的防弹"盾"，它都会促成美国技术的巨大突破，但当时苏联正疲于应付日趋严重的国内经济问题。最后，里根支持世界许多地区的反共运动，进一步增加了苏联扩张的成本。

简言之，苏联对外政策最初似乎是非常成功的，却适得其反：它激起了美国的强烈反应，使北约更加团结，并将自己置于敌人（包括日本和中国）的包围之中。对于里根而言，他向苏联施压，使其再也无法得过且过。他消除了戈尔巴乔夫本来可以有的任何适应性，迫使他压缩国外开支，缩减军事开支，使对外政策屈从于内政事务。起初舆论认为，里根鲁莽而不顾后果，被广泛谴责为牛仔（尤其是在欧洲），因为他看似很好战。但是，1989 年 1 月里根离任时，美国显然在冷战中占据了优势地位。

里根的言辞攻势

里根就职时，全国对缓和政策普遍失望之极。里根总统长期以来敌视共产主义、苏联，这种敌意符合缓和政策之后的新氛围。里根警告道，苏联士兵会"撒谎、偷盗、欺骗，不惜任何代价地实现其目标"[2]。因此，反对苏联是道德和政治方面的需要。里根也提及自由和民主的扩展，从而使“马克思列宁主义走进历史的垃圾堆”。对于东欧，他指出，“刺刀所栽培的政体无法深入人心”，也即，共产党政权没有合法性。美国无法接受“东欧人民永久不变地遭到镇压”[3]。为了说明民主和自由是未来的趋势，里根不仅对苏联人以其人之道还治其人之身，因为苏联人经常谴责美国，预判西方资本主义的“必然灭亡”。更重要的是，里根质疑共产主义作为东欧和苏联社会政治体系的合法性和长久性。

里根预测民主潮流将会席卷共产主义，许多美国批评者对这样的空洞言论嗤之以鼻。但是，在其第二任期结束时，许多独裁的非共产主义国家正按照民主路线转型，共产主义政体内部也出现了对自由的更多要求。由此里根的预测看上去不太像右翼言论，更像是对历史发展的深刻洞察。虽然他并非政治理论家，但他是意气风发的辩论家。他希望亲眼见证欧洲共产主义终结。

里根对苏联的严厉谴责还有两个战术方面的目的。第一，在缓和政策实施多年之后，唇枪舌战旨在重新动员美国舆论。对里根而言，由于缓和政策是以苏联人会改变其本性的无端信念为基础的，它自始至终是一种幻想，因而他寻求更长远地动员美国舆论。第二，苏联领导层正深陷老年危机，因此，里根总统的公开声明意在给苏联领导人传递信号，以得到苏联更多的关注。3 年内 3 位苏联领导人相继去世：1982 年末列昂尼德 · 勃列日涅夫、1984 年尤里 · 安德罗波夫（Yuri Andropov）、1985 年（就职时已生病的）康斯坦丁 · 契尔年科（Konstantin Chernenko）。迅速升到共产党高层的戈尔巴乔夫成了里根执政以来的第四位苏联领导人。当时 54 岁的戈尔巴乔夫，成为约瑟夫 · 斯大林以来最年轻的苏联领导人。

里根坦率地告知苏联新任领导人，越南综合征已成为历史。美国抵制苏联扩张的意愿回来了。里根试图确定苏联不会像 20 世纪 70 年代那样行动，因为美国不会对苏联的挑衅行为做出回应。他对利比亚、格林纳达等苏联代理人发动小规模的军事行动，以此将信息传递到国内。对此，美国既不会失败，也不会损失过大。在此意义上，强硬的言辞基本上取代了更冒险的行动。

里根执政初期的主要特征是言辞对抗，直接冲突或危机并未发生。虽然里根以男子气概而闻名，但他在行动上是谨慎的。某种程度上，苏联人将其视为好战的领导人，觉得有必要克制自己的行动。里根的对外政策基本上回归到了二战后的遏制政策。其主要关注点是，东西方关系、扩张型共产党国家苏联、遏制苏联扩张的需要，即必要时采取武力。

美国扩军

20 世纪 70 年代末，美国充斥着反战的情绪，重新强调国内优先事项并削减国防预算。确实，那些年见证了“相比于苏联，整个战后时期美国军事能力最大幅的下降”[4]。美国国防开支已降到 1950 年（朝鲜战争前）的水平，仅占国民生产总值的 5%。当时尽管苏联经济规模只是美国的一半，但在国防开支上却比美国大得多。到 1981 年时，吉米·卡特执政最后几年的动荡依然历历在目，任何一位总统都会对苏联的意图、能力感到担忧。

15 年的时间，趁美国因越战而生的颓败以及孱弱的总统权力，苏联拥有了在欧亚大陆以外部署力量所需的战略和常规部队。正是意识到“军力相关”的不断变化，苏联利用更贫穷国家的动荡局势以增强自身的影响。军事顾问与军队、代理人（如柬埔寨的越南人和非洲的古巴人等）以及在阿富汗的苏军执行这项任务。里根政府尤其担心美国核部队，警告“脆弱之窗”已经开启，可能会使美国易受制于苏联的核威胁。

然而，里根复兴美国军事权力的承诺使许多美国人倍感震惊，因为他们害怕全球核战争的爆发。甚至更令人忧虑的是，国务卿亚历山大·黑格（Alexander Haig）讨论了核示警、核战的“旷日持久”、核“实战”以及核战“优势”。因此，里根政府执政 5 年期间，一项 1 万亿美元的国防计划（实际上花费约 3 万亿美元，在里根的两届任期内按 2000 年美元为不变价格连续投入）引发了巨大争议（见图 6–1）。开支的激增使人感觉里根过分依赖于军事力量并没有考虑带来的灾难。同时，也被冠以美国很大程度上是军备竞赛的始作俑者的罪名。20 世纪 60 年代中期以来，苏联武器项目的气势及其对均势的影响淹没在里根政府重整军备计划的喧嚣中。

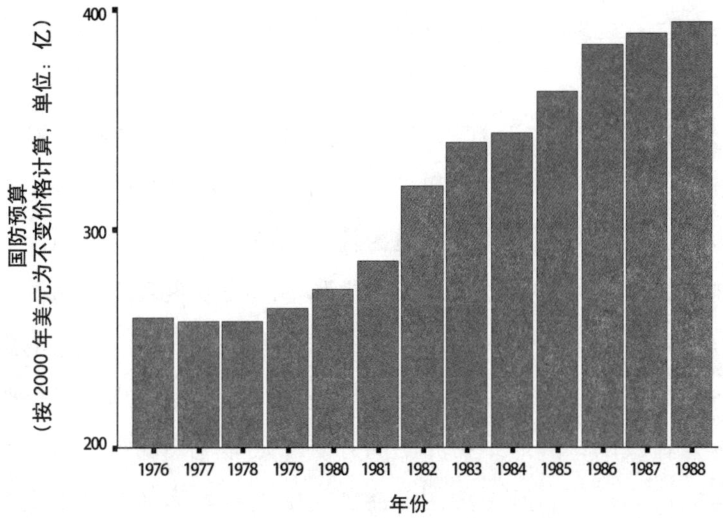

图 6–1　1976 至 1988 年，美国军费

来源：White House, Office of Management and Budget, www.whitehouse.gov/omb/budget/fy2005/pdf/hist.pdf。

反对军控

里根强烈反对军备控制，加剧了骚动。军备控制是尼克松、卡特对苏政策的关键所在。里根政府拒绝限制战略武器会谈的进程，反映了其极度不信任苏联，而且坚信以往军备控制的努力导致了美国的相对衰落。里根宣称，直到美国能够“以实力进行谈判”时，他才不再推迟任何军备谈判。但是事实上，新的军备控制谈判是难以推迟的，因为公共舆论将军备控制等同于寻求和平的真诚努力。因此，里根政府受到的压力不断增强。

当 1982 年谈判最终开始时，里根政府声称重点将从军备限制——设定导弹发射器和弹头数量的上限——转向两者的大幅削减。里根因此将从限制战略武器谈判更名为削减战略武器谈判（Strategic Arms Reduction Talks, START）。但是，里根政府的真正动机是使其在美国国内更具政治吸引力，转移国内的批评，从而继续军备建设，同时削弱新生的核冻结运动。里根政府最初的军备控制建议显然会被苏联否决，借以为美国政府赢得民心争取时间。

不过，许多美国人没有上当，而且 20 世纪 80 年代初里根政府的行为引发了广泛的和平运动。和平运动的支持者涉及从学者到宗教领袖的广泛人士。他们质疑核威慑的道德性。核威慑是一项以使用核武器相威胁以防止核武器使用的政策。天主教和卫理公会主教不仅谴责核武器的使用，而且谴责其在两个超级大国的军械库以及军事学说中的影响。[5] 但是，如果在报复中这些武器也不能被使用，那威慑何以可信呢？和平的目标是道德的，然而维护和平的方式却是非道德的吗？当时反核的书籍和电影广为流行，其中美国广播公司电视台名为《浩劫余生》（*The Day After*）的电视剧登峰造极。该剧集描述了一个普通美国城市遭遇核毁灭的场景。

除了谴责核威慑的非道德性，和平运动声称核战争意味着文明的终结。新的科学证据强有力地支持了这个主题，即核袭击所产生的大量火焰会形成烟雾，使世界陷入黑暗，形成“核冬天”，导致大多数动植物毁灭。[6] 核战争的危险似乎成为国民的首要顾虑。在纽约市，75 万人参加了美国历史上最大规模的政治集会。对示威者而言，最终目标是消除核武器，但直接目标是实现核“冻结”。这些提案在许多市政厅会议上获得通过。1982 年的选举中，11 个州提出了冻结决议，其中 10 个州的投票人对此表示赞同。美国国会反映了这种情绪，特别是民主党所控制的众议院。1983 年，美国国会通过决议，呼吁美国停止制造核武器。

《战略防御计划》

在纷乱的军备控制争论中，1983 年里根提出了《战略防御计划》。批评者很快称之为“星球大战”，因为它依赖于那些仅在电影中见到的复杂的太空技术，如激光和粒子束。《战略防御计划》意在使核导弹“无能为力”，可能会保护美国人。根据官方描述，《战略防御计划》是一个“多层”防御体系，运用不同技术在弹道轨迹每一个阶段摧毁靠近的导弹。确保相互**幸存**取代确保相互摧毁。

对里根总统而言，《战略防御计划》有两个主要目的，其一为国内政治。里根因增加国防预算而缩减了社会服务备受批评，也因成为好战分子而受到抨击。为此，他展示出自己颇有远见，将会终结导弹袭击的威胁，确保美国人、苏联人能够幸存下来。其《战略防御计划》建议也具有更实用的作用。如果奏效，那么美国人相比于苏联更处于优势地位，因为苏联的超级大国地位很大程度上是以洲际弹道导弹军火库为基础的。里根所建议的导弹网威胁着苏联投资洲际弹道导弹的价值，及其与美国战略平等的诉求。对苏联所发射的导弹进行防御，会增大苏联成功地首轮打击的不确定性，从而使美国核威慑力更可信。

《战略防御计划》的建议因许多原因备受批评者的抨击：开支庞大，军备竞赛加剧，必须首战大捷，而且如果苏联人感觉自己沦为刀枪不入的美国的“核人质”时，它会诱使苏联首先出击。简言之，《战略防御计划》仅会引发新的军备竞赛，无论是进攻性还是防御性的。即使防御技术处于有利地位，也只会暂时如此。此外，这个防御体系如此昂贵，以至于会影响到美国其他战略部队、常规部队的预算，更不用提其他国内优先事项了。以双边谈判方式缩减军备是更好的选择。

但是，如果批评者是正确的，那么苏联人为何谴责里根的“太空军备竞赛”呢？在退出所有军备控制谈判后，苏联人为何如此急于重启谈判呢？显然，《战略防御计划》令其倍感担忧；20 世纪 70 年代初以来，像美国人害怕他们一样，他们也害怕美国先发制人。苏联人将《战略防御计划》视为进攻性战略而非防御性战略的一部分。一旦美国人受到保护，《战略防御计划》会成为美国出击的序曲。他们也知道《战略防御计划》的研发将会使美国技术向前迈进一大步。但由于国内经济迅速恶化，苏联已无力加快大规模的军备竞赛。

发展中国家的"反转"

虽然里根总统将美国对外政策的关注点重新转移到东西方斗争上，但发展中国家仍旧是个关注点。里根就职以来的诸多要务之一是，改变 20 世纪 70 年代越南战争后，苏联在阿富汗、安哥拉、柬埔寨、埃塞俄比亚和也门等地方的收益。苏联及其盟国一直以武力入侵这些区域：直接控制阿富汗，以代理人间接控制其他地方。致力于遏制苏联的历届政府毫不犹豫地进行干预，以使友好政权免受苏联及其盟国的内外袭击。然而，遏制在本质上依旧是防御性的。里根的"反转"（rollback）战略却在呼吁进攻性行动。

所谓的"里根主义"意在改变苏联的收益。尽管阿富汗、安哥拉和尼加拉瓜已经成立了马克思主义政府，但这些政府尚未完全巩固其权力，都面临着抵抗运动。苏联人以"国家解放"的理念为其在发展中国家的扩张提供正当性，然后声称一旦社会成为马克思主义社会，那么共产主义是不可逆转的。当时，里根用自己的国家解放战略对抗这些国家的政府，因为它们并不是通过民主进程而上台执政的。在他看来，这些政权缺乏合法性，只是苏联扶持其执政。但是，与其前任们不同（吉米·卡特在阿富汗的政策除外，因为美国已在阿富汗实施一项针对抵抗战士的秘密援助项目），里根拒绝接受勃列日涅夫主义的声明，即一旦一个国家成为苏联阵营的一部分，那么它永远不能退出。

反转战略是以一定的假设为基础的：20 世纪 70 年代苏联已过度扩张；全球军事均势日益有利于美国；苏联最关键的问题来自国内；苏联不会冒险与美国相对抗；民主浪潮正席卷发展中国家。实际上，里根主义相当于敲诈目标政府，特别是苏联。

如上所述，里根政府坦然面对马克思主义意识形态，声称“历史性力量”在西方民主和资本主义而不是共产主义一边。里根政府以拉丁美洲为例证。在其看来，除萨尔瓦多、格林纳达和海地之外，阿根廷、玻利维亚、巴西、危地马拉、洪都拉斯、秘鲁和乌拉圭已实现民主，至少在名义上是如此。无论何种原因，里根政府声称这是不可逆转的进程。苏联阵营否定人类自由和公民尊严，逆历史潮流而动。

里根利用门罗主义对西半球的传统关注，将中美、南美和加勒比地区视为美国核心利益，誓言击退对美国后院的任何外来（即苏联）入侵。为表决心，他直接干预了加勒比岛国格林纳达。在那里，1983 年的一场军事政变促成了马克思主义政权。美国的军事行动名义上意在解救岛上的美国医学院学生，然而，由于后勤问题和美国陆军、海军、海军陆战队出现相当多的失误，因此大大超过了预期时间。尽管如此，军事行动完成了清除马克思主义政权的重要目标。

美国对格林纳达的入侵，旨在增加苏联和古巴继续在西半球或其他地方扩展其政治和军事控制的风险和成本。里根政府声称，美国为了防止格林纳达变成“苏联—古巴的殖民地”而干预，格林纳达是个“警钟”而且其目标实际上是尼加拉瓜的桑地诺政府。里根政府确信，由丹尼尔·奥尔特加所领导的桑地诺人怀有跨越其边境的意识形态动机和野心（见第五章）。[7] 他们也得到了古巴和苏联的支持，所以在美国看来，他们仍是该地区脆弱国家动荡和紧张局势存在的根源。一些人回想起奥尔特加推进政治多元化、混合经济和不结盟对外政策的最初承诺，他们质疑桑地诺人的承诺仅限于尼加拉瓜国内。

里根政府在尼加拉瓜寻求取缔桑地诺人不断增长的权力垄断，使其恢复到 1979 年后的状态。反索摩查的人民革命已产生了新的联合政府，由推翻了独裁者的重要派别组成，包括宗教团体、商人、大量中产和工人阶级。然而，一旦执政，桑地诺人便开始加强对政府的控制，逐渐压制批评意见。他们推迟大选，审查新闻媒体，而且建立起比独裁者安纳斯塔西奥 · 索摩查更庞大的军队，限制反对派政党的活动，扩大对工人和农民组织的控制，加强警察和安全保卫机构。他们为得到外交支持和经济援助，也转向古巴和苏联。当它转而反对曾协助废黜索摩查的天主教会、商业团体、专业组织、工会和学生团体时，问题不再是这个政权多么**马克思主义化**。问题反而是，它多么**独裁**，与哈瓦那、莫斯科的联盟多么密切。

最初美国以对外援助支持尼加拉瓜的新政府，但日渐因其巩固权力和军国主义的行为而痛心。因此，里根就职后，授权成立了反桑地诺的部队，被称为“尼加拉瓜反政府游击队”。这些战士在邻国洪都拉斯接受美国军事顾问的训练，发动了一系列针对桑地诺政府的军事攻势。由于这些目的，洪都拉斯甚至得到了美国更多的军事援助，尽管里根号召公众将反政府游击队视为一支“自由战士”所组成的本土独立部队。

里根政府也将中美洲国家萨尔瓦多置于超级大国冲突之中。萨尔瓦仅有新泽西州那么大，人口仅为 600 万。里根将艾森豪威尔政府的共产主义“多米诺骨牌理论”应用于拉美，表达了自己的担心，即尼加拉瓜的桑地诺革命将蔓延到萨尔瓦多，最终渗透到中美洲其他地区。此外，他认为这种威胁也会影响到世界上美国更广泛的地位。里根总统问道：“如果中美洲沦陷了，我们在亚洲和欧洲的地位将会怎样？北约等联盟将会怎样？如果美国无法应对自己边境附近的威胁，欧洲人或亚洲人为何应该相信我们重视他们所受到的威胁？”[8] 具体而言，里根宣称尼加拉瓜政府向萨尔瓦多的反叛者输送武器，提议向萨尔瓦多增加武器转让，以超过报道所称的桑地诺人的武器转让。

从美国政府的经验来看，下面的问题尚未定论，即萨尔瓦多是否是反对苏联共产主义及其代理人的合适场合，以及革命是否被允许遵循自然规律。里根政府计划的批评者认为，萨尔瓦多内战的主要原因是国内惨不忍睹的社会及经济状况和政治镇压，而并非尼加拉瓜的武器。美国不应该支持那些长期剥削穷人的少数特权者。社会公正无需干预；也许出于自身利益也是如此，如果美国不希望被视为失败者。越南战争提醒着支持失利一方所带来的危险——不得人心的政治精英们的既得利益在于维持现状。无论如何，纯粹的军事解决办法是不可能的。

美国在发展中国家似乎常常受困于反动势力和激进势力之间的斗争。反动势力僵硬地致力于维持现状，仅会使革命情绪更加高涨，然而激进势力往往是马克思主义者，他们依赖于古巴和苏联。里根政府因纳波莱昂·杜阿尔特（Napoléon Duarte）而免于在萨尔瓦多的困境。在里根执政的大部分时间里，纳波莱昂一直执政，寻求民主改革，而且防止左翼激进派夺取权力。他强化了里根对萨尔瓦多的援助，因为里根有理由声称美国不会因取代左翼激进派而支持右派。

在 1986 年菲律宾事件之后，支持萨尔瓦多成为民主中心的先例得到了广泛的认同。长期以来，美国支持菲律宾独裁者费迪南德·马科斯（Ferdinand Marcos）。然而，马科斯的专制、经济管理不善、猖獗的腐败、军权滥用引发了公众的不满，而且以人民新军为称的共产党游击队复兴。在没有根本改革的情况下，游击队似乎会击败训练无素、领导拙劣的菲律宾军队。尽管如此，马科斯拒绝接受改革的建议，为了证明自己的合法性，他呼吁临时选举。反对派候选人科拉松·阿基诺（Corazon Cojuangco Aquino）是广受爱戴的反对派领导人贝尼格诺·阿基诺（Benigno Aquino）的遗孀。1983 年，贝尼格诺从流放地美国回国惨遭暗杀。在丈夫被暗杀后，科拉松·阿基诺成为民主的象征、反对势力的号召力量。当马科斯显然无法赢得大选时，他试图以欺诈改变选举结果，但国际观察者显然对此很是清楚。因而即使“赢得”下一个任期，他亦已经丧失了合法性，尔后美国督促他辞职。当军队高官变节时，马科斯逃往夏威夷，科拉松·阿基诺成为总统。

1986 年，里根政府帮助海地人推翻了独裁者“娃娃医生”让－克劳德·杜瓦利埃（Jean-Claude Duvalier）的统治。杜瓦利埃曾经子承父业，成为这个西半球最贫穷国家的独裁者。美国最初建议杜瓦利埃不要对抗议的群众使用武力，然后为其提供飞机逃往法国。此前，美国以遏制共产主义为名支持海地的军人政府，但当邪恶的独裁者折磨、屠杀或压制真敌人或假想敌时，美国却视而不见。里根政府宣布了其新政策：“美国人崇信人权，反对任何形式的暴政，无论左派或右派。”[9] 根据卡特人权政策的这种变化，美国将支持争取民主的民众，反对激进的马克思主义政权、亲美的军事独裁者。

美国的确如此。在数年时断时续的动荡后，1987 年韩国军事政府心服口服地承诺进行总统自由选举。作为美国的重要盟国和援助的受益者，韩国受到的压力有助于这场期待已久的转变的发生。受到类似压力的智利，以选举的方式罢免了军事领导人奥古斯托·皮诺切特将军，开辟了民主制度之路。

评价里根主义

虽然里根政府唤起了其所宣称的全球民主的潮流，以支持阿富汗、安哥拉和尼加拉瓜的抵抗运动，但以传播自由名义支持的抵抗活动经常与其美名相去甚远。的确，在许多情况下，里根政府在人权问题上作出妥协，因为温和派没有任何机会执政。里根两害相权取其轻，认为亲美的“威权主义”政权优于苏联所支持的“极权主义”政权。[10] 阿富汗的伊斯兰基要主义者反对苏联的统治。一旦后者赢了，更可能建立伊朗式的神权政体而非民主政权，更可能使穆斯林世界更加分裂。在尼加拉瓜，一些反抗军的重要将领是广受怨恨的索摩查前国民警卫队成员。尽管里根最初批评其前任的双重标准，但他此后也重蹈覆辙。

美国国会和公众并不支持尼加拉瓜反政府游击队。因而，当 1987 年哥斯达黎加、萨尔瓦多、危地马拉、洪都拉斯和尼加拉瓜总统达成了地区和平计划时，里根只剩下一种选择。他必须支持康塔多拉的倡议，因为如果和平计划失败了，必是由于桑地诺不愿在尼加拉瓜按照和平计划真正实现民主化，那么里根或许会重新获得支持，而为反政府游击队提供更多的财政援助。尽管里根政府否认，但反政府游击队与美国政府的关系是显而易见的。然而，民主党控制的国会依然并不青睐反政府游击队，并以和平计划为由不再提供任何的军事援助。国会声称，这种援助只会使在尼加拉瓜及该地区的和平努力付之东流。因此，美国政府推翻桑地诺的计划似乎注定要失败。当 5 位中美洲国家的总统不顾美国的反对而号召取缔反政府游击队、进行尼加拉瓜大选之后，这种失败似乎更加确定无疑了。

在持续不断的国际压力下，奥尔特加最终同意于 1990 年举行多党选举，他和其军事助手对结果充满信心。尽管面临反政府游击队的挑战，但在 10 年执政期间，他们逐渐巩固了政权，期望利用其对政府的控制（包括警察和军队）以确保大选的胜利。这赋予其国际合法性，排除美国进一步干预任何可能的理由。像菲律宾的马科斯一样，桑地诺确信不会输掉大选，也不会被迫放弃权力。但是，他们输了。尽管桑地诺控制着政府，极力恐吓反对党候选人和集会人群，抢夺美国国会批准对反对党的资助，但奥尔特加输给了反索摩查的报纸编辑的遗孀维奥莱塔 · 查莫罗（Violeta Chamorro）。其丈夫的遇害曾引发了桑地诺领导的革命，导致独裁者索摩查被推翻。

谁应该为桑地诺的失败而受到褒奖，这个问题并不明确：是以哥斯达黎加奥斯卡·阿里亚斯（Oscar Arias）为首的5位中美洲国家总统，还是勇于投票反对专制政权的尼加拉瓜人，或桑地诺人自己？桑地诺人自认为，在相对自由的选举中，他们会在不受欢迎的选举、管理不善的经济中幸存下来。但无论是谁，结果都是毫无疑问的。对萨尔瓦多的游击队而言，如果没有尼加拉瓜的政治支持和军事援助，他们在推翻政府或磋商分享权力的有利协议方面上会倍加受挫。对于桑地诺人视为偶像并为其提供援助和支持的菲德尔·卡斯特罗来说，这意味着他更加孤立无援了，因为卡斯特罗是拉美地区唯一的革命者。对于尼加拉瓜来说，桑地诺人的惨败赋予其第二次机会，可以建立民主制度，使反政府游击队融入社会，与政治反对派和解，重新与美国建立友好关系。

1988年里根即将卸任时，美国和苏联介入的许多地区冲突已近尾声。戈尔巴乔夫意识到，阿富汗战争是个无休止的消耗战和政治困境，便撤军了。多年谈判无果后，古巴同意从安哥拉撤军。与此同时，南非一战以来曾经长期统治着邻国纳米比亚，尔后同意其独立。这些成果均在安哥拉内战第一阶段结束后取得，而且联合国极为有效地加速了该地区的民主转型。事实是明确的：戈尔巴乔夫必须解决苏联的地区争端，因为他需要将资源投资于停滞不前的苏联经济中。不过苏联并没有完全溃败，而且美国也没有大获全胜。即使苏联经济和政府陷入危急，马克思主义意识形态在许多国家仍具有影响力。

伊朗门事件

里根政府在尼加拉瓜境内推行里根主义，使总统名声扫地。证据显示，1984至1986年期间对伊朗（当时已是反美的伊斯兰神权政体）秘密销售武器的利润被转移，用于支持尼加拉瓜的反政府游击队，违背了国会禁止以此目的使用美国资金的禁令，并导致了1986年里根的能力、诚信和判断力受到质疑。事实上，为了避开国会，里根政府已经将叛军的战争事务从中央情报局转到了国家安全委员会。据说这两个行动由中央情报局局长威廉·凯西（William J. Casey）及其在国家安全委员会的中心人物海军中校奥利弗·诺思（Oliver L. North）负责。[11]

诺思被誉为美军唯一的“五星”中校，监管对伊朗的武器销售，希望亲伊朗的恐怖分子释放20世纪80年代中期在黎巴嫩抓获的美国人质。他还曾努力从免税机构、美国富人和外国政府那里为反抗军筹集私募资金。另外，诺思指挥着一个由军火商、船舰和飞机组成的超级网络，用于支援反政府游击队，并为他们提供战略情报和作战建议。在他的领导下，国家安全委员会成为秘密指挥并资助反政府游击队作战的“影子政府”。国家安全委员会成员不仅向国会议员隐瞒了其所作所为，而且还对其撒谎。当“现成的”行动最终暴露时，国家安全委员会试图掩盖其参与的真相，并将总统在其中的角色最小化——甚至撕碎相关文件或将其悄悄扔出国家安全委员会办公室。更糟糕的是，当事情暴露时，里根总统最初否认了解伊朗反叛活动的诸多细节，使之看似是其助手们在掌控着美国对外政策。

民意调查显示，大多数美国人认为里根在撒谎。1987年的国会听证会显示着里根主动参与了而且知情，特别是反政府游击队的情况。不过，“（里根）否认自己知情，逃过此劫”[12]。但丑闻事件中，14位参与者因此受到起诉，其中11人被判有罪。里根虽然未被指控，但也因丑闻而名声大损。他曾誓言，美国“决不会与恐怖分子谈判”，更不会向其出售武器。甚至里根总统的拥护者和支持者感到迷惑不解。他们清楚，如果国会调查人员能够找到“确凿证据”，证明丑闻和总统办公室有关的话，里根或许会像尼克松一样因违背联邦法律而遭到弹劾。结果他挺过了这场危机，黯然离任。伊朗门事件也困扰着里根继任者老布什的美国政府。[13]

作用与影响

奥利弗·诺思

1986年伊朗门事件表明，为了改变共产主义在发展中国家的收益，里根政府已竭尽全力。随着丑闻事件的信息公之于众，奥利弗·诺思中校所扮演的核心角色也为公众所知。在国家安全委员会的一次军事援助中，诺思私下与伊朗进行秘密出售武器的谈判，并将所得利润用于支持试图推翻共产党政权的尼加拉瓜反政府游击队。

在1987年给国会特别委员会的证词中，诺思（如图他正在宣誓）为自己的行为辩护，自己是在执行里根政府高级官员的命令。两年后，他因毁坏与调查密切相关的政府文件被判有罪，但判决很快被推翻，因为他之前已为同样的控告作证获得了豁免权。20世纪90年代，诺思仍旧是非常活跃的政治人物，在电台和电视访谈中推销自己的保守派观点，甚至竞选美国参议院议员（未果）。

冷战后期的联盟政治

里根政府最初攻击缓和政策，专心于重整军备，抵制军控谈判。20 世纪 80 年代，对里根主义的不懈追求给苏联施加了很大的压力，从而加剧了华约各国内部的紧张局势。长久以来的政治压迫和经济停滞使这些国家的民众越来越感到沮丧和不安。

如此以往，新一轮的冷战使得西方盟国颇为担忧，引发了从华盛顿到波恩各地的示威游行。一些昔日问题再次浮现，如西欧作为超级国家潜在战场的地位、美国在北约中的主导性角色、北约成员实施自己对外政策的自由等。但是，最严重的对抗是有关苏联导弹新部署的问题，迫使美国提出在欧洲部署中程导弹的一系列新计划。由于北约国家、华约联盟的犹豫不决，欧洲最新僵局的结果不甚明朗：北约会因其成员的内部分歧而解散吗？或华约会屈从于自身的缺陷和西方的巨大压力吗？

由于这些问题和其他问题的存在，里根的政策在铁幕两侧都产生了很大的波动。但是，几乎没人预见到，盟国最后一轮的故作姿态和自我怀疑会成为二战后欧洲分裂结束的前奏。冷战很快落幕了。

波兰与团结工会的兴起

苏联帝国的第一个裂痕来自波兰。1980 年，波兰的一个工会先后要求经济权利以及政治诉求，导致苏联所支持的共产党政府实施了军事管制。这次镇压使人联想起过去苏联在东欧的行为，进一步加剧了冷战的紧张局势。

波兰是所谓的人民民主和共产党国家，宣称代表和保护工人阶级利益。颇为讽刺的是，正是在波兰，一场真正自发的反对剥削者的工人革命爆发了，威胁着共产党的统治。受经济崩溃的刺激——由混乱的政治领导、低效的官僚计划以及管理不善所致——波兰工人要求获得组建自己独立工会的权利。工人起义的领导人莱赫·瓦文萨（Lech Walesa）竭尽全力抵制苏联继续控制东欧卫星国。

工人罢工最终推翻了政府。之后，新任政治领导人承认了工人们组建自己工会的权利，即团结工会（Solidarity）。[14] 事实上，这一行动终结了共产党的权力垄断。此后，团结工会开始表达对经济和政治权利的诉求。由于共产党政府对所有诉求都退让，诉求就越来越多，在罢工威胁的情况下更加退缩。团结工会越战越勇，公开宣称它代表“工人阶级真正的心声”，宣布支持其他也希望成立独立工会的东欧国家的工人。在国内，工会要求自由选举，言论自由，在国家政策中拥有发言权，包括管理经济。

虽然苏联领导人谴责团结工会的挑衅行为，但他们不愿向波兰派兵。这种克制行为与之前苏联在匈牙利（1956 年）和捷克斯洛伐克（1968 年）的行为形成鲜明对比。在那些国家，当共产党权力受到威胁时，苏军会干预。然而，波兰的地理位置远比其他国家更为关键，但苏联却没有干预。任何西方国家要入侵俄国，波兰是必经之路。二战后，苏联也是通过波兰将其权力扩展到欧洲腹地。

不过，苏联直接干预的风险和成本巨大。苏联人意识到，团结工会并不仅仅寻求更好的工作条件，它也是组织有序的群众运动。在镇压团结工会方面，苏联可能还需面临与波兰军队正面冲突、占领成本以及安抚民众的难题。此外，偿还波兰欠西方国家 270 亿美元债务的代价，对于已陷入经济困境的苏联来说是不可承受之重。此外，任何与美国建立更好关系的机会也会深受其害。同样重要的是，里根可能利用苏联入侵波兰的事件将北约盟国集结起来。因此，在一年多的时间里，苏联极为克制。1981 年 12 月，针对团结工会的行动最终爆发了。当时，波兰军队和警察逮捕了工会领导，在国内实行戒严。

无论是莫斯科下令干预，还是波兰政府自行采取行动，毫无疑问的是苏联镇压所谓“反革命”分子的压力日益增大。团结工会赢得了人口三分之一、将近 1000 万波兰人的同情。波兰共产主义既不能带来体面的生活水平，又不能容忍最低限度的自由，已经丧失了其合法性。其他东欧国家也没有错过这一教训，这些国家的斗争备受团结工会的鼓舞，并视其为迎接更大挑战的前兆。

欧洲的导弹争论

红军没有入侵波兰，让西欧人几乎松了口气。波兰军队的镇压行为被视为内政，不至于为此牺牲缓和的局势。这一反应体现了西欧人对东西方之间与日俱增的敌意的忧虑，因为西欧人深陷其中。事实上，20 世纪 80 年代初西欧国家显然希望实施独立的对外政策，但仍依赖于美国的防御。换言之，他们希望与美国在政治上“分手”，在军事上“联姻”。但甚至军事关系也颇受质疑，因为西欧民众反对美国和北约共同达成的决定，即在西欧地区部署新一代北约导弹以应对苏联新型中程导弹的威胁。

中程核力量（INF）的部署本应使受苏联新中程导弹困扰的盟国安心。相反，美国的新方案却加重了这种困扰。法国外交部长所说的北约“婚姻”却差点结束。因为许多国家的大批民众举行了长达数月的示威游行，反对新导弹部署，其中联邦德国的抗议最强烈。新教教会、大学、社会民主反对党以及一个新的政治运动团体——爱好和平与保护环境的绿党都反对导弹部署。人们没把苏联视为主要威胁。从 1949 年起开始保护西欧且从未部署过任何潘兴二型导弹的美国，却被控诉为和平的最大威胁。

里根不得不回应欧洲的示威和苏联的举措。他提出了“零零方案”（zero-zero option），即如果苏联拆除所有中程导弹（最长射程达 1500 英里），美国就不会部署任何潘兴导弹和巡航导弹。这听起来不错，因为所有这样的导弹都将被拆除。相比于清除全部的危险武器，还有什么能更有益于和平、更道德呢？然而，美国并不指望苏联会接受这一提议。一旦苏联拒绝，美国可以以防御之名继续部署导弹，而且对美国在欧洲导弹部署的指责将会归咎到苏联。

然而，当时北约内部的“导弹危机”使联盟深受其害。对许多欧洲人而言，对中程核力量部署的抗议表达了他们对里根对外政策的忧虑。但许多美国人感觉，欧洲人拒绝采取自卫的必要措施，反而依赖美国“扩展性”核威慑。当北约成立时，欧洲领导人对下面的问题记忆犹新，即对极权统治的绥靖、二战的失败和苦难、战后的一片狼藉、对美国保护其免于来自东部的新威胁的需要。但到 20 世纪 80 年代时，这些记忆让位于对美国核意图的恐惧。

曾几何时，随着中程核力量的继续部署，导弹危机暂时消除了。随后在一次彻底转变中，戈尔巴乔夫接受了里根以前的提议，即彼此彻底清除中程导弹。苏联领导人需要缓和的国际局势，以优先考虑国内事务和重建苏联经济。零零方案意义非凡，因为它清除了所有武器，而非仅仅限制其部署。苏联也接受了监督协定所需的现场核查程序。苏联的转变是其冷战期间需要停火的第一个信号。

从对抗到和解

20 世纪 80 年代的紧张局势影响了北约和华约成员的凝聚力，但最后当 1989 年 1 月里根离任时，美苏关系是二战期间两国联手对抗纳粹德国以来最好的时期。怎么会这样呢？在数年里超级大国关系怎么会发生如此深刻的转变呢？

这种转变的速度令人震惊。冷战持续了 40 多年，超过了一战（1914 年）至二战结束（1945 年）的时间。另外对美国来说，20 世纪 70 年代是一个十分混乱、自我怀疑的时期。越战无果而终后，美国又受到水门事件的冲击。与此同时，在 10 年时间里，美国和其他西方国家的经济又遭受了两次石油危机。1979 年，一些最不祥的事件发生了：尼加拉瓜的索摩查政府落到了桑地诺人手里；伊朗人占领了美国驻伊大使馆并劫持了 52 名美国人；苏联人控制了阿富汗。总之，20 世纪 70 年代是 20 世纪以来美国信心最低落的时期。相比之下，苏联似乎充满自信，对均势的未来走向持乐观态度。

但是，由于两个方面的原因使得苏联表面上的成功具有欺骗性。首先是苏联经济的失败。20 世纪 60 年代苏联的经济增长率为 5%，到 70 年代时仅为 2%，到 1980 年时已经停滞不前。苏联只能生产充足的武器，却无力提供基本商品和公共服务。由于 20 世纪 70 年代粮食多次歉收，苏联不得不从美国和其他国家进口谷物和产品。到 80 年代末，苏联进口许多必需品，定量供应基本食品。苏联的中央集权经济正濒临崩溃。1985 年戈尔巴乔夫最初担任总书记时，认为工作场所若有更严格的纪律、更少的工人旷工和酗酒、更高的生产力就能够刺激经济增长。直到 1987 年他才意识到危机的严重性。第二个原因是勃列日涅夫对外政策的代价。虽然苏联国内生产总值仅仅是美国的一半，但据美国中央情报局估计，其军事预算占国内生产总值的 16%（美国是 6%，西欧是 3%），民用经济极为贫乏。

苏联在其以外的发展中国家进行无休止的扩军和扩张，催生了它们对苏联目的的恐惧和怀疑。这招致了对苏联的包围，然而这却是苏联领导人长久以来所担心的。苏联在亚洲不断增大的威胁迫使美国分而治之，在决定性的权力转移中，将中国吸纳到西方联盟中。由此，苏联会像 20 世纪之交的德国一样，自食其果，增加了自身的脆弱感。

美国在这一局面中扮演着重要的角色。美国供应的武器提高了干预阿富汗的成本，使胜利难以企及，拖长了安哥拉内战。虽然美国政府没有推翻尼加拉瓜的桑地诺政权，但在无休止的财力消耗中，这是苏联唯一一次通过交易努力维持革命派别的情况。仅仅 10 年后，看似颇具前景的帝国前哨已失去了光泽，而且对古巴、埃塞俄比亚和越南等代理人的支持又过于昂贵。1987 年 6 月，里根参观了柏林墙，进一步提高了赌注，以华丽的辞藻直接呼吁苏联“拆掉这堵墙！”戈尔巴乔夫别无选择，只能像马克思主义者一向引以为傲的那样：承认客观现实。苏联受困于不合理的经济结构，见证了美国经济的复苏（尽管美国联邦和贸易赤字迅速增长），由不断增强的西方盟国所包围着，被迫承认需要与美国进行和解。

1987年，苏联代表团重回中程核力量的对话并且实际上接受了美国所有要求时，苏联的软弱、结束冷战的愿望趋于明显。甚至更重要的是，戈尔巴乔夫及其支持者驳斥了根深蒂固的苏联原则及其立场，声称：(1)"全人类的和平价值观"优先于阶级斗争；(2) 若没有"共同安全"，则苏联（和美国）的安全就无法实现；(3) 实现安全的最佳方式是政治谈判和妥协，而非武力威胁；(4)"合理充足"是苏联判断其所需军事力量的新标准；(5) 以"非进攻性"的方式重组苏军，以此消除北约的顾虑；(6) 超级大国的谈判将努力缩小各种武器之间的差距，以此确保军事均势，并进一步合作。

苏联不再在发展中国家强调国家解放的革命斗争，对社会主义的未来也闭口不谈。此外，戈尔巴乔夫从阿富汗撤军，帮助解决了其他一些地区的争端，从而降低了苏联对外政策的成本，减少了美苏新冲突的可能性及其当前冲突破坏日益改善的苏美关系的机会。更广泛地说，戈尔巴乔夫努力不再将包围苏联阵营的以美国为首的联盟视为敌人。他的"魅力攻势"，包括出国访问在内，在欧洲非常见效，尤其是联邦德国。在那里，相比于里根及其副总统及其继任者老布什，作为政治家、和平缔造者的"戈比"（Gorby）获得更高的评价。

戈尔巴乔夫调整了重心，启动了**公开性**（glasnost）和**新思维**（perestroika）计划，以振兴苏联社会和经济。他意识到这两者密不可分：苏联只有进一步开放社会，充分利用人力资源，苏联经济才能摆脱停滞。戈尔巴乔夫主张加强公民自由——在新闻、艺术、文学、学术方面更多的自由，甚至重新审视一直以来被视为机密的苏联历史的阴暗面。他还呼吁下放经济权力，削弱苏联中央计划官僚体制无处不在的作用，允许利润动机和市场力量在刺激生产方面发挥更大的作用，包括一定程度上存在私营企业和创业企业。最后，戈尔巴乔夫限制了共产党对经济的控制，容忍政党和立法选举中的竞争，允许苏联议会成为独立的政府机构。

戈尔巴乔夫和里根友好的私人关系进一步促成了从竞争到和解的转变。两位领导人执政之初，美苏虽然有着根深蒂固的意识形态分歧以及对彼此的怀疑。但是如里根的私人日记所反映的，他对苏联的怀疑渐渐转化成信任。1985 年 4 月 19 日，里根写道：如果戈尔巴乔夫“不是坚定的共产主义思想家，那么他不会被政治局选中”。到 1988 年 3 月 30 日，他的笔调变了。当时他写到，他确信“我们之间确实存在一定的好感”。12 月 7 日，里根甚至更加乐观，在一次峰会之后表示戈尔巴乔夫“听起来似乎将我们视为创造更美好世界的伙伴”[15]。

尽管里根一如既往地支持核武器的现代化和新的部署，他却经常表达出对核战争的恐惧，从而这也缓和了超级大国间的紧张局势。他的确变成了弃核主义者。令其军事顾问们颇为生气的是，他将一个没有核武器的世界视为其根本目标。在 1986 年雷克雅维克（冰岛）峰会上，里根与戈尔巴乔夫保持了高度一致，主张在 10 年内彻底消除核武器。“如果我们消除了所有核武器，那就太好了。”里根对戈尔巴乔夫说。戈回答：“我们可以这么做。”[16] 然而，因为《战略防御计划》的冲突依然存在，这一协议没有取得任何进展。

虽然意识形态竞争不可能得到解决，但两位领导人在首脑外交的过程中越来越尊重彼此。在不断面对面的交流中，他们逐渐认识到有利于双方的共同利益和机会，并达成互利协议。由此“信任渐渐代替了冷战的最明显特征——怀疑。但这不是盲目的信任，而是由遵守承诺的实际行动所支撑并强化的信任”[17]。

但是，并不是所有苏联人都支持戈尔巴乔夫的改革举措。他面临着共产党官员和政府官僚的强烈反对。这些人为保护既得利益需要维持现状，担心中央集权的下放将会是政治自杀。但是，戈尔巴乔夫有其他担忧，包括波罗的海沿岸各共和国（爱沙尼亚、拉脱维亚和立陶宛）的动荡和中亚诸共和国类似的动乱。东欧政府愈加努力地摆脱共产党的束缚，更加重了戈尔巴乔夫的不安。与马克思主义的分析相反，政治体制决定着经济的命运，而非相反。苏联政治体制已经成为其经济现代化的最大障碍。这正是备受国内问题和挑战困扰的戈尔巴乔夫不得不结束冷战的原因。

注释

[1] 对于资料性传记，参见：Lou Cannon, *Reagan* (New York: Putnam, 1982)。在通用电气公司工作期间，里根“旅行大使”的角色使其由一个自由主义者变为保守主义者，对此参见：Thomas W. Evans, *The Education of Ronald Reagan* (New York: Columbia University Press, 2006)。对里根的批判性评价，参见：Robert J. McMahon, “American Foreign Policy during the Reagan Years,” *Diplomatic History* (Spring 1995)。

[2] *New York Times*, January 30, 1981.

[3] Address to members of the British Parliament, June 8, 1982, in Strobe Talbott, *Russians and Reagan* (New York: Vintage Books, 1984), 89–104. 关于这篇演讲的近期评论，参见：Robert C. Rowland and John M. Jones, *Reagan at Westminster: Foreshadowing the End of the Cold War* (College Station: Texas A&M University Press, 2010)。

[4] John Lewis Gaddis, *Strategies of Containment: A Critical Appraisal of Postwar American National Security Policy* (New York: Oxford University Press, 1982), 320–322.

[5] National Conference of Catholic Bishops, *Challenge and Peace: God's Promise and Our Response* (Washington, D.C.: United States Catholic Conference, 1983).

[6] Carl Sagan, “Nuclear Winter and Climatic Catastrophe: Some Policy Implications,” *Foreign Affairs* (Winter 1983–1984): 257–292.

[7] 桑地诺名字源于恺撒·奥古斯托·桑地诺（Cesar Augusto Sandino），是尼加拉瓜的民族主义者，领导了20世纪30年代初反对美国占领尼加拉瓜的斗争。1934年，桑地诺被美国训练的尼加拉瓜国民警卫队杀害。

[8] Ronald Reagan, “Central America: Defending Our Vital Interests,” *Current Policy* (U.S. Department of State, April 27, 1983).

[9] “President Reagan's March 14 Message to Congress,” *New York Times*, March 15, 1986.

[10] 里根政府时期美国驻联合国大使较早地指出这种差异。参见：Jeane J. Kirkpatrick, “Dictatorships and Double Standards,” *Commentary* (November 1979): 34–45。

[11] 关于美国政府主要调查者对这一丑闻的详细描述，请参见：Lawrence E. Walsh,

Firewall: The Iran-Contra Conspiracy and Cover-Up (New York: Norton, 1997)。

[12] Sean Wilentz, *The Age of Reagan* (New York: Harper, 2008), 242.

[13] 美国政府误解着中美洲政治，尤其是尼加拉瓜政治，使这种对外政策过失依然存在。参见：Robert A. Pastor, *Condemned to Repetition: The United States and Nicaragua* (Princeton, N.J.: Princeton University Press, 1987)。

[14] Lawrence Goodwyn, *Breaking the Barrier: The Rise of Solidarity in Poland* (New York: Oxford University Press, 1991).

[15] Douglas Brinkley ed., *The Reagan Diaries* (New York: HarperCollins, 2007), 317, 613, 675.

[16] James Mann, T*he Rebellion of Ronald Reagan: A History of the End of the Cold War* (New York: Viking Press, 2009), 45.

[17] Jack F. Matlock Jr., *Reagan and Gorbachev: How the Cold War Ended* (New York: Random House, 2004), 319.

第七章
冷战的结束

1989 年 11 月，德国公民庆祝柏林墙的倒塌。在冷战高潮时期筑起的这座墙标志着欧洲分裂成两个阵营，一个由苏联控制，另一个处于美国的势力范围内。这些德国民众打开墙门实际上表明冷战结束了。

1989年1月老布什当选总统时，苏联阵营已经出现了分裂。戈尔巴乔夫的改革迅速削弱了共产党在苏联的地位。波罗的海各国也要求独立。在其处处受制的政治领导人的勉强同意下，第一批东欧人正迈过铁幕。一些分析人士（包括遏制政策之父乔治·凯南）宣告冷战实际上结束了。其他人则更谨慎地表示冷战也许快要结束了。

老布什总统终生是个政治家，却缺乏罗纳德·里根的高调和信念。他曾经担任中央情报局局长、驻中国大使以及美国驻联合国代表，这些经历无疑表明其胜任对外事务。当选总统时，老布什表示自己不会以“**冷战**”来描述美苏的最新关系。相反，他以“超越遏制”描述这一时期的美苏关系，其主要任务是使苏联融入“国际社会”中。但在其《国情咨文》中，老布什引用“东欧剧变”之后，1990年他表示东欧变化如此惊人，如此重要，标志着“世界事务中新时代的开始”。事实上，这种声明有点轻描淡写。[1]

事实上，预料到苏联体系的突然解体的观察家寥寥无几，包括最有经验和判断力的国际关系分析家。大多数人预测超级大国会陷入旷日持久的僵局，资本主义和共产主义体系会逐渐融合，或者会陷入更具灾难性的军事决战。但是，未动一枪一弹，甚至是在没有任何征兆的情况下，两个超级大国之一就直接从世界地图上消失了。但这种情景并没有被视为纯粹的幻想。拿破仑的法国、帝国主义的日本、纳粹德国不会消失，它们必须在战场上以惨痛的代价被击败。

对老布什而言，美国对外政策的主要任务是尽可能平稳地度过这一历史性转折时期。他努力确保华约及此后苏联的解体不会产生世界政治新危机。老布什期待着一个和谐的新时代，即西方政治和经济体系的福祉将惠及前共产主义阵营，为全球稳定和繁荣奠定基础。

老布什对苏联解体的管理

起初，老布什政府并没有对冷战及其貌似终结有明确的看法。美苏紧张关系长达40多年，而且冷战结束的希望曾经破灭过。在这种背景下，美国政府——尤其是老布什总统本人——往往都会谨慎些。如果戈尔巴乔夫下台而由强硬的保守派取代，那么会令美国猝不及防，显然美国并不想这样。但是，从里根政府留任的国务卿詹姆斯·贝克三世（James A. Baker III）承认，苏联对外与国防政策的“新思维”会为东西方合作创造机会，然而，这种合作在数年前是无法想象的。[2] 苏联改革的不确定性，使人们更有理由抓住戈尔巴乔夫所带来的机遇。由此，在一段时间的迟疑后，老布什政府延续了里根总统的方向，继续支持戈尔巴乔夫。他的继续执政被视为对美国有利。

20世纪80年代末，本已迅速变化的诸多事件继续加速苏联内外的变化。在这些情况下，对苏联前景的预测是件冒险的事情，因为变化如此之快、如此意外。1990年，苏联的动荡日渐加剧，存在73年之久的共产主义体系开始瓦解。显然，苏联已举步维艰，而且戈尔巴乔夫的对外政策相当于一种退却与控制损失的外交。因此，不论谁在苏联执政，美国都拥有了一个利用均势变化的黄金时机。任何一位苏联领导人都在对外政策行为中面临着严重的国内约束。

作为冷战的获胜国，美国必须思考和平的条件了。美国希望看到什么样的冷战后世界？简言之，美国必须确定自己的目标。即使戈尔巴乔夫不会幸免于难，美国也需要利用其执政的这段时间，确保苏联的让步是不可撤销的。诚然，美国对苏联内部事务的影响是有限的，戈尔巴乔夫重建政策的最终成功也依赖于苏联国内形势，但如果美国响应戈尔巴乔夫的政策和建议，那么美国可以协助其国内改革进程，巩固其在苏联的地位。因此，美国主要的救助是支持苏联的和平改革。

苏联在谈判中处于劣势。东欧剧变、民族主义高涨、共产主义作为一个政治和经济体系在苏联内部直接受到挑战，致使问题日益恶化。但是，戈尔巴乔夫不会无条件投降，因此美国领导人不能仅仅将条件强加于苏联。此外，如果胜利者羞辱了失败者，这会使和平建立在不牢靠的基础上。一战之后，胜利者的和平强加于德国，但这仅在德国弱小时才得以维持。二战后，德国和日本更多地被以安抚方式相待，因此两国没有进行报复。为了持久的和平，苏联也必须感觉国际新秩序是有利的。由此，两个大国针对冷战结束的条件、新均势的形成与变化问题展开了复杂的谈判。

冷战的最后解决基本上取决于 3 个条件：(1) 约瑟夫 · 斯大林在中东欧的帝国解体；(2) 列昂尼德 · 勃列日涅夫在发展中国家的警戒部队的撤离；(3) 削减武器而且实现稳定的核均势。当这些条件得到满足时，老布什会承担微妙的角色，管理苏联解体，引导美苏的双边关系过渡到美俄关系，因为苏联解体后大部分领土划入由鲍里斯 · 叶利钦（Boris Yeltsin）领导的俄罗斯。

斯大林帝国的解体

1989 年夏天，北京的持异见者们已经得到了更大的自由，可以公开表达不满，并拥有一定程度的政治自由。东欧人受到中国示例的启示，加快了国内的反共革命进程，以防历史产生倒退。

苏联愿意结束冷战的一个重要迹象是，它接受了东欧迅速摆脱共产党控制的事实。苏联的扩张、东欧的斯大林化以及对德国的分割，使二战后欧洲大陆分裂了。这种分裂是冷战的关键，而且只有波兰、匈牙利、捷克斯洛伐克和其他东欧国家的民族自决才能终结这种分裂状态。中欧的事件也很是关键，因为 20 世纪所有重要战争都在这里爆发。奥匈帝国的解体相继引发了巴尔干战争和第一次世界大战；德国吞并了奥地利和捷克斯洛伐克并入侵波兰，从而引发了第二次世界大战；苏联对东欧的实际吞并导致了冷战。

如果戈尔巴乔夫要远离这场斗争，他需要不再将马克思主义意识形态作为苏联国家安全的基础和依据。根据马克思主义意识形态，只有当潜在的阶级敌人——甚至那些不赞成苏联与资本主义国家建交的人——被排除在权力之外，苏联共产主义政权才是无忧的。苏联军队遍布东欧，它们不仅保护这些国家免受西方的威胁，也要确保这些国家奉行中央集权的苏联模式。20 世纪 80 年代末，当苏联面对即将崩溃的苏联模式时，它能够将意识形态与其安全的概念相区分吗？

1989 年，波兰首先回答了这个问题。在 6 月举行的自由选举中，共产党表现糟糕因而无力组建政府，但团结工会运动却广受欢迎。因为共产党受到排斥，实际上团结工会获得了领导权，受命组建政府。由此二战后，波兰成立了第一个非共——其实是反共——政府。但是，团结工会的领导人兼发言人莱赫·瓦文萨声称波兰依然是华沙条约成员国，他的政治敏感性酷似于罗斯福。

戈尔巴乔夫愿意接受非共的波兰以及在东欧更传统的势力范围，原因有很多。其一，其当务之急是应对不断恶化的国内状况。其二，事实上东欧并不是个安全带。相反，这一地区增加了苏联的**不安全感**。东欧人对苏联强加的政权愤愤不平，而且无法忘怀最初努力摆脱这种政权时曾经遭受的无情镇压。戈尔巴乔夫并不希望面对一种一触即发的局势，因为这会阻止自己拯救其核心利益：苏联。

1989 年，多米诺骨牌相继倒下。匈牙利议会从国家正式名称中去掉了“人民”一词，共产党更名为民主社会党，以便在即将到来的多党选举中从一种波兰式灾难中幸存下来。（即使这样，该党党员数量从起始的 7.2 万人降为 3 万人。）相似的是，捷克斯洛伐克把国名中的“社会主义”去掉了，而且民主德国共产党也试图脱下斯大林的外衣，以便在

1990 年的选举中更占优势。在一项至关重要的决策中，1989 年 9 月 10 日匈牙利外长向奥地利开放其边境。自由的秋天来临了，当时 20 万人从民主德国出发，经过捷克斯洛伐克、匈牙利和奥地利，逃往联邦德国。其中大多数是国家工业急需的年轻技工。这些事件都预示着“共产主义极其严重的危机”[3]。

为了妥善处理这种形势，戈尔巴乔夫宣布社会主义国家无权干预彼此的内政，每个国家都对自己的命运负责。这显然暗指勃列日涅夫主义已不存在了。为了阐明这一观点，戈尔巴乔夫出访民主德国，庆祝这个共产党国家成立 40 周年。他陈述了互不干预的新原则，进一步推动了华约的解体。苏联及其他 4 个华约盟国谴责 1968 年联合入侵捷克斯洛伐克的行为是“非法的”，并保证严格执行互不干预政策。苏联还为此发表了忏悔声明。

民主德国对戈尔巴乔夫的行为感受最真切。大量年轻人不断逃离，使这个拥有 1600 万人口的国家面临人口减少的威胁，破坏了国家未来的希望。1989 年 12 月，群众游行示威最终推翻了专制共产党领导人埃里希 · 昂纳克（Erich Honecker）的统治。在这场真正的人民革命中，苏联部队没有支持民主德国政府反而袖手旁观，而且新任政党领导人承诺进行彻底的改革，包括 1990 年 5 月的自由选举。在第一轮改革中，所有有关旅行和移民方面的限制都被取消了，致使宣告发布后数小时内，成千上万的民主德国人爬满了柏林墙。到第一个周末时，已经有 150 万民主德国人翻越了柏林墙。柏林墙的墙体被大锤夷为平地，碎片则被带回家当了纪念品。1961 年建成的柏林墙一直是冷战的化身——专制对自由。1989 年 11 月 9 日柏林墙倒塌时，正值阿道夫 · 希特勒向德国犹太人发起疯狂袭击的 51 周年之际，适时地预示了冷战的结束。

柏林墙倒塌之后，变革之风席卷了捷克斯洛伐克。由于混乱无处不在，这一切并未受到广泛关注，但却有重要的象征意义。大国将巨大的不公正强加于捷克斯洛伐克，这个二战前中欧唯一的民主国家。1938 年，法国和英国为了绥靖希特勒，背叛了捷克斯洛伐克。10年后，苏联人又以暴力方式将其转为共产党国家。1968年布拉格之春期间，捷克试图实施更民主的共产主义，但苏联坦克摧毁了这种努力。因此，布拉格共产主义政权的解体也成为时代的标志。

里根总统曾将东欧称为“邪恶帝国”。东欧人都在公开谈论这个帝国曾经多么邪恶。他们需要的并不是共产党改革，而是共产党下台，要终结许多人认为的近半个世纪的外国占领。他们也呼吁自由选举，以及非共产主义人士组成过渡政府。只有保加利亚和罗马尼亚的共产党更名后仍继续执政，承诺继续改革，并在苏联支持的政府倒台后，在首次自由选举中轻松获胜。

对此，美国表达了对东欧新政府的支持。为此，1989年老布什总统出访波兰和匈牙利。但除此之外，老布什并不希望引起苏联的安全关切。事实上，怀有这些关切的戈尔巴乔夫与老布什心照不宣。苏联领导人将会继续支持东欧的变革，即使不是鼓励，但也不会阻止，即使这些变革在“去共产主义化”的道路上超出了其意料。作为回报，在苏联帝国进行地缘政治转型时，美国不会乘虚而入。和平管理苏联和东欧的变革符合美国利益，所以戈尔巴乔夫—布什妥协方案达成了。

东欧统治者及其民众选择了非暴力的变革之路，尽管苏联所强加的政权剥削和压迫他们长达40年。但只有罗马尼亚陷入了暴力冲突，因为其独裁者尼古拉·齐奥塞斯库（Nicolae Ceausescu）徒劳地改变东欧国家的潮流，以求继续执政。但他失败了，而且军队投奔了反对派，转而攻击其安全部队。齐奥塞斯库与其妻子埃琳娜（Elena）在企图逃跑时被抓，在草率审判后，1989年圣诞节被处决了。除此之外，非暴力事件占大多数。捷克斯洛伐克新任总统、剧作家瓦茨拉夫·哈维尔（Vaclav Havel）呼吁自己的同胞以尊严、诚实、荣誉的方式行事。布拉格街头民众示威游行的口号是“我们和他们不同”。

另一个重要问题是“德国问题”的再现。40 多年里，德国一直处于分裂状态。双方都偏爱一个分裂的德国，因为这种安排确保德国不再发动战争。然而，东欧共产主义“极其严重的危机”终结了这种分裂状态。每月成千上万的民主德国人涌入联邦德国，进一步破坏了民主德国经济以及社会凝聚力。另外，随着民主德国政府权威的弱化，民主德国人对统一的呼声更高了。让所有人吃惊的是，在 1990 年 3 月民主德国举行的选举中，联邦德国总理赫尔穆特 · 科尔（Helmut Kohl）的追随者获胜了，因此确保了重新统一。与联邦德国相关的基督民主党和社会民主党都获得了大量选票，相当于为德意志民主共和国宣判了死刑。

但是，重新统一或民主的德国造成了各种问题、潜在的不稳定性。事实上，华约的解体，不可避免且迫在眉睫的德国重新统一，意味着欧洲新均势的形成。以老布什和科尔为首的西方官员坚持统一后的德国应该是北约成员国。[4] 然而，他们确实也向苏联做了数项保证。第一，考虑到苏联必然会反对北约在波兰边境驻军，因而他们承诺，西方军队不会在民主德国的领土范围内驻扎，包括派往北约的德国部队。第二，在 3 至 4 年的过渡期内，已经驻扎在民主德国的 38 万苏联部队可以继续留在那里。德国也会保证其邻国边界，重申联邦德国不会发展核武器的承诺，同意限制自身军队规模。戈尔巴乔夫坚持，统一后的德国应当是中立的非武装国家，但这一要求被断然拒绝了。他又建议，德国既是华约又是北约的成员国。但是这个条件再次被拒绝了，因为这仅仅是中立的另一种表述形式而已。

戈尔巴乔夫宣称德国成为北约成员国“是绝对不可能的”，仅仅 4 个月之后，1990 年 7 月，他只得接受统一后的德国加入北约的事实。由于得到 80 亿美元德国信贷的承诺以挽救日益衰落的苏联经济，让他更容易接受这一事实。但是，正如其接受了美国在新欧洲驻军多于苏联驻军一样，戈尔巴乔夫勉强同意了德国的北约成员国身份，这相当于苏联的投降。这一事件没有欧洲胜利日或抗日胜利日那样富有戏剧性。1945 年这两个日子分别标志着欧洲和太平洋战争的结束。但历史会铭记1990年7月16日，苏联的投降日。

统一后的德国议会选举定于1990年12月2日。因此新年伊始，新议会召开了，而且新政府成立了。至于未来，统一后的德国将成为欧洲最强大的经济行为体，像另一个二战中战败的国家日本一样，将迅速成为冷战后多极国际体系中的重要行为体。然而，世人希望德国压倒性的规模、人口和经济权力不要只为满足私利，而是促进整个欧洲和苏联的政治稳定和经济增长。

勃列日涅夫警戒部队的撤离

冷战结束的第二个条件是，苏联在解决发展中国家地区冲突方面进行合作。如上所述，苏联对马克思主义政权和叛乱的支持，数十年来阻碍着美苏关系。但是，当时苏联不愿与美国产生矛盾，从而有可能防止进一步的挑战。

戈尔巴乔夫极力扭转了苏联扩张主义。苏联从阿富汗撤军，此后承认入侵是个错误，是苏联对外政策过于依赖武力的产物。在安哥拉，谈判旷日持久，最终也未能以5万古巴部队撤出安哥拉，而换取南非从纳米比亚的撤军。此后协议达成了，即古巴撤军，作为交换，纳米比亚独立。在东南亚，在苏联的鼓励下越南从柬埔寨撤军。在中东，苏联主动寻求与以色列恢复邦交，两国曾在1967年断绝了外交关系，随后努力重新建交。苏联还支持以色列—巴基斯坦条约的美国目标，极有可能推动犹太人从苏联向以色列移民。

虽然苏联安抚性地寻求和平解决，却依旧为中美洲革命力量提供武器。虽然数量有所减少，但苏联继续向尼加拉瓜政府输送武器，差额由古巴运送的武器补齐。苏制武器也在萨尔瓦多的共产党反叛军手中。1989年，他们向首都圣萨尔瓦多发起了进攻。老布什强烈抗议支持这些"冷战残余”的政策，在1989年由戈尔巴乔夫和老布什在地中海岛国马耳他举办的非正式峰会上，将这些国家称为“勃列日涅夫的卫星国”。戈尔巴乔夫否认向中美洲输送过武器，但老布什并不认同。古巴和尼加拉瓜都是苏联卫星国。苏联向其他地方的代理人施压，以解决其内部和地区分歧，因而美国明确希望苏联在西半球也如此施压。

更关键的问题是1990年2月尼加拉瓜的选举。如第六章所述，这次选举显示出了中美洲地区紧张局势缓和的前景。戈尔巴乔夫劝说桑地诺人允许举行像东欧国家一样的自由选举。在联合国和美洲国家组织密切监督下，桑地诺人在选举中落败，苏联失去了另一个海外卫星国。尼加拉瓜新政府的核心任务是民族和解、遣散叛军、重建经济、确保一个更公正的民主社会、重建与美国的友好关系。

美国和苏联之间真正摩擦的唯一根源是古巴。卡斯特罗发誓，即使戈尔巴乔夫“背叛”了社会主义意识形态，即使其他地方基本上放弃了社会主义，他仍将继续践行社会主义。1991年，莫斯科中断了对古巴的大量年度补贴，并且宣布古巴和苏联的未来经济关系仅以贸易为基础。这些补贴主要包括石油和其他必需品。苏联还从古巴撤离了军事培训大队。老布什政府坚决要求，如果苏联每年继续向卡斯特罗提供50亿美元的资助，美国就不会考虑向苏联提供援助，苏联以接受西方的经济援助为回应。因而，苏联继续从发展中国家中撤退。

稳固核均势

冷战结束的第三个条件是超级大国削减武器、稳定核均势，这是美国在新的超级大国关系中的一贯目标。更具体地说，美国政策有3个目标。考虑到戈尔巴乔夫任期的不确定性，第一个目标是达成战略和常规武器削减的协议，一旦实现了，这些武器削减从政治上和经济上是难以逆转的。第二个目标是降低突然袭击的可能性，是以双方一系列互信措施而实现的。第三个目标是减少国防开支负担并将“和平红利”(peace dividend)用在内需上。[5]

限制战略武器谈判之初，其长期目标是大幅削减两国战略军械。里根政府将其更名为削减战略武器谈判，以强调更大的削减决心——削减50%——这个条约旨在消除苏联的陆基导弹。这些导弹有精准的多弹头，是美国洲际弹道导弹 (ICBMs) 的主要威胁。简而言之，削减本身并不是目标，目标是使削减**稳定**下来。里根离任时，削减战略武器谈判已经大体完成。双方同意 1600 辆运载工具为上限、6000 件战略武器、4900 个弹道导弹头为上限。虽然战略力量的全部削减近 30%，但最不稳定的武器——多弹头弹道导弹——缩减了 50%。

最初主要障碍是《战略防御计划》。美国以此保护其领土不受未来核导弹的威胁（见第六章）。苏联人坚决要求，直到知道他们是否必须应对美国战略防御，才会缩减其洲际弹道导弹。但里根坚持自己对《战略防御计划》的看法，因此，苏联拒绝签署《削减战略武器谈判条约》。为打破僵局，1989 年苏联宣布愿意签署条约，只要美国遵守 1972 年的《反弹道导弹条约》(Antiballistic Missile Treaty)。

至于常规力量，1987 年后，戈尔巴乔夫不断谈论军事理念，要从进攻性转变为防御性，苏联武装力量也退回到“合理充足”的水平。他单方面削减了苏联军力，包括撤出针对北约的军队和坦克。20 世纪 80 年代末，欧洲常规武装力量谈判，旨在将苏联在东欧的军力及美国在西欧的军力分别减至 27.5 万。但东欧的局势变化太快，以至于 1990 年 1 月老布什总统号召将美苏部署在中欧的军队进一步减少到 20 万以内。令人吃惊的是戈尔巴乔夫也接受了美国建议，使二战后美国在欧洲的军力第一次超过了苏联。这在军事上无关紧要，但在政治和心理方面进一步证实了苏联的解体。

这种削减是可能的。1990 年，随着东欧国家陆续脱离华约，为保护苏联强加的社会主义体系而组织起来的以苏联为首的联盟，已没有什么可以防御。在这些情况下，苏联不再指望（如果曾经指望过的话）保加利亚、捷克斯洛伐克、民主德国、匈牙利、波兰和罗马尼亚军队的任何联合军事行动去对抗西方。因此 1990 年，苏联同意 1992 年末前从捷克斯洛伐克、匈牙利和波兰撤军。但这一承诺无关痛痒，因为华约首先自我毁灭了，1991 年寿终正寝。

尾声：苏联解体

1989 年至 1991 年，苏联自身经历了快速而深刻的变革。随着经济的崩溃，其政权也丧失了合法性，又进一步被苏联与其共和国的内部矛盾削弱了。许多地区要求获得自治权，不然就要独立，昔日的民族纠纷死灰复燃。这些事件威胁着苏联的领土完整，迫使政府将其战术核弹头撤出波罗的海国家，并从动荡的南方诸共和国移至更安全的俄罗斯地区。

另外，越来越显现出瓦解迹象的共产党正失去了在国内决策的权威。在波罗的海国家，苏联共产党面临着立陶宛共产党的叛变。立陶宛共产党将自身与立陶宛的独立诉求等同起来。苏联不得不向阿塞拜疆派军，不仅要恢复阿塞拜疆人和亚美尼亚人之间的秩序，而且要防止共产党政府落入阿塞拜疆人民阵线手中——正如东欧共产主义政权落入反对派手中一样。在许多城市和地区，民众对腐败和特权的愤怒迫使共产党官员引咎辞职。在莫斯科、列宁格勒和其他城市，新兴的民主政治反对派在当地选举中赢得了多数选票，使共产党处于尴尬的溃败境地。

戈尔巴乔夫警觉到民众对苏共的失望情绪，逐渐将其权力基础从反对自己改革的苏共党员手中转到选举产生的最高苏维埃和总统手中。总统是苏共总书记之外的另一职位。新的人民代表大会力促更加民主的政府，1989 年 5 月的选举，使俄罗斯人第一次尝到了民主的滋味。虽然戈尔巴乔夫显然认为苏共最有能力领导国家摆脱困境，但他还是呼吁共产党放弃长达 70 年的宪法专权。然而，共产党仍然是政治先锋队，那么必须赢得苏联人的信任。为此，共产党必须重组。戈尔巴乔夫甚至提议成立竞争性政党。其激进性呼吁是有说服力的：1990 年 2 月，苏共中央委员会向反对党敞开了大门。苏联的政治版图在这次“二月革命”中不可逆转地改变了。

对戈尔巴乔夫权力最强有力的挑战者是前共产党领导人鲍里斯·叶利钦。1990 年 5 月，叶利钦当选为俄罗斯共和国总统。俄罗斯占苏联三分之二的领土，拥有其一半的人口和多数石油、天然气及煤储备。叶利钦很快察觉到民众对共产党权力和特权的不满。因此，戈尔巴乔夫昔日的拥护者变成了其最强烈的批评者、主要竞争对手。根据叶利钦的判断，苏联领导人不会很快地改变这个制度。

在俄罗斯议会选举后的第二天，叶利钦建议俄罗斯经济自主，大幅分权，从而挑战着现有制度。在分权中，共和国法律优先于苏联法律，苏联总统的权威不能超过 15 个加盟共和国总统的权威。事实上，俄罗斯不仅声称拥有主权，能决定其自然资源的价格，而且还与苏联其他成员方签订协议。更为重要的挑战是，叶利钦颁布法令规定，从此以后俄罗斯总统是个民选职位。叶利钦以压倒性优势在选举中获胜。作为苏联最大共和国的民选总统，叶利钦获得了戈尔巴乔夫从未有过的合法性。

几个星期后，叶利钦、莫斯科和列宁格勒的改革派市长退出了苏共。他们的退党表明了全国对苏共越来越不抱幻想和戈尔巴乔夫越来越不受欢迎。接着，苏联第二大共和国及“产粮区”——拥有 5000 多万人口的乌克兰宣布独立，宣称乌克兰的法律高于苏联的法律。乌克兰还宣布独立的对外政策，即保持中立，不参加军事集团，禁止在其领土上制造和部署核武器。随后白俄罗斯，这个位于乌克兰和波罗的海各国之间一个很小，但地理位置很重要的国家在发表相似的声明之后，也采取了这些行动。最后，苏联所有 15 个加盟共和国都宣布拥有主权，或声称彻底独立，或更谨慎地声明自己的权利。戈尔巴乔夫的苏联，逐渐分崩离析。

1990 年秋天，戈尔巴乔夫获得了诺贝尔和平奖，同年年末，他对于苏联内政来说，越来越无关紧要了。叶利钦支持波罗的海国家的独立诉求，建议在 500 天内将俄罗斯经济转型为市场经济，从而确定了改革的节奏和范围。戈尔巴乔夫发现自己正周旋于日益激进的左翼势力和右翼的反对势力之间。右翼代表是传统的苏联权力工具——军队、秘密警察和共产党的官僚机构。在戈尔巴乔夫所有改革尝试中，这些都幸存了下来。他们是精英，因此在现状中有着巨大的既得利益。与此同时，戈尔巴乔夫正忙于将工会团结在一起，阻止共和国的民族主义。因此，他改变了最初的方向，与“法律、治安”力量为伍。在**公开性**和**新思维**的斗争中，他对许多以前的自由派盟友都不予理会，开始镇压波罗的海诸共和国，重新实施审查机制。

但是，戈尔巴乔夫的新盟友努力限制其权力并巩固自身的权力，因为他们觉得戈尔巴乔夫正使国家陷入混乱和无政府状态。另外，他们鄙视他。毕竟他从东欧撤军，还放弃了苏联在二战中获得的收益。因而，戈尔巴乔夫转过头来又与改革派结盟。他向其他加盟共和国求和，向 9 个同意留在苏联体内的加盟共和国总统（包括叶利钦在内）保证，苏联将成为新的自愿联邦，所有共和国有权选择加入与否。它们还可以自由选择政府形式，对自然资源、工业、对外贸易和税务最大限度地行使权力。他许诺制定新宪法，选举新中央政府。

但在《新联盟条约》(New Union Treaty) 即将签署之际，强硬派出手了。他们担心自己的权力会弱化，唯恐悔时晚矣，于是于 1991 年 8 月发动了政变，扣押了正在度假的戈尔巴乔夫。但政变策划者们并没有理解戈尔巴乔夫政策 6 年来的影响。民选的叶利钦曾在谴责政变时表现了巨大勇气，领导莫斯科民众集结起来声援戈尔巴乔夫，抵制一切复辟旧制的人。当军队和秘密警察反对政变时，政变很快失败了。这次事件给予苏联致命

作用与影响

米哈伊尔 · 戈尔巴乔夫与鲍里斯 · 叶利钦

在苏联解体的过程中，从米哈伊尔 · 戈尔巴乔夫（左）到鲍里斯 · 叶利钦（右）的和平权力交接，事实上是项非同寻常的成就。事实上，1991 年 8 月，共产党强硬派的政变阴谋失败后，甚至在苏联败落时，叶利钦为苏联领导人的辩护使其保持了一般的友好关系。

苏联最后一位领导人戈尔巴乔夫的民主改革削弱了共产党对东欧及苏联自身的控制，但他无力阻止这一切。卸任后，戈尔巴乔夫成立了一个私人基金会，继续倡导“民主社会主义”。与此同时，20 世纪 90 年代，叶利钦担任俄罗斯总统，努力使其政治和经济改革免受新共产主义者和军事民族主义者的挑战。但在叶利钦领导下，俄罗斯饱受煎熬，而且很大程度上由于经济停滞、政治腐败和未能平息车臣分离主义者的反抗而备受非议。生病且沮丧的叶钊钦在 1999 年的最后一天突然辞职，将权力转交给总理弗拉基米尔 · 普京（Vladimir Putin）。2000 年 3 月，普京正式当选俄罗斯总统。2007 年 4 月 23 日，叶利钦去世。

1990 年，戈尔巴乔夫获得了诺贝尔和平奖，在苏联解体后的很长时间里仍然活跃在世界舞台上。其基金会推动了俄罗斯的进一步改革，在新千年里还公开批评小布什的单边对外政策。

一击。

当时所有加盟共和国都希望从莫斯科和中央权威中独立出来。莫斯科承认了3个波罗的海加盟共和国的独立。此时，其余12个加盟共和国中的7个，包括俄罗斯在内，计划一起成立松散的邦联。虽然农业和工业上重要的乌克兰不愿意建立“共同的经济空间”，实行单一货币，这是自由市场经济的基石，但它们在经济上仍是相互依赖的。

在这个动荡时代绝对确定无疑的是，政变图谋使旧政权备受耻辱。斯大林和列宁的雕像被推倒，并被毫不客气地清出了广场。彼得大帝设计的帝国国旗再次飘扬在俄罗斯议会的上空。俄罗斯议会是抵御政变的中心。按照民众的愿望，列宁格勒被重新命名为革命前的名字圣彼得堡。许多人还说该是将列宁的遗体从红场陵墓中清除的时候了（未被采纳）。事实上，执政的共产党已经瓦解，它再也不会阻挡民主和经济重大改革的道路了。1917年的革命在一系列令人震惊的事件中失败了。

然而，共和国们仍在应对未来。在决策的时刻，赞同新联盟的7个共和国并没有信守承诺，将国家命运交由议会裁决。1991年12月1日，乌克兰为独立而表决，即刻成为欧洲第四大国，这表明苏联的解体已经势不可挡。随着脆弱联邦的夭折，俄罗斯成为苏联的继任国。当1991年11月苏联中央政府宣布破产，而且俄罗斯承担了其债务并承诺资助保留下来的中央政府各部委时，这种地位早已一目了然。按照资本主义的说法，这是对苏联的杠杆收购（leverage buyout）。俄罗斯也拥有苏联在联合国安理会的常任理事国席位。

1991年12月8日，苏联正式解体。为了阻止苏联完全解体，俄罗斯、乌克兰和白俄罗斯三个斯拉夫共和国的总统奋力一搏，成立联邦并邀请其他共和国加入。新的独联体（Commonwealth of Independent States, CIS）将承担起苏联的所有国际义务，包括控制核武器。其成立的协调机构决定外事、国防和经济领域的合作政策。[6] 后来在3个波罗的海国家独立之后，其余 12 个苏联加盟共和国中，有 11 个签署了联邦协议，第 12 个共和国格鲁吉亚则陷入内战。

1991 年圣诞节时，一切都结束了。戈尔巴乔夫在深夜发表电视演讲，宣布将权力交由俄罗斯新政府。戈尔巴乔夫宣称："我们生活在一个新世界。""冷战、军备竞赛和我们国家疯狂的军事化已经结束，它们曾经拖垮了我们的经济、扭曲了我们的思想，破坏了我们的道德。世界大战的威胁亦不复存在。"[7] 在其演讲后 20 分钟，飞扬在克里姆林宫上空的红色镰刀斧头旗永远地降下了。在布尔什维克革命 74 年后，苏联的名字从世界地图上消失了。

苏联解体的原因

在整个任期内，老布什因缺乏未来世界政治观而备受指责。21 世纪的历史学家们或许会对老布什友好些。仔细回顾其表现，就会发现他巧妙地操控了历史上关键的转折点之一，不仅使美国受益，而且也符合全球稳定的利益。当老布什刚上台执政时，苏联体系的 3 年自由坠落绝不是确定无疑的，而且其和平解体也是史无前例的。在戈尔巴乔夫急需外部支持时，老布什援助他，坚持以西方条件实现德国统一，利用机会大幅核裁军，带领美国及其盟友渡过国际关系复杂无序的阶段，在这场旷日持久的全球范围冲突中取得了最终胜利。老布什因秉承最"审慎"的世界政治观而备受责骂，但历史表明，或许审慎正是世界所需要的方法。[8]

正确看待竞争性观点

冷战一结束，一些观察家问美国是否"赢得"了这场战争，其遏制政策是不是成功了。或更准确地说，受困于自身造成的内部问题的苏联是否"输掉"了冷战？这些问题就像是同一硬币的两面，无法得出明确的答案，但引发了学者、记者和决策者的激烈争论。[9] 但这不仅仅是学术性思考，因为这些问题的答案将会揭示冷战的关键性教训，进而在制定美国未来对外政策的指导方针时发挥作用。

认为美国“赢得”冷战的支持者声称，西方政治、经济和军事组织体系比苏联及其盟国的体系更为持久。此外，美国领导的遏制政策成功地结合了压力和耐心，从而压倒了苏联的能力。[10] 换言之，遏制政策如乔治·凯南近 50 年前所预测的那样起作用，以西方有选择性的抵制而防止苏联扩张。

相反，那些认为苏联“输掉”战争的人则贬低遏制政策的角色。如果美国“获胜”了，仅仅是因为苏联有缺陷的体系而导致其必然解体。过度的权力集中、官僚计划和对苏联生活、经济和计划经济各个细节的监控、对意识形态的压制导致了苏联解体。[11] 此外，对一些新马克思主义者来说，苏联解体反映了马克思主义理念和原理的失败运用，而非政治理论的破产。

这两种观点需要更仔细地研究苏联将 1917 年俄国革命愿望付诸实践的经验。在革命之后的 70 年，苏联生活标准如此之低，以至于相比之下，甚至显得自身有经济问题的东欧似乎富足了。苏联自己的统计数字显示，约 40% 的人口、近 80% 的老年人生活在贫困中。三分之一的家庭没有自来水。20 世纪末，苏联确实是唯一一个婴儿死亡率上升且男性寿命缩短的工业化国家。兹比格纽·布热津斯基说：“也许历史上从未有如此聪慧的民族，掌握着如此丰富的资源，如此长时间地辛苦劳作，但生产得这么少。”[12]

苏联经济本应显示社会主义的优越性，却在低迷数十年之后崩溃了。苏联有意独立于全球资本主义经济，欲建立一个自给自足且高生产力的经济体，确保长期以来备受剥削的工人和农民过上富裕的生活。相反，中央计划经济意味着公司之间没有国内竞争，而且，其对国际经济的自我排斥确保公司不受外来竞争的挑战。苏联经济成为教科书式范例，自由贸易者

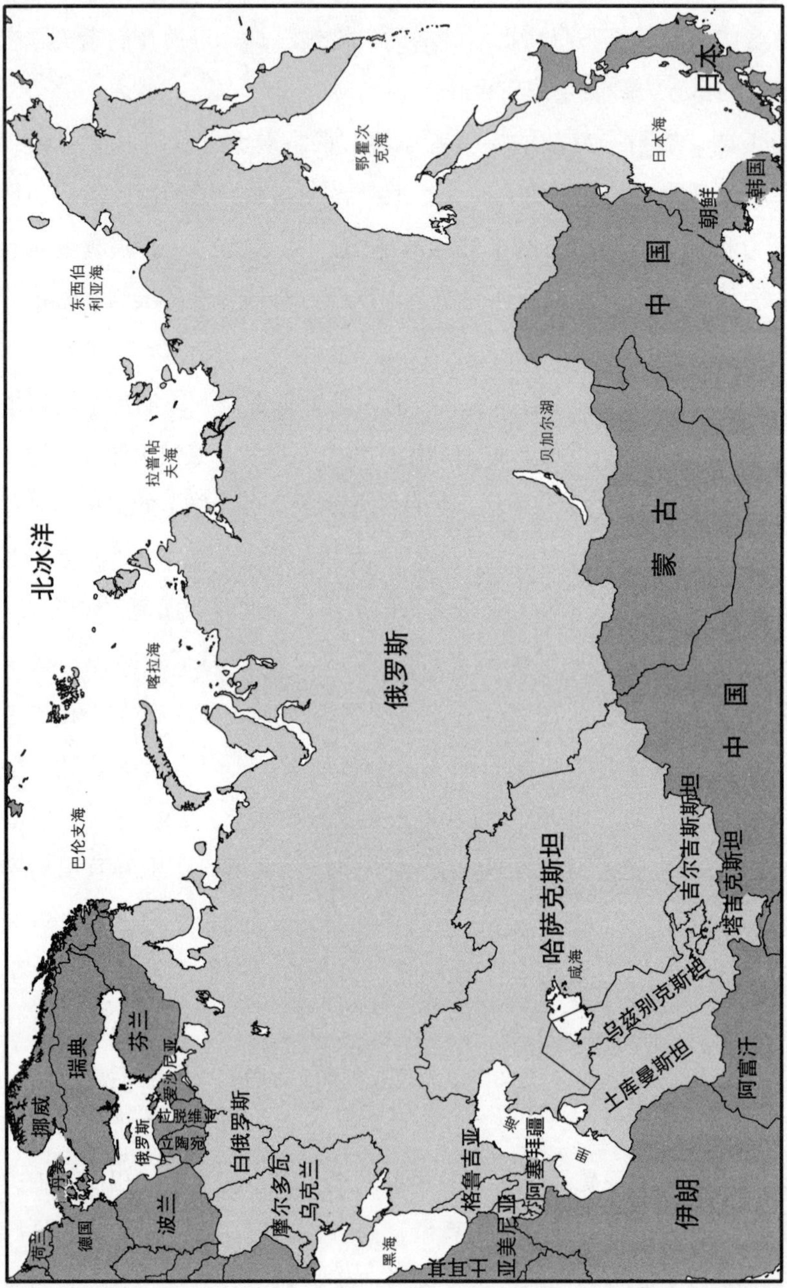

地图 7-1　1991 年，苏联解体后的亚欧大陆

一直认为这是国家控制的结果：生产力低下、缺乏效率、无视消费者需求、技术停滞。

因此，苏联共产主义因加速了自己的崩溃而功不可没。但是，因此断言遏制政策没有必要，或即使有必要也并非苏联解体的关键因素，那么这不同于其潜在受害者所得出的结论。二战后，美国试图从欧洲撤军时，伊朗、土耳其等国家跟随西欧国家向美国领导人寻求帮助。此前，西欧大国的衰败使苏联成为整个欧亚大陆的潜在霸权国。所有国家认为其独立和领土完整都处于危急关头，而美国继续留在欧洲是其唯一的保护伞。如果美国像一战后那样远离大国政治，那苏联的周边国家容易受到苏联权势的影响，感觉像身处铁幕之东。

整个冷战期间，西欧处于关键的战略地位。苏联人三番五次地试图恐吓这些国家，分裂它们（尤其是把联邦德国和美国分开），将美国逐回本土。但是，遏制政策致使苏联更加谨慎地扩张自己的权力。由此观之，古代治国之策是慎重的：权力必须由对抗性权力制衡。国家之间的平衡是各国保持独立并且保留自己生活方式的唯一保证。如果没有遏制政策，苏联体系的低效或许显得无关紧要，苏联也无需参与代价高昂的军备竞赛了。

然而，遏制不仅仅要防止苏联控制西欧以及亚欧大陆的其他地方。它也为苏联领导人争取了时间重新审视自己的目标，节制其野心。因而冷战期间，美国战略很大程度上依赖于对苏联行为有正确的战术假设。如乔治·凯南数年前所解释的，美国“有实力大幅增加苏联政策的重负……**以此增大最终迫使苏联权力破产或逐渐软化的可能性**”[13]。

回想起来，这些话是预言性的。冷战的经历就说明了耐心在对外政策中的优点。凯南视苏联威胁为美国的头等关切，但预见到没有速效对策，也没有提出立即解决问题的方案。相反，他预料到一场在数个遥远前线旷日持久的低强度斗争。最有效——最和平——的冲突解决办法是，让苏联社会内部矛盾逐渐暴露。在他看来，苏联共产主义最终将在这些矛盾的重压下**自我毁灭**。与此同时，美国必须奉行一种“长期、耐心但坚定而警惕的遏制政策以阻止俄国的扩张趋势”。从杜鲁门到老布什，这正是美国总统所做的。

美国政策迫使苏联谨慎和收敛起来。如果美国及其盟友，尤其是北约在越南战争后没有反对苏联的扩张，那戈尔巴乔夫就无需重新评估其前任的政策并寻求与西方的和解。显然在其执政时，苏联“正在失去生产资源的能力，然而这些资源是领导层实现 3 个关键目标所必需的：最低生活标准；传统的对外政策目标；确保未来增长的充足的投资”[14]。

过度的遏制政策

遏制绝不是一项完美无瑕的政策。一旦冷战开始，美国和苏联领导人的误解导致了超级大国的冲突，例如，美国频繁地夸大苏联军事能力。对苏联优势的恐惧——20 世纪 50 年代的轰炸机差距、60 年代的导弹差距、80 年初的“脆弱之窗”，这种恐惧加剧了业已进行的军备竞赛。另外，美国政府对意识形态以及两极均势的执着，致使美国政策无视那些摆脱殖民统治的新民族国家的国家愿望。美国对发展中国家独裁者的支持，引发了数百万生活在恐惧和极度贫穷中的人们对美国的仇恨。

美国政府也经常夸大国际共产主义的统一性。中国国民党的失败、朝鲜战争和中国共产党对朝鲜战争的干预将遏制政策——最初限于应对苏联在东地中海和西欧的行动——变成全球反共主义。1949 年和 1950 年的事件引发了美国恶意的反共行动，共和党（特别是参议员约瑟夫 · 麦卡锡）开始了偏执的政治迫害，并指责民主党“对共产主义手软”。因此，未来的民主党政府未能利用苏联和中国之间越来越大的分歧。

如两场“热”战所生动表明的，美国讨伐的倾向在冷战中并不会被否认。美国没有分清首要和次要利益——或没能区分不同的共产党政权——导致了美国无法获胜的战争，导致美国深度分裂，破坏了冷战赖以存在的国内共识。颇具讽刺的是，越南战争破坏了美国反共主义的进攻性模式，但美国政策反而更加消极地遏制苏联——但是，这次美国与中国成为名副其实的“盟友”了。最后，如第六章所详述，对里根主义的过度追求导致了伊朗门事件，引发了新疑问，即在击败共产主义之后美国政府应该走多远。

最终评价

抛开其缺点，美国的遏制政策整体上是成功的。尽管冷战是无节制的，但美国权力和影响力在世界范围内的扩张是与民主扩展相关的。二战时美国敌人曾经是专制国家，如今是稳定、自由和富裕的社会。美国盟友，特别是西欧，均受益于其经济一体化、合作性对外关系的机遇。如果看看在二战中苏联所“解放”的社会，那对比是惊人的。在戈尔巴乔夫时代以前，苏联没有赋予东欧国家自决权，最初捷克斯洛伐克、民主德国、匈牙利和波兰努力争取更多自由的尝试都被苏联军队或其代理人镇压了。民主德国被迫在柏林建起一堵墙，并在与联邦德国接壤的整个边境线上扎起钢丝网，防止其国民逃跑。

与二战前一样，二战后美国对外政策的主要动力是保持均势，以保护美国及其立场相近的其他国家的民主价值观。事实上，无论威胁来自右翼或是左翼，第一次世界大战以来美国一直实施这一政策。20 世纪，美国决策者反对法西斯主义和共产主义，因为这些意识形态不仅威胁着美国安全，更广泛而言，也威胁着民主价值观蓬勃发展的国际环境。共产主义，尤其是戈尔巴乔夫接手的苏联共产主义，与言论自由或宗教自由等个人自由都是对立的；与多党竞争和真正的政治选择是对立的；与国家和社会间的区别是对立的。正是美国的权力，而不仅仅是美国的民主理念保护着这些价值观。

实际上，冷战的结束不仅见证了苏联挑战的终结，也是20世纪极权主义第二次挑战西方民主的失败。纳粹将会永远被等同于奥斯维辛、贝尔根—贝尔森和特雷布林卡集中营。他们在那里集体杀害了数百万人，包括600万犹太人。二战结束时，1700万战士和3400万平民丧生。正如希特勒成为纳粹体系的缩影，苏联体系仍被等同于斯大林及其对苏联农民残酷的集体化、20世纪30年代初乌克兰农民的人为挨饿以及保守估计造成2000万人丧命、2000万人坐牢或被驱逐出境的大清洗和其他罪行。像希特勒一样，斯大林是臭名昭著的杀人狂魔。他对如此大片的领土施加压倒性控制的能力是史无前例的。因此，斯大林继任者的落败具有全球意义。

老布什总统及其欧洲同僚对冷战的和平结束功不可没。更广义地讲，在二战后数十年里，美国及其盟友创建了全球治理体系，至今仍推动着国际合作、自由市场和民主改革。可是，老布什在政治方面的成功却是短暂的。如下章所细述的，美国人很快转向了更紧要的事务，尤其是1992年的经济衰退。老布什的命运与温斯顿·丘吉尔相似，这位英国首相带领自己的国家在二战中获胜，却在战后很快被赶下了台，因为不断上升的失业率困扰着选民。[15]

虽然美国在冷战中的胜利与国内经济困境不期而遇，但美国仍然有理由为自己的整体成绩而骄傲。在长达半个世纪的冷战中，美国领导了西方联盟，而且核战争没有爆发。苏联的扩张野心受到了制衡。新兴民主国家的数量稳步增长。冷战胜利后，美国政府没有幸灾乐祸，而是在经济和政治改革中努力与苏联阵营的国家成为伙伴。虽然这个过程如同遏制共产主义一样复杂、艰难并有潜在的危险性，但它会渐渐地扩大欧洲合作的范围，形成20世纪从未出现过的稳定局势。

注释

[1] 关于这个动荡期的最新评论，参见：Victor Sebestyen, *Revolution 1989: The Fall of the Soviet Empire* (New York: Pantheon, 2009), and Jeffrey A. Engel, ed., *The Fall of the Berlin Wall: The Revolutionary Legacy of 1989* (New York: Oxford University Press, 2009)。

[2] James A. Baker III, with Thomas M. DeFrank, *The Politics of Diplomacy: Revolution, War, and Peace, 1989–1992* (New York: Putnam, 1995), chap. 5.

[3] Zbigniew Brzezinski, *The Grand Failure: The Birth and Death of Communism in the Twentieth Century* (New York: Scribner, 1989).

[4] 关于科尔总理在这些谈判中所发挥的关键作用的详细描述，参见：Mary Elise Sarotte, *1989: The Struggle to Create Post-Cold War Europe* (Princeton, NJ: Princeton University Press, 2009)。

[5] 对于戈尔巴乔夫而言，这个财政收益可能是其所有军备建议背后的动力。随着美国预算赤字的扩大，老布什也想减少国防开支。

[6] 尽管21世纪后独联体仍保持完整，但实际上，20世纪90年代内部紧张局势很大程度上限制了独联体的角色。

[7] Conor O'Clery, *Moscow, December 25, 1991: The Last Day of the Soviet Union* (New York: Public Affairs, 2011), 223.

[8] 对布什表现的更全面评论，参见：Michael Beschloss and Strobe Talbott in *At the Highest Levels: The Inside Story of the End of the Cold War* (Boston: Little, Brown, 1993)。

[9] 对这些争论的评价，参见：Michael J. Hogan, ed., *The End of the Cold War: Its Meanings and Implications* (New York: Cambridge University Press, 1992)。

[10] John Lewis Gaddis, *The United States and the End of the Cold War* (New York: Oxford University Press, 1992), 193.

[11] Walter Laqueur, *The Dream That Failed: Reflections on the Soviet Union* (New York: Oxford University Press, 1994), 50–76. 或参见：Charles W. Kegley Jr., "How Did the Cold War Die? Principles for an Autopsy," *Mershon International Studies Review* (Summer 1994): 11–41。

[12] Zbigniew Brzezinski, *Game Plan: A Geostrategic Framework for the Conduct of the U.S.-Soviet Contest* (Boston: Atlantic Monthly Press, 1986), 123. 或参见：Brzezinski, *Grand Fail ure*。

[13] George Kennan, *American Diplomacy, 1900–1950* (Chicago: University of Chicago Press, 1951), 127–128.

[14] James W. Davis and William C. Wohlforth, "German Unification," in *Ending the Cold War: Interpretations, Causation, and the Study of International Relations*, ed. Richard K. Herrmann and Richard Ned Lebow (New York: Palgrave Macmillan, 2004), 134.

[15] Timothy Naftali, *George H. W. Bush* (New York: Times Books, 2007), 139–141.

第二篇

新世界的“动荡”

第八章

美国的“单极时刻”

1994 年 10 月，比尔·克林顿总统慰问美国在科威特的驻军。三年前苏联解体后，美国拥有了史无前例的军事权力、巨大的经济财富和政治影响力。

20 世纪末，冷战的突然谢幕震惊了大多数世界领导人，引发了世界政治中新的动荡。尽管有祸害之嫌，但美苏之间的竞争已成为一种常态，引导着所有大小国家的对外政策。在美苏竞争并不存在的情况下，曾几何时，泾渭分明的敌我区分变得模糊起来。旧的联盟或再也无需存在，或在许多情况下不再恰当。因而，未来的联盟、新的断层线的根源和强度也难以确定。

这种转型时期的关键性问题，是新均势的性质。如上所述，全球稳定传统上依赖于世界上最强大国家及其联盟之间稳定的平衡或均衡。19 世纪初，欧洲协调确立了一种**多极**均势，促成了大国间“长久和平”。这一均势的瓦解始于 1870 年德国的统一，为两次世界大战埋下祸根。冷战期间，核武器以及“相互确保摧毁”的威胁支撑起美苏阵营间的两极均势，阻止了更为灾难性的世界大战。

后冷战时期的均势是明确的：苏联解体终结了 20 世纪 40 年代末以来形成的两极格局。对许多观察家而言，国际体系又处于多极状态中。西欧国家仍维持着以前的地位，而且欧盟正日益形成单一的实体。俄罗斯仍是一支值得注意的力量。许多新兴工业化国家——主要在东亚地区——正成为全球舞台上难以对付的参与者。由此看来，美国与许多国家势均力敌，因此美国对外政策必须据此调整。

一些学者提出了更具说服力的观点，即至少短期来看**单极**均势将大行其道。美国有许多优势，总体来看，与其他任何单一国家的综合实力相比，美国迎来了“单极时刻”。政治专栏作家查尔斯·克劳萨默（Charles Krauthammer）创造了这一术语。据其而言，“美国的主导地位是以如下的事实为基础的，鉴于其军事、外交和经济资源，（美国）是世界上唯一一个国家，在其愿意介入的地区冲突中起决定性作用。”[1]

经济统计说明一切。1991 年，冷战的最后一年，美国公司创造了价值 5.6 万亿美元的商品和服务，占世界总产值的 26%。日本国内生产总值排名世界第二，其总产值为 3.4 万亿美元，仅为美国的五分之三。对欧洲而言，美国国内生产总值超过了法国、德国、意大利和英国的总和。在制造业、农业和服务业这三大经济产值领域中，美国均领先于其竞争者。尽管对外贸易和投资对其国内生产总值的贡献仅为 10% 左右，但与其他任何国家相比，美国进口了多得多的商品，因而也是外国经济增长的发动机——仅仅 1991 年，其进口商品的价值就达 5060 亿美元。特别值得注意的是，美国人口占世界人口的比例不足 5%。[2]

在军事能力方面，美国的优势甚至更为明显。美国维持着其全球影响力，在西半球、欧洲、中东和东亚部署着军队。美国海军巡视着大多数海上交通要道，而且其空军也拥有毫无争议的空中优势地位。1991 年，美国军费为 2800 亿美元，占世界总额的 27%，比其潜在对手的军费总额还要多得多。[3] 虽说苏联拥有一个庞大的核武库，并在国防开支上接近于美国，但美国中央情报局仍然不断高估苏联军事竞争者的角色。1989 至 1991 年，随着社会主义阵营的日益解体，苏联军事实力骤然下跌，而且未裁减的部队深受装备陈旧、士气低落的困扰。大多数其他拥有庞大、现代国防军力的国家是美国的传统盟友，因而它们有效地增强了美国军事实力。当美国常规和核军力的技术优势被考虑在内时，美国拥有着前所未有的全球性军事实力。

最后，从冷战中脱颖而出的美国有着一个稳定的政治体系。尽管美国也有偶尔的争论和丑闻，但这种政治体系已历经两百多年。其他只有经历过压迫和专制统治的国家公民才渴求美国所提供的民主自由。美国庞大的大学网络吸引着成千上万的海外学生。美国大众文化——由时尚、音乐、出版物、电影、网络和电视所展现出来——吸引着全世界的观众。在越来越重要的“软权力”领域，美国拥有相当大的优势。软权力包括文化和政治影响无形的方面。[4]

所有这些并不能表明单极世界必将是稳定的，或是持久存在的。简而言之，现代民族国家体系从未见证过权力如此集中于一个国家手中。因为过去没有类似的经验，也就并未提供有效的预测。可以比较的几个例子——包括罗马帝国、土耳其帝国、西班牙帝国、法国、英国和苏俄帝国——在范围上几乎不是全球性的，也没有许多强有力的“软权力”和“硬权力”。正是这些权力要素塑造了 20 世纪 90 年代美国的优势地位。欧洲帝国虽然对其领地施以更严格的控制，但美国的影响往往并不是直接的，采取的方式是政治和文化示范或军事领导权，而不是征服与正式占领。但是，这种差异只会扩大美国的优势。历史已经无数次证明，忽视其公民利益的铁腕统治者终将成为自己专制的受害者。

单极体系也并不意味着，美国在努力防止其本土不受冲击，和维持其在世界政治中的领导角色方面，不会受到直接挑战。相反，20 世纪 90 年代，冷战结束后的第一个十年，美国领导人在国内外面临着一系列扑朔迷离的问题。然而关键的是，美国拥有一系列颇具优势的资源，来应对这些挑战。那么颇引人注目的问题是，美国如何有效运用其优势面对冷战的后果？

本书接下来寻求回答这个关键性问题。本章探讨了后冷战时代美国国内变化，尤其是知识论争、政策创新、制度性斗争等。随后第九章和第十章考查了，美国领导人在发展中国家地区和欧洲所面临的区域性问题与冲突。最后数章回顾了美国政府对“9 · 11”恐怖袭击事件的回应、与小布什主义相关的对外政策转变、阿富汗和伊拉克持续不断的战争以及当前美国所面对的其他一系列全球性挑战。

冷战后的宏愿

冷战的结束不仅提升了美国地位，也催生了西方世界的欣喜之感。世界似乎步入一个和平、繁荣和个人自由的新时代。这一希望某种程度上是以苏联解体、美俄合作取代冷战期间美苏竞争的预期为基础的。历史上那些曾加剧国际紧张局势的各种力量本身也变化着。如一位学者声称：“我们现在见证的不是冷战或特定历史时期的终结，而是历史本身的终结：也即人类意识形态演变的终点、西方自由民主作为人类政体的终极形式的普世化。”[5]

两种力量可能塑造“后历史”的世界：民主与自由市场资本主义。两者都已经在许多发展中国家和地区发挥着作用，在20世纪90年代席卷东欧和苏联地区。这一观点的信奉者认为，民主扩展会提升世界稳定的预期，也会使普通公民受益。虽然民主国家常常与非民主国家发生武装冲突，但毕竟传统上，民主国家会彼此和平相处。它们与志趣相投的外国政府建立“民主和平”。这些外国政府允许多党选举，实施法治，尊重人权。[6] 在经济领域上，以市场为基础的世界经济有可能把各国联系在一起，以合作方式追求繁荣。军事冲突减少了，但世界上大国也面临着环境破坏、武器扩散、人口增长、普遍贫困等全球性问题。此外，经济“全球化”会把世界最穷的国家从贫困中拯救出来，减少冷战期间日益加剧的经济不平等，因为政治领导人受两个阵营与意识形态的影响，在提供社会福利最佳手段的问题上争论不休。

这一问题的另一方面是后冷战时期军事力量的性质。人们普遍认为，核武器使大国之间的战争成为自杀行为，因此具有抑制战争的作用。大规模军事冲突注定会过时，就像曾经普遍认同的决斗在19世纪被视为“可鄙和愚蠢”一样。[7] 由于常规战争代价飙升，而且不断发展的经济合作带来有形的收益，因而战争在发展中国家也有可能过时，尽管大多数暴力冲突仍发生在发展中国家。

冷战后第一位美国总统老布什考虑到了所有这些因素，1991年3月他在国会参众两院联席会议上宣称：“我们见证了一个新世界的诞生。在这个新世界里，世界新秩序日益浮现；从冷战僵局中解脱出来的联合国，随时准备完成其创建者们的历史宏愿；自由和人权将在所有国家找到归宿。”[8]

作为长期信奉实用主义而非保守主义对外政策的总统，老布什的欣喜似乎出乎意料。但他的看法与美国传统的理想主义以及对道德原则的强调非常相一致。在预言民主的全球扩展时，老布什仿效了托马斯·杰弗逊的乐观主义。老布什支持广为接受的国际行为规范，表达对多边组织的信任，仿效了伍德罗·威尔逊。老布什将美国置于这个变革世界的中心位置，重申了富兰克林·罗斯福、约翰·肯尼迪所提出的主题，因而老布什的观点相当符合历届美国总统所确立的图景。唯一的区别是：对老布什来说，这一期盼已久的愿景将要实现。

后来老布什总统备受非议，因为诸多事件表明，后冷战时代实际上非常**无序**。然而，1991 年他对这个世界转型的预言似乎是恰当的。冷战结束了，苏联解体了，德国最终重新统一了。民主和市场经济在远离铁幕的地方显著地发展着，扩展到长久以来受殖民统治和超级大国竞争困扰的民族中。简而言之，这是一个两百多年前美国建国以来其领导人就梦寐以求的世界。

美国世界角色的重新讨论

正当老布什宣称“世界新秩序”到来时，对美国未来角色的争论也开始了。经常被提及的一个问题是冷战后美国对外政策，是像 1918 年一战后那样退回到西半球，还是像二战后 1945 年那样表现出强有力的国际主义姿态。最关键的关切是，当美国事实上不再面临任何强大的军事威胁时，美国应该将多少注意力和资源投入到对外政策中。

在华盛顿和全国各地，许多人也质疑冷战结束之后，美国是否需要一项“大战略”。毕竟，美苏竞争、两极均势在历史上是独一无二的。共产主义对美国的原则、政治制度、人身安全构成了巨大挑战。为了应对这种挑战，美国实施了乔治·凯南的遏制战略。但现在也显而易见的是，美国不会全然不知情况地实施一项连贯的后冷战对外政策。在没有明确目标的情况下，任何大国都无法幸存下来。大国必须明确并阐明其核心利益，也必须确立利益的优先次序，准备好财政预算，系统地配置资源。此外，政府必须论调一致，消除盟国的疑虑，警告潜在的竞争者。否则，政策将会游移不定，政府部门将各自为政，而且公共支持无法维持下去。最令人不安的是，当一个大国缺乏深思熟虑的领导时，挑战现状的国家必然会利用由此产生的真空。

为了解决这些担忧，美国政府内外的政策分析家们构思了一系列战略，大致分为四种基本类型：(1) 放弃全球领导地位；(2) 领导一场自由国际主义运动；(3) 努力维持美国经济和军事优势地位；(4) 采取“选择性介入”的临时政策。[9] 前两种观点反映了对美国在世界政治中角色长期以来迥然相异的看法。如本书所提到的那样，传统上美国对外政策在大国政治与道德改革之间摇摆不定。第三和第四种观点仅限于后冷战时期，预示着美国世界政治观微妙但关键的变化，反映了美国作为大国的经验。

尽管多年来美国寻求远离主要大国的阴谋与频繁冲突，因此未受大国政治的影响，但孤立主义作为第一种策略，决不意味着美国不会干预“其”西半球的势力范围。这也不意味着美国在世界经济中不会咄咄逼人。孤立主义的真正含义是，美国在政治、外交和军事上与欧洲、亚洲的大国事务保持距离，而不是率先垂范。冷战落幕之际，一大部分公众都支持美国从西半球之外的地区退却，因为在 20 世纪的大多数时间里，这些地区形势严峻且极为棘手。[10]

孤立主义的诉求很强烈，尤其是因为美国传统上担心无限的承诺和“纠缠不清的联盟”。但是 20 世纪 90 年代，大多数决策者和分析者意识到，在如此之多的权力类型中有绝对实力和相对实力的美国，即使有可能，也难以维系一种纯粹的防御性立场。毕竟全球经济竞争日益加剧的新时期即将到来，计算机技术正在将世界的天涯海角都联系起来，生态问题日趋恶化，大规模杀伤性武器也落入身份不明者手中。此外，若美国放松警惕，那么竞争对手会将再次发动浩劫。因而，决策者得出结论，美国孤立主义的复活是毫无可能的。

另一项选择是自由国际主义，与美国“山巅之城”的自我形象密切相关。如上所述，许多美国人认为自己的国家是个例外，因而对外政策必须追求一种道德目的，即使其他国家并不如此。在大国崛起过程中，美国民众和经济承受了巨大的牺牲，所以美国应该通过支持世界范围内的民主，并改善社会福利，利用好历尽艰辛得来的胜利。自由国际主义者认为，这正是美国在世界政治中扮演建设性、积极性角色的时机。无与伦比的是，美国有能力将其道德原则付诸实践。冷战结束所形成的“和平红利”可以用以确保民主制度的持续扩展，解决污染和艾滋病肆虐等跨国问题，加速发展中国家的经济发展。任何其他国家没有这样为人类的福祉而利用全球资源的能力。

第三种战略也呼吁美国在世界政治中扮演积极的角色，但第一要务是以美国权力维护冷战期间的既得利益。这种所谓的“第一要务”学派假设，一旦美国退回到孤立主义模式或开始一场无止境的全球利他主义运动，这会诱使潜在的敌国挑战美国世界上唯一超级大国的地位。对美国安全和世界稳定来说，美国最好利用其军事优势，介入区域性权力斗争，尽力遏制潜在的挑战者，从而使美国的“单极时刻”更为持久。简而言之，只有**美国治下的和平**才能使无政府状态的世界得到救赎。政治科学家塞缪尔·亨廷顿（Samuel Huntington）指出：“如果美国在世界没有处于首要地位，世界会有更多的暴力和无序，以及更少的民主和更慢的经济发展。如果美国比其他任何国家在塑造世界事务方面更具影响力，情况将会相反。”[11]

第四种观点要求美国实施一条中间道路，即美国领导人逐个地应对国际问题。[12] 鉴于20世纪美国作为世界性大国的经验，这条道路对许多人而言颇具吸引力。一战后美国曾经尝试着远离大国政治，结果怂恿法西斯主义挑战现状，从而点燃了二战的烽火。相比之下，冷战期间美国对苏联的地缘政治斗争升级为全球性反共运动，从而招致了巨大灾难。

如上文所述，前两种战略代表了美国传统对外政策的老生常谈。相比之下，第三、四种战略更符合现实主义传统。美国人将现实主义视为旧世界的遗产而拒之。然而到20世纪90年代，现实主义对许多美国人而言颇具吸引力，因为它似乎在对美国几乎没有影响的地区性争端中，回避了道德改革运动以及频繁的干预。简言之，现实主义抑制了美国的改革冲动，转而关注所有国家常见的更世俗的考量，如自卫、国际稳定和经济发展等。这些利益的追逐并不需要美国对外政策放弃其理想和道德价值观。这些理想与价值观只是必须与世界上国内和地区争端的现实相吻合，这些争端在两极体系不复存在的情况下容易死灰复燃。

20世纪90年代初，美国对外政策的这些战略相互较劲。但是，决策者虽然意识到某种新的大战略是必要的，然而决策者几乎并不确定何种战略。此外，当对外政策分析者和政治领导人为正确的路线而争吵时，公众似乎相当冷淡。公众很是奇怪，当国家处于和平状态而且没有任何严重的海外威胁时，何必担忧对外政策呢？

在1992年总统竞选中，这个问题的争论白热化了。老布什的民意支持率总体上是乐观的，因为他成功应对了共产主义的崩溃，交涉了德国统一，组织了一场多边行动，完全改变了伊拉克对科威特的入侵（参见第九章）。然而与此同时，美国经济陷入了衰退，导致了高失业率并且加剧了贸易和预算赤字。这些担忧为阿肯色州长比尔·克林顿提供了机会。他以前是个鲜为人知的民主党人，现在承诺集中精力解决国内问题，而非对外政策。其国内计划得到了公众广泛支持，依赖于这些支持，克林顿击败了老布什以及独立竞选人罗斯·佩罗（H. Ross Perot）。[13]

就职之后，克林顿总统评估了以往美国对外政策的基本宗旨。他确信，美国民众渴望远离大国冲突。大国冲突往往把美国拖入区域性冲突，几乎与苏联一决胜负。然而，克林顿也意识到，美国在急剧变化的国际体系中有着大量利益，特别是在世界范围内政治经济改革的后果中。因此克林顿认定，美国必须在世界政治中扮演与其声望和资源相称的角色。

克林顿的其他三个重要判断也塑造着其对外政策。第一，20 世纪 90 年代中期，美国的首要目标是实现经济的强劲增长，并且这种增长比以往更依赖于强劲的世界经济。第二，冷战期间，被忽视的许多问题必须马上受到关注，比如：生态恶化、人口快速增长、(资本主义国家与共产主义国家的）政治压迫等。最后，联合国和世界银行等国际组织应该在实现美国目标方面发挥更实质性的作用。在克林顿看来，这些制度阻碍着各国的自利行为，鼓励以合作方式解决跨越政治边界的问题。因此，美国“强势的多边主义”政策最符合美国与全球利益。

克林顿为美国对外政策所制定的方针大体上与老布什“世界新秩序”论的精神相一致，最接近自由国际主义战略。美国不仅不愿陷入孤立主义，而且要利用与扩大其在单极世界中的优势地位。美国领导人以此超越本国短期利益，积极地与志趣相投的政府和跨国机构进行合作。美国以合作、不具威胁性的方式赢得中等强国的信任，预先防止冷战后自己优势地位受到的挑战。

克林顿的“地缘经济”观

美国经济的未来在克林顿对外政策中占有突出地位。他敏锐地意识到整个国家对经济前景的深深忧虑。这种不安感一如既往地反映在民意调查中，确实值得注意。或许有人认为，美国民众会对美国在冷战中的胜利欢呼雀跃。毕竟“苏联并非是被击败，而是自行解体了。共产主义并非仅仅沦落到了二流地位，而是完全丧失了合法性。而且，所有这些都几乎没有造成流血”[14]。

然而，许多美国人都关注着国内繁荣。重污染的工业面临着外国竞争，而且高科技产业在20世纪80年代已经不景气了。其意义是不难理解的：美国丧失了历史上著名的经济活力，这意味着其在世界上地位和权力的下降。与此同时，许多工业化国家正在崛起，特别是中国的崛起。这意味着美国失去了很多改善工资结构与生活水平的工作和机会。史无前例的是，美国越来越意识到就业、经济增长对出口的依赖。因而鉴于这些关切，克林顿把美国经济作为其竞选总统的重中之重。他制定了国内改革计划并且强调：没有一个强大且不断增长的经济，贸易、预算赤字的下降，美国便无力在世界政治中发挥有影响力的角色。

在此期间，克林顿等意识到冷战期间美国经济的“衰退”在很多方面是必然的。[15]二战后，美国经济的压倒性优势受到西欧和太平洋经济体的冲击。二战结束之时，美国占全球生产总量的一半，但这种优势仅持续到这些经济体复苏之际；20世纪90年代初，美国占全球生产的比例几乎与其一战前所占的比例相当。因此，二战后美国的经济优势仅是一个有违历史的反常现象。但美国经济的相对衰退并非经济崩溃的前兆。在绝对意义上，美国经济仍继续发展。

由此观之，许多美国人对国内经济根深蒂固的恐惧是毫无根据的。尽管如此，美国依然面临着许多望而生畏的经济问题，其中一些问题是由自己造成的。许多美国公司相当自满，对突如其来的海外竞争并未未雨绸缪。在公共部门，美国政府建立起强于其他任何国家的军事优势，为不断增加的社会和福利计划提供资金，但并未批准增加税收，从而无法为这些计划买单。由此，巨额预算赤字从20世纪80年代初1000多亿美元增加到1992年2900亿美元。美国社会每个阶层几乎都为美国经济所面临的问题承担一定的责任，因而，克林顿认为这些问题的解决需要全国上下的积极努力。在关注财政事务之外的问题——包括社会分化、质量日益下降的学校和医院以及大众对政府的怨声载道方面，克林顿面临着一系列具有深刻历史根源且难以克服的问题。

美国经济困境的历程

二战后，当面对涉及美国“核心利益”的外国威胁或地区危机时，美国领导人几乎没有提出负担能力的问题。几乎无人会问美国是否负担得起马歇尔计划或军事扩大计划。如约翰·肯尼迪总统所言，美国能够“承受任何负担”。美国公民认为，美国足够富强，有能力支持国内高生活水平、国外的积极活动。

20 世纪 50、60 年代是美国经济史无前例发展的两个十年。工会组织日益强大，与企业协商每年都有可观的加薪，因而工资大幅上涨。企业显然有能力支付，而且仍然还有可观的利润。在华盛顿，20 世纪 60 年代约翰·肯尼迪、林登·约翰逊先后奋力建设“伟大社会”，极大地扩展了福利国家。他们建立了福利新计划，在社会保障等老年人计划上增加财政支出。联邦医疗保险、医疗补助计划等一些新的计划从小处着手但迅速发展，因为其参与者、服务项目成倍地增加。

20 世纪 70 年代初，泡沫终于破裂了。越南战争的巨大开支、石油价格的飙升造成了通胀、利率以及失业的猛增。当经济增长放缓时，滞涨来临了。与此同时，曾饱受战争蹂躏的西欧工业经济已经复苏，而且东亚的新竞争者正步入全球市场。显然，美国再也负担不起无限制地供应大炮加黄油了。美国必须做出选择。1971 年，理查德·尼克松为此首次放弃金本位制，不再将美元作为世界货币体系的基础。他也从越南撤军，缓和与苏联的紧张关系，并把中国从敌人变成了盟友，从而减少了对外政策方面的费用。

70 年代末，吉米·卡特通过进一步削减军事开支，确保税收与福利计划相一致，试图复苏经济。然而，1978 至 1979 年的第二次石油危机加剧了新一轮的通胀、双位数利率和失业率的波动。苏联扩张主义的复苏、伊朗和尼加拉瓜的反美革命迫使卡特扩大其军事开支。80 年代初罗纳德·里根加速扩军并同时削减税收，由此实现其竞选承诺。然而，尽管里根努力减少国内社会计划的开支，对“浪费、欺诈和管理不善”采取严厉措施，但是政府支出仍然增加。

大肆挥霍往往导致经济大幅下跌。里根“供给派”经济学的远期目标是，80 年代，受低税率刺激的美国经济会像 50、60 年代那样迅速增长。但 60 年代以后美国经济发生了巨变。尽管美国农业产量在世界上是最充足的，但 80 年代中期，其海外市场日渐萎缩。印度、中国、泰国和印度尼西亚等其他工业化国家、发展中国家已成为农产品出口国。更重要的是，钢铁、汽车制造等美国传统工业措不及防地受到新兴工业化国家 (NIC) 的冲击。新兴工业化国家以更低的成本生产优质产品，因而提升了其在出口市场的份额。除了不断增加的预算赤字之外，一连串的贸易赤字也困扰着美国经济。90 年代中期，仅仅与日本、中国的年度贸易赤字额就达 800 亿美元。

20 世纪 80、90 年代初，贸易与预算赤字的原因和美国工业全面衰退的原因非常相似：在非军事领域研究与开发方面的低投入；企业领导者过于重视短期利润与红利而损害了长期增长；教育水平低下所导致的美国劳动力的下降。此外，缺少公司也是原因之一。80 年代期间，公司并购狂潮、恶意收购使资本投资和现代化退居次位。虽然这种重组对一小撮投资银行家和律师来说有利可图，但对经济增长却帮助甚微。对于美国消费者而言，尽管其可支配收入陷入停滞，但他们仍用信用卡而无节制地花钱，从而耗尽国民储蓄所依赖的经济。

但是，美国经济停滞不能都归咎于国内问题。东亚和西欧经济体迅速发展，而且东欧和拉丁美洲的经济体也在升温。由于更多的国家实施以私人企业和开放市场为基础的经济改革，它们加入到出口市场中快节奏的竞争中，吸引了大量的私人投资。一些著名的经济学家预告了经济全球化的到来，这意味着一个单一的、一体化的世界市场已经取代了国家或地区性市场。商业日渐没有政治边界；公司不仅与国内公司竞争，也与海外公司竞争。在“全球化”经济中，企业往往在母国设公司总部，但在世界各地进行研发、生产、营销和销售。在克林顿政府担任劳工部部长的经济学家罗伯特·B. 莱克（Robert B. Reich）指出：“美国人的公司或工业这样的东西将不复存在，美国经济仅仅是全球经济的一个区域。”[16]

一些观察家认为，经济全球化逐渐弱化了民族国家的权力，即使不是主权。虽然美国早期领导人曾经渴望一个由经济而非政治竞争所主导的世界，但现在许多美国人担心，如果全球经济力量真正被控制了，那美国难以掌握自己的命运。忽然之间，美国政府所担负的社会和经济保护似乎陷入危险之中，然而美国政治影响也是如此。由此，许多美国人指望美国从自己主导下所创造的变革世界里摆脱出来。

克林顿政府的应对之策

美国卓越的生产能力保证了其在二战中的胜利，并成功地与苏联进行冷战竞赛。但 20 世纪 80、90 年代初，经济滞涨引发了关键性问题，即美国经济能否仍然支持现行的对外政策：供养驻军西欧的 30 万人员，保护日本和韩国，监管波斯湾和中东，保留在拉丁美洲的传统势力范围。当美国支持不断增加的国内计划、支付国债利息时，美国会做到这些吗?

在就职之初，克林顿声明为了使美国更有效地与外部世界竞争，联邦政府必须“再投资”于国内基础，即改革国家医疗体系；提高美国学校的质量；修缮道路和桥梁等基础设施。此外，他试图缓和联邦政府和许多大工业集团之间长期存在的对立。为此，1993 年克林顿会见了美国汽车工业界领导者，声明联邦政府和汽车制造商之间的“新型伙伴关系”。这两者以联盟而不是对立的方式共同促进经济增长，如同日本那样。在推动自己的“工业政策”时，克林顿准备按照其国际竞争者的相同规则而行动。

克林顿也决定使美国经济关系呈现出制度优势，如同美国外交和军事关系那样。克林顿提高了美国贸易代表的地位，赋予财政部长劳埃德·本特森 (Lloyd M. Bentsen Jr.)、商务部长罗恩·布朗 (Ron Brown) 和劳工部部长长罗伯特·莱克前所未有的影响美国对外政策的权力。他还创立了国家经济委员会（National Economic Council）以协调经济关系，与国家安全委员会互为补充。甚至在冷战初期建立的国家安全委员会也被扩展，包括了经济顾问。

克林顿对外经济政策的另一优先事项是，扩大美国在地区性贸易集团中的作用。20 世纪 90 年代初区域经济一体化浪潮出现，这种一体化是以欧盟的成功为基础的。欧盟将其成员方融合到一个单一的经济市场中（参见第十章）。欧盟消除集团内部贸易和投资的壁垒，鼓励劳工与服务的跨国流动，同时把医疗和安全法规统一起来。欧盟成员方希望以此提高经济效率并提升整体的生产水平。

对于美国而言，这方面的第一个成果是 1993 年北美自由贸易协定 (North American Free Trade Agreement，NAFTA) 的签署。由老布什政府提出并磋商的北美自由贸易协定，旨在减少或消除一直限制美国、加拿大和墨西哥之间贸易的关税。美国批评者指责，北美自贸协定会鼓励美国制造商把工厂搬迁到墨西哥，因为那里劳动力更为廉价，从而损害了美国公司及其邻近的社区。其他批评者声称，北美自贸协定有利于长期忽视国内贫困的墨西哥一党制政府。支持者则反驳，北美自贸协定为美国商品创造了新市场，也刺激了墨西哥经济增长、缓解贫困并推动其民主转型。他们进而认为，与美国最大出口市场——加拿大的贸易曾极大地受制于跨境管制。最后他们宣称，北美自贸协定与美国长期信奉的自由市场的自由放任原则相一致。最终，支持北美自贸协定的力量获胜了，以微弱优势获得国会的批准，于 1994 年 1 月 1 日正式生效。

美国也积极参与到亚太经济合作组织 (Asia-Pacific Economic

Cooperation，APEC) 等类似却更松散的区域性组织中。对美国而言，太平洋区域的市场成为经济交流最具活力的区域，比欧洲发展得更快而且提供更多的工作机会。用克林顿的话说，亚洲出口市场已经成为美国经济增长的“生命线”。然而，政治分歧植根于亚太经合组织成员中，因而限制着经济改革的发展。不过亚太经合组织为政治、经济改革提供了潜在的渠道。尤为重要的是，太平洋区域最强大国家的领导人是亚太经合组织热情的支持者，包括美国、日本、中国和俄罗斯。[17]

总而言之，全球贸易关系中，区域一体化的趋势是由市场所驱动的世界经济所造成的，反过来也有助于世界经济。这种世界经济也是美国历史上孜孜以求的。更进一步的是，1994 年末美国国会批准了最新的关税与贸易总协定，这个协定其他大多数成员方已于 1994 年年初批准了。这一协定削减了成员间跨国贸易的大部分商品的关税，被克林顿热情地称为“世界历史上最大的关税减免”。但是，在多位国会议员批评其有关赋予世界贸易组织监管贸易活动和实施遵约的条款之后，似乎确定无疑的是，关贸总协定的批准暂时受到质疑。然而，克林顿总统向国会保证，美国不会将其主权权威交于世贸组织。此后，批评的声音才销声匿迹。事实上美国处于有利的位置，利用世界贸易组织作为推进自己经济议程的工具。克林顿的共和党对手最终接受这一协定之后，新的关贸总协定得以顺利批准，世界贸易组织成为世界政治的必要组成部分。

东亚经济“奇迹”

在迅速一体化的全球经济中，美国的主要挑战者是东亚国家。20 世纪 80 年代、90 年代初由日本和亚洲“四小龙”——中国香港、新加坡、韩国和中国台湾——所代表的新兴工业化国家保持着世界上最快的经济增长速度。拉丁美洲和非洲的发展中国家寻求摆脱美国和西欧的资本主义“核心”。与之不同的是，新兴工业化国家融入到全球贸易市场中，吸引海外投资，并积极地把自己的制造企业设在西方国家。1965至1990年，日本和“四小龙”在世界贸易的份额从7%提高到16%，几乎达到其他所有发展中国家在全球贸易所占的份额。[18]另外，东亚几乎吸引了所有从工业化国家流向发展中国家的私人投资。

东亚国家之所以有如此的竞争力，很大程度上因为它们违反了布雷顿森林体系下，美国提出的“自由国际经济秩序”(参见第三章)。特别是日本被广泛地视为始作俑者，因为对于其他新兴工业化国家，它是榜样和“增长的引擎”。许多新兴工业化国家希望复制日本的成功模式。从20世纪50年代开始，日本政府为支柱性产业慷慨减税，提供研究资金以及免于国外竞争的保护政策，从而积极地支持这些产业的扩展，尤其是汽车和家用电器产业。日本通产省（MITI，即国际贸易及工业部）组织了一个由政府高层和企业家组成的小组，成为日本公共部门和私人部门通力合作的缩影。[19]通产省内部的这个小组决定着日本大规模生产哪种出口产品、所出口的目标市场，以及如何保护日本工业免受外国的竞争。这些措施引发了美国对这种“**新重商主义**”的指责。美国是日本重要的出口市场，却不能在东京以有竞争力的价格销售商品，两国关系因此陷入低谷。特别是冷战后，日本作为东亚遏制屏障的战略角色已经寿终正寝。美国极其不安地关注着日本，因为日本对美国的年度贸易顺差超过400亿美元，然而美国却挣扎于长期的贸易赤字、飙升的国家债务。作为回应，许多美国人要求结束日本这个“搭便车者”的好日子。

东亚的工业政策确实困扰着美国的领导者和工人。他们担心政府补贴、低工资以及进口限制会损害美国工业。然而，这些批评通常忽略了一个事实，即美国在崛起为区域性以及后来全球性经济大国的过程中早已采取了许多相同的措施。的确在建国初期，第一任财政部长亚历山大·汉密尔顿（Alexander Hamilton）公开倡导这种战略。汉密尔顿认为，美国的

“新兴产业”应该以政府管制的方式得以保护。这些批评者也忘记了，美国在冷战中纵容了许多东亚国家政府的保护主义行为，因为这些政府在美国的遏制战略中均为重要的代理人。巨额对外援助以及美国的这种默许态度进一步加快了日本经济的复苏。

对那些冷战后感到东亚经济“奇迹”颇具威胁的人来说，所有这些都无关紧要。东亚国家的政策不仅违反了美国对于自由市场神圣不可侵犯的信条，而且被视为美国工人失业的罪魁祸首、对美国经济繁荣的威胁。这些批评者的抱怨表明，地缘经济的新时代通常会偏离18世纪苏格兰经济学家亚当·斯密（Adam Smith）所设想的“利益和谐”。在这个依然由民族国家所主导的世界中，领土争端、意识形态斗争以及政治权力斗争仍是无法更改的事实。因此在冷战缓和之际，美国领导人竭力报复不正当竞争者，主要是东亚国家的竞争者。在《1988年综合贸易与竞争法》（1988 Omnibus Trade and Competitiveness Act）中，美国总统需要确定最明目张胆的违规者，而且要确定报复手段。尽管美国极少实施这一法案，而以一套“管理式贸易”体系解决美日争端，但这一法案传递出一个强烈的信号，即美国的忍耐已经达到极限。

这些经济冲突也影响到美中关系。中国是世界上增长最快的经济体之一。1978年，邓小平成为中国最高领导人。在其领导之下，中国政府仍然牢牢地掌握在中国共产党手中。然而，邓小平改变了毛泽东的计划经济。首先，他放开中国农业，实施包产到户、自负盈亏的政策。第二，邓小平允许私人企业接受外国投资，在中国沿海的众多“经济特区”中蓬勃发展。受益于丰富的劳动力，他预见了一轮快速的经济扩张。20世纪80年代、90年代初，中国国民生产总值平均几乎以接近10%的速度递增。

20世纪80年代，邓小平改革、苏联的米哈伊尔·戈尔巴乔夫改革的差异开始显现出来。戈尔巴乔夫寻求以开放和改革方式改革僵化的苏联政治体系，但很大程度上并未改革计划经济体制。相比之下，尽管邓小平暂不考虑政治改革，却开放、极大壮大了中国经济。最终，戈尔巴乔夫的政治导向策略事实上是自杀性的，但邓小平的经济战略使中国政府有足够的权力防止“反革命”。其意义显而易见：有效的经济改革能够提高生活水平，但是经济停滞的政治改革会激起大众的反弹，而危及国家。

甚至即使在理查德·尼克松承认中国政府以后，美国也往往批评中国的统治体系及其人权状况。尼克松之后的美国领导人试图把中国最惠国待遇的贸易地位与其人权方面的进步联系起来。因为最惠国待遇和美国消费者息息相关。但是，中国领导人坚称，自己的内政不会迎合美国人的要求。随着20世纪90年代初中国经济的繁荣发展，中国领导人的态度越来越坚决。克林顿虽然非常明白中美贸易的经济价值，但却受制于美国政策。

终于到了紧要关头，1994年克林顿放弃了自己的政治诉求，宣称人权问题不会再与中国最惠国待遇地位直接挂钩。他断言，相比于贸易制裁的大棒，贸易往来的萝卜更能推动中国改革。但中国的人权问题仍是国会批评者、人权组织、甚至国务院的心病。国务院的年度人权报告接二连三地批评中国。但无论是这些批评，还是有利于中国的持续的贸易不平衡，都没有阻止克林顿维持与北京的密切的经济联系。

促进民主与可持续发展

冷战结束之时，环境恶化、人口激增、贫富差距日益扩大等紧迫的全球性问题需要刻不容缓的关注。解决这些问题的尝试、巩固全球民主改革的努力成为后冷战时代全球议程独特的必要部分。作为总统候选人时，克林顿就呼吁要更加关注全球性问题，同时更强调经济问题。执政之后，他抓住了这些“低级政治”问题。其自由国际主义观是肯尼迪的“进步联盟”和卡特的世界秩序政治观的延续。肯尼迪、卡特都强调南北合作、人权以及现代世界中所有国家的相互依赖。然而，现在这方法首次应用于没有超级大国紧张状态的情况中。

民主“扩展”的大战略

早在克林顿执政之前，美国已寻求推动民主制度在海外的扩展。美国长期以来的这种诉求，可以追溯到托马斯 · 杰弗逊的“自由帝国”（empire of liberty），追溯到广泛存在的美国“天定命运”，追溯到伍德罗 · 威尔逊对于美国在一战中角色的誓言，即“为了民主，为了人民服从权威以求在自己的政府中拥有发言权，为了那些弱小民族的权利和自由……让这个世界成为自由的乐土”。苏联解体后，这种民主改革运动的复兴只不过是以前做法的延续。1992 年总统候选人克林顿宣称 ：“国家安全问题不再更为紧迫，那么我国的当务之急更加明确了。”“我认为，现在是美国领导一个全球性民主联盟的时候了，这个联盟就像挫败共产主义的全球联盟那样团结而稳固。”[20]

克林顿政府强调政治改革的誓言不仅仅延伸了美国扩展民主这一历史久远的传统，而且也意识到这一持续了十年之久而无可否认的政治趋势。1992 年克林顿当选之时，更多的国家采用了代议制，实施多党制，建立法治，尊重基本的政治和公民权利。在里根和布什执政时期，拉丁美洲国家首次举行了差额选举。冷战后，差额选举席卷整个东欧。尽管大部分非洲国家依然处于独裁统治之下，但 1994 年南非废除了种族隔离制度，允许自由选举，从而向民主迈进了一大步。曾在南非监狱里度过生命中大部分时光的尼尔逊 · 曼德拉（Nelson Mandela）只是全球民主化浪潮的又一个象征（见图 8–1）。

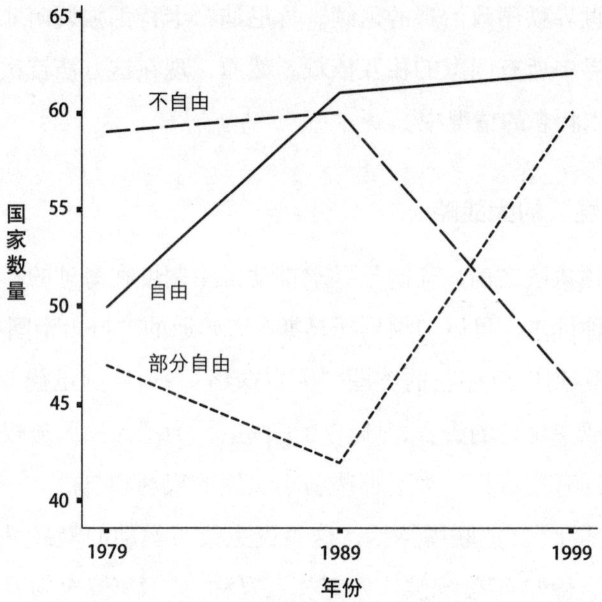

图 8–1　1979 至 1999 年，世界上的民主化

来源：Freedom House 自由之家，“Freedom in the World Country Rating 1972–2004,” http://www.freedomhouse.org/template.cfm?page=1。

注：自由之家以两个门类的平均值为基础决定这些比率：政治权利，比如自由选举和多党政制等；公民自由权，比如言论自由和法治等。这些平均值被排列在一个七分制量表。“自由”国家的平均值最低，在 1.0 到 2.5 之间；“部分自由”国家的平均值在 3.0 至 5.0 之间；然而“不自由”国家的平均值则高于 5.5 低于 7.0。参见：Freedom House, *Freedom in the World 2011* (Lanham, Md.: Rowman and Littlefield, 2011)。

正是在这种环境下，克林顿政府寻求把民主扩展视为其对外政策的关键所在。克林顿的国家安全顾问安东尼·莱克（Anthony Lake）回应了遏制战略的理论奠基者乔治·凯南，1993 年他宣称：“遏制理论的后继者一定是一种扩大的战略，扩大世界上的自由共同体……我们必须反击那些对民主抱有敌意的国家，但支持其自由化……美国寻求在外交、军事、经济和技术上孤立它们（非民主国家）。”[21]

国务卿沃伦·克里斯托弗（Warren Christopher）将美国在东欧、非洲南部、中东和拉丁美洲的介入行动视为其政府兑现诺言的证据。西方国家对俄罗斯和其邻国援助的承诺，被视为这一努力的关键部分，因为当时美国公众对对外援助的支持率降到了最低点。政府官员也指出，美国一直标榜自己为世界上的“民主灯塔”，因而当国家寻求巩固民主制度、防止内部动荡时，美国不能袖手旁观。按照这一逻辑，克林顿当局着手确认所谓的“流氓国家”，包括古巴、伊朗、伊拉克、利比亚和朝鲜。美国感受到民主统治基础受到了威胁，便寻求以经济制裁、外交排斥、不时的军事胁迫惩罚这些国家。美国的盟国有望如法炮制。

然而，在美国公众和国会对其民主化运动日益高涨的支持下，克林顿政府面临着一场艰苦的战斗。许多美国人质疑，这种努力实际上对美国安全和经济利益是否至关重要。此外，民主化战略的目标国家分散在全世界，经常是在一些遥远的地区，这些地区几乎或完全没有代议制政府的传统。在很多国家，内部叛乱已经颠覆了民主制度，屈服于种族主义与军人统治。在大多数以军队维持威权主义统治的国家中，选举在很大程度上仅仅是作秀。最后，许多前共产党人在一些东欧国家当选为领导人，这表明投票选举并不能保证对美国有利的候选人将会执政。

克林顿也面临着人权倡导者的指责，即美国在最近的大多数民主化运动中实行了双重标准。美国的挚友沙特阿拉伯和埃及——一个是石油供应国，一个是阿以和平的强力支持者，都是独裁政府的统治。土耳其残酷镇压其境内库尔德少数民族，却依旧接受美国慷慨的军事援助，更不用说北大西洋公约组织中的全面伙伴关系。但毋庸置疑，美国自负民主使命。毕竟，它在二战中成功地击败了法西斯主义，在冷战中又击败了世界上最强大的共产主义国家。民主运动不仅重塑了稳定均势，而且使世界政治从暴政的蹂躏下解放出来。因此，民主化的障碍在20世纪90年代更为缓和的环境下，似乎并非不可逾越。美国政府偶尔的例外举措，并不会真正地削弱“民主扩展”的总体性政策。

对可持续发展的支持

除了支持民主的政策之外，克林顿也赞成在发展中国家推动“可持续发展”的全球性努力。可持续发展是一个广泛的概念，涵盖了政治改革、环境保护、人口控制、基于市场的经济增长等内容。发展中国家有着世界上的大部分的人口以及最快的人口增长速度，因而工业化国家再也不能忽视其长期存在的问题。发展中国家的问题越来越跨越国界，外溢到邻国，威胁着全球安全。克林顿宣称，这些问题的解决需要合作性行动，平等与普遍意义上的付出以及美国强有力的领导。

像民主化政策一样，在克林顿执政之前，可持续发展的计划早已开展，而且许多计划源自美国之外。1992 年 6 月，在联合国环境与发展会议上，可持续发展的推动力就已经显现了。当时联合国环境与发展会议是历史上世界领导人唯一一次最大规模的聚会。“地球峰会”的结论性声明《21 世纪议程》（*Agenda 21*）发出了追求这一目标的号角。这一长达 800 页的宣言建议，每年投入超过 1250 亿美元的资金，用于数十个领域的发展，例如污染控制、医疗卫生、技术转让、扶贫、教育、赋予妇女权力等。按照《21 世纪议程》序言 ：“和平、发展和环境保护是相互依赖、不可分割的。”[22]

老布什总统曾经抵制其中许多条文。1992 年夏天，老布什更关注其暗淡的连任前景，事实上他是被拖入巴西里约热内卢地球峰会的。一到那儿，老布什再次激起了全世界的批评，因为他拒绝签署《生物多样性公约》（Convention on Biological Diversity）。该公约意在保护那些因经济发展而遭受不幸的林地和动物栖息地。老布什认为，该条约不公平，因为它限制了美国公司在拉丁美洲、亚洲热带雨林的开发，为援助热带国家而将过多的要求（起初 2 亿多美元）强加于富国。如果热带国家不再开发这些敏感区域，那么这些热带国家会失去税收。但只有美国反对这一条约，其他153个国家都同意。老布什无视地球峰会，而且美国远离如火如荼的环保运动，这两者强有力地支持了克林顿。克林顿将美国不受欢迎的立场，作为自己在竞选中为数不多的关于对外政策方面的议题。

一旦当选，克林顿马上接受了《21世纪议程》，将其作为1993、1994年环境倡议的范本。自称为环保主义者的副总统阿尔·戈尔（Al Gore）受命监管尝试。[23] 克林顿在国务院设立了一个新职位，负责全球事务的副国务卿，代表克林顿政府对这些问题的关切。克林顿也签署了《生物多样性公约》，并重新为老布什和里根曾经暂停拨款的联合国人口基金会提供资金支持。

克林顿的对外政策目标体现在1994年《和平、繁荣与民主法案》（Peace, Prosperity, and Democracy Act）中。这一法案得到总统、当时由民主党所控制的国会的广泛支持。如安东尼·莱克所描述的，克林顿“务实的新威尔逊主义”对外政策似乎暂时性形成了。但是，事实并非如此。1994年11月中期选举之后，克林顿的机会之窗关闭了。这次国会选举扭转了政治态势，使华盛顿进入了全然不同的议程。

克林顿对外政策的国内挑战

并非是国外动荡对克林顿第一届任期内的对外政策发起了挑战。民众的强烈反抗始于美国国内、政府内部，然而其原因与对外政策无关。尽管克林顿政府卓有成效地减少了联邦赤字，刺激了经济增长，但民意测验显示出民众对联邦政府存在广泛的不信任。由于地区民兵组织的极端主义行动，公众越来越不再沉醉于华盛顿所称的“一切如常”。

与之相随的是，共和党在许多州政府中东山再起，特别在美国南部。这些地方州立法机关中，历史性的重组已经持续了多达10年之久。虽然许多政治观察家都预测到共和党会在美国中期选举中获益，但几乎没有人预测到1994年的这场选举会导致共和党历史性的复兴——1954年以来，共和党首次在参众两院均获得多数席位。选举前在众议院435席中仅占176席的共和党人，以231席赢得了对众议院的控制权。在参议院方面，共和党将其份额从100席中的43个增加到了52个。虽然不是压倒性多数，但获得了大多数优势。因此，接下来克林顿第一届任期将正如里根和老布什所经历的分治政府的逆转为特征：现在一个**共和党**的国会将要制衡一个**民主党**的白宫了。

美国国会中，共和党领袖们所支持的对外政策，在很多方面都不同于克林顿。一般而言，他们寻求使美国承担一个更加适度的角色，因为苏联的威胁已经不复存在，而且也不会出现与苏联相当的任何其他大国。美国政策应该基于自己切实利益，而不是模糊不清的全球关切；基于强大的军事防御而不是对外援助、依赖国际组织。杰西·赫尔姆斯直言不讳地批评克林顿的对外政策，1995年1月他担任权势赫赫的参议院对外关系委员会主席。国会的共和党人效仿北卡罗来纳州籍参议员赫尔姆斯。在5个月之内，赫尔姆斯就为“新”国务院出台了法案，大量削减对外事务开支，特别是对外援助。他指责，对外援助正被白白扔在海外。赫尔姆斯与其共和党盟友提议增加美国军事开支，将之视为在后冷战时代实施美国目标更为恰当的手段。

至1995年末，赫尔姆斯掌控着很多美国对外政策事务，包括近400个对外服务项目、30个大使提名、数十多项条约和国际协定以及许多国务院的日常事务。此外赫尔姆斯阐明，直到克林顿同意共和党重组国务院的要求之前，对外关系委员会将无限期地休会。那么这就导致美国对外政策的许多常规行动无法开展。由此，国务院不得不让总部位于华盛顿的许多职员休假，暂时不再处理每天收到的近3万份签证申请。美国政府停止为许多海外大使馆支付账单，而且用以国务院计算机和线路服务运行的经费

作用与影响

杰西·赫尔姆斯

“政治止于水边”的传统观点一定不会适用于1994年11月以后的美国对外政策，因为共和党当时控制着国会。国会新领导人许多方面迅速挑战着民主党人克林顿总统的对外政策，导致了激烈的政策辩论、逆转。

参议院对外关系委员会主席杰西·赫尔姆斯强烈地反对克林顿的自由国际主义对外政策。作为来自北卡罗来纳州坚定的保守派，赫尔姆斯要求美国在世界政治中有更低的姿态。他后来利用自己的私人影响力——以及国会的立法权力——监管美国对外援助预算的大幅削减，阻止美国介入联合国事务中，对古巴实施新的制裁，并且主张驳回数个军备控制条约。与此同时，赫尔姆斯要求增加军费开支，对俄罗斯、中国和其他大国采取更为强硬的立场。其所自称为“硬式棒球”的政治策略加深了国会与白宫之间的分歧，使得美国不能以统一战线面对后冷战时代。

也被暂停了。据 1995 年 9 月《纽约时报》报道："国会山日常的对外政策事务也陷入停顿。"[24]

受到 1994 年 11 月共和党胜利的震动，克林顿将"新威尔逊主义"对外政策搁置一旁。他先前所表现出来的那点热情——"民主扩展"、可持续发展的大部分真正热情来自于其幕僚——在选举后消失殆尽了。因此，当共和党所控制的国会要求罢免埃及籍联合国秘书长布特罗斯·布特罗斯·加利（Boutros Boutros-Ghali）时，克林顿应允了。当国会质疑 1993 年《化学武器公约》（Chemical Weapons Convention）时，尽管数十个国家已签署了公约，但克林顿还是接受了国会的意见没有签署。当国会所要求的国防预算比参谋长联席会议所要求的国防预算多时，克林顿再次让步，尽管这会导致对外援助的大幅削减，从而大大减少了美国对可持续发展的投资。一位总统如此被动地放弃对美国对外政策的掌控，在美国历史上是极其罕见的。

克林顿和国会之间越来越深的分歧表明，关于后冷战时代美国角色的争论远未解决。美国对外政策的两种特性——远离"外部世界"以及道德改革运动——都体现在这场争论以及美国在全世界的行动中。与此同时，美国军队不断地、有选择地被送去参战，以完成美国所宣称的目标，因而全球优势的军事学说仍然存在。总之这些行动表明，在本章所总结的四种竞争性大战略中——新孤立主义、自由国际主义、全球中心地位和选择性介入——一条独特的路线最终被采用了：以上皆都包含。那么毫不奇怪的是，美国在其"单极时刻"鼎盛时期被广泛地视为一个反复无常、难以捉摸的国家。

注释

[1] Charles Krauthammer, “The Unipolar Moment,” *Foreign Affairs* (Winter 1990–1991): 24.

[2] World Bank, *World Development Report 1993* (New York: Oxford University Press, 1993), 239–265.

[3] “U.S. Arms Control and Disarmament Agency, World Military Expenditures and Arms Transfers, 1991–1992” (Washington, D.C.: Government Printing Office, 1994), 47–87.

[4] Joseph Nye Jr., *Bound to Lead: The Changing Nature of American Power* (New York: Basic Books, 1990), chap. 6.

[5] Francis Fukuyama, “The End of History?” *National Interest* (Summer 1989): 4.

[6] Bruce Russett, *Grasping the Democratic Peace: Principles for a Post–Cold War World* (Princeton, N.J.: Princeton University Press, 1993); Michael W. Doyle, “Liberalism and World Politics,” *American Political Science Review* (December 1986): 1151–1169。对于批评，参见：Joanne Gowa, *Ballots and Bullets: The Elusive Democratic Peace* (Princeton, N.J.: Princeton University Press, 1999)。

[7] John Mueller, *Retreat from Doomsday: The Obsolescence of Major War* (New York: Basic Books, 1989), 10.

[8] Stanley R. Sloan, “The U.S. Role in a New World Order: Prospects for George Bush’s Global Vision,” *Congressional Research Service* (Washington, D.C., March 28, 1991): 19.

[9] 对于这些战略的详述，参见：Barry R. Posen and Andrew Ross, “Competing Visions for U.S. Grand Strategy,” *International Security* (Winter 1996–1997): 5–53。

[10] 对于这种观点的详述，参见：Patrick J. Buchanan, “America First—and Second, and Third,” *National Interest* (Spring 1990): 77–82。对于孤立主义观点更为细致的看法，参见：Eric A. Nordlinger,*Isolationism Reconfigured: American Foreign Policy for a New Century* (Princeton, N.J.: Princeton University Press, 1995)。

[11] Samuel Huntington, “Why International Primacy Matters,” *International Security* (Spring 1993): 83.

[12] Stephen Van Evera, “Why Europe Matters, Why the Third World Doesn’t: American Grand Strategy after the Cold War,” *Journal of Strategic Studies* (June 1990): 1–51.

[13] 对于克林顿治理观的研究，参见：John D. Gartner, *In Search of Bill Clinton: A Psychological Biography* (New York: St. Martin’s Press, 2008); and Nigel Hamilton, *Bill Clinton: Mastering the Presidency* (New York: Public Affairs, 2007)。

[14] Owen Harries, “My So-Called Foreign Policy,” *New Republic* (October 10, 1994): 24.

[15] 除了典型的美国人之外，对一个大国而言关注国家的衰落是不常有的，这体现在对以下这本书的强烈反响中。参见：Paul M. Kennedy’s *The Rise and Fall of the Great Powers: Economic Change and Military Conflict from 1500 to 2000* (New York: Random House, 1987)。它意指美国处在“帝国过度扩张”（imperial overstretch）的边缘。

[16] Robert B. Reich, *The Work of Nations: Preparing Ourselves for 21st Century Capitalism* (New York: Knopf, 1991), 243.

[17] 1992年，亚洲国家的经济一体化已经开始迈步前行。当时文莱、印度尼西亚、马来西亚、菲律宾、新加坡和泰国——东南亚国家联盟(ASEAN)的所有成员——都承诺在2003年前建立一个自由贸易区。此外，南美洲几个国家组建了名为南锥体共同市场（Mercosur）的经济联盟，试图与欧洲、北美和亚洲的贸易集团抗衡。

[18] World Bank, *The East Asian Miracle: Economic Growth and Public Policy* (New York: Oxford University Press, 1993), 38.

[19] Chalmers Johnson, *MITI and the Japanese Miracle: The Growth of Industrial Policy, 1925–1975* (Palo Alto, Calif.: Stanford University Press, 1982). 也参见：Jeffrey A. Hart, *Rival Capitalists: International Competitiveness in the United States, Japan, and Western Europe* (Ithaca, N.Y.: Cornell University Press, 1992), chap. 2。

[20] Bill Clinton, "A Strategy for Foreign Policy," *Vital Speeches of the Day* (May 1, 1992), 421, www.votd.com.

[21] Anthony Lake, "From Containment to Enlargement," *Dispatch* (Department of State, September 27, 1993), 658–664.

[22] UN Conference on Environment and Development, *Agenda 21* (New York: United Nations, 1992).

[23] 戈尔概述了其环境观，参见：*Earth in the Balance: Ecology and the Human Spirit* (New York: Plume, 1993)。

[24] Elaine Sciolino, "Awaiting Call, Helms Puts Foreign Policy on Hold," *New York Times* (September 24, 1995), 1A.

第九章

新秩序中的旧冲突

1992 年 12 月，一名美国海军陆战队员在索马里首都摩加迪沙街头巡逻。克林顿总统以此将“失败国家”从内战和饥荒中拯救出来。这一行动最终失败。因而，美国领导人后来不愿干预人道主义危机，包括 1994 年近 100 万人丧生的卢旺达和布隆迪种族大屠杀。

20 世纪 90 年代中期，曾因冷战结束而不胜欣喜的美国很快陷入党派斗争中，美国国会猛烈抨击克林顿总统。在海外，诸多冲突引起了对克林顿总统全球目标的质疑。种族、宗教争端在发展中国家引发了暴力冲突，挑战着统治精英，威胁着地区的权力平衡。与此同时，大国依然为了权力和战略优势而争夺。西方国家领导人表达了对俄罗斯停滞不前的改革运动的关切，唯恐俄罗斯再次回到独裁统治及扩张主义的老路。他们也日益担忧中国，因为在中美伙伴关系确立之后，中国军事实力、自信心日益增强。在很大程度上意在对抗苏联的中美伙伴关系，在冷战之后则无的放矢了。

总而言之，这些问题要求美国连贯一致的应对。更加民主、和平的世界的美国历史观面临着新的挑战。但是，在克林顿和国会之间的政治斗争中，这种应对是不太可能的。1998 年 12 月，众议院因性丑闻弹劾克林顿，致使克林顿与国会的斗争达到高潮。两者的斗争使得公众的冷嘲热讽创造了纪录，激怒了那些期待华盛顿领导的盟友，并且诱使潜在的敌人利用美国的内部裂痕。

发展中国家的许多地区不断爆发冲突。欧洲巴尔干半岛的战火重燃，而且俄罗斯的改革面临着无休止的挑战（参见第十章）。美国领导人就干预地区冲突的能力和意愿被迫进行艰难地选择。许多地区冲突可以追溯到数个世纪以前。美国领导人的决策对许多冲突的结果至关重要。更为一般地说，美国的应对向世人表明，作为世界上的超级大国，美国将如何承担其责任。

全球碎片化的根源

一些学者认为冷战后“历史的终结”即将到来。对其而言，世界政治最典型的趋势是技术革命。技术革命迅速地使世界各个角落更紧密地联系在一起。这种全球**一体化**的过程颇受欢迎的原因在于：世界领导人日渐意识到跨国问题并寻求解决它们；一体化会阻止民族主义的自私行为；非政府组织会动员全球公共舆论，强调人权以及环保意识；经济全球化会促进繁荣；民主制的扩展可能会减少战争发生的可能性。

然而不久，全球**碎片化**相反的力量质疑着这些美好的场景。原因是：全球均势的变化催生了一个动荡且充满暴力的国际秩序。[1] 由于两极体系极其简单，因此曾相对稳定。由于双方不断相互警惕，超级大国因此维持着平衡，始终意识到核战争的危险性及其潜在的自杀性。因此，第三次世界大战没有爆发；1962 年古巴导弹危机以后，两个超级大国之间再也没有发生类似的危机；欧洲虽然紧张，但经历了 20 世纪最长的和平时期。但所有这一切都随着苏联解体而改变了，导致一些分析家留恋冷战时代。[2]

两极体系的崩溃以三种不同方式引发了动荡并推动了碎片化。第一，苏联的退却使民族主义、种族主义以及宗教紧张局势复苏。这些紧张局势伴随着一战后奥匈帝国、俄国和奥斯曼土耳其帝国的解体而产生，但在冷战期间却被极大地抑制了。苏联分裂成 15 个共和国，导致了亚美尼亚和阿塞拜疆之间的武装冲突、俄罗斯车臣省的独立战争、塔吉克斯坦的内战、俄罗斯与其强大邻国中国、印度之间新的紧张局势。南斯拉夫共产主义统治的终结引发了新一轮可怕的宗教战争。事实上，不同种族和宗教的断层线在世界上许多地区的重现表明一场“文明冲突”迫在眉睫。[3]

两极体系崩溃的第二个后果是，地区霸权的野心家随心所欲地追逐其富有挑战性的目标。曾经主导自己势力范围的超级大国，再也不能控制其代理人，预防地方冲突了。现在，中等强国的扩张主义者可以自由地填补超级大国所留下的权力真空。1990 年伊拉克入侵科威特（本章后面叙述的一个事件），这场入侵是不可想象的。因为如果苏联依然是地区性大国，它会希望避免与美国的对抗。与之相似的是，非洲种族冲突的死灰复燃、印巴冲突的升级都与大国的退却相吻合。

最后，碎片化的世界秩序考验着美国盟国的适应力。这些盟国为了对抗苏联和中国而组织起来，优先考虑集体安全的共同利益。随着冷战的结束，北大西洋公约组织的使命变得并不清晰，然而，其他安全安排是为欧盟而设计的。美国领导人担心北约会过时，这种担心解释了他们为什么热衷于北约东扩。与此同时，美国在太平洋所构建的多边联盟网络早已没有意义存在了，而且其与东亚数国双边关系的持久性也颇成问题。1996 年，美国延长了与日本的安全协定，继续在韩国驻军。由此，美国重申了其在本地区的影响力。但值得怀疑的是，环太平洋地区的新兴国家是否会无限期地接受美国作为其实际保护国的地位。

全球一体化和碎片化这两种相互矛盾的力量，有着远比冷战及其后果更为深远的根源。[4] 数个世纪以来，交通和通信的发展已使世界“更小”了。出于同样的原因，内战的爆发是民主扩展、民族自决诉求的逻辑结果。民族自决诉求在 18 世纪启蒙时代才首次成为强有力的政治力量。但是，冷战的结束打破了世界秩序的地缘政治基础，使这两种力量完全表现出来了。

对于克林顿的首任中央情报局局长詹姆斯 · 伍尔西（James Woolsey）来说，所有这些归结为一个简单的隐喻：虽然苏联之“龙”已被消灭，但美国现在身处于一个“充满着各种扑朔迷离的毒蛇的丛林”之中。[5] 这种新的环境在数个方面可能会威胁着美国。这些“蛇”确实是致命的，而且它们数量更多，难以辨认。事实上，美国不仅必须关注它和其他主要大国的关系，而且也要关注那些恐怖组织、贩毒集团、有组织犯罪帮派以及黑市军火商。20 世纪 90 年代初，它们威胁着世界的安定。美国必须防御来自任何方向的各种威胁。

中东的战争与和平

中东是第一个扰乱了“世界新秩序”的动荡地区。波斯湾丰富且低廉的石油为 20 世纪工业革命提供了能源。但 1973 年，石油输出国组织的阿拉伯成员国对美国禁运石油，1978 年挑起第二次石油危机。此后，西方世界特别意识到其对中东石油的依赖以及未来石油供应中断的脆弱性。20 世纪 90 年代，超级大国竞争的缺失在中东留下了权力真空，然而这一地区的领导人萨达姆 · 侯赛因试图填补这一真空。萨达姆的霸权诉求导致了后冷战时代的第一次世界性危机。与此同时，以色列与其阿拉伯邻国的和平进程，也在零星的暴力冲突和政治危机之间徘徊。

波斯湾地区伊拉克的挑战

1990 年，萨达姆 · 侯赛因在与伊朗长达 8 年的战争 (1980 至 1988 年) 中至少欠下了 800 亿美元的债务。两伊战争使双方伤亡 100 多万人。1990 年 8 月 2 日，萨达姆命令其久经战场的军队入侵盛产石油的邻国科威特。伊拉克军队很快占领了几乎毫无设防的科威特首都科威特城。伊拉克军队镇守在沙特阿拉伯的边境，而且许多阿拉伯邻国害怕萨达姆。因而，萨达姆寻求恐吓波斯湾的石油王国，确立其在整个地区的霸权。

在中东，任何国家都无力反抗萨达姆的野心。埃及是传统上阿拉伯国家的领导者，但在与以色列讲和时，已经失去了这一地位。此外，在一个以“石油美元”确立政治和军事权力的时代，没有石油储备的埃及甚至比波斯湾国家更加脆弱。叙利亚惯常是阿拉伯领导权的另一个竞争者，但随着其莫斯科赞助者的消失而陷入了孤立状态。萨达姆认为，他能够对抗温和的波斯湾石油王国及其阿拉伯国家而争夺地区霸权。

萨达姆没有想到美国的阻挠。1979 年被伊朗驱逐之后，华盛顿一直寻求报复德黑兰，并在波斯湾寻求一个新的后勤基地。为了这两个目的，里根总统为萨达姆提供了情报、军事装备以及价值数十亿美元的农业信贷。萨达姆用其中许多农业信贷换取军用物资。[6] 尽管证据表明伊拉克依然与巴勒斯坦恐怖分子保持着联系，但里根政府不再将伊拉克视为支持恐怖主义的国家。与此同时，出口许可证允许萨达姆购买“军民两用”技术，这种技术被用来制造生物、化学武器。萨达姆多次使用这些武器打击伊朗目标，他也使用了大规模杀伤性武器，以打击境内反对其统治的库尔德人。1988 年 3 月，对库尔德人城市哈莱卜杰的一次毒气袭击造成了大约 5000 人丧生、上万人受伤。

为了报答华盛顿的支持，萨达姆保证波斯湾不会受共产主义的影响。以前伊朗扮演着这样的角色。此外，萨达姆以优惠价格为美国提供伊拉克的石油。两伊战争结束后，两国便利的联姻随之告终。出于对伊拉克大规模杀伤性武器计划的担忧，美国国会以经济制裁威胁伊拉克领导人。但是，萨达姆仍然从白宫获得了积极的信号，因而当 1990 年他觊觎科威特时，希望美国领导人对此视而不见。事实上，这是一个致命的误判。[7] 尽管老布什总统沿袭了里根对萨达姆的不干预政策，但他突然改弦更张，并宣布伊拉克赤裸裸的侵略行为“必将失败”。

在伊拉克军队大规模逼近沙特阿拉伯边境时，萨达姆可能会很快控制世界 40% 的石油储量，并控制着石油输出国组织的产量，这种可能性迫使外界作出了积极的反应。日本和西方大国冻结了伊拉克在其国家的财产以及科威特被推翻的政府的财产。与此同时，这些国家对伊拉克采取石油禁运及其他经济制裁，军事封锁波斯湾。两个关键性问题是，伊拉克的客户是否愿意支持禁运直到伊拉克经济崩溃；萨达姆最终是会屈服于经济制裁，还是任由其民众无限期地受苦，像古巴卡斯特罗那样。与此同时，美国开始了越战以来最大规模的军事调动（代号为“沙漠之盾行动”），派出 25 万美军防止伊拉克袭击沙特阿拉伯。美国政府官员希望与联合国联军——主要由美国、英国、法国以及数个阿拉伯国家组成，战争的预期是劝服萨达姆从科威特撤退。

这场对抗的赌注是显而易见的：伊拉克可能会控制石油的生产，及其价格、温和的阿拉伯王国和以色列的稳定、后冷战均势的持久性。美国

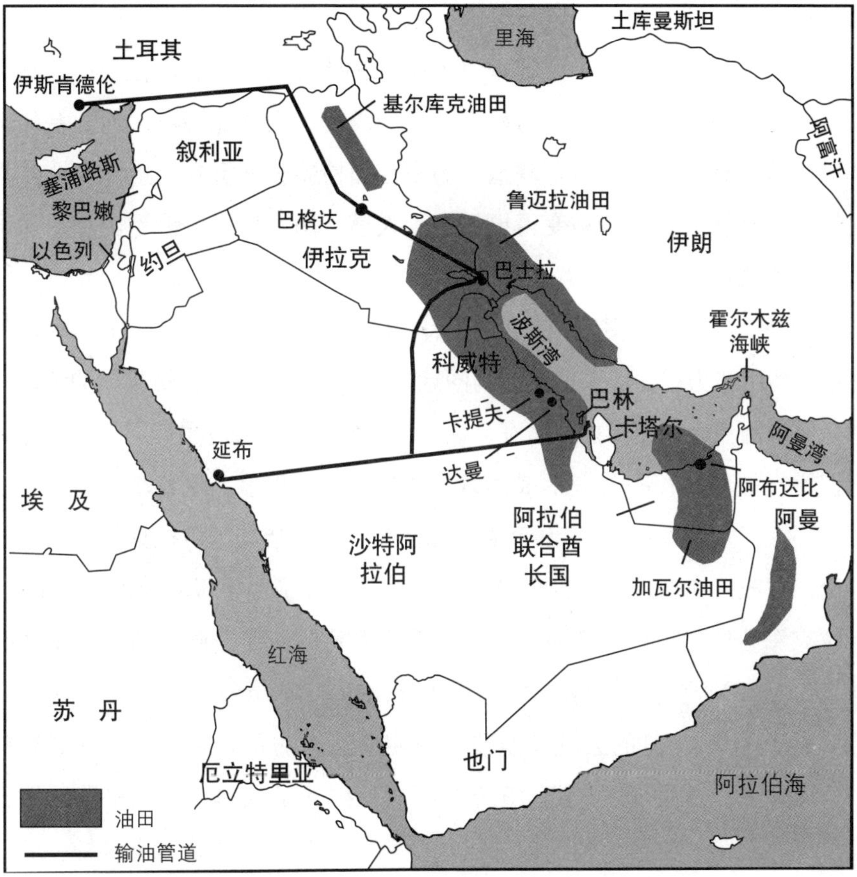

地图 9–1　海湾地区，重要产油区与管道

不仅在言辞上必须接受这一挑战，而且也无法承担让步的后果。如果美国让步，这会威胁到自身安全、自己和主要贸易伙伴的经济增长，以及自己作为世界唯一超级大国的地位。如果阿拉伯盟国和以色列在危急时刻被忽视，它们或许再也不会信任美国。因此，摊牌的时候到了。

联合国为萨达姆撤出科威特设定了最后期限，即 1991 年 1 月 15 日。如果他拒绝了，那么他会遭到武力驱逐。联合国安理会的全体一致同意是不平凡的，显然表明了冷战后大国政治是怎样变化的。此前，安理会五个常任理事国——美国、苏联、英国、法国和中国——几乎从未取得过任何一致意见，而且两个超级大国否决了所有集体行动的提议。但是，随着戈尔巴乔夫在苏联的执政以及与西方关系的缓和，大国能够再次通力合作。萨达姆希望破坏大国的这种联姻，为联合国检验长期沉寂的集体安全体系提供了合理性。他的策略变得更加惨无人道，因而激怒了世界民意，加强了联合国联军的决心。

然而，美国国会并没有获得联合国史无前例的团结。国会坚称老布什总统在使用武力前，应获得国会的同意。许多依然对越战记忆犹新的议员认为，经济制裁足以使伊拉克撤军。数以千计的和平主义者也持同样的观点，他们举行烛光守夜和公众示威，谴责即将发生的战争。随着联合国最后期限的临近而且美军增至近 50 万人，国会举行了一场关于伊拉克挑战问题的辩论，被载入史册，最终国会以微弱的优势批准了军事行动。当 1 月 15 日伊拉克军队依然在科威特时，美国及其盟军将“沙漠之盾行动”（Operation Desert Shield）改为“沙漠风暴行动”（Operation Desert Storm）。

始于 1 月 17 日的大规模空袭，迫使萨达姆的军队四处逃散以寻求掩护。联军的空中力量出动了 10 万多架次，摧毁了从前线到巴格达的伊拉克目标。在第一阶段，他们除掉了伊拉克指挥与控制基站、飞机场、通信中心以及其他军事设施。在第二阶段，他们摧毁了伊拉克部队在科威特的补给线道路和桥梁。由于补给与通信线路被切断，伊拉克部队遭受了持续的轰炸。美国激光制导导弹摧毁了伊拉克极难隐蔽的坦克和装甲运兵车，炸死了伊拉克军人或使其受困于沙漠之中。直到 2 月 24 日，联军的坦克部队才越过沙特边境发动地面进攻。

这一军事反击的结果超出了最乐观的军事参谋的预期。在 100 小时之内，地面部队就包围了伊拉克人，其中大多数人很快投降了。这些一度让人畏惧的世界第四大军队，此时无比希望以武器换取食物和饮水。联军飞机绕科威特城不断盘旋，飞过遭伊拉克撤退部队点燃的油田，几乎没有遭到任何抵抗。当第一波解放部队（几乎都来自阿拉伯国家）抵达科威特城时，他们受到了人群的欢迎和拥抱。海湾战争持续了 43 天，10 万多伊拉克军人在闪电战中被击毙，然而联军仅损失了不到 200 人。最后，萨达姆被迫取消兼并科威特的计划，撤回其余的伊拉克占领军。

然而，这场战争并没有导致萨达姆的下台，这并不是联合国的目标。的确，如果坦克继续开往巴格达，联军将会被瓦解。阿拉伯人希望保证萨达姆再也不会产生威胁，但他们反对推翻萨达姆。美国则不希望掌管一个陷入内战的国家，然而在萨达姆倒台后很可能会如此。伊拉克的库尔德人和什叶派穆斯林占伊拉克人口的大多数，在各自的地区反对萨达姆（逊尼派穆斯林）的统治。但他们依然不足以强大到击败残余的共和国卫队，许多共和国卫队人员在突然停火的最后一刻中幸存了下来。

虽然萨达姆公开、残暴地统治其民众，但美国或是其盟国并不希望看到伊拉克的分裂。它们希望伊拉克在中东均势中仍发挥其关键性角色，然而一个分裂的伊拉克不可能做到这点。更重要的是，它们不希望周边国家在地区性霸权的诉求中瓜分伊拉克，特别是伊朗和叙利亚。伊拉克库尔德人和什叶派穆斯林控诉美国支持他们反抗萨达姆，但在他们陷入战争并最后战败之时又抛弃了他们。然而，地区均势的现实压倒了这些批评之声。

海湾战争后，萨达姆公然反抗一系列国际要求。很显然，尽管联军胜利了，但他仍是个威胁。1994 年末，他再次在科威特边境大规模集结部队，显示其随心所欲地恐吓波斯湾地区的能力，以抗议联合国对伊拉克持续不断的制裁。克林顿总统领导的美国动员了波斯湾的其他部队，并增派数以千计的美军。随后萨达姆让步了，命令其共和国卫队返回基地。2 年后，他袭击了伊拉克北部的库尔德人，然而当时联合国已将这一地区设为禁区，并由美国所领导的救援军所控制，由此美国空袭了伊拉克军事设施。此后萨达姆再次退却。

尽管1991年联军成功地将伊拉克驱逐出科威特，但萨达姆依然掌握实权，不断表明其制造恐慌的能力。他意识到伊拉克对西方大国战略利益的重要意义。他随心所欲地选择时间和地点来点燃地区烽火，使得联合国部队精疲力竭。两种因素有助于其分而治之的战略。第一，美国在联合国安理会不断地丧失支持。在常任理事国中，俄罗斯和中国越来越支持伊拉克，并非因为它们与萨达姆有着密切的关系，而是因为它们希望遏制美国的影响力。法国加入了中俄的行列，利用一切机会显示其独立于华盛顿。只有托尼·布莱尔（Tony Blair）首相所领导的英国仍在安理会追随美国。

萨达姆也意识到克林顿难以得到国内支持，特别是在共和党控制的国会里。据诸多新闻报道，甚至在克林顿政府内部，国务卿奥尔布赖特（Madeleine Albright）、国防部长威廉·科恩（William Cohen）以及国家安全顾问桑迪·伯杰 (Sandy Berger) 也有分歧。克林顿总统的领导能力受到日益发酵的白宫丑闻的损害，这些丑闻最终引发国会弹劾他下台。虽然萨达姆仍旧躲藏起来而且行踪也不为人所知，但他很显然非常了解华盛顿的事态。伊拉克领导人再三的挑衅行为，在时间上与总统国内政治斗争的危急时刻相吻合。

1997年，萨达姆把怒火撒向了联合国特别委员会（United Nations Special Commission，UNSCOM）。这个委员会负有艰巨的任务，要确保伊拉克放弃其化学、生物和核武器计划。联合国特别委员会的角色至关重要，因为伊拉克曾经以生物武器攻击伊朗和自己的库尔德人。证据也表明，自20世纪80年代起，伊拉克开始制造带有肉毒杆菌、炭疽病毒以及其他致命生物制剂的导弹弹头。因此，下面的担心是合理的，即伊拉克正在秘密地囤积这些武器，而且一旦有机会就会使用它们。萨达姆一度同意联合国特别委员会的创建，但不久拒绝其检查伊拉克军事设施，因为这种频繁的检查通常不会提前通告。很快一场猫捉老鼠的游戏上演了。特别委员会人员到达颇有嫌疑的伊拉克军工厂时，只发现了空空如也的厂房。1997年末，萨达姆驱逐了特别委员会的美国成员，指控他们操纵了核查行动，并且与美国中央情报局合谋推翻他。1998 年 2 月，第二次驱逐令促使克林顿以惩罚性的军事打击相威胁，然而最后一刻被联合国秘书长安南阻止了。安南乘飞机抵达巴格达，接受了萨达姆的保证，即伊拉克会允许特别委员会的核查行动。随后萨达姆违背了其承诺，因而联合国检查人员回国了。

克林顿显然丧失了对伊拉克的优势。他缺乏国内外的政治支持，因而几乎没有回旋的余地。最重要的是，克林顿担心自己因对伊拉克的军事袭击而受到谴责，因为当时来看萨达姆会寻求和解。政治关切优先于军事战略，而且在政治领域中，克林顿的手腕每况愈下。他对伊拉克的妥协仅会坚定萨达姆的决心，更激起了联合国中的反美联盟。当克林顿诉诸武力时，他被控诉为以此转移对国内问题的关注，即发起了 1998 年 12 月代号为“沙漠之狐行动”（Operation Desert Fox）的空袭。在其剩余的任期内，克林顿依然受困于必败的伊拉克政策。

阿以和平的障碍

“沙漠风暴行动”后，美国认为这是采取新措施的良机，以促成以色列与其邻国之间的全面和平。石油王国亏欠美国一个人情，因为美国将其从萨达姆 · 侯赛因手里拯救下来。叙利亚失去了苏联的资助和保护，也似乎准备接受解决方案。此外，以色列强硬的利库德政府与美国的关系冷淡，但海湾战争后不久，伊扎克 · 拉宾（Yitzhak Rabin）所领导的更温和的工党政府取而代之。

1993 年 9 月，意料之外的突破发生了。当时巴勒斯坦解放组织与以色列同意相互承认。挪威政府促成了历史性的《奥斯陆原则宣言》(Oslo Declaration of Principles)。巴解组织放弃了摧毁以色列的诉求，断绝与恐怖主义的关系。作为回报，以色列将从加沙地带和约旦河西岸撤军，并允许巴勒斯坦人自治。假设巴勒斯坦人对教育、医疗、社会服务、税收和旅游的控制，将会扩大到除了以色列定居点以外的约旦河西岸；假设巴勒斯坦人会维持秩序和治安，特别是不再针对以色列及其支持者而起义。如果这些假设得以实现，那么双方最终将会举行“最终地位”的谈判，讨论巴勒斯坦人是否能够建立自己国家的问题。

为什么这两个宿敌最终会决定磋商其分歧呢？首先，冷战的结束使巴解组织丧失了一个强有力的政治支持者——苏联。其次，海湾战争使巴解组织几乎崩溃；其领导人亚西尔·阿拉法特（Yasir Arafat）做出灾难性的决策而支持伊拉克反对石油王国，但巴解组织的大部分资金来源于石油王国。然而，甚至更早时，约旦河西岸巴勒斯坦人的自发暴动，已表明阿拉法特影响力的下降。以色列人持续的占领使约旦河西岸巴勒斯坦人倍感失望，然而阿拉法特却无力解决这些问题。作为回应，阿拉法特在占领区建立了“巴勒斯坦民族权力机构”（Palestinian authority），从而表明两个国家的解决方案，而不是以色列的清除策略。对以色列人来说，他们已经厌倦了冲突及其六年暴动所带来的身体、经济和人力上的代价。不仅如此，他们担心巴勒斯坦人越来越支持极端主义者。如果以色列能够实现稳定的和平，那么以色列的经济会繁荣起来，特别是在大量有技能的俄罗斯移民涌入之时。俄罗斯移民以此逃离其国内再次盛行起来的反犹主义浪潮。因此，与巴解组织的谈判是不可避免的，他们希望达成一个全面和平的协定。

当 1994 年以色列解决了其与约旦的主要分歧时，由于以色列的极端主义者反对，中东和平进程依然缓慢地前行。在第二次协定的条款中，双方均承认对方存在的权利，结束事实上的战争状态。此外，约旦国王阿卜杜拉·伊本·萨达姆和以色列总理伊扎克·拉宾对两国边界、分别控制地下水及其他自然资源达成一致；他们还确立了双边贸易和旅游业的基础。作为条约的一部分，鉴于约旦债务在多年的经济滞涨之后飙升，美国同意免除约旦所欠的一部分外债。

叙利亚则是另一回事。美国曾经希望以色列、叙利亚达成一项和平协议，将叙利亚及其附属国黎巴嫩合并，从而在以色列北部边境实现和平。1967 年六日战争（Six-Day War）后，以色列军队占领了戈兰高地。戈兰高地濒临三个国家以及黎巴嫩南部的狭长地带。但据新闻报道，以色列总理拉宾、叙利亚总统哈菲兹 · 阿萨德（Hafez al-Assad）私下都同意原则上把戈兰高地归还叙利亚，以换取叙利亚对以色列的承认，但这样的协议并未达成。

一如既往，暴力和悲剧突然破坏了阿以和平进程。1995 年 11 月 4 日，一名犹太极端主义分子为了中止和平进程而刺杀拉宾总理。1996 年春天，巴勒斯坦恐怖主义分子在 9 天时间里制造了 4 次自杀性爆炸袭击，造成 59 名以色列人丧生和 200 多人受伤。以色列人开始怀疑和平进程，其忧虑体现在投票中。随着党魁本雅明 · 内塔尼亚胡（Benjamin Netanyahu）当选为总理，保守党利库德集团重新执政。内塔尼亚胡承诺实现“以安全为前提的和平”，这意味着在没有明确保证的情况下，他不会进一步向阿拉伯人让步，也就是说以色列的安全在各方面会得到保护。

当这些保证并未实现时，内塔尼亚胡推迟了以色列军队从约旦河西岸以及占领区中心城市希伯伦撤出的计划。当双方都谴责对方试图破坏协定时，1996 年春夏两季新一轮的血腥袭击又爆发了。每一次惨案和随之而来无法避免的报复行动，使得中东解决方案的前景堪忧。在和平进程摇摇欲坠之时，以色列受到来自美国和其他国家巨大压力，同意 1997 年 1 月从希伯伦撤军。这一让步至少暂时恢复了一度失去的势头，但内塔尼亚胡坚持在东耶路撒冷建立新的犹太人定居点。这一地区是许多巴勒斯坦人的家乡，因而导致了另一轮的暴力事件。尽管美国做出了最大努力，阿以冲突的解决却依然难以捉摸。我们将要看到（参见第十三章），这一僵局在新千年引发了新的暴力事件，威胁着美国与中东地区国家的关系。

“失败国家”的困境

二战后，世界政治中最为显著的趋势是，民族国家的数量稳步上升——从1946年的55个增长到21世纪之初的近200个。大多数新生国家产生于非洲和南亚的欧洲前殖民地。其他国家（如捷克共和国和斯洛伐克等）在冷战后才出现在东欧。还有一些国家脱胎于苏联。20世纪末民族国家的这种激增，急剧地改变了世界政治的面貌。新生国家常常位于世界上最贫穷的地区，接受富国提供的巨额外援，并在“国家重建”的复杂问题上接受其帮助。然而，尽管这些发展中国家的生活水平有一定的进步，它们依然普遍对工业化的“北方国家”怀有敌意。在联合国，新生国家与其他发展中国家联合起来，形成了联合国大会中的多数派。联大也成为它们对美国和其他工业化国家表达不满的论坛。

冷战期间，这种怨恨不断加深。当时许多发展中国家成为超级大国冲突的战场。这正验证了那句谚语，即“大象相斗，草地遭殃”。这些相冲突的意识形态分化了发展中国家，往往将其分裂为新马克思主义的革命分子与右翼的军人集团的对抗。当权力受到挑战时，他们的统治甚至更具压迫性。在这些环境下，中产阶级或温和的政治中心是不可能的。双方的极端主义分子往往从超级大国或其盟友获得现代武器，进一步加剧了冲突。

因此，最贫困的国家欢呼冷战的结束。它们仍旧由于发展“失去的十年”的20世纪80年代精疲力竭的经济困境而步履蹒跚。然而，到了90年代末，困扰许多穷国的社会和经济问题只是变得更糟。与普遍期望相反，华盛顿与莫斯科的和解促使它们减少了对世界上贫穷者的援助，美国的确几乎完全取消了对“非战略性盟国”的援助。相反，美国决策者呼吁发展中国家寻求私人投资以振兴其经济，但这些投资不太可能投入到贫穷和政治动乱频发的地方。大量外国投资流入东亚新兴工业化国家，相比之下，最贫穷国家仅仅分得一杯羹。

作用与影响

亚西尔·阿拉法特

在其大半生中，亚西尔·阿拉法特象征着巴勒斯坦人在以色列1948年建国的土地上争取国家地位的斗争。阿拉法特1929年生于埃及，但他在耶路撒冷度过童年的大部分时光。虽然他回到埃及学习土木工程，他的兴趣却转移到政治和军事活动上。在开罗，阿拉法特建立了一个军火走私网络，以支持巴勒斯坦人抵抗以色列建国，后来转为支持巴勒斯坦人摧毁这个犹太国家。他曾短暂地在埃及军中服役，但1956年获得土木工程学位后，他便移居科威特而成为一名建筑承包商。然而，阿拉法特一直致力于巴勒斯坦人的事业，1957年他帮助建立了法塔赫，这是一个从事武装反抗以色列的活动分子的地下网络。法塔赫成为1964年成立的巴勒斯坦解放组织最主要的力量。1969年，阿拉法特成为巴解组织的领导者。随后他用20年时间寻求国际社会对巴解组织的支持，组织不断地反抗以色列的低强度战争，并辅之以针对以色列其他地区目标的恐怖袭击。在这一时期，阿拉法特一直保持着极有影响力、极富传奇色彩的世界领导者地位，访问外国首都。1988年，他穿着军装，戴着世人熟知的阿拉伯头巾在联合国大会上发表演讲。

20世纪90年代初，和平的曙光照亮了以色列人、巴勒斯坦人——双方都因无休止的政治暴力而精疲力竭。本章所提及的1993年奥斯陆协定重新燃起了“两国制”的希望。希望某一天，这一方案为这个战火纷飞的地区带来和平。但后来事实上，阿拉法特无力或不愿意限制支持其下属对以色列的恐怖袭击。2000年在最终地位谈判中，他拒绝在关键问题上做出让步，使其在政治上陷入孤立，被以色列军队软禁在其位于拉马拉的居所中。自《戴维营协议》签订之日起，美国领导人积极斡旋以结束冲突，指望其他巴勒斯坦领导人实现持久和平。2004年阿拉法特去世，然而阿以和平进程远远没有完成。

一些观察家建议，将那些最没有希望的发展中国家拆分，交由联合国托管。这种解决方法极为不可能，但它揭示了这些国家沦陷的程度。的确，后冷战时代“失败国家”出现在许多地区：

> 从西半球的海地到欧洲南斯拉夫的遗迹，从非洲的索马里、苏丹、利比里亚到东南亚的柬埔寨，一种令人不安的新现象正在出现：失败国家，全然无力维持其国际社会的成员身份……那些国家充满暴力和混乱——不仅危及它们自身的公民，而且其难民潮、政治动荡以及无法预测的战争也威胁着其邻国。[8]

这些危机质疑着这些国家建国时的部署，特别是那些非洲国家。在非洲国家中，种族集团与殖民者划定的国境线相重叠。美国曾经寻求这些贫困国家的支持，以对抗苏联在该地区的影响力，但它们的困境突然与美国的战略利益相距甚远。然而，美国人无法对每天电视上显示的那些战争和饥荒无动于衷，也无法忽视需要世界上最富裕、最强大国家的行动的呼吁。但是，这种帮助是何种形式，至今仍不清楚。

索马里与中非

引起国际关注的首批国家之一是贫困国家索马里。索马里位于红海入口处的非洲之角沿岸（参见第四章“今日非洲”地图）。冷战期间，苏联人曾经支持索马里政府，因为其更大的北方邻国埃塞俄比亚是美国的盟国。但是，当亲苏联的军政府在埃塞俄比亚执政时，索马里统治者也变换阵营。尽管穆罕默德·西亚德·巴雷将军（Gen. Mohamed Siad Barre）残酷镇压索马里民众，但他仍是美国的忠实伙伴。所有这些在两极对抗的冷战背景下虽然反常，却合情合理。但是，当冷战结束而且巴雷被推翻时，索马里卷入了派系间的斗争中。政府不再发挥作用，而且混乱蔓延开来。当敌对的民兵不让农民进行耕种，中断民间游商的活动而且宰杀大多数牲畜时，大规模的饥荒随之而来。据估计，30 万索马里人因饥荒而丧生，另外 200 万人也处于迫在眉睫的危险之中。

好几个月，世人对此视而不见。但媒体的关注最终迫使西方国家通过联合国对此做出反应。1992 年末，最初以美军为主，27000 多名士兵被派往索马里维持秩序和分派食物。在他们完成“重建希望行动”（Operation Restore Hope）的任务之后，美军撤退了，尔后一支临时的联合国部队取而代之。被外国干预所拯救，“重建”的索马里有能力走自己的路。

不幸的是，索马里的现实并没有如此简单。很快就清楚的是，一旦外部力量撤退，索马里军阀会重新争权夺利，致使杀戮和饥馑卷土重来。因此，1993 年联合国将其任务从人道主义救援，转为重建索马里的政治、经济架构。但控制着索马里首都摩加迪沙的全国最大军阀穆罕默德·法拉赫·艾迪德（Gen. Mohammed Farah Aidid）拒绝这一扩大化的联合国目标，因为这会要求他下台并解除武装。在随后的战斗中，24 名巴基斯坦籍维和人员遭遇伏击而被杀，后来越来越多的联合国士兵被打死，包括抓捕这位行踪隐秘的将军的美国士兵。美军伤亡数量上升，而且在欢呼的人群和电视镜头前，的美国士兵被拖到摩加迪沙街上示众，这都在要求美国部队撤军。因此，克林顿加快了美军的撤离。1995 年春天，联合国暂停了这一行动。

为什么索马里行动成为一个如此悲剧性的错误？国际维和部队派军最初是出于人道主义目的缓解饥荒，忽视了一开始制造饥荒的政治局势。食物短缺并非源于自然灾害，而是人为造成的。的确，一开始本应该明确的是，解决无政府的政治局势是解决人道主义危机的先决条件。这一起初被视为短期任务的行动，最后历经两年半的时间才告终。它说明一个事实，即世界上不存在非政治性的、纯粹人道主义的干预。仅当索马里人自己内部和解时，索马里冲突才最终可能得到解决。因此，一个旨在帮助索马里的道德行动变成没有结果、毫无作用的介入行动。此后，90 年代末索马里依然深陷内战的泥潭。

在索马里崩溃的惨淡日子里，世人在非洲国家卢旺达面对一场甚至更为怪诞的人道主义噩梦。1994 年，在不到三个月的时间里，执政的胡图族与少数族群图西族之间的暴力，导致了 80 多万人的伤亡，主要是图西族人。这一死亡人数远远超过了波斯尼亚的数字。塞尔维亚人屠杀了约 20 万穆斯林，便被冠以“种族清洗”的标签（参见第十章）。由于在索马里的多边行动事实上是不可行的，那么在卢旺达统一的维和行动便不可能了。因此，在卢旺达悲剧面前，联合国很大程度上是沉默的。

外部干预的责任落到了法国政府身上，因为即便其殖民统治已经结束，法国政府依然认为非洲法语国家处于自己的势力范围之内。[9] 但是，当法国军队干预卢旺达时，一切都已太晚。尸体堵塞了卢旺达的河流，其中许多人都被刀活活砍死。随后图西族军队获得胜利，建立其领导的政府，这引发了世界上最大的人口迁移。因为害怕报复，胡图族人几乎使卢旺达空无一人：50 万人逃向布隆迪，另 50 万逃向坦桑尼亚，100 万人逃向扎伊尔。无情的难民潮压垮了当地政府和国际救援行动，导致了难民因饥荒、霍乱、脱水和疲惫而大量死亡。

1998 年，克林顿总统为美国在卢旺达灾难中的不作为做出了个人道歉，但没有采取行动以减轻卢旺达人的痛苦。1999 年 12 月，联合国也承认，它没能阻止这场浩劫，犯了“严重错误”[10]。但无论它们怎样承认错误与保证以后更为果决地行动，美国和联合国都无法避开一个关键性事实：大多数非非洲国家认为卢旺达已经无关紧要，不值得为其牺牲。在“索马里综合征”的影响下，1994 年 5 月克林顿签署总统令，对美国支持联合国维和行动提出了严格的条件。这些条件包括美国安全明确受到威胁、民意极其支持干预行动、在联合国监督下其他国家的参与、不需要长期“国家重建”的保证。由于这些限制，即便卢旺达式悲剧再次发生，美国很有可能再次不作为。

20 世纪 90 年代末，非洲的地区冲突扩大了，其结束则遥遥无期。图西族领导的布隆迪政府和占人口多数的胡图族人之间的暴力袭击、报复行为引发了对另一场卢旺达式大屠杀的恐惧。那里的战斗导致了另一次难民逃离潮。大多数难民逃向了扎伊尔东部地区。在那里，摇摇欲坠的独裁者蒙博托 · 塞塞 · 塞科（Mobutu Sese Seko）所领导的腐败政权正与国内叛乱者陷入苦战。数以千计的胡图族难民受困于由洛朗 · 卡比拉（Laurent Kabila）所领导的叛军与蒙博托部队的交火线上。蒙博托在扎伊尔民众那里几乎得不到任何支持，而且与冷战期间不同，他现在也无法指望美国军事援助，因为美国在叛乱期间已然声明“蒙博托主义时代已结束”。因此，1997 年 5 月卡比拉部队的快速推进与胜利是不可阻挡的。

在控制首都金沙萨之后，卡比拉恢复了国家的原名——刚果民主共和国，并寻求国际承认。然而事实上，其新政权并不比蒙博托的专制政权更民主，或更有效地改善生活水平。相反，卡比拉统治着非洲最新的“失败国家”。种族冲突蹂躏着刚果民主共和国，导致了数以千计的新伤亡，惊人地践踏着人权，受到 6 个邻国的干预。美国国务卿玛德琳 · 奥尔布赖特称这场冲突为“非洲的第一次世界大战”。尽管各方宣布停火，但直到 2000 年，冲突依然盛行。

非洲的这些事件证明，对于从殖民统治、冷战期间超级大国的干预中重建的国家而言，其政治经济发展的过程是多么困难。这些冲突也表明，外部行为体（无论是政府还是援助组织）无力阻止暴行和人道主义灾难。事实上，许多批评者指责，对外援助计划旨在促进援助者的自身利益，而不是缓解发展中国家的困境，而且美国援外合作署（Cooperative for American Relief to Everywhere, CARE）、联合国国际国儿童紧急基金会（United Nations International Children’s Emergency Fund, UNICEF）、美国国际开发署（U.S. Agency for International Development, USAID）等援助机构所最关心的是提高其自身的地位。[11] 到 20 世纪 90 年代末，在撒哈拉以南非洲战争中，丧生的人数比世界上其他地区的总和还要多。但这一地区仍旧回到了其冷战前的地位——处于美国对外政策的关注范围之外。

海地

克林顿政府面临着“失败国家”海地的另一场危机，它是西半球最贫穷的国家。1986 年以前，海地一直由美国所支持的杜瓦利埃（Duvalier）独裁政权所统治。1990 年，海地民众迎来了其首次民主选举。大主教让－贝特朗·阿里斯蒂德（Reverend Jean-Bertrand Aristide）当选为国家新任总统。但是，阿里斯蒂德所提出的改革导致 6 个月后自己被军方所推翻，包括国家非军事化、重新分配财富的计划。阿里斯蒂德流亡美国。由拉乌尔·塞德拉斯将军（Gen. Raoul Cédras）所领导的海地军方领导集团发动了一场肆虐整个岛屿的恐怖行动，谋杀、拷打和关押那些曾为改革而斗争且依旧反对新统治者的人。因此，数以千计的海地人搭乘简易小船逃往美国。在其任期的最后数月，老布什总统宣称美国并未准备好接收这些“船民”，并命令美国海岸警卫队遣返他们。这个决定激怒了许多人权组织，也激怒了总统候选人比尔·克林顿。克林顿声明，如果他当选总统，将会允许海地人在美国寻求避难。

但正如对外政策的其他领域那样，克林顿一旦执政，他对海地的态度就变了。忽然间像老布什一样，他对海地的大规模移民持保守态度。这种政策肯定会激怒佛罗里达的居民，然而他们对克林顿的选举结果如同对老布什总统一样重要。虽然克林顿仍然要求阿里斯蒂德返回海地，谴责军方统治者，但宣称自己不会允许海地难民入境。虽然联合国对海地实施经济禁运，但这几乎影响不到其政治和社会危机。1993 年 7 月，克林顿和海地领导人达成协议，以使阿里斯蒂德重新执政，作为交换，要赦免塞德拉斯及其他军方领导人。当 270 名美国、加拿大维和人员乘坐美国“哈兰郡”

号新港级坦克登陆舰抵达海地，监督其向文官统治过渡时，他们受到了武装示威者的热烈欢迎。随后，这艘船不光彩地撤退了，因为愤怒而失望的阿里斯蒂德公开谴责克林顿政府的改弦更张，而国会山的许多自由主义者也加入其行列，包括美国国会黑人同盟（Congressional Black Caucus）的成员。国会黑人同盟成员看到了种族歧视，因为克林顿接受了古巴难民，却将非洲裔海地人遣返回公海。

美国对海地骚乱的初步应对之策成为克林顿政府对外政策缺乏决断的象征。《纽约时报》支持克林顿的大部分国内举措，但对其处理恶化的海地危机时改弦更张的做法感到失望："在数月的政策摇摆之后，美国面临着非常不妙的前景，克林顿不知不觉地在海地使用武力，他试图弥补其他政策的窘境而且没有更好的主意。"[12] 克林顿也受到了保守派的指责，因为他在弱小而腐败的军事政权首次反抗时就退却了，挥霍了美国声望。

海地难民被转移到古巴关塔那摩海军基地一个过度拥挤的安置营地中，然后又转到远离巴拿马城的临时设施中。即便如此，海地的混乱仍持续到 1994 年秋。克林顿终于断定只有美国的军事干预才能解决海地问题，于是向塞德拉斯军事执政团发出最后通牒。他的战争威胁在美国广受批评。美国国会反对者要求安排时间对眼前的入侵进行讨论和投票，但克林顿已经骑虎难下。正当美国战机准备驶向海地首都太子港时，克林顿派出一个由前总统卡特领导的高级别代表团与塞德拉斯会晤，给其提供和平离职的最后机会，以避免军事冲突。塞德拉斯接受了这一提议，但只是在其获悉入侵已迫在眉睫之后。

然后，对海地的军事攻击演变成了 20000 名美国士兵"半许可的占领"，而且这种占领延续到 1995 年。如同在索马里一样，美国承担起了国家重建者的角色。阿里斯蒂德重新执政，并在下一年成功地由勒内·普雷瓦尔（René Préval）继任。尽管这次选举受到了严密的监控，却仍受到了海地各个政党和多数文盲公民的广泛抵制。这个岛国的稳定依赖于美国军队、源源不断的西方外援以及1996年3月部署的6000名联合国维和人员。直到1999年末，任何期望海地会变成一个稳定的民主国家的希望都破灭了。海地的失业率徘徊在60%上下，而且几乎所有外国投资都撤离了。海地政府如此无能，无法批准最低限度的法案，以允许5亿美元援助到位。面对这样一个不可能完成的任务，美军放弃了海地，联合国官员和私人援助组织也紧随其后，留下交战各方自生自灭。

南亚的核边缘政策

在冷战后的十年里，地区紧张局势日益增多，并不存在的超级大国约束也困扰着南亚。1998年5月，当印度和巴基斯坦进行了地下核试验时，这个问题达到极为危险的程度。为此，两国政府招致了全世界的谴责、外交孤立、经济制裁，但这是它们为换取“核俱乐部”的身份愿意付出的代价。

这种冲突的根源深深植于本地区穆斯林和印度教徒之间的历史仇恨之中。1947年，曾是大英帝国“皇冠之珠”的印度获得独立。此后，这些分歧演变成暴力冲突。在印度教徒主导的印度，穆斯林联盟不愿作为少数族群，更愿意寻求建立自己的国家。伴随着大规模的流血事件，1947年巴基斯坦成立。当时近100万人丧生，1200万人流离失所。印度和巴基斯坦之间的相互猜疑，引发了两场以上的战争以及持续不断的边境冲突，特别是在印度北部的克什米尔地区。在克什米尔地区伊斯兰人口占多数，因而巴基斯坦宣称拥有其主权。

极为复杂的是，双方都卷入了冷战——巴基斯坦是美国盟国，印度则站在苏联一边。[13]为换取其忠诚，两国政府都收到超级大国的巨额军事援助。1974年印度试验了一枚核子“装置”，而且巴基斯坦也急切地要获得自己的核武器，地区军备竞赛上演了。两国不断增长的军事实力与其经济停滞、政治长期动荡形成了鲜明的对比。

世界上其他地区几乎没有像南亚这样的，即冷战的大国政治损害着地区关系。对苏联而言，印度有助于削弱美国在南亚的力量以及对抗中国。中国已经试图遏制莫斯科的地区野心。自独立以来，印度政府便陷入与中国的长期边境冲突中，1962 年与中国军队打了一场短暂的战争。中国在冲突中获胜，但边境摩擦依然存在。对美国而言，巴基斯坦在美国遏制苏联的努力中扮演着关键角色。20 世纪 80 年代巴基斯坦尤为有用，作为转运点掩护美国军事装备以支援阿富汗圣战者。阿富汗圣战者试图取代 1979 年得到苏联扶持而执政的阿富汗政权。但是，当印度和巴基斯坦成为超级大国重要的马前卒时，它们彼此成为相互间更大的威胁。

20 世纪 70、80 年代，美国同意将现代喷气式战斗机、导弹和军火弹药出售给巴基斯坦独裁者穆罕默德 · 齐亚 · 哈克（Muhammad Zia-ul-Haq），试图阻止巴基斯坦成为一个核国家。美国援助为大多数武器提供了资金，其余武器只不过增加到巴基斯坦已极为严重的外债中。巴基斯坦不顾美国的意愿继续发展核武器。此后美国暂停对其军售。但这一行动微不足道，也已太迟。广为人知的事实是，在 1998 年春天针锋相对的核爆之前，印度和巴基斯坦都已成为事实上的核国家。

冷战的结束，使印度和巴基斯坦失去了扩大其军械库的所有手段。两个国家已全副武装，依然指望其他武器出口国为其提供其他武器装备。唯一的问题是，当其公民仍处于贫困之时，它们要怎样使用其军事力量。因此，国内政治在加剧紧张局势方面扮演着关键性角色，因为双方领导人为提高自己的支持率而蓄意激起民族主义情绪。1998 年 3 月，当选印度总理的阿塔尔 · 比哈里 · 瓦杰帕伊（Atal Bihari Vajpayee）成为印度民族主义分子心中的英雄，因为他展示了核力量。“核试验给了政府可信和果断的光环，”一位印度学者观察到，“在印度最近的历史上，如果一项决策获得绝大多数的支持，那么这是难以想象的。”[14] 印度核试验也为巴基斯坦专制总理纳瓦兹 · 谢里夫（Nawaz Sharif）提供了可乘之机。谢里夫拒绝了国际社会对核抑制的呼吁，命令巴基斯坦进行核试验，宣布国家进入紧急状态，以使他更严厉地向国内政敌施加压力。

核试验增加了南亚权力斗争的风险。它们也危及到防止核扩散的全球性努力。尤其是，印度和巴基斯坦的核俱乐部身份极大地削弱了《核不扩散条约》的作用。1995 年，168 个国家同意无限期延长这一条约。虽然这

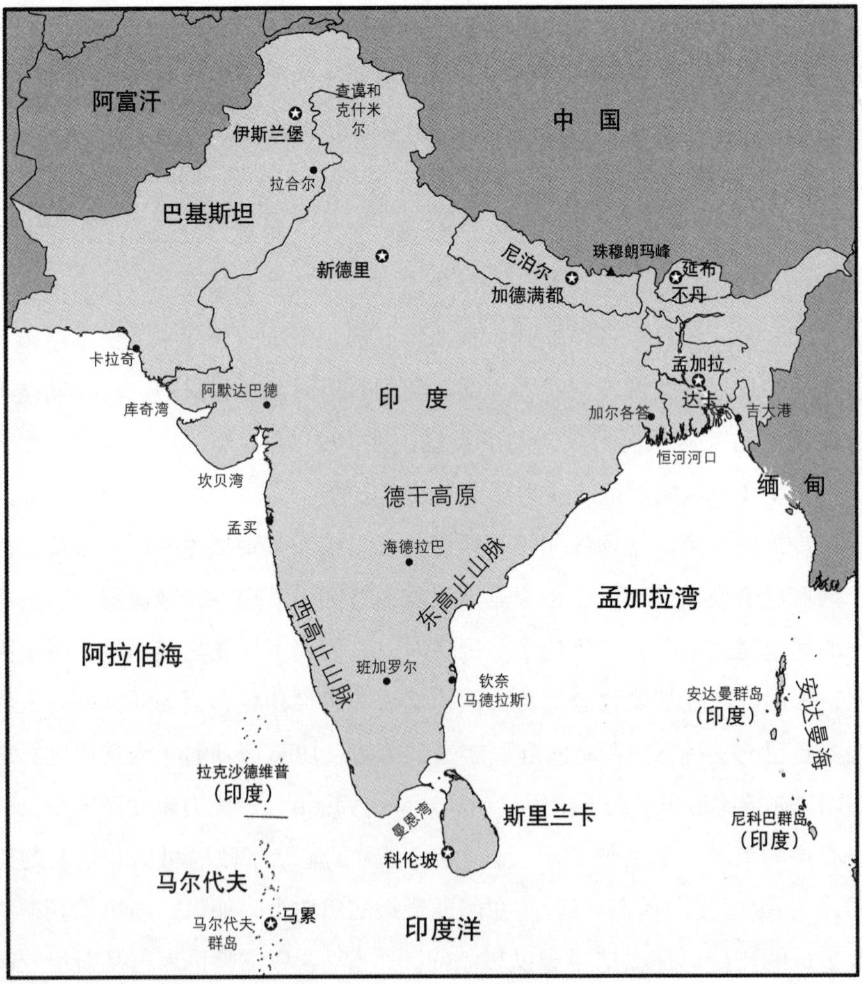

地图 9–2　南亚

两个南亚国家拒绝签署《核不扩散条约》，但人们希望它们最终会屈服于国际压力。但是，结果正好相反。印度和巴基斯坦的核试验使其他地区倍感焦虑，而且诱使潜在的核扩散者跨过核门槛。

然而，世人必须要适应有 7 个自称为核大国的新现实。[15] 面对全球压力和制裁，印度完全不让步。1999 年 8 月，印度国家安全委员会宣布了一项军事指导思想，即由陆基、海基和岸基核导弹组成的“最低限度切实有效的威慑”。2000 年初，印度政府批准其军费增幅 28%，这是印度历史上最大的年度增幅。1999 年 10 月，谢里夫在军事政变中失势，因而其政治镇压行动适得其反。但是，新的军政府没有任何取消国家核计划的意图，因为此时印度正在炫耀其军备并保证会部署新的军事力量。克林顿总统为结束此地区军备竞赛的所做的努力——包括 2000 年 3 月延长对两国的访问——并没有让双方做出任何让步。

地区危机的教训

如上所述的地区冲突，共同挫伤了冷战结束后的喜悦之情。许多国会议员（包括民主党内克林顿的盟友）公开质疑美国在“失败国家”有核心利益。但 20 世纪 90 年代初，受到国家的历史使命感和道德责任感的召唤，他们通常会支持人道主义干预。但是，当美国显然不能解决这些国家的深层问题，或当美国的干预与国内优先目标相冲突时，支持美国介入的声音便迅速消失了。至于印度和巴基斯坦，美国能否消除这两个激烈的竞争对手冲突的风险，是值得怀疑的。此外，它们的核试验加重了国会、政府官员和普通公众所感觉到的全球失序感。[16] 对许多美国人来说，从海外无序斗争中退却变得更具吸引力，随后他们就能享受到曾经降临美国的史无前例的繁荣了。

虽然这时美国干预受到的限制比以往任何时候都少，但显然美国无力解决发展中国家的许多问题。冷战后这些问题引发了广泛的暴力事件。美国巨大的军事力量在大多数动荡地区很少或根本没有用处，因为这些地区需要建设性、长期的解决方案。此外，大多数冲突是内战，而不是国家间的争端——事实证明，它们需要内部而非其他国家强加的解决方案。这一棘手的现实挑战着许多美国人的一贯看法，即美国军队一旦投入战斗，其势不可挡的实力会制服任何敌人，但越战的创伤早已质疑了这一假设。但这次许多人认为，美国事业的正义和无私是毋庸置疑的，而且美国也从未没有能力在世界上显示自己的权威。

索马里干预的失败提醒美国领导人，他们不仅要关注冲突中任何攸关的利益，也要关注其代价、公众支持程度、成功的几率以及一项连贯的退出战略。这些先决条件成为“鲍威尔主义”的组成部分。“鲍威尔主义”是以老布什总统、克林顿总统任内的参谋长联席会议主席鲍威尔将军的名字命名的。在海湾危机初期，鲍威尔曾敦促老布什延长对萨达姆·侯赛因的经济制裁，而不是发动“沙漠风暴行动”。但一旦老布什宣布了军事行动，鲍威尔便寻求以优势兵力迅速击败伊拉克，然后迅速地撤军。至于索马里，鲍威尔曾经警告，这是一次鲁莽的行动，而且其后果足可预料。但老布什、克林顿不予理会，他们确信善意、优势军力足以解决任何海外危机。这一观点深深地植根于美国对外事务的传统观点中。索马里行动的失败迅速地击碎了他们的妄想。

地区冲突也表明多边干预、维和行动的局限性。20 世纪 30 年代初，国际联盟未能阻止日本入侵中国东北地区。与其一样，20 世纪 90 年代联合国成员集体行动的誓言事实上是虚伪的。食言的原因与国联的先例有惊人的相似性：国家自身利益的重要性超过了跨国问题，大国间尚未解决的争端以及对世界机构政治和军事领导力的怀疑。尽管并非独自一国，但美国依然是与联合国分道扬镳的最为引人注目的国家。“肯定性的多边主义”曾是克林顿初期对外政策的基石，而且美国也支持联合国在后冷战时代反抗侵略的角色（参见第八章）。然而蜜月之后，这种联姻变得紧张起来。掌握着美国财权的国会领导人即使不是轻蔑，也是以怀疑的态度看待联合国，他们拒绝履行美国对联合国的财政义务。[17]

尽管地区冲突的教训为美国军事政策开了一剂温和的良药，但在其他方面，美国学到错误经验。人道主义干预的失败、对克林顿对外政策更为普遍的疑虑，激起了对美国在发展中地区积极活动的普遍抵制。就像钟摆滑向了另一个极端——全球**脱离**——国会大量削减了国务院的预算，关闭了数十个大使馆、领事馆和代表团。许多针对非洲、南亚和拉丁美洲最贫穷国家的对外援助计划也不予以考虑。[18] 由此，美国不再提供重要的资源去解决贫穷国家的基本问题，不会帮助其进行建设性、和平的、长期的变革。世界上最富强的国家相应缩减了对外服务的规模，实际上是取消了其对外援助计划。但是，甚至在没有任何严重外部威胁的情况下，其国防预算就重新回到了冷战的水平。这些事实对于美国未来的意图，传达出明确但令人不安的信号。

注释

[1] Benjamin Barber, *Jihad vs. McWorld: How Globalism and Tribalism Are Reshaping the World* (New York: Times Books, 1995), chaps. 10–14.

[2] John Mearsheimer, "Why We Will Soon Miss the Cold War," *Atlantic Monthly* (August 1990): 33–50.

[3] Samuel Huntington, "The Clash of Civilizations?" *Foreign Affairs* (Summer 1993): 22–49.

[4] John Lewis Gaddis, "Toward the Post–Cold War World," *Foreign Affairs* (Spring 1991): 102–122.

[5] Loch Johnson, "Reinventing the CIA," in *U.S. Foreign Policy after the Cold War,* ed. Randall B. Ripley and James M. Lindsay (Pittsburgh: University of Pittsburgh Press, 1997), 135.

[6] Bruce W. Jentleson, *With Friends Like These: Reagan, Bush, and Saddam, 1982–1990* (New York: Norton, 1994).

[7] Rick Francona, *Ally to Adversary: An Eyewitness Account of Iraq's Fall from Grace*

(Annapolis, Md.: U.S. Naval Institute Press, 1999), 5–6.

[8] Gerald B. Helman and Steven R. Ratner, "Saving Failed States," *Foreign Policy* (Winter 1992–1993): 3. 也参见：*Collapsed States: The Disintegration and Restoration of Legitimate Authority,* ed. I. William Zartman (Boulder, Colo.: Lynne Rienner, 1995)。

[9] 尽管卢旺达曾是比利时的殖民地，但独立之后却成为法国的势力范围。

[10] United Nations, *Independent Inquiry into the Actions of the United Nations during the 1994 Genocide in Rwanda* (New York: United Nations, 1999).

[11] Michael Maren, *The Road to Hell: The Ravaging Effects of Foreign Aid and International Charity* (New York: Free Press, 1997).

[12] "Which Haiti Policy?" (editorial), *New York Times* (July 7, 1994), A18.

[13] 印度的例子之所以值得注意，是因为 20 世纪 50 年代尼赫鲁领导的印度政府宣称自己是"不结盟运动"的领导者。

[14] Pratap Bhanu Mehta, "Exploding Myths" *New Republic* (June 8, 1998): 18.

[15] 以色列同样具有核能力，从而成为第八个核国家，但以色列政府并没有承认这一广为人知的事实。1994 年朝鲜武器计划被冻结之后，它也被认为拥有小型核导弹（参见第十三章）。

[16] Stanley Hoffmann, *World Disorders: Troubled Peace in the Post–Cold War Era* (Lanham, Md.: Rowman and Littlefield, 1998).

[17] 1999 年末，美国开始支付拖欠联合国总计 10 多亿美元的会费，但这也只是在其面临丢掉联大的投票权之后才做出的反应。

[18] 到 1995 年，美国对外援助支出占经济总产量的比例，比其他所有工业化国家都低。Michael O'Hanlon and Carol Graham, *A Half Penny on the Dollar: The Future of Development Aid* (Washington, D.C.: Brookings, 1997), 25。

第十章

变化中的欧洲局势

1995年，波斯尼亚难民拥挤在乡间公路上，试图避开内战所造成的破坏。这场内战在前南斯拉夫省与塞尔维亚人领导的贝尔格莱德政府之间展开。这场战争使人回忆起第二次世界大战时欧洲的景象，需要美国干预，因为事实上欧洲国家已无力阻止塞尔维亚人对穆斯林的“种族清洗”运动。

冷战后，美国继续在欧洲大陆发挥着影响，希望从苏联解体中获益，阻止新断层线的出现，然而美国的努力产生了相互矛盾的结果。当欧洲人更加强大、更为团结时，他们也会日益提防自己的保护者美国，更加寻求自立。毕竟深陷东西方斗争中近半个世纪之后，他们希望在大国中重新获得一席之地。

当然，美国对欧洲的关注不是什么新鲜事了，它总是将稳定的欧洲视为美国安全所必不可少的。具体而言，欧洲大国间的**均势**会阻止某个国家控制欧洲大陆，反过来也会威胁美国。纵观 19 世纪，这种地缘政治关切导致美国领导人避免与欧洲大国结盟。华盛顿的《告别演说》(1796)、《门罗宣言》(1823) 明确地阐明了这种战略。美国远离欧洲大国的政策，进一步在道德层面上被合法化：欧洲君主们厚颜无耻地否认其公民的基本政治权利，习以为常地将其置于致命的权力政治游戏的险境中。相比之下，美国仍然信守其民主原则，拒绝参与这种游戏。只要“欧洲协调”维持着均势，而且英国海军保护着大西洋航道，这种战略就行之有效。但是，美国人担忧某个国家试图控制整个欧洲大陆。这种担忧在两次世界大战中成为现实，从而迫使美国永远抛弃了其“光荣孤立”政策。

冷战伊始，美国对外政策决策者在考虑美欧关系的未来时，面临着困境。1945 年美国成为世界上最强大的国家，而苏联也迅速成为其主要对手，美国远离欧洲的政策甚至在**和平时期**也是无法想象的。这一困境迫使美国延续其在西欧的影响，试图使西欧国家参与到各种各样的国际组织中，从而鼓励地区合作，压制民族主义，阻止自利的经济和安全政策。

欧洲“制度主义”的战略有助于加强西欧对苏联的抵抗，但也包含着一种超越冷战的逻辑。欧洲人合作而非自相残杀，这标志着欧洲地区有了历史性突破，对美国来说则是一种宽慰。不出所料的是，当 20 世纪 90 年代欧洲局势瞬息万变时，美国老布什、克林顿总统仍然信守这一战略。如本章所述，1992 年西欧国家创建了欧盟，进一步迈向了邦联，最终采用了共同货币。与此同时，其东欧邻国很大程度上按照欧盟国家的标准重建自己的政治制度和经济体系，它们也对北大西洋公约组织产生了强烈的兴趣。北约并没有随苏联而逝，而是向东欧扩张，卷入了“区域外”的冲突中。在这段时间，俄罗斯政府却在一场又一场危机中步履蹒跚，使整个欧洲高度紧张。

美国总统老布什、克林顿先后试图扮演着稳定的角色，因为欧洲当时需要适应新的战略环境。两位总统都明白，一个民主的、支持自由市场的欧洲不仅有益于欧洲人，也会使美国更安全。然而，美国未能阻止巴尔干半岛和苏联地区之间发生冲突，也未能阻止其欧洲盟友建立新的军事体系以及设计新战略。如果这种战略完全实施的话，它相当于宣告欧洲的独立自主地位。欧洲议会的一位官员写道：“现在欧盟不再仅仅是美国的附庸，往往在国际会议的重大议题上发挥着领导作用。”“这对美国政策各有利弊，但不管结果怎样，华盛顿现在必须考虑这种政治新生活。”[1]

西欧：从共同体到联盟

西欧整合成为更具凝聚力的欧盟，使这些国家更为紧密，为其解决长期存在的政治分歧提供了平台。1992 年，欧盟委员会 12 个成员批准《马斯特里赫特条约》(Maastricht Treaty)，从而建立了欧盟，并推动联盟超越经济一体化，将统一法律和共同对外政策等目标纳入其中。[2]1995 年，三个中立国——奥地利、芬兰和瑞典——加入欧盟，将其正式成员方扩大到 15 个。[3] 随着欧盟成员的数量和职能的不断扩大，“双重主权”(dual sovereignty) 体系出现了。尽管成员国最终仍在政治上控制其领土和公民，但它们越来越多地将自身权威转移到位于布鲁塞尔的欧盟中央政府。虽然怀疑者长期以来摒弃“欧洲合众国”(United States of Europe) 观念，但到 2000 年，这种历史观的确成为了现实。

从华盛顿的立场来看，欧洲日渐迈向联盟的行动既是件好事，却也有潜在的麻烦。如上所述，美国领导人始终支持地区整合（regional integration），视其为一种化解欧洲大国激烈竞争的手段。杜鲁门政府明确把区域合作作为马歇尔计划资金与军事援助的条件。但是，一个复兴的欧洲更会寻求独立自主的路线，即使这意味着欧洲会疏远美国。

欧洲局势的改变也造成了政治后卫（political guard）的变化。20 世纪 90 年代，新一代领导人力求淡忘冷战，轻松地步入新世纪。这些领导人包括英国首相托尼 · 布莱尔、法国总统雅克 · 希拉克（Jacques Chirac）、德国总理格哈德 · 施罗德（Gerhard Schröder）。这三位都支持欧洲整合的深入发展，并利用其在欧盟的政治优势向小国施压。欧洲“三大”政府的领导人在某些方面具有共同之处：他们对克林顿和美国国会之间激烈的冲突感到惊愕，因由此所导致的美国对外政策僵局而恼怒，决定无论有无美国，都要追求自身的利益。

1999 年 1 月，欧洲整合最大的进步是共同货币欧元的使用。[4] 由于国家货币是主权的核心支柱之一，政治领导人通常掌管着国家货币，特别是在欧洲。17 世纪民族国家体系形成于欧洲，但在欧洲形成单一的内部市场之后，许多国家货币的币值极为不同而且剧烈波动，这成为一件恼人之事。因此，共同货币将是商业行为的最有效方式（见表 10–1）。

表 10–1　美国与欧盟：2000 年基本指标比较

	美国	欧盟
人口（单位：百万）	282	377
GDP（单位：万亿，按 2000 年美元为不变价格）	$9.8	$7.9
人均国内生产总值（按 2000 年美元为不变价格）	$34,599	$22,756
军事开支（单位：十亿，以美元现价为准）	$302	$209

来源：World Bank, *World Development Indicators* (Washington, D.C.: World Bank, 2005)。
注：欧盟的数字并不包括各成员之间的贸易。

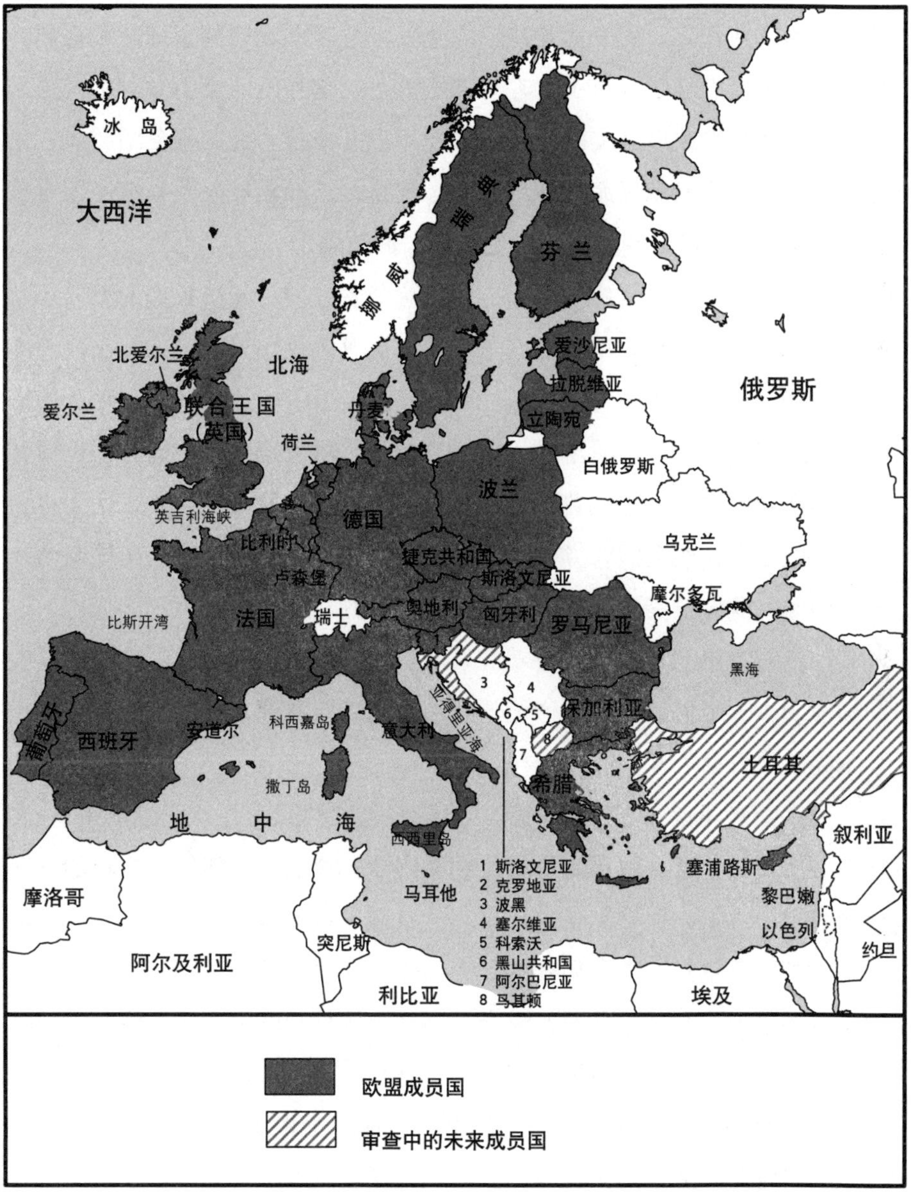
冰 岛
大西洋
北爱尔兰
北海
爱尔兰
联合王国
(英国)
丹麦
荷兰
挪威
瑞典
芬兰
爱沙尼亚
拉脱维亚
立陶宛
俄罗斯
白俄罗斯
波兰
德国
英吉利海峡
比利时
卢森堡
捷克共和国
斯洛文尼亚
乌克兰
摩尔多瓦
比斯开湾
法国
瑞士
奥地利
匈牙利
罗马尼亚
黑海
亚得里亚海
保加利亚
葡萄牙
西班牙
安道尔
科西嘉岛
意大利
土耳其
撒丁岛
希腊
地 中 海
西西里岛
叙利亚
塞浦路斯
摩洛哥
马耳他
黎巴嫩
以色列
约旦
突尼斯
阿尔及利亚
利比亚
埃及
1 斯洛文尼亚
2 克罗地亚
3 波黑
4 塞尔维亚
5 科索沃
6 黑山共和国
7 阿尔巴尼亚
8 马其顿
欧盟成员国
审查中的未来成员国

地图 10–1 欧盟

然而，欧元付出了沉重的代价：每个政府被迫让渡其财政和货币权威，控制公共开支，缩减债务并降低通胀。11 个欧元区国家缩减了福利计划，减少了政府补贴。过去，在外部压力下，这种改革会引发对帝国主义的控诉，而且当政府开支削减导致失业率上升或社会公共服务缩减时，紧缩措施通常会引发示威游行或者骚乱。但是，欧洲领导人及其选民愿意接受其自主性受到的限制，以换取更加繁荣的前景。

欧洲经济体之间的内部和谐，并不意味着它们与美国长期的贸易争端就此销声匿迹。恰恰相反，这些争端甚至更具争议。只不过这一次，美国贸易谈判代表面对统一的战线而不是各自为政的外交部。1999 年，华盛顿和欧盟之间的紧张关系导致了“香蕉战”。欧盟拒绝从美国公司进口香蕉，然而美国报复性地向许多欧洲商品征收 100% 的关税。第二次飞机引擎销售的争端，使美国官方禁止欧洲协和式超音速喷射客机在美国降落。与此同时，欧洲投资者并不理会美国所领导的对古巴经济封锁的措施，以及其他针对古巴领导人卡斯特罗的贸易伙伴的制裁措施。总的来说，这些问题表明，一个人口和经济产值超过美国的联合欧洲，会成为世界市场激烈争夺的强力竞争者。

《马斯特里赫特条约》规定，欧盟实施“共同对外与安全政策”。相比于共同货币，这一政策更为野心勃勃。欧盟成员方承诺集中自己的外交使团和军事力量，似乎准备交出最后的且最关键的国家主权。但是，欧洲整体对外政策依然有众所周知的巨大障碍。军事力量的国别将无关紧要，但军队的领导权则并非如此。哪个大国将会领导全欧洲的军队呢？其他欧盟成员方将会在指挥架构里扮演什么角色？[5] 此外，从未明确的是，欧洲人将如何负担这样一支军事力量的费用，或者更根本的是，“共同”对外政策的实质究竟是什么。

只要美国既负责国内事务，也负责布鲁塞尔北约总部的事务，那么这些含糊之处几乎没有什么影响。联盟不仅使欧洲人在军事领导上免于危险的决策，而且使其节省军事开支，从而为欧洲公民所支持的更慷慨的社会计划提供资金。然而冷战结束后，越来越多的欧洲人将北约组织与美国霸权联系起来，特别是法国人。因此，法国推动与德国建立联合防御部队，使共同对外政策成为现实。如果这种努力成功了，它有可能使美国成为自身胜利的受害者。一位学者观察到："当马克、法郎、里拉与荷兰盾不再流通时，陆军、海军和空军最终会接踵而来。""一个迈向真正经济整合的欧洲，对美国来说或许是一个更不可信、更不可捉摸的伙伴——甚至根本不是伙伴。"[5]

东欧民主进程

对美国而言，东欧"转型"国家的命运也十分重要。东欧长期以来被视为东西方权力平衡的支点，曾经遭受俄国和德国军队的两次血洗。冷战期间，东欧国家是苏联的傀儡，忍受了数十年共产主义统治下的政治压迫和经济衰退。那么对所有大国来说，20 世纪 90 年代初东欧广泛的改革带来的意义，远远超越了东欧地区。

大多数东欧国家政府或缺乏民主制，或缺乏市场经济的历史经验，所以改革时它们面临着巨大困难。但是，冷战的终结预示着好日子将要到了。因而在第八章中，弗朗西斯 · 福山（Francis Fukuyama）所概述的"历史终结论"受到了大多数东欧人的欢迎。东欧人的历史充斥着外族征服和统治。

新解放的东欧国家迅速付诸实施民主政府所要求的各种制度。它们制定并通过宪法，从而确保基本政治和公民权利，而且建立现代法典和司法体系以保证法治的优先地位。它们也建立了立法机关，从相互竞争的政党中产生领导人，参与辩论并颁布新法律。一般而言，他们几乎白手起家，建立民主制的结构性基础，这种努力富有成效。但这些政治改革的成功依赖于同时进行的经济改革的进步。经济改革试图以私人企业的经济体系替代苏联时代的中央计划经济体系。但事实上，这一任务在东欧许多地区是相当困难的，威胁着该地区的民主转型。

这些困难来自几个方面。第一，重建这些经济体的花费是前所未有的。冷战后整个东欧的经济状况都不容乐观。衰落的工厂、破旧的道路、落后的设备、普遍的环境破坏使局面恶化。学校系统落后荒废，课程教材已过时了，而且教师的工资也仅够糊口。显而易见，教育和培训经济长期增长所需的高效劳动力需要许多年，很可能超过一代人的时间。[7]

第二，许多东欧公民在半个世纪的共产主义统治下，被剥夺了西方享有的政治权力和经济繁荣，因而毫无锐气。在组织独立的工会、竞争性政党以及其他民主运动方面，他们几乎毫无经验，而且毫无竞选经验。由此他们从苏联统治下得到自由，往往没有准备好处理随之而来的政治领导的要求。“结构性调整”导致了社会服务方面的普遍裁员和削减，促使大众抗议国家领导人。但在东欧反抗共产主义时期，这些领导人曾被奉为救世主。

第三，大多数东欧国家并没有立即吸引大量外国投资，进而阻碍了东欧的复兴。当时，外国投资主要流向了美国、西欧和东亚的新兴工业化国家。私人投资者、跨国公司普遍对前共产主义国家持观望态度。只有波兰、匈牙利以及捷克共和国小范围内吸收了大量外国投资。因此不必惊奇，2000 年这些国家能够成为与西欧国家相竞争的市场经济体。波兰迅速以“休克疗法”（shock therapy）[8] 实施改革，成为东欧经济总量最大的国家。在数年的萧条之后，20 世纪 90 年代末波兰经济增长每年保持在 5% 以上，而且通胀和失业率也稳步下降。多达 170 亿的外国投资同样为匈牙利经济复苏提供了动力。这些国家很快优先成为欧盟候选国，深受北约欢迎，这并非巧合（如下所述）。

投资东欧其他国家的零星私人资本，一旦遇到麻烦就迅速撤回。东欧较小的经济体尤其脆弱。20世纪90年代，保加利亚、罗马尼亚的经济总量持续下降，迫使其领导人依靠国际货币基金组织的紧急援助，以防止经济崩溃。与此同时，政府腐败和有组织犯罪削弱了公众对改革的信心。许多人怀念冷战时期的共产主义政权，因为共产主义政权至少能保证其就业以及最低程度的收入。因此，1994年保加利亚社会党控制了国家立法机关。在罗马尼亚，由前共产党高级成员领导的罗马尼亚救国阵线（National Salvation Front）成为最受欢迎的政党。

所有这些都与影响改革的第四个问题相关，这一问题在转型之后很久之后才开始显现。在整个东欧，最有权力的政府官员通常是前共产党人，他们在言辞上拒绝了共产主义，接受了自由市场。然而，在现实中这些前共产党的**权贵**利用其地位和人脉，确保自身在国有企业里交接到私人手中时占有相当大的份额。但即使他们获得控制权，相比于在冷战时期，这些前共产党技术官僚也无法更好地刺激生产力和经济增长。“权贵资本主义”（Crony Capitalism）[9]使许多东欧经济体陷入长期停滞，而且未能提高人民的生活水平。

北约寻求新使命

经济领域之外，冷战后欧洲军事安全的未来仍不明朗。核心关切在于北约的地位，因为它已经完成了其使命，即保护西欧国家免受苏联的进攻。从这一成就来看，许多人感觉这一联盟应当解散。但对老布什、克林顿总统等其他人而言，在应对大西洋两岸成员方所面临的新威胁方面，北约依然是有用的。

对北约未来的困惑反映了对其过去的普遍误解。与官方声明相反，遏制苏联阵营并不是冷战期间北约唯一的目的（参见第三章）。北约第一任秘书长黑斯廷斯·伊斯梅（Hastings Ismay）勋爵恰当地总结了其更广泛的功能。当时他指出，北约需要“让美国人进来，俄国人出去，德国人下去”。仅仅只有第二项功能与冷战直接相关，第一和第三项有着更深刻的根源。这些功能与20世纪90年代对俄罗斯的质疑，都使北约联盟前途未卜。

美国所提供的军事“保护伞”对北约的建立至关重要，当时受到了西欧领导人的热切欢迎。美国在北约的影响下，不仅巩固了冷战的前线，而且也抑制了曾导致两次世界大战的长期**内部**竞争。由于联盟的保护，西欧国家能够集中精力恢复经济，致力于政治合作。在这个意义上，美国“为欧洲人提供了安全感，否则他们就不会有这种安全感，因而有助于西欧内部形成比过去更加稳定的安全、政治和经济关系”[10]。

德国在北约也占有重要地位。德国领导人借助北约重新加入了西欧共同体，而没有激起对扩张主义新的担忧。德国总理从康拉德·阿登纳（Konrad Adenauer）到施罗德都试图以此强化德国脆弱的民主，确保它能在这个有独裁历史的国家里获得成功。实际上，北约联盟对德国和俄国采用了“双重遏制”政策（policy of “double containment”）。但是，就像美国作为地区保护者的角色一样，“遏制”德国的这一需要很少被公开提及。

那么，北约为西欧免受外部攻击提供了集体**防御**，也为抑制其自我毁灭的趋势提供了集体**安全**。事实上，在冷战后这两种角色依然是有效的。如本章后所述的，俄罗斯的发展很难使其他欧洲国家安心，德国也不是欧盟的经济发动机。因此，北约被视为一个保证人，以防止德俄再次对抗（就像一战前那样），或者进一步合谋（如二战前那样）。北约联盟还能缓和其他成员方之间的紧张关系。例如，冷战期间及其后希腊和土耳其关于塞浦路斯的争端及其他事情慢慢缓和了，这些及其他争议热点都要求美国在欧洲继续维持无孔不入的影响。

由于苏联地区国家希望成为“西方”的一部分，北约即刻找到了其继续存在的论据。因此，这个问题迅速演变成：它应不应该扩大，而不是北约联盟应不应该解散。这似乎是“扩大”（enlargement）（军事参谋人员喜欢这个词）的正确时机，因为华沙条约的废除在东欧形成了新的权力真空。除非北约填补这一真空，否则波兰和匈牙利等国家必须建立独立的军事力量，也许要建立另一个地区集团。但这两种场景对北约成员或东欧人都没有吸引力，因为他们把北约视为成为欧盟成员的垫脚石。

俄罗斯使北约扩大的决策复杂化了，因为俄罗斯领导人总是害怕敌对邻国的包围。因此，北约东扩的任何行动都可能挑起俄罗斯民族主义情绪，孤立俄罗斯温和派。反过来，这种行动将会迫使俄罗斯重整军备，并转移资源，然而这些资源是确保政治经济改革成功所急需的。1993 年 10 月，克林顿和其他北约领导人达成一项折中方案。在“和平伙伴关系”（Partnership for Peace）的范畴下，华约成员、苏联加盟共和国都受邀成为北约的新成员，它们以此参加北约的某些会议和训练，但他们没有正式成员国的安全保证。如果“伙伴关系”事实上成功了，那么这些准成员就会被考虑接纳为正式成员。[11]

俄罗斯总统叶利钦第一个拒绝了“伙伴关系”的概念，但他很快意识到自己立场的无效。然后，他又坚持俄罗斯因其军事力量和联合国安理会常任理事国身份理应受到优待，但这也是徒劳的。叶利钦进一步抗议北约邀请波兰、匈牙利和捷克共和国作为第一批正式成员加入北约的计划。俄罗斯总统利用北约内部的摩擦，就欧洲人身处美国军事控制之下提出警告。他宣称，莫斯科和华盛顿之间正在出现“冷和平”，并暗示只有当北约东扩计划停止后，美俄两国关系才会缓和。

美国及其北约盟国没有理会叶利钦赤裸裸的威胁，因为当他尚未完全掌权时，他需要以此来安抚国内民族主义者。欧美国家继续自己的计划，1999 年批准上述 3 个东欧国家成为北约成员，并继续为其他东欧国家敞开大门。面对无可挽回的局面，叶利钦再次软化了自己的态度。他没有阻挡北约扩张，反而成功地谈成了一项单独的条约，从而阻止外国部队或核武器在东欧的部署。1997年《北约—俄罗斯的基本法案》（Russia-NATO Founding

Act）呼吁这两个前冷战对手之间进行军事合作，而非军事竞赛。在这一协定下，俄罗斯将会对北约的政策“争取发言权，但不会否决”。

叶利钦在北约东扩问题上让步了，表明了其国家衰落的程度。我们仅需考虑一下，如果苏联赢得冷战后，邀请墨西哥以及其他拉丁美洲国家加入华约，美国将如何应对。事实上，北约不在东欧部署核武器的提议是毫无意义的，因为北约会在危机时刻迅速撤销这一提议。然而，俄罗斯依然接受了顾全面子的协议，并得到了回报：西方继续给予数十亿美元的经济援助。北约赢得了俄罗斯的退让，1999 年 3 月欢迎波兰、匈牙利和捷克共和国加入。所有欧洲国家和加拿大都迅速批准了北约的这一东扩行动。在美国，即使几乎在每个对外政策问题上都反对克林顿的参议院，但也以 80 票对 19 票批准了此次北约东扩。国务卿奥尔布赖特宣称，欧洲向“完整和自由”迈出了一大步。

但是，东扩后北约的使命是什么呢？北约新的“战略概念”略去了先前的目标——维持“欧洲的战略平衡”——然而未能勾勒出一个清晰的未来角色。如文件所宣称的，地区安全的意义将会超出军事关切，那么北约联盟将如何解决其所面临的一系列政治和社会问题？如奥尔布赖特所提议的，北约联盟究竟如何针对大规模杀伤性武器进行一场全球清剿行动？上面提到不安的原因没有明确的答案：北约持续存在背后的真正动力是要约束俄罗斯和德国，而且维持美国在欧洲主导性的军事影响，但这在政治上过于敏感而无法公开予以承认。

然而，在北约东扩的争论中另一问题产生了：北约是否会干预其成员领土之外的冲突？这个答案由北约战斗机解答。在北约年度庆典之际，北约战斗机轰炸了东南欧的南斯拉夫。这个前共产主义国家深陷残酷的内战，然而这已是北约的第二轮袭击了。在世人皆知的“欧洲火药桶”巴尔干半岛，绵延日久的冲突最终考验着北约及其并不明确的新使命。

巴尔干地区的“种族清洗”

20世纪90年代南斯拉夫暴力解体，这个可怕的例子说明了冷战约束的消除如何引发民族主义的对抗。南斯拉夫建国于第一次世界大战后，是由多个种族和信仰构成的联邦国家组成——主要是塞尔维亚人（东正教）、斯洛文尼亚人和克罗地亚人（天主教）、波斯尼亚人和阿尔巴尼亚人（伊斯兰教）。冷战期间，约瑟普·布罗兹·铁托借助马克思主义意识形态和政治权力的垄断，镇压任何分裂行为，统治着整个南斯拉夫。但1980年铁托逝世后不久，他所做的权宜安排便开始崩溃。1989年，南斯拉夫与东欧其他共产主义国家一起完全解体了。古老的宗教仇恨迅速浮出水面，因而南斯拉夫随之陷入暴力的旋涡中。[12]

占优势的塞族依然控制着首都贝尔格莱德以及强大的武装力量，他们反对南斯拉夫的分裂，试图建立一个大塞尔维亚，包括由非塞族占领的大部分领土在内。1991年，斯洛文尼亚与克罗地亚省宣布独立。欧共体迅速承认其独立，然而南斯拉夫军队干预其领土独立。塞族部队造成了巨大的破坏，但依然无法阻止两个新国家的独立。很快联合国也承认其独立。随后塞族人命令其部队进军波斯尼亚和黑塞哥维那（Herzegovina）（此处也指波斯尼亚）的心脏地带。拥有民族最多的省份波斯尼亚也宣布独立。为了扩大塞族领土而把穆斯林从其聚居区驱逐出去，波斯尼亚塞族人展开了一场自称为“种族清洗”的运动。蒙面的民兵部队洗劫并烧毁村庄，拷打着集中营里的非塞族人并使其挨饿，强奸伊斯兰妇女，而且围困了波斯尼亚首都萨拉热窝长达三年，切断了市民的食物与水电。

这些行为使外界观察家倍感震惊，并受到了外界广泛的谴责。1992年，包括总统候选人比尔·克林顿等在内的许多美国人呼吁军事干预。惊恐的观众们控诉对伊斯兰人的驱逐构成了种族灭绝。《联合国宪章》明确禁止种族灭绝行为。他们呼吁所有国家进行干预，制止基于种族和宗教差异的大屠杀。但是，对战争罪行的控诉适用于双方，因为克罗地亚人和穆斯林部队也曾对塞族人施暴，这一地区的历史又重演了。

干预的反对者认为，尽管欧共体和美国承认了新成立的国家，但这是一场内战而不是国与国之间的战争。美国国防部断言，任何意在平息战争和恢复秩序的军事干预，需要 20 万至 40 万的部队，而且这会发生激烈的战斗，造成大量伤亡。此外，外国部队或许不得不在极度危险的领土上驻军很多年，而且显然没有连贯的“退出战略”。最重要的是，这场冲突似乎只限于巴尔干半岛，对其他大国，尤其是美国几乎没有威胁。老布什政府普遍接受了这种谨慎的观点，从而追求一种谈判所达成的结果。与之相似的是，克林顿一旦当选，很快收回了最初对外界干预的呼吁，敦促外交解决方式，优先考虑欧盟的调解。后来，当欧盟成员全神贯注于地区整合，苦恼于巴尔干地区深陷争斗的友邦，从而未能采取统一的立场时，克林顿极为失望。

冲突之初，对南斯拉夫的国际武器实行禁运有利于塞族，因为南斯拉夫军队——在共产党执政时期装备精良——从其军火库里为波斯尼亚塞族提供武器。相比之下，穆斯林无法获得足够的武器保护自己。虽然如此，欧洲领导人依然反对解除禁运，因为这只会加剧暴力而且危及自己的维和部队。在穆斯林所控制的区域里，欧洲维和部队保护着所谓的安全区。武器禁运一直持续到 1995 年，与经济制裁共同打击着贝尔格莱德的塞族政权。

当克林顿提议多边军事行动以及解除对波斯尼亚的武器禁运时，大多数西欧政府以及许多有影响力的联合国成员都反对克林顿，包括斯拉夫塞族的传统盟友俄罗斯。大多数国防部专家也反对军事应对，因为在他们看来，若没有大规模部署美国地面部队，空袭几乎没有效果。在国会和公众中间，国内问题似乎远比无解的巴尔干问题需要获得更多的关切。简而言之，许多美国人问着同样的问题：如果欧洲人没有感到巴尔干局势的威胁

地图 10–2　前南斯拉夫

*2006 年 6 月黑山宣布独立。此后，前南斯拉夫的最后两个省份塞尔维亚和黑山分别成为民族国家。

足以使其干预，为什么美国应该干预呢？

由于所有这些原因，克林顿不愿坚持己见，不像老布什在科威特那样采取行动。相反，他摇摆不定，有时威胁以空中力量干预而且解除武器禁运；有时又违背自己的立场，将盟国的勉为其难视为自己无所作为的原因。克林顿明白，如果美国单边干预，这场战争很快会变成“美国的战争”。像约翰逊总统时期的越南战争那样，他可能会陷入军事泥潭中，危害到自己国内的优先事项，引发和平运动，危及自身 1996 年连任的机会。

与此同时，联合国努力推动一个按照波斯尼亚种族划区而治的计划，但塞族仍然袭击了联合国承诺保护的穆斯林领土。联合国维和人员向被围的穆斯林提供药品和食品，但只有在针对萨拉热窝周边山地塞族据点的空袭时，这座城市和其他安全区才能暂时得到救济。由联合国批准而由北约执行的空袭几乎没有，这表明了外国不愿阻止塞族的侵略，这时塞族便更肆无忌惮。为了阻止以后的空中袭击，塞族抓住了数以百计的联合国维和人员，作为人盾置于轰炸目标的周围。因此，塞族完成了他们的目标，即把整个波斯尼亚的穆斯林逐离其家园。此外，这也展示出了联合国维和部队永远不会维持和平，因而塞族成功地羞辱了联合国。1995 年 7 月，在最后一轮袭击中，塞族占领了穆斯林在斯雷布雷尼察（Srebrenica）、则帕（Zepa）的安全区。在联合国维和人员无能为力的注视下（他们奉命只能在自卫时使用武力），塞族使穆斯林家庭妻离子散，将数以千计的男性成人和儿童驱赶到集中营。后来他们在那里被处决，葬于万人坑。

《代顿协定》

1995 年末，地区性均势的突然变化改变了局势。克罗地亚军队表现出惊人的实力，成功地对塞族发动地面袭击，夺取了塞族人的许多领土。穆斯林部队的反攻产生了新一波的难民潮，但这次塞族人避开了克罗地亚人

作用与影响

马德琳·奥尔布赖特

冷战后，美国积极的世界角色最强有力的支持者之一是国务卿马德琳·奥尔布赖特。她是美国首位女国务卿，也是美国政府中地位最高的女性。她认为，作为世界上“不可或缺的国家”，美国有责任在远离其国境的地方推动民主自由，即使使用武力也在所不惜。

奥尔布赖特的个人经历深刻地塑造着其世界观。1939 年希特勒占领捷克斯洛伐克后，奥尔布赖特一家人逃离了，然而她的三位祖父母则丧生在德国集中营里。希特勒战败后，奥尔布赖特一家回到了家乡，但当 1948 年苏联发动共产党政变控制政府时，他们很快再次成为了难民。作为捷克外交官的女儿，奥尔布赖特在克林顿第一任期内担任美国驻联合国大使。她呼吁美国参加数项联合国维和行动，致使她与国会共和党领袖经常发生冲突。但她依然在国会山备受推崇，1997 年轻松获任国务卿。

和穆斯林。北约意识到均势的变化，也因最近的塞族暴行而愤慨，因此持续性地轰炸塞族弹药库、桥梁和防空设施，从而进一步削弱了塞尔维亚人的力量。此时，针对贝尔格莱德的多边经济制裁开始产生影响，这迫使塞尔维亚总统斯洛博丹·米洛舍维奇（Slobodan Milosevic）坚持对波斯尼亚塞族人的权威。

在不断好转的形势中，美国领导人抓住时机，促使巴尔干各方达成一项协定。虽然暴力行为、相互仇恨日益加深，但各方都有结束冲突的充足理由：对塞族人而言，他们可以巩固波斯尼亚塞族的收益，以免失去这些收益或者形势发生逆转，并且结束经济制裁；对克罗地亚人而言，他们可以保全自己独立的国家，并保护其他地区的国民；对穆斯林来说，他们以此减轻自己民众的痛苦，并建立一个穆斯林占优势的波斯尼亚国家。三方领导人被迫在美国俄亥俄州代顿空军基地面对面地谈判，于 1995 年 11 月签署了一项复杂的协定，从而于 1996 年实现了停火。根据《代顿协定》（Dayton Accords），作为“联合努力行动”（Operation Joint Endeavor）的一部分，北约将向本地区派驻近 6000 名士兵。一旦到位，他们便隔离武装部队，保护普通民众，并向饱受战争摧残的波斯尼亚社区运送经济援助物资。随后波斯尼亚领导人建立了由三位总统领导的新政府。总统各属一个民族，并在全国大选中由全体波斯尼亚人选出。

克林顿 1996 年 11 月连任后不久，便将波斯尼亚的北约行动延至 1998 年 6 月。这一举动并不令人惊讶，因为这是其外国军事影响力的再扩大。克林顿认为，军队还需要为新生的民选政府完全控制局面争取时间。因此，北约部队、俄罗斯维和人员一起在这三个地区继续复员军人，解除其武装。美国、英国和法国分别监督着这三个地区。美国和西欧政府正式通告波斯尼亚：继续推进和平进程、或面临着新的经济制裁以及维和部队的撤出。

集体安全体系被认为能确保后冷战时代的和平，但波斯尼亚战争揭示出其关键性缺点，即联合国无力集体地应对侵略，更不用说制止和惩罚

“种族清洗”了。联合国的这种失败反映出西方大国的失败。直到被迫行动之前，西方大国还因危机而有着严重分歧。当时欧盟试图建立“共同对外与安全政策”，然而事实上尤为无能为力。由于所有这些缺陷，外界强加的和平会为长期和解奠定基础便值得怀疑。

科索沃战争

不幸的是，巴尔干战争没有在波斯尼亚结束。正如很多人所担忧的，米洛舍维奇完全将其战争机器转向了南斯拉夫的另一个省科索沃。尽管长期处于贫困以及有很少数量的塞族人，但科索沃对贝尔格莱德依然有着巨大的象征意义，因为那是塞尔维亚军队在 1389 年科索沃战争中抵抗土耳其帝国的最后决战之处。塞尔维亚人战败之后，大部分科索沃人皈依伊斯兰教。其余塞尔维亚人接受天主教，忍受了土耳其帝国长达 5 个世纪的高压统治，始终图谋报仇。当一战后科索沃并入新的南斯拉夫联邦时，他们第一次获得了机会。塞尔维亚人领导的政府立即试图报复，将占多数的阿尔巴尼亚人驱逐出科索沃，使塞族人占据其村落。但是，第二次世界大战打断了这一轮最初的“种族清洗”，因为这一地区再次成为大国的战场。

冷战初期，铁托允许科索沃冲突郁积，甚至允许科索沃依照 1974 年南斯拉夫新宪法进行自治。但 15 年后，米洛舍维奇一执政，便改弦更张。他很快废除宪法，取消科索沃阿尔巴尼亚人的权利，把塞族人安插到省政府的关键位置上。但因为塞族人离开科索沃已达数个世纪之久，所以他们仅占其总人口的 10%，而阿尔巴尼亚人则占 90%。在这方面，始于 1989 年的镇压运动从一开始便是注定失败的。科索沃人则宣布独立，组建了一支以科索沃解放军（Kosovo Liberation Army，KLA）闻名于世的防御力量。但是，伴随着苏联解体所带来的喜悦，以及随后南斯拉夫其他地方爆发的暴力行动，其建国主张被淹没了。

对米洛舍维奇来说，在科索沃的报复行动是弥补其在斯洛文尼亚、克罗地亚和波斯尼亚耻辱性失败的唯一途径。其民兵部队强迫阿尔巴尼亚人离开自己的家园，抢夺他们的财产，然后在整个村落燃起大火。作为回应，科索沃解放军突袭为数不多的塞族人，主要针对警察和政府官员。1999 年 2 月，美国和好几个欧洲国家试图避免全面战争，将冲突各方聚集在法国朗布依埃。调解者所提出的方案包括：塞族部队撤出科索沃、北约领导的维和部队接管、重新恢复科索沃的自治（但不是独立），但这些对塞尔维亚人和科索沃人都没有吸引力。在美国和欧洲领导人的巨大压力之下，不管怎样，科索沃代表同意了协议，但只因为米洛舍维奇拒绝在协定上签字，谈判失败了。

由于《朗布依埃协定》(Rambouillet Accords) 支离破碎了，北约几乎别无选择，仅能以军事力量相回应。拒绝军事干预将会表明威胁是徒劳的。此外，如果没有行动，北约将会有削弱联盟的危险，当时北约正寻找新生活——和新成员。受到威胁的北约于 3 月底开始了代号为“盟军行动”(Operation Allied Force) 的轰炸。在国内批评者与焦虑的欧洲领导人的压力下，克林顿总统公开反对地面进攻。[13] 但是，为了减少北约伤亡的风险而获得对干预的支持，克林顿及其北约伙伴掩盖了米洛舍维奇所制造的巨大灾难：对科索沃的巨大破坏、100 多万平民流离失所。这些结果正是北约所极力避免的。

这次事件十分恐怖，但又非常熟悉。数以千计的穆斯林男性被集拢起来，受虐待，被杀害；塞族军队士兵往往在孩子面前强奸穆斯林妇女；住宅和店铺遭到抢掠和烧毁；佩茨和贾科维察等整座城市，甚至是科索沃首府普里什蒂纳都化为了灰烬。那些侥幸逃离袭击的人丢失了自己的身份证件，流浪到进出科索沃的布满地雷的山道上。许多年老难民丧生在路上，他们的尸体成为幸存者毕生难忘的梦魇。其余难民则与家人分开，被塞进锁住的火车中，被运送到位于阿尔巴尼亚和马其顿的难民营中。这些营地既缺乏足够的食物和住处，也不能提供足够的医疗监护。尽管这一恐怖袭击似乎是自发和无序的，也并非是塞尔维亚人宣称出逃是北约轰炸所引起的，但这一恐怖袭击“从一开始就是精心组织的，意在驱逐大量民众”[14]。

克林顿很快面临着北约所做决定的后果，即北约决定采用逐步升级的轰炸计划，而不是伤害平民的压倒性摧毁力量。基于波斯尼亚的成功经验，克林顿总统错误地认为北约武力的适度展示——仅持续了 2 到 3 天——会再次迫使米洛舍维奇回到谈判桌。但这一次针对塞族火炮和指挥中心无关痛痒的袭击仅仅只是进一步摧毁了科索沃。克林顿因此仅有一个选择：强化轰炸行动，将北约空袭指向塞尔维亚的心脏。但是，最初北约轰炸机一系列错误的锁定，包括客运火车的摧毁、对贝尔格莱德市中心中国大使馆的轰炸，造成了大量平民丧生，广受指责。但这类错误是意料之中的，因为飞行员飞行不得低于 15000 英尺，那是塞尔维亚防空导弹的射程。但与此同时，北约齐射式攻击及其最终胜利是不可逆转的。

在冗长的内部磋商之后，北约国家最终在 5 月份承认，空中行动或许需要地面部队的支持。北约联盟也同意科索沃解放军重新发动地面行动，诱使塞族军队走出其隐蔽地，暴露在北约新一轮破坏性攻击之下。像波斯尼亚的空袭得到克罗地亚—穆斯林反击的支持一样，科索沃的军事行动最终取得了成果。对贝尔格莱德电网的不断袭击，简直使这座南斯拉夫首都“熄灯”，这特别有助于展示北约巨大的决心。米洛舍维奇再次面临失败，而且俄罗斯政府要求结束战争，因而他于 6 月同意撤回塞族部队，允许无家可归的科索沃人回到自己废墟般的社区中。

巴尔干最新一轮的考验实现了北约的总体目标。塞尔维亚长达十年的恐怖和威吓行动终于落幕，而且害怕冲突会扩展到南斯拉夫以外的恐惧也消失了。在接受米洛舍维奇最终投降之时，西方领导人传达着这样一条信息，即欧洲的“种族清洗”已成为历史。由于北约没有一人伤亡便打败了塞尔维亚，因此克林顿与其欧洲伙伴们避免了国内政敌动员反对战争、挑战他们的权威以及威胁联盟的未来。

在其他方面，北约的胜利是局部的、有所保留的。科索沃得以“解放”，但它依然是，至少名义上是南斯拉夫的一部分。米洛舍维奇及其军方高官副手依旧掌握着权力，甚至在被联合国法庭以反人类罪起诉后。对欧洲国家来说，干预科索沃清楚地表明了，为达成某种共同对外政策它们还有多少路要走。在战术方面重要的是，美国战机完成了6000个轰炸任务中的大部分，而且美国情报机构几乎确定了每个目标。相比之下，欧洲国家几乎没有提供技术人员和武器系统。德国外交部长费舍尔观察到：“对欧洲而言，科索沃战争的主要经验是欧洲自身的不足、软弱。”“没有美国的帮助，我们欧洲人决不能应对米洛舍维奇挑起的巴尔干战争。令人悲哀的事实是，科索沃表明欧洲依然无力解决自己的问题。”[15]

重压下的美俄关系

在战斗结束、和平条约签署之后，科索沃战争中最匪夷所思的事件之一发生了。1999年6月12日拂晓之前，俄罗斯装甲部队进入了首府普里什蒂纳。当他们蜂拥驶向机场时，普里什蒂纳城的塞尔维亚人欢呼雀跃。正是在机场，他们确立了占领军的地位。

但问题在于：俄罗斯人并不应该在普里什蒂纳，他们应该在波斯尼亚维和。他们突然抵达的时间，比北约分遣队（包括英国、法国、意大利和美国部队）早了几个小时，夺走了世人对北约军队的关注。正是这支北约军队的军事行动，导致了米洛舍维奇放弃了科索沃。俄罗斯领导人视塞尔维亚的斯拉夫族为自己的盟友，因而一贯地**反对**轰炸行动，保证会否决联合国任何阻止科索沃阿尔巴尼亚人“种族清洗”的行动。因此，俄罗斯对普里什蒂纳的“解放”是一场闹剧。但它为俄罗斯部队及其莫斯科的领导人带来了一个短暂的光荣时刻，毫无掩饰的满足感，即他们击败了北约国家。

这一颠倒错位的耀武扬威说明，冷战后痛苦的转型时期，俄罗斯变得多么衰败。长达 8 年的政治和经济危机，导致了莫斯科的政治斗争每天都发生，经济产值严重下滑，俄罗斯境内外面临着一连串军事挑战。如果西方国家并不提供稳定的经济援助，叶利钦步履蹒跚的统治及其民主改革很可能在科索沃战争及其离奇落幕之前就崩溃了。但是，直到巴尔干战争后，某种程度上叶利钦仍然掌握着权力，而且俄罗斯仍是无法否认的权力根源：巨大的核武储备。由此，在新千年，美国领导人仍无比关注俄罗斯。

改革的内部挑战

共产党统治的崩溃，暴露了苏联内部深层次的断层线。像土耳其帝国和奥匈帝国的解体催生了一战一样，也像 1945 年后欧洲殖民帝国的解体，引发了许多新生国家之间与内部的暴力一样，苏联分裂成 15 个宣称拥有主权的共和国之后，新的冲突可能出现了。爱沙尼亚、拉脱维亚和立陶宛这三个波罗的海国家重新获得二战前的独立。长期以来，俄罗斯人控制着专制沙俄、共产主义国家，俄罗斯民族分散在独联体国家。独联体是苏联解体后由 12 个非波罗的海国家的共和国组成的松散集团。除了俄罗斯人之外，其他数十个族群生活在其广袤的边疆。

族群杂居挑起了俄罗斯人及其统治已久的民族之间的仇恨，尤其是生活在独联体南部国家的穆斯林。在俄罗斯，种族冲突的复苏，让排外的民族主义者、前共产主义者下定决心摧毁自由国家和市场经济。改革派试图创造强烈的感情问题，并利用这个问题推翻叶利钦的中间派政权。摩尔多瓦和格鲁吉亚（非独联体国家）面临着分离主义运动。乌克兰国内分裂为乌克兰人和相当多的俄罗斯人。白俄罗斯、土库曼斯坦和乌兹别克斯坦变为独裁统治。塔吉克斯坦陷入了内战。亚美尼亚与阿塞拜疆为了一块飞地

（enclave）——纳戈尔诺—卡拉巴赫——展开了一场耗费巨大的战争，各自称其为合法领土。

尽管存在这么多的冲突，但俄罗斯仍有潜在的强大军事权力，有能力摧毁20世纪90年代出现的脆弱政治部署。俄罗斯政府继续掌控着一支100多万人的军队，其中20万驻扎在其境外的独联体国家。叶利钦开始了野心勃勃的政治和经济改革，但事实上难以将其强加于一个从未接受过民主或自由市场的社会。苏联宪法下所选出的显赫共产党员依然控制着立法机关和国家官僚机构，阻碍着俄罗斯总统的改革努力。俄罗斯民族主义者也反对叶利钦的努力，他们与共产党人一样，不满于帝国的崩溃和地位的衰落。此外，在俄罗斯各大城市掌握着巨大黑市的强大“黑手党”也反对叶利钦的努力。

叶利钦陷入了一场政治风暴。[16] 1993年9月，这位俄罗斯总统解散了俄罗斯议会，因为议员是在苏联体系下当选的，而且反对其许多的政治和经济改革。异见者继而呼吁军事暴动以反对叶利钦，在俄罗斯“白宫”设置路障，这栋建筑以议会所在地而闻名。面对着莫斯科街头愈演愈烈的骚乱，叶利钦宣布国家进入紧急状态，并命令俄罗斯部队炮轰“白宫”。它在苏联解体之前是民主和反对共产党统治的象征。100多人在这次袭击中丧生，政治反对派领导则被逮捕。随后叶利钦迅速颁布了一部新宪法从而极大地加强了自己的权力，呼吁选举以组成新的两院制联邦议会。他声称，这些行动对俄罗斯民主试验的成功来说是必需的。

但是，12月的选举只会使事情变得更为糟糕。左翼、右翼的极端主义分子控制了新的联邦议会。最直言不讳的民族主义者弗拉基米尔·日里诺夫斯基（Vladimir Zhirinovsky）誓言复兴俄罗斯帝国，甚至暗示他会夺回阿拉斯加。整个国家的情况都在恶化，许多俄罗斯人认同他的言论，公开希望恢复列宁、斯大林和勃列日涅夫统治下那种更“有序的”体系。

在美国和西欧，质疑西方继续援助俄罗斯的声音甚嚣尘上。应该任由新俄罗斯陷入经济萧条，从而某天或许成为充满愤恨的国家——像一战后德国那样吗？或者，俄罗斯昔日的敌人应该支持其发展经济和稳定政局——大致像二战后美国帮助德国那样吗？西方大国采取了后者，同意俄罗斯应该得到经济援助，但这些资金必须得到有效的利用。它们要求叶利钦推动政治改革，而且俄罗斯领导人要控制住通胀，并不再补贴那些低效或黑手党控制的产业。即使自身面临着经济问题，但德国政府领导的西方领导人也保证为俄罗斯提供 300 亿多美元的援助。与此同时，国际货币基金组织也同意给予其额外的 100 亿美元低息贷款。

尽管 1995 年叶利钦再次当选，但这位俄罗斯总统依然无法阻止自己的国家继续滑向无序状态。1997 年，经济产值终于开始增长，但 1998 年却又陷入卢布暴跌、新一轮通胀之中，而且俄罗斯拖欠外债。俄罗斯经济很大程度上回到了以货易货的时期。征税是时有时无、有选择的，而且政府人员例行性地收受贿赂以补贴其微薄的收入。风行整个东欧地区的“权贵资本主义”在俄罗斯成为一种艺术形式。前共产党员们贪婪地吞并公共产业，如俄罗斯天然气工业股份公司，将利润据为己有。与此同时，叶利钦的行为甚至更加捉摸不定，因为他不仅要与国内敌人斗争，也与一系列健康问题作斗争，这些问题使其虚弱不堪而且往往无法行动。

“苏联加盟共和国”的动荡

中亚地区“苏联加盟共和国”的骚乱进一步恶化了叶利钦所面对的问题。独联体的大多数伊斯兰国家身处此地，其民众自 16 世纪哥萨克骑兵第一次进入高加索山脉起一直反抗俄罗斯人的统治。人口稀疏而且贫穷的穆斯林曾屈服于沙皇俄国的残酷统治之下，然而冷战期间，作为苏联一员甚至受到了更严重的压制。由于这段历史，毫不奇怪中亚各个共和国会欢呼苏联的解体，抓住机会最终摆脱莫斯科的控制。

莫斯科担心，此地区的伊朗和土耳其等其他伊斯兰国家会利用苏联解体所造成的真空，试图将整个地区纳入它们自己的霸权蓝图中。因为伊斯兰军事组织控制了阿富汗，而且内战笼罩着独联体的共和国，所以20世纪90年代，所有中亚国家似乎成为争夺的对象。同时，美国和欧洲国家悄悄在里海产油区攫取自身的利益，试图在不受俄罗斯控制的地区建造输油管道。

俄罗斯国内伊斯兰运动的威胁在车臣地区迅速成为现实。车臣长期以来一直反对莫斯科的霸权。[17] 1994年，车臣领导人宣布“我们的独立是永恒的”。此后，叶利钦派俄罗斯部队进入车臣首府格罗兹尼，而且俄罗斯空军轰炸了其居民区。但俄军组织欠妥而且装备低劣，艰难地对抗着更为坚定的车臣人。车臣人从相邻的伊斯兰国家获得支持，直到20世纪90年代末还要求独立。

这种独立为其他心怀不满的族群开创了一个危险的先例。但俄罗斯部队的行动，不足以战胜车臣士兵。他们在更强大敌人面前的抵抗使人想起了阿富汗圣战者。车臣人坚定不移，于1997年1月举行选举，继而宣布了一份甚至更为明确的独立宣言。叶利钦倍感羞辱，于1999年再次发动了攻击。经济改革停滞数年后，俄罗斯人意志消沉而且陷入贫困。对俄罗斯人而言，军事行动是唯一的号召力。

美国坚定地支持身陷困境的叶利钦，把这位俄罗斯领导人视作俄罗斯和平改革最佳、或许也是唯一的希望。虽然克林顿和叶利钦在北约扩大和南斯拉夫等问题上争吵不休，但他们都同意新俄罗斯的基本设想。他们明白，俄罗斯需要西方持续不断的援助，还有超常的耐心才能以免灾难。从美国领导人的立场来说，只有叶利钦才能避免双边军控谈判的破裂，阻止俄罗斯将核技术卖到那些最高竞价人手里。后者对美国尤为重要。1992年至1999年，美国将近30亿美元用于白俄罗斯、哈萨克斯坦和乌克兰的“无核化”以及苏联地区其他大规模杀伤性武器的清除。但是，更多的努力用以阻止核技术的出售。对本地区那些缺乏资金的经济体而言，出售核技术是一个很有吸引力的前景。因此，克林顿在批评叶利钦时很有节制。在起初谴责叶利钦的车臣行动之后，克林顿反而维护俄罗斯领导人对车臣省的主权，仅仅是要求叶利钦避免过度使用武力。

克林顿袖手旁观的态度无法掩盖俄罗斯的军事耻辱、或其无力挫败车臣民族主义者的事实。面对越来越多的国内问题，叶利钦利用机会选择自己的继任者，1999 年最后一天，他突然辞职，把权力移交其最新任命的总理弗拉基米尔·普京（Vladimir Putin）。尽管车臣行动的战术失败并没有见诸俄罗斯报端，但是却使这位前克格勃官员由于领导这次行动而成为英雄。普京也在议会选举中巩固了自己的政治权力，这让其在 2000 年 3 月的总统大选中占有独特优势。他承诺复兴国内和世界市场上的俄罗斯经济，根除腐败，加强军事力量，此后轻松获胜。

这种厚颜无耻的强权行径在美国本应广受指责，然而叶利钦适时的辞职几乎没有得到俄罗斯国内外的赞誉。虽然仅仅权力和平交接的事实就应被视为一项重要成就——以及一种解脱。尽管如此，后叶利钦时代俄罗斯的前景非常不确定。日渐年迈的俄罗斯领导人仅仅诉诸其前任所采用的许多专制手段，从而维持其对权力脆弱的控制。但无论在普京或其他任何俄罗斯领导人统治下，所有这些手段都对未来俄罗斯不起作用，因为如一位历史学家所恰如其分地指出的：

> 20 世纪末，国际权力不再依赖于国家所控制的领土的范围，而依赖于其经济和技术发展水平。领土帝国的时代在政治上、经济上和道德上结束了：以军队扩大国界不再是国家强大的可用手段了……因此，不管其何种政治组织方式，如果俄罗斯希望再次强大，必须首先富裕起来；但由于苏联遗留问题的阻碍，这将需要极长的时间。[18]

面对这种棘手的现实，21 世纪美国依然对俄罗斯保持耐心。俄罗斯太大，拥有太多核武器，政治太过动荡，以至于无法忽视。说得更积极一点，一个经济富有活力的、民主的俄罗斯将会是一支全球稳定的力量。由于不同的原因，美国领导人也别无选择，只能与东欧政府保持密切联系。所以，即使东欧国家经济改革遭到非议，它们依然宣称忠诚于美国长期所信奉的民主价值观。美国民主治理和市场经济观终于在东西方的分界线上有了发展的机会。美国这一次再不会退却到西半球了。

注释

[1] Christopher Piening, *Global Europe: The European Union in World Affairs* (Boulder, Colo.: Lynne Rienner, 1997), 102.

[2] 12个国家是比利时、丹麦、法国、德国、希腊、爱尔兰、意大利、卢森堡、荷兰、葡萄牙、西班牙和英国。

[3] 到2000年，另外13个国家正式申请成为欧盟成员国。2004年其中10个成为欧盟成员：塞浦路斯、捷克共和国、爱沙尼亚、匈牙利、拉脱维亚、立陶宛、马耳他、波兰、斯洛伐克和斯洛文尼亚。2007年保加利亚和罗马尼亚被批准加入欧盟。土耳其没有搭上最后一轮扩大，2004年受邀重新开始入盟谈判，而且克罗地亚和前南斯拉夫的马其顿共和国也开始了成员国资格审查。

[4] 4个欧盟成员国没有立即采用共同货币。英国和丹麦政府选择不加入，瑞典和希腊一开始就没有达到加入的经济要求。(希腊后来完成了这些要求并开始使用欧元；瑞典则保留了自己的货币。) 对其他11个欧盟成员国来说，1999年欧元成为其国际汇兑的基础货币，2002年1月开始流通。

[5] 法国和德国最后一刻在欧洲中央银行领导权上的冲突引发了一场政治危机。德国支持的候选人维姆·德伊森贝赫（Willem Duisenberg）最终在1998年5月得到任命，但仅仅在其同意在8年任期中途“退休”而由法国候选人接替之后。

[6] Ronald Steel, “Eurotrash,” *New Republic* (June 1, 1998): 12.

[7] 尽管大量援助资金从欧盟流向东欧，但这些问题依然存在。参见：Karen E. Smith, *The Making of EU Foreign Policy: The Case of Eastern Europe* (New York: St. Martin’s Press, 1999)。

[8] 一种由国家主动、突然放松价格与货币管制，减少国家补助，迅速贸易自由化的全面经济方案。这种作法适用于原本实施计划经济或社会主义的国家，在面临严重通货膨胀的经济危机时可以在短时间内遏制通货膨胀与资金外逃，使经济重回稳定。——译者

[9] 又称官僚资本主义、关系资本主义，指一个经济体中商业上的成功与否取决于企

业、商界人士和政府官员之间的关系是否密切，往往表现在法律许可的分配、政府补助或特殊的税收优惠等等。——译者

[10] Robert J. Art, "Why Western Europe Needs the United States and NATO," *Political Science Quarterly* (Spring 1998): 12.

[11] 到 2003 年，27 个国家同意加入这一伙伴计划：奥地利、阿尔巴尼亚、亚美尼亚、阿塞拜疆、白俄罗斯、保加利亚、克罗地亚、爱沙尼亚、芬兰、格鲁吉亚、爱尔兰、哈萨克斯坦、吉尔吉斯斯坦（吉尔吉斯共和国）、拉脱维亚、立陶宛、（前南斯拉夫共和国）马其顿、摩尔多瓦、罗马尼亚、俄罗斯、斯洛伐克、斯洛文尼亚、瑞典、瑞士、塔吉克斯坦、土库曼斯坦、乌克兰、乌兹别克斯坦。

[12] 前美国驻南斯拉夫大使的记录，参见：Warren Zimmerman, *Origins of a Catastrophe: Yugoslavia and Its Destroyers—America's Last Ambassador Tells What Happened and Why* (New York: Times Books, 1996)。另一历史视角，参见：Robert D. Kaplan, *Balkan Ghosts: A Journey through History* (New York: Vintage Books, 1993)。

[13] 德国政府尤其坚持避免使用地面部队。地面部队进入科索沃的唯一前景必然引发对施罗德总理新政府的强烈抵制。

[14] John Kifner, "How Serb Forces Purged One Million Albanians," *New York Times* (May 29, 1999), 1A.

[15] Ivo H. Daalder and Michael E. O'Hanlon, "Unlearning the Lessons of Kosovo," *Foreign Policy* (Fall 1999): 137.

[16] 关于俄罗斯国内政治的削弱性影响，参见：Lilia Shevtsova, *Yeltsin's Russia: Myths and Reality* (Washington, D.C.: Carnegie Endowment for International Peace, 1999); Dimitri K. Simes, *After the Collapse: Russia Seeks Its Place as a Great Power* (New York: Simon and Schuster, 1999)。

[17] Anatol Lieven, *Chechnya: Tombstone of Russian Power* (New Haven, Conn.: Yale University Press, 1998).

[18] Martin Malia, *Russia under Western Eyes: From the Bronze Horseman to the Lenin Mausoleum* (Cambridge, Mass.: Belknap Press, 1999), 417.

第十一章
战火中的美国

2001年9月11日，在被一架受劫持客机撞击之后，世贸中心北塔坍塌。对纽约市和华盛顿特区的恐怖主义袭击促使小布什政府迅速回应，开启了美国对外政策的新时代。

冷战结束时所宣称的“单极时刻”根本不是一个“时刻”。如果有什么不同的话，那就是苏联解体后的10年期间，美国的全球首要地位**增强**了。20世纪90年代，美国经济稳步增长，受到工人更高的生产力、飙升的国外投资以及联邦预算赤字终结的推动。华尔街有10年之久的牛市，而且美国公司占据着计算机、其他高科技产业最大的市场份额。美国也延续了其在军事权力上的领先地位，1997年，其国防开支超过了紧随其后的6个国家的总和。[1] 美国军事优势在武器技术方面尤为显著，使其在缩减武装部队规模的同时增强其大多数导弹的火力和精准度。此外，美国民主价值观及其公民社会的文化影响展示出其持久的“软权力”。

全球发展强化了这些优势。20世纪90年代，俄罗斯政府一直在经济停滞、政治腐败以及无休止的车臣内战中挣扎。欧盟则经受着货币联盟以及单一货币——欧元——所带来的越来越剧烈的阵痛。尽管欧盟倡导“共同对外和安全政策”，但即便南斯拉夫种族战争肆虐时，其成员也没有形成统一的战线。

与此同时，东亚的经济问题扩大了美国和其他工业国家之间在全球生产方面的差距。长期以来，东亚地区“火车头”（locomotive）日本深受经济丑闻和过热的资本市场的打击，其崩溃迅速扩展到东亚以外的地方（参见第十三章）。只有中华人民共和国从20世纪90年代起日益成为更大的世界强国。中国军费在这十年里稳步增长，其中许多新增的军费用于高科技武器系统以及“指挥、控制、通信和情报”（3CI）的提升。但是，中国部署这种力量的能力依然受制于其政治体制及其巨大的国内负担。尽管中国经济蓬勃发展（1980至2000年期间每年以约10%的速度增长），但每天喂饱13亿国民（比美国人口的四倍还多）仍旧是政府的主要关切。中国领导人满足于经济和军事现代化以及政治稳定。他们明白，时机不对，或者说时机未到，还不能挑战美国在台湾海峡、朝鲜半岛或其他热点地区的利益。

那么，世界强国的单极均势就成为地缘政治生活中根深蒂固的事实。对许多分析者来说，它是全球稳定的力量。由于美国在国家权力的诸多方面遥遥领先，理性的二流国家会“追随”美国而不是挑战它，不管是单独的国家还是竞争性的集团。如一位学者所指出的：

> 美国权力的优势意味着，先前体系中的一个重要冲突根源不复存在了，即为国际体系领导权所进行的霸权竞争。其他大国并不实施这样的政策，即其成功依赖于在战争或竞争中战胜美国。国家不可能采取招致美国敌意的任何措施。[2]

在普通人的想象里，美国比以往更能免于外界的危险，更有能力完成其自身的使命，领导世界走向自由、和平与繁荣。20 世纪 90 年代的经验使许多政府内外的人士相信，少许努力或牺牲就可以完成这一使命。民意调查一直显示，尽管大多数美国人认为美国应该在国外扮演一个领导角色，但比起对外政策，他们更关心国内问题。新闻集团关闭了海外新闻分部，削减了世界新闻的数量。国会缩减了对外援助。尽管克林顿总统基于全球“参与”（global engagement）和民主“扩展”（democratic enlargement）而通过了一个雄心勃勃的对外政策议程，但 1997 年，国务院预算下降到了 20 年以来的最低点。[3]

鉴于美国在冷战的彻底胜利、在海湾战争迅速的获胜及其在几乎没有美国人伤亡的情况下制止了波斯尼亚和科索沃的种族暴力，这种全球领导的临时方法似乎是合理的。美国突然从索马里退却，在政治上困扰着克林顿（参见第九章）。因而他意识到，公众并不接受其他人道主义干预行动中的伤亡，便不再以危险的方式在巴尔干地区部署美军（参见第十章）。尽管如此，他很大程度上以高空轰炸的方式实现了结束这些冲突的目的。至少对美国而言，高空轰炸这种方式强化了毫不费力地赢得战争的感觉。

在其他情况下，对敌方目标发射几支远程巡航导弹就被认为足以维系和平了，如 1998 年美国肯尼亚大使馆和坦桑尼亚大使馆遭受的恐怖袭击。

美国似乎具有前所未有的全球主导地位，同时需要承担或放弃它认为合适的领导重任。对一个被广泛认为在政治、经济和社会体系上优于他国的国家而言，所有这些似乎是自然而然的。作为一个崛起大国，美国曾蹒跚于积极与超然的时期。全球霸权似乎允许美国对外政策决策者采用这两种方式。

单极秩序中的张力

20 世纪 90 年代末的相对平静证实了美国人长期以来的信念，即和平（而非战争）是全球事务的自然状态，而且民主和自由市场的扩展会抑制暴力冲突。但在这种承诺和团结的外表下，美国和国际社会处于对立状态。美国的超群地位在那些没有那么多资源和影响力的国家和社会里激起了怨恨——以及一定程度上的妒忌之情。许多不满指向了美国“软权力”的载体——跨国公司和媒体集团，它们输出消费文化，威胁到了许多社会的传统习俗和表现形式。但批评者也谴责美国对外政策，尤其是因为美国政府选择性地信奉自由贸易，敌视联合国，垄断全球军火市场，反对其他大多数国家所赞成的国际协议。最重要的是，批评者认为美国官员过于道德主义——不是因为政府所宣称的民主价值观不合时宜，而是因为美国的行为总是与其背道而驰。

这些争论使美国形象在其世界权力巅峰之际黯然失色。美国人习惯上视自己的国家为例外的“山巅之城”，但外国政府、民众看到了美国的权力傲慢，看到了他们对全球变暖、非洲大饥荒、艾滋病和武器扩散等问题漠不关心。一些美国分析者发出“反制”（blowback）的警告。美国中情局以此词描述怀恨在心的外国政府和团体对美国的报复行动。[4] 无论结果如何，单极秩序显然远远达不到利益和谐，更不必说对美国领导的普遍支持了。

全球化的反弹

克林顿的总统任期始终与“全球化”相关——全球化将国家和地区市场联系到一个统一的世界经济中。因此目的，世界贸易组织对克林顿特别有诱惑力。他曾经指出，1999年拥有135个成员的世界贸易组织，将会支撑起一个以私人企业和自由贸易为基础的世界经济。贸易争端将会以有序的方式解决，协调全球金融流动的协议也会达成，而且劳工保护、环境保护的新标准会被接受。最重要的是，世界贸易组织会与其他国际组织协调一致，确保世界范围内的政治稳定与和谐。

一个由地方、国家和跨国利益集团所构成的巨大网络直接挑战着这一逻辑。这些集团分布很广，通过互联网而密切相连。除了对世界贸易组织表示蔑视之外，它们几乎没有共同之处。环保主义者将世界贸易组织视为全球变暖和砍伐森林的帮凶；工会则认为世界贸易组织官员使工人失业了；人权倡导者则控诉世界贸易组织容忍血汗工厂；无政府主义者则断言，世界贸易组织是迈向专制性世界政府的垫脚石。对批评者而言，全球化威胁到了文化多样性，阻碍了地方和国家领导人对其自身政治、经济和文化发展的控制。跨国公司将会自由发展，而且对麦当劳、沃尔玛、可口可乐和通用汽车而言，世界将被有效地塑造成没有风险的地方。

由于国内动荡和地区冲突的干扰，克林顿没有意识到这一愈演愈烈的不满浪潮。他曾设想，日益增多的非政府组织网络会促进而非阻碍全球主义事业。克林顿也没有发现富国和穷国在一些问题上的重大分歧，如劳工标准和环保代价问题、美国和欧盟之间紧张的贸易关系。克林顿总统也无视东亚经济危机的教训，即无拘无束的国外投资所产生的问题往往比其所解决的问题还多，尤其是短期的股票和债券买卖。他显然并不关注这些问题，但在其做出重大决定，要主持世界贸易组织在华盛顿州西雅图的年会之后，这些问题反而又困扰他了。

1999 年 12 月的会议从头到尾都是一场惨败。首先，克林顿的助手直到最后一刻才邀请外国领导人。因此，当他的助手试图安排一轮“千年回合”（Millennium Round）多边贸易谈判之时，大多数政府首脑已有了其他安排。第二，克林顿在议程上甚至都没有实现最低限度的共识，从而致使会议没有引起任何关注。第三，当会议开始时，广泛的抗议压倒了西雅图警方。警察忽视了最近世界贸易组织日内瓦峰会上的问题，没有针对非暴力反抗采取必要的预防措施。商铺遭到打砸和洗劫，警察被投掷石块，数以百计的抗议者受伤或被捕。包括国务卿奥尔布赖特和联合国秘书长安南在内的许多世界贸易组织代表，在会议的许多时间里只能待在酒店，因为他们无法穿过混乱的人群。

对国际货币基金组织的幻想也破灭了。20 世纪 90 年代末，国际货币基金组织在东亚经济危机前后（参见第十三章）的行动广受非议。国际货币基金组织鼓励私人在东亚投资，但东亚事实上无法吸收资金，因而国际货币基金组织也催生了经济危机。在经济跌入谷底之后，国际货币基金组织提供了大量援助，也奖励了同一批国家官僚和外国投资者，然而正是他们鲁莽的行为制造了这场危机。依据其援助条款，国际货币基金组织确保最终还款；东亚各国只得收拾残局。这些痛苦的重新调整对工人、业主和小商人的打击尤为严重，然而他们对经济危机没有任何责任。这一情况与俄罗斯、许多东欧国家的情况相似。在俄罗斯与东欧，国际货币基金组织基金亦有效地奖励了政府腐败和渎职。

国际货币基金组织、世界贸易组织内部的混乱给出了足够的证据，说明全球化的蜜月期结束了。如果任何行动都有同样、相反的回应，那么并不奇怪，全球化激起了反对之声。颇具讽刺的是，推动这一趋势的力量——计算机技术、跨国公司、大规模跨境现金流以及跨国利益集团——对于反弹也颇为关键。全球化日益被消极地等同于美国，因为它长期以来渴望一个单一的世界市场，以实现其历史观。

从多边主义退却

除了全球化的动荡之外，冷战后美国对外政策决策者所面临的第二个紧张根源是：美国与二战后所积极支持的一系列国际制度之间的裂痕越来越大。美国领导人转而反对这些多边主义制度（涉及三个以上国家政府）及其所订立的协议，似乎背弃了更民主的世界秩序。像全球化一样，民主的世界秩序也代表了美国人长期以来的梦想。

尽管克林顿仍然呼吁接触国际社会，但美国对外政策的单边主义转向依然发生了。克林顿总统无法克服来自国会的压力。美国国会仍由共和党控制，他们要求相应缩减美国的非军事承诺。实际上，克林顿通常更关心国内政策，没有强烈地抵制这一压力，将其大战略屈从于立法者。即便如此，克林顿和国会的关系随着时间的变化而日趋紧张。1998 年，莱温斯基丑闻导致了参议院因克林顿未公开婚外恋情而弹劾总统，使克林顿为之蒙羞，政治上受损。[5]

1999 年 10 月，参议院驳回《全面禁止核试验条约》(Comprehensive Nuclear Test Ban Treaty，CTBT)，说明了克林顿对外政策失败的程度。克林顿在三年前称赞这一条约为“军控史上花费时间最长、过程最为艰苦的成果”，150 多个外国政府承诺支持这一条约。该项条约基于一个前提，即禁止核试验，首先防止潜在的有核国家制造核武器。批评者预测，敌对国家会利用美国的克制，而且当美国放松警惕时相威胁。克林顿共和党反对者的主要动机是政治性的：这一条约赋予其绝佳的机会在世界舞台上羞辱总统。参议院驳回《全面禁止核试验条约》，标志着 80 年来首次驳回一项重要条约，也是首次驳回的一个核武器条约。世界上最强大的超级核大国拒绝参与中止核试验，向潜在的核国家发出了一个强烈信号：如果美国保留着核武器试验的权利，为何其他国家不行呢?

美国也发现自己已游离于其他各种国际协定之外。在五角大楼的压力之下，克林顿拒绝签署《渥太华公约》(Ottawa Convention)。该条约要求在世界范围内禁止使用地雷，因为其受害者主要是饱受战争蹂躏的发展中国家的平民。美国政府的反对非常讽刺，因为正是美国公民乔迪·威廉斯（Jody Williams）组织的公民运动，条约才得到了120多个国家的支持。威廉斯也因此获得1997年诺贝尔和平奖。[6] 但美国国防部反对这一地雷条约，因为"杀伤性"地雷对防止朝鲜进攻韩国至关重要。

当共和党人小布什2001年1月登上总统宝座时，美国更加从多边主义退却了。这位德克萨斯州州长和克林顿前任总统之子，没有心情修复与"国际社会"的关系。竞选期间，小布什的国家安全顾问康多莉扎·赖斯（Condoleezza Rice）视这一概念为一种幻想。[7] 在她看来，二战结束以来美国所支持的多边合作、制度建设并没有使世界上其他国家符合美国的民主价值观。相反，它们产生了无穷无尽的承诺和越来越多的责任，威胁着美国主权，而且新崛起的国家则对美国抱有敌意。因此，小布什政府有选择地审视这些承诺，并做出新的承诺。比起以联合国或北约等正式国际组织达到目的，美国更愿意根据具体情况建立"意愿联盟"(coalitions of the willing)，并在完成使命时解散它们。当其他国家似乎无需帮助，或者不会提供帮助的时候，美国会继续自己的道路。

小布什与占国会多数的共和党人，急切地加入到了始于1995年对多边承诺的司法攻击中。小布什总统宣称，美国化学企业遇到了国际检查人员的无礼造访，所以他阻止了强化1972年《生物武器公约》(Biological Weapons Convention）的新措施。他也反对限制小型武器非法运输的全球条约，而且取消了先前美国对《国际刑事法院条约》(International Criminal Court Treaty）的承诺，理由是美国维和士兵会被不公正地起诉。小布什在这些行动中得到了华盛顿"新保守派"的支持。美国新保守派言辞激烈地反对克林顿的接触战略，并在小布什政府中担任高官。小布什总统内部圈子里唯一的反对者是国务卿鲍威尔。鲍威尔持有传统观点，即外交协议确立了世界政治中恰当行为的标准，有利于美国国家利益、更伟大的国际稳定事业。

小布什总统最为关心的是美俄1972年的《反弹道导弹条约》（Antiballistic Missile Treaty，ABM Treaty）。当时，尼克松和勃列日涅夫签署了该项条约与其他核军控条约。小布什政府认为，这一基于威慑和相互确保摧毁（参见第三章）的条约在新时代里已经毫无用处。在这个时代，"流氓国家"、毫无约束的恐怖分子渴求大规模杀伤性武器。因此，小布什退出了《反弹道导弹条约》，尽管俄罗斯领导人抗议，而且战略分析者警告反导弹技术方面新一轮的全球军备竞赛开始。美国国防部迅速加快其导弹防御试验，并计划2004年前在阿拉斯加、加利福尼亚部署国家导弹防御系统。

2001年春季的两件事使美国越来越深的孤立状态更富戏剧化。3月，小布什拒绝了《联合国气候变化框架公约》(UN Framework Convention on Climate Change) 下的《京都议定书》(Kyoto Protocol)。这一协定于1997年由美国副总统戈尔签署，但从未被提交参议院批准。[8]《京都议定书》要求工业化国家减少其温室气体排放，被其他83个国家的政府所批准。克林顿政府曾同意，到2012年美国在其1990年排放量的基础上减少7%。为了拒绝这一条约，小布什驳斥了将温室气体与全球变暖联系在一起的科学证据。[9]他反而指责《京都议定书》仅会拖累美国经济增长，在免除中国等发展中国家责任的同时，也不公平地加重了美国的负担。小布什总统也宣称，对遵约的核实、强制性减排的实施是不可能的。他认为，一个有缺陷的条约还不如没有条约好。

小布什总统反对《京都议定书》，而且尽管先前做出承诺但未能提出一个更强有力的替代方案，从而备受国外的批评。美国排放了全世界温室气体的四分之一——当时是最大排放国。确实，当美国拒绝《京都议定书》时，美国公路上到处都是耗油量大的小型货车、多功能车。由于美国本土汽车生产商的政治影响，它们不受联邦能耗标准的影响。这种景象对欧洲政府领导人和环保组织来说，尤为难以接受，因为在欧洲，节约和使用替代能源已经成为了一种生活方式。

2001 年 5 月，第二件有启迪作用的事件发生了。1947 年，在罗斯福领导下建立的联合国人权委员会（UN Human Rights Commission）第一次拒绝美国参与其小组委员会。这一行动显然是对美国拒绝支付以往会费、1996 年迫使前任秘书长辞职、反对国际协议的政治报复。这些国际协议大多数无关乎人权。苏丹和叙利亚等专制国家入选联合国人权委员会的事实表明，对那些否认美国传统席位的国家而言，人权并非是它们的主要关切。这件事进一步使小布什认为，其前任所赞成的“自信的多边主义”政策是个死胡同。

2001 年，小布什任命约翰 · 博尔顿（John Bolton）为负责军控和国际安全的副国务卿，进一步显示出布什对全球性承诺的猜疑。博尔顿是限制美国行动自由的国际协议的主要批评者。在国务院的大部分时间里，他阻碍、削弱或收回全球性承诺。这一方法直接不同于其前任副国务卿的行动。前任副国务卿追求与其他国家政府更**密切**的联系和签订正式协议。博尔顿的敌对性行动经常与其上司科林 · 鲍威尔（Colin Powell）产生冲突。但博尔顿在国务院职务的任命及其 2005 年驻联合国大使的临时任命，都与美国对外政策转向单边主义非常一致。

“神圣恐怖”威胁的增大

如上所述，冷战后许多美国人认为美国主要的威胁来自于，联合国和其他全球秩序以“全球治理”名义扼杀美国主权的企图。但是，这种关切仅仅转移了美国对另一种跨国力量的关注。伊斯兰激进组织分子以中东为基地，扩展至整个穆斯林世界中不再抱幻想的地区。由于数个原因，他们多年来憎恶西方。首先，他们不满西方领导人最初在奥斯曼土耳其帝国崩溃和 20 世纪两次世界大战后，在重新划分中东疆界时所扮演的角色。其次，他们强烈反对联合国 1948 年建立以色列国以及西方领导人对犹太人国家的支持，尤其是美国领导人。

伊斯兰好战分子也指责工业化国家开发中东巨大的石油储量，主要是美国。专制王权和军事独裁者往往牺牲民众而自肥。尽管石油开发越来越快，但这个前帝国境内的生活水平却停滞了数十年。这里的石油却实实在在地推动了西方的工业繁荣、快速经济增长。

最后，好战分子认为，西方正以其物质主义、放任的生活方式和政治自由等文化影响腐化着自己的社会，侵犯了伊斯兰圣典《古兰经》（Koran）的规条。正如这些异见者及其以色列清真寺与**宗教学校**（madrassas）里的精神导师所看到的，西方国家和社会阻碍着各地穆斯林重新夺回奥斯曼土耳其帝国的希望，阻止他们建立一个不朽的新伊斯兰帝国、或由伊斯兰统治的疆域。

美国领导人意识到这些敌对情绪。它们早在 1979 年伊朗革命以及此后围困美国驻德黑兰大使馆事件中，就已浮现出来。但伊斯兰激进组织的兴起只是对外政策决策者的次要关切。冷战期间对外政策决策者仍然集中关注遏制苏联共产主义。更一般地说，**圣战**拥护者所产生的威胁在美国并没有给予多少重要性，因为美国领导人总是以民族国家的概念考虑世界均势。由此来看，中东国家或其他地方的任何国家现在不会对美国造成明确的危险。当然，私人组织尽管仇视美国，但也没有希望与美国权力相对抗。

早期预警及应对

冷战结束的盲目乐观进一步转移了美国领导人对伊斯兰激进组织分子威胁的注意力。为常规战争而设的国防部门无法理解他们的战术选择——

恐怖袭击。确实，尽管美国文化贴近于基督教原则，但美国这个世俗国家尤其没有预料到自己领土上有“神圣恐怖”的袭击。[10]

国内形势的发展使美国人暴露在愈加增大的国际恐怖主义危险之下（参见表 11–1）。1993 年的一系列袭击迫使克林顿面对这一问题，包括利用地下爆破的方法试图炸毁纽约市世贸中心、弗吉尼亚州兰利中情局总部外的枪战。到 1995 年 6 月，他非常惊慌而发布了一道总统令（PDD-39），要求联邦机构在预判未来袭击方面进行更多的协调，当袭击发生时能够有效应对。“美国，”克林顿的命令写道，“把所有这些恐怖主义视为对国家安全的潜在威胁、一种犯罪行为，而且将使用所有适当的手段去打击它。”[11]1998 年 5 月，克林顿发布另一道命令，设立关于安全、基础设施保护和反恐的国家协调员一职，某种程度上表明他打击恐怖主义的决心。

除此之外，白宫艰难地使国会议员相信威胁的紧迫性。根据首位“反恐沙皇”理查德 · A. 克拉克（Richard A. Clarke）的说法，他“没有预算，只有十二个职员，也没有直接指挥任何部门或机构的权力”。[12]2000 年，高级别工作小组警告恐怖袭击即将来临。此后，立法者发出了警告，但没有批准任何主要举措或资金措施以加强美国反恐计划。[13] 与此同时，紧急救援者在应对恐怖袭击方面根本没有或只受到过一点训练。一些单位几乎完全依赖于紧缺的本地资金，其预算紧缩，很大程度上用以常规事项，如房屋火灾和汽车事故。

基本统计数据有助于解释这种自满的态度。虽然 20 世纪 80、90 年代国际恐怖主义者偶尔以美国为目标，但这些袭击所造成的 666 名死亡人员相比于二战（291557 人）、朝鲜战争（33651 人）和越南战争（47378 人）的战死人数来说并不多。[14] 确实，这 20 年期间恐怖主义的受害者远远少于交通事故所造成的死亡人数——平均每年约为 40000 人。伤亡最为惨重的一次恐怖主义行动造成了 241 名美国人丧生，即 1983 年针对贝鲁特美国海军陆战队军营的炸弹袭击。但第二天美国入侵格林纳达，使其黯然失色。公众和政治反应都是沉默以对，因为像后来1996年沙特阿拉伯霍巴塔（Khobar Towers）爆炸、2000年驱逐美国**“科尔”**号军舰离开也门海岸的炸弹袭击一样，贝鲁特袭击发生在远离美国本土的地方。然而重要的是，1980至2000年，恐怖袭击造成的死亡人数远远地超过了美国在格林纳达、海地、科威特、巴拿马、索马里和前南斯拉夫军事行动所造成伤亡人数的总和。

众所周知，开放社会理所当然地极易受到恐怖主义的攻击。在2001年9月11日恐怖袭击之前，这肯定适用于美国。美国与加拿大、墨西哥的边界守卫非常松懈，而且其海岸线和机场也是如此。外国公民来往于美国仅需很少的检查，获得工作许可、学生签证甚至美国公民身份都相对容易。另外，美国经济高度依赖于海外市场，尤其是石油。这些市场中经济活动的混乱会危害到美国繁荣。美国政府的全球性覆盖——由其大使馆、领事馆、外交使团和军事基地所组成的世界性网络——为恐怖分子提供了大量的潜在目标。美国公民个人也是如此，他们周游世界各地，而且人数则远远超过任何其他国家的游客。

表11–1　1983年至2001年9月11日，以美国为目标的重大跨国恐怖袭击

年份	恐怖事件	主要嫌疑人或宣称对其负责者
1983	（4月）汽车炸弹炸毁了美国驻黎巴嫩贝鲁特的大使馆，导致17名美国人丧生，包括中情局中东地区主任。	真主党(黎巴嫩)
	（10月）针对美军的黎巴嫩贝鲁特军营的自杀性炸弹袭击，导致241名海军陆战队队员死亡。	
1984	（3月）中情局特工威廉·巴克利（William Buckley）在贝鲁特遭到绑架、拷打和杀害。	伊斯兰圣战组织（叙利亚）
	（9月）24名贝鲁特美国大使馆的工作人员在炸弹爆炸中丧生。	真主党(黎巴嫩)

（续表）

1985	（10 月）意大利游轮“阿基莱·劳伦”号（Achille Lauro）在埃及海岸遭到劫持；坐轮椅的美国游客利昂·克林霍弗（Leon Klinghoffer）被杀。	巴勒斯坦民族解放阵线
1986	（4 月）针对西柏林迪斯科舞厅的炸弹袭击导致一名美军士兵死亡，44 人伤亡。	利比亚政府
1988	（12 月）一架客机在苏格兰洛克比上空毁于炸弹袭击。死亡人数达 270 人，包括 189 名美国人。	利比亚政府
1993	（1 月）两名中情局雇员在弗吉尼亚州兰利的中情局总部外遭到枪杀。	巴基斯坦激进分子
	（2 月）炸弹袭击破坏了纽约市世贸中心大楼，导致 6 人丧生、1049 人受伤。	埃及人谢赫·奥马尔·阿卜杜勒·拉赫曼的追随者
	（4 月）前总统乔治·H.W. 布什在科威特访问期间遭到刺杀，未遂。	伊拉克政府
1995	（3 月）两名美国外交人员在美国驻巴基斯坦卡拉奇领事馆被杀。	未知
1996	（6 月）汽车炸弹在沙特阿拉伯霍巴的美军基地附近发生爆炸，造成 250 多名美军士兵伤亡。	沙特真主党，伊朗政府
1997	（2 月）纽约市帝国大厦的游人遭到机枪扫射，一名游客被杀，数人受伤。	巴勒斯坦激进分子
1998	（8 月）美国驻坦桑尼亚达累斯萨拉姆的大使馆、驻肯尼亚内罗毕美国大使馆几乎在同一时间遭到炸弹袭击。死亡人数接近 300 人，包括 12 名美国人；500 多人受伤。	基地组织（阿富汗）
1999	（2 月）3 名美国人权活动者在委内瑞拉遭到绑架，继而被杀害。	哥伦比亚革命武装力量
2000	（10 月）美国“科尔”号驱逐舰在也门首都亚丁加油时遭到炸弹袭击，造成 17 名船员死亡，39 人受伤。	基地组织（阿富汗）

（续表）

2001	（9月）针对世贸中心和五角大楼的自杀性飞机袭击，造成3000多人死亡，数千人受伤。	基地组织（阿富汗）

来　源：U.S. State Department, "Significant Terrorist Incidents, 1961–2003: A Chronology," http://www.fas.org/irp/threat/terror_chron.html; Center for Defense Information, "Chronology of Major Terrorist Attacks Against U.S. Targets," www.cdi.org/terrorism/chronology.html; and Public Broadcasting Service, "Target America: Terrorist Attacks on Americans, 1979–1988," Frontline,www.pbs.org/wgbh/pages/frontline/shows/target/。

注：尽管在袭击发生时与真主党、伊斯兰圣战组织和基地组织联系最为紧密的国家在括号中标记出来了，但赞助这些恐怖组织的国家会随着时间的推移而变化，与各个袭击事件的关系也会发生变化。

将美国置于恐怖袭击危险之下的其他因素，则自相矛盾地源自其民主的政治体系。美国政府的开放性——大多数国会程序和记录对公众开放——为潜在的敌人提供了大量信息。国会议事录（Congressional Record）和有线卫星公众事务网络（C-SPAN）每天都公布联邦政府内部的重大分歧，商业媒体则不间断地报道热度不再的政治丑闻。当然，人们期望政府部门根据标准工作程序在法律范围内运行。但这些对维护民主至关重要的约束并不适用于恐怖组织。恐怖组织的意图和行动是隐蔽的，而且其成员不会顾及法律限制。此外，恐怖组织很快适应环境的变化，与因不愿承担风险而著称的美国政府机构形成鲜明对比。

基地组织的联系

20世纪90年代，美国调查人员在许多伊斯兰恐怖主义行动中发现了一条共同的线索：以阿富汗为根据地的恐怖组织——基地。像其他伊斯兰激进组织一样，基地组织反对西方文化、社会和经济价值观，公开宣称其目的是摧毁西方政治制度、军事力量和经济财富。[15]基地组织最初大部分由抵抗苏联的退役老兵所组成，20世纪90年代开始扩张，在苏丹、也门和其他有大量贫穷与苦难的穆斯林人的国家开设训练营。2001 年，全世界至少存在着 60 个基地组织分支，在波斯尼亚、车臣、索马里和其他伊斯兰动荡的温床中，趣味相投的组织形成自己的志愿联盟。这个组织与 1993 年索马里的反美抵抗运动、同年世贸中心的爆炸、1998 年针对美国驻肯尼亚和坦桑尼亚大使馆的炸弹袭击和 2000 年针对在也门海岸的美国驱逐舰“科尔”号的爆炸都有关系。[16]2001 年 9 月 11 日的袭击，是基地组织越来越多的袭击行动的自然延伸。

对基地组织绳之以法的行动具有人为的因素。基地组织领导人奥萨马·本·拉登在一个富裕的沙特阿拉伯家庭里长大，而且自从组织“圣战者”对抗 20 世纪 80 年代苏联对阿富汗的占领之时起，美国政府就对他相当了解。中情局秘密地为“圣战者”提供后勤和资金支持，帮助他们战胜了更多、技术上更先进的苏军。

但是，在 1989 年苏联战败之后，这种基于利害关系的联姻便结束了。本·拉登返回了沙特阿拉伯，他反对沙特世俗的君主制政府，反对沙特与美国政府的密切联系。因此他的批评激怒了沙特官员，以至于他们 1991 年将其驱逐出沙特。没被吓住的本·拉登来到了北非国家苏丹。当时由全国伊斯兰阵线控制的苏丹政府正忙于针对黑人的“种族清洗”，苏丹黑人沿袭了基督教和其他非伊斯兰宗教的传统。在苏丹很安全的本·拉登有着充裕的自由和资源组织“基地”(al Qaeda)。其英语翻译“基地”（base）干脆利索地抓住了这一组织所规划的角色，即作为伊斯兰圣战的基地。基地组织迅速在埃及、俄罗斯和前南斯拉夫等其他国家创建了分支，为那些试图武力夺取政权的穆斯林叛乱分子提供战士、武器和其他援助。基地组织也在伦敦、米兰和维也纳等欧洲城市设立了机构，为那些作为基地组织行动前线的“慈善机构”提供资金。在阿富汗，反抗苏联的战争后，多年的内战导致了塔利班的崛起。在本·拉登迫于国际压力而离开苏丹之后，塔利班领导人欢迎他 1996 年回归。基地分支构成的全球网络已全面启动，本·拉登利用自己在阿富汗的避难所，开始计划对美国异教徒的正面袭击。

划破早空的恐怖

尽管与美国拒绝多边接触相伴而来的是外交紧张局势，但小布什执政的最初数月还相对平静。美国仍关注国内问题，尤其是在十年快速增长之后经济衰退。虽然外国领导人嘲弄美国对外政策转向单边主义，但他们在大多数问题上继续支持美国。人们普遍认为，即使会有偶尔的混乱，但全球稳定还会维持较长的时期。

2001 年 9 月 11 日，所有这一切都变了。当时 19 名恐怖分子将四架劫持的飞机变成大规模杀伤性武器。他们对纽约市和华盛顿特区的袭击打碎了美国坚不可摧的信念。这些袭击不仅对美国产生了灾难性后果，也以美国商业和政治中心为目标。一个看不见的敌人——没有国家主权、正规军或者领土——发动袭击的事实暴露了美国防御能力的局限性，尽管美国具有压倒性的权力和影响。

袭击中所使用的四架飞机都是在两个小时内起飞的——两架来自波士顿，第三架来自华盛顿，第四架来自新泽西州纽瓦克市。它们都飞往加利福尼亚并加满了燃油。在不同情况下，恐怖分子都在起飞后不久劫持了飞机，以美工刀制服机组人员，进入驾驶舱并控制了飞机。第一架飞机从波士顿飞往洛杉矶，但是，突然改变航向而飞往纽约市，之后在上午 8:48 飞向世贸中心北楼。最初的新闻报道猜测，撞击是偶然事故。但对恐怖袭击的担心在 18 分钟后便得到了确认，当时第二架飞机撞向了南楼。半小时之后，第三架飞机冲向了五角大楼。第四架飞机，在俄亥俄上空遭到劫持，朝着华盛顿方向飞去，上午 10:10 在宾夕法尼亚州的农田里紧急降落。机上乘客试图制服劫持者，尽管他们没有挽救自己的生命，却很可能避免了美国国会大厦或白宫的灾难。总共 266 人丧生在四架飞机上。

作为约 5 万人的工作场所，世贸中心的残破景象刺痛了美国和全世界。数以千计的救援人员赶到现场，数百人迎着大火跑上了楼梯，希望以某种方法到达那些困在大火中的办公室职员面前。但是，燃烧的飞机燃料融化了塔楼的钢铁支撑结构，这座双子大楼倒塌了。上层直接掉到了下面的楼层，造成向下的连锁反应，一直延伸到两座大楼的地下室。上午 10:05，南楼最先倒塌，北楼在 10:28 步其后尘。大量的烟雾和碎片笼罩了曼哈顿一整天。

袭击发生时，小布什总统正在佛罗里达为小学生诵读，这是其推进教育改革活动的一部分。在混乱中，他秘密飞往位于路易斯安那州和内布拉斯加州的空军基地，直到被认为可以安全返回华盛顿。副总统迪克·切尼（Dick Cheney）正在白宫办公，被匆匆送往地下掩体。内阁成员被送往首都周边的不同地点，以确保他们不会在另一次袭击中全部位于同一个地点。袭击使全国日常活动处于瘫痪状态。当时在空中飞行的 4546 架飞机被命令全部马上降落。美国关闭了其与墨西哥、加拿大的边境、联邦办事处、外国大使馆以及极其醒目的地标建筑，如金门大桥、希尔斯大厦和迪士尼世界。与“原爆点”（ground zero）相隔几个街区的纽约证券交易所立即无限期停止交易。由于恐怖袭击的严重性，整个国家的学校和私营企业都提早关闭了。

美国即刻获得了全球的支持。法国报纸《世界报》（Le Monde）9 月 12 日特载头条，宣称“我们都是美国人”。联合国谴责袭击事件，呼吁快速与协调一致的反击。北约的执行机构北大西洋理事会（North Atlantic Council）历史上首次援引北约宪章第五条，认为对任何北约成员的攻击应视为对整个联盟的攻击。美国国会也迅速回应，批准联合决议，授权小布什使用“所有必要和适当的武力”以打击恐怖分子。

小布什宣称恐怖袭击是战争行为。在袭击事件当晚的电视演讲中，小布什总统誓言进行反恐战争，并不仅仅打击那些在纽约市和华盛顿袭击事件幕后的人。随后，小布什扩大了美国应对的范围，声称自己“并不区分参与行动的恐怖分子及其藏匿者”。因此，支持恐怖主义的国家也会成为美国的目标。小布什在9月20日的国会联席会议上宣告：“每个地区的每个国家现在都要作出决定。”“你们不是和我们站在一起，就是和恐怖分子站在一起。”小布什以此确定了美国反击的路线，在世界许多地区以多种形式打击众多的敌人。

由于这些恐怖袭击造成的所有可怕后果，“9·11”袭击事件结束了美国对外政策十年之久的摇摆不定。这一历史时期再也不会被模糊地视为“后冷战时代”了，因为这一说法与过去而非与现在有关。美国公众再也不能对先前认为不重要的海外威胁背过身去了。美国政府也再不能从一个大战略转到另一个了。从此以后，反恐战争会占据政府的注意力，为对外政策和国内政策的许多方面提供基础。

反恐的内涵

即将到来的反恐战争引发了这样的问题，即这场战争会和美国之前的常规战争有什么不同。如上所述，在风格独特的美国对外政策的传统中，战争是各个国家与社会和平共处的一般原则的例外。小布什所声明的“反恐战争”在几个方面有别于这一传统，包括冲突威力无比。不同于与明确的敌人相斗争的是，“反恐”使美国将斗争扩大到任何领域。确实，完全征服恐怖主义的远景致使下列情况成为可能，即这场斗争绝不会有“完胜”或“完败”，反而会无限期地持续下去。

恐怖主义的定义非常广泛，很大程度上建立在何为“恐怖分子”而不是“自由斗士”诸如此类的分歧之上。[17] 美国官员将恐怖主义正式界定为“由次国家组织或隐蔽人员对非战斗性目标所实施的、有预谋的、

作用与影响

奥萨马·本·拉登

2001年9月11日，纽约市和华盛顿特区遇袭后不久，美国领导人就知道了元凶：基地恐怖组织及其领导人奥萨马·本·拉登。作为沙特阿拉伯最富有建筑商的第17子，本·拉登有52个兄弟姐妹，度过了优裕的童年。1980年，他获得了土木工程专业大学学位，继而到阿富汗帮助伊斯兰圣战者展开与苏联入侵者的战争。在那里，本·拉登第一次用到了其在大学里所受的训练及其父亲建筑帝国的机械和金融资产。到1986年，他在从叙利亚到埃及广大地区的作战行动中，领导着自己的游击部队，最终迫使苏联从阿富汗撤军。

本·拉登打败了冷战时的超级大国之一，将目光转向了另一个。他谴责美国对以色列的支持、美国与阿拉伯世俗政权的密切联系及其在盛产石油的波斯湾的军事影响。他建立基地组织，教导所有国家的穆斯林“杀死美国人，抢掠他们的金钱，而不管美国人在什么地方和什么时候赚到的钱”。在其恐怖袭击规模稳步升级，以“9·11”事件达到高潮时，美国逮捕本·拉登的努力失败了。之后，美国将塔利班赶出阿富汗，为抓住他而巨额悬赏，“无论死活”。但他依然逍遥法外。

带有政治动机的、通常旨在影响受众的暴力活动”[18]。依据这一定义，恐怖主义行为具有以下要素：私人团体或个人而非政府机构、大量的事前计划、改变政府政策的意图、暴力的肆意使用、以平民或非职业的军事人员作为目标。

除了这些要素以外，恐怖活动的其他三个方面也必须考虑在内。第一，美国政府的定义忽视了许多恐怖行为中象征主义的重要性。世贸中心大楼不只是纽约市最高建筑，也是美国所领导的全球商业的象征。五角大楼是美国军事权力的终极象征。反过来，它们的毁灭意味着美国价值观的失败和美国权力的局限。对缺乏资源但直接挑战超级大国的恐怖组织来说，这种宣言是无价的。第二，恐怖主义的心理影响是至关重要的。恐怖分子意在煽动群众的焦虑情绪、或在某些情况下的恐慌，使其作为一种手段以扰乱政府政策，并制造对政治领导人保护其公民的能力的怀疑。平民而非军事人员在“9·11”事件中大量被杀，这一事实对恐怖分子极具吸引力，因为从那天开始，当美国人开始其日常工作时，会感觉太不安全了。若军事部队而非平民是袭击的目标，这种大众焦虑或许不会形成。如一位作者所描述的：

> 公开军事对抗的公平战斗与恐怖袭击的不公平战斗之间的差异开始起作用了。如果问一个普通美国人丧生于战场的士兵的生命是否与丧生于恐怖主义的乡下人的生命等值，回答将会是肯定的。但是，若问在两种事件发生后这个美国人所感受到震惊和厌恶的程度，则恐怖事件后的反应将会更加强烈……不管一个人多么试图劝说其平静下来，一次恐怖袭击的某些特殊冲击总是存在，这是这种事件的本质所在。[19]

最后，伊斯兰圣战者忠于信仰的性质不能被忽视。在现代历史上有各种不满而愤怒的组织诉诸恐怖主义，以达到各种各样的目的——例如从民族国家中独立或政府政策的改变。[20] 相比之下，基地组织在“9 · 11”袭击事件的动机“既不是为了政治考量、战略优势，也不是无意义的流血”，两位前国家安全委员会分析家写道：“其目的在于羞辱和屠杀那些违抗上帝神权的人……是一种全面战争行为。”[21] 美国长久以来将自己的全球抱负等同于“天定命运”，那么对其而言，伊斯兰教徒对神圣指引的推定并非完全陌生。

没有人怀疑美国具有压倒性的军事优势、巨量的经济财富、与其他大国政府密切的政治联系。由于这些优势，美国在常规战争中不会战败。但是，另一种替代性作战计划是需要的。正像那些游击战（参见第四章）的人一样，挑战者必须利用出其不意、诉诸大众舆论以及本地地理知识等要素。大国所部署的大规模部队容易陷入旷日持久的冲突中。与其不同的是，恐怖分子经得起耐心的考验。按照军事战略家的术语，与基地组织的战争会是一场**非对称性**战争，因而基于标准实力对比的考量并不适用。“在其基本形式上，非对称性战争运用一方的比较优势对抗其敌人的相对劣势。成功的非对称性战争运用并未计划的或意料之外的武器和战术而攻击对方的弱点——这种弱点易于判断。”[22]

不像克林顿，小布什不会沉迷于胡乱攻击恐怖分子，将反恐退居其次。反恐战争会是小布什任期内的主要关切。但白宫需要公众的支持和理解，由于军事受挫和其他恐怖袭击的可能性——更不用说这种行动的高额开支了。这种支持并不易于维系，因为美国并不能够希望一招毙命。相反，美国必须在一段持续的时间里打一场消耗战。[23] 总之，与基地组织的战争迫使美国放弃其传统的战争观，即在明确的位置针对可识别的敌人使用压倒性力量。除了美国需要获得公众的支持和耐心之外，其他三个因素决定着其在未来斗争中的胜败：情报、外交和国土安全。

情报

“9 · 11”袭击事件之后最先提出的问题之一是，最重要的美国政府和商业中心如何遭到如此坚决而出乎意料的袭击。袭击事件后不久，媒体报道披露中情局了解基地组织对美国领土的威胁及其2001年夏天愈加频繁的活动。[24] 其他报道透露，联邦调查局、地方及州的执法部门也觉察到这一时期不断增多的恐怖主义活动。这些部门以及作为一个整体的联邦政府没有“融会贯通”，不仅表明了美国情报界的碎片化，也毋庸置疑地促成了成功的恐怖袭击。

但是，促成改革所面临的障碍是令人气馁的。14个联邦机构从事于不同方面的情报收集和分析——而且彼此不愿交换情报。中情局和联邦调查局严格地承担不同任务，而且四个军种的情报部门也是如此。联邦、各州和地方执法部门长期并不协调彼此的工作，进一步扩大了情报隔阂。2002年一项参众两院联合调查报告指出，“沟通不足”产生于“许多因素，包括各机构在任务、立法权威、文化方面的差异。不仅在情报界不同机构之间，而且在这些机构内部以及情报机构和执法部门之间，信息都并未充分地分享”[25]。

尽管这些障碍存在着，但可靠的情报对美国应对恐怖组织的威胁是必不可少的。高空卫星图像、通信拦截、其他形式的技术监控的作用是有限的；直接渗透进这些恐怖组织是必要的。只有“人工情报”（human intelligence)，即与敌人面对面的接触，才会产生实质性的结果。一大批对阿拉伯世界、伊斯兰激进主义和反恐方面有着专业知识和经验的新特工，是必需的。卧底特工和线人的工作艰苦、代价高而且极度危险。美国也必须与外国情报机构合作。例如，巴基斯坦三军情报局（Inter-Services Intelligence，ISI）与阿富汗边境内外的线人保持密切联系。阿富汗地区对美国反恐行动来说至关重要。

即便美国情报“共同体”融会贯通，这仍无法确保它们会挫败未来对美国或其盟国的恐怖袭击。国防部长拉姆斯菲尔德 (Donald H. Rumsfeld) 经常观察到，对国外威胁来说，“我们有知道的东西，我们知道不知道的东西，我们不知道我们不知道的东西”[26]。对于后者，“我们甚至不知道我们并不了解它们”。中情局局长乔治·特内特（George Tenet）也指出，美国情报分析人员忍受着“威胁疲劳”（threat fatigue）的糟糕情况，并不确定每天数以千计的威胁信号中哪些是行动的依据。因此并不奇怪，当2001年8月6日中情局的“总统每日简报”(President's Daily Brief)以“本·拉登决心袭击美国”为题时，它几乎没有促成总统的任何的果断行动。[27]

外交

小布什也面临着一场艰苦的战斗，即在反恐战争中，他得到自己所需的其他国家政府的政治合作。美国确实不能在这场战争中孤军奋战，需要数十个其他国家提供情报、基地权利等军事资产、国际组织对美国的政治支持。伊斯兰激进分子不仅威胁着美国，也威胁着西方世界以及许多伊斯兰社会里的“异教徒”，这最初表明即将到来的绝不仅仅是名义上的支持。外国领导人宣布反恐战争是其共同事业是一回事，然而让他们投入资源或者使其公民冒生命危险投入战斗，则是另一回事。与美国过于密切的联系，会使这些领导人面临着反美组织的政治挑战或其境内的恐怖袭击。在美国政府从许多国际协议中撤出，而且在对外政策问题上越来越采取单边主义解决方法之后，这一趋势尤其显著。

尽管如此，反恐战争确实为外国领导人将自己的议程与美国的反恐努力相结合提供了机会。在俄罗斯，普京总统非常乐意把其与车臣叛乱分子正在进行的战争描绘为反恐战争。中国领导人面临着西部边疆穆斯林分裂主义者的挑战，也是如此。印度和巴基斯坦政府将其各自的敌人确定为恐怖分子，在10年之久的克什米尔冲突问题上寻求美国的支持。以色列、秘鲁、菲律宾、土耳其和其他与美国有着长期安全合作历史的国家领导人也是如此。这些政府越把自己确定为美国反恐战争的伙伴，它们期望从美国获得的物质支持就越多。即便如此，“支票外交”（checkbook diplomacy）在这场冲突中是不够的。美国需要真正的盟国，而不是在最后一张支票兑现后心怀二意的顾客。

国土安全

反恐战争的第三个关键因素是国内。不像 1941 年日本袭击美国夏威夷的珍珠港海军基地，“9 · 11”恐怖袭击以美国本土为目标。平民而非军事人员是主要受害者，而且恐怖分子在其发动致命袭击之前，光明正大地进出美国社会。在这种背景下，严格的新措施是必要的，以保护机场、海岸线、电气设施、通信网络和政府建筑免受袭击。国内执法部门必须在其社区里确定潜在的恐怖分子，与联邦当局分享线索。当地应急人员必须设计新的方法以应对恐怖袭击，其中某些或许会涉及化学武器、生物武器或核武器。美国公众必须为可能发生的新袭击做好准备。

这种努力的程度是广泛的。美国社会几乎没有领域不受其影响，而且，美国人长期以来已习惯了的常规性便利往往也必须被取消。确实，美国政府被迫采取许多与其他国家相同的措施，如机场的侵犯性搜查、对与恐怖主义有关的少数族裔进行“侧绘”（profiling）。白宫对公开信息作了新的限定，扩大国内监控范围，约束那些对恐怖嫌疑分子的法律保护。这些措施源自袭击后不久批准的《美国爱国者法案》（USA PATRIOT Act）[28]，引起了对公民自由成为反恐战争附加牺牲品的指责。同样不明确的是，新成立的国土安全部（Department of Homeland Security）是冷战初期以来最大的联邦政府改组，它将怎样使美国人更安全。国土安全部部长汤姆 · 里奇（Tom Ridge）最初最引人注目的行动是他设计了以颜色标记的恐怖袭击警报，督促美国人买好管道胶带和其他必需品，以便能在避难所待更长的时间，但这仅仅加重了公众的恐惧感。

2001 年 10 月，对国内恐怖主义最严重的担忧变成了现实。当时几十个美国人感染了炭疽热。这些致命的病菌以邮件方式寄出。第一例感染发生在佛罗里达的一家报社，致使一名员工丧生，两人致残。数周之内，炭疽粉末的踪迹在寄往美国全国广播公司（NBC）和哥伦比亚广播公司（CBS）新闻工作室、微软公司以及纽约州长乔治·帕塔基（George Pataki）办公室的信封中被相继发现。在参议院多数党领袖汤姆·达施勒（Tom Daschle）办公室打开的含有炭疽菌的信封，导致了大规模的疏散，身穿防化服的联邦调查局特工涌入国会办公室这些几乎令人震惊的景象。随后，炭疽菌的踪迹在最高法院、国务院和中情局的收发室里被发现。两名华盛顿特区邮政工作人员由于吸入菌株而丧生，其他人则在新泽西州和纽约的分拣设备旁感染而备受折磨。

依然经受着“9·11”袭击事件创伤的美国人在自己家园中，面对生化恐怖主义的直接威胁。在炭疽袭击的新闻占据头条时，没有人感到安全。恐怖主义浪潮使小布什政府猝不及防，发布了一系列仅会加重民众恐惧感的公共警报。第一次警报指向“可靠的”但未明确的威胁；后续警报则指明吊桥和核电站可能是袭击的目标。在一次对东欧人的卫星演讲中，小布什警告“对文明本身”的潜在威胁。对恐怖分子而言，这一演讲在全世界所造成的高度紧张感代表了他们自己的胜利。

与此同时，美国军事战略家设计出一套战争计划，分几个阶段展开，首先攻击阿富汗的塔利班政权，然后在世界其他有基地组织的地方展开行动。恐怖分子及其支持恐怖主义的国家都会成为目标。其中某些任务会需要大量美军，其他任务则由更小的特别分队领导，往往与当地部队实施战术性联盟。像游击战那样（参见第四章），平民和军事力量之间的界限总是模糊的，因为恐怖分子扎根在平民地区，而且在严格意义上来说他们是平民本身。平民伤亡的军事术语“附带损害”（collateral damage）将不可避免，而且很可能是大规模的。

首要地位与先发制人的大战略

如上所述，甚至在恐怖袭击之前，小布什总统就已经改变了美国对外政策的取向。2000 年作为总统候选人时，他曾驳斥克林顿—戈尔年代“自信的多边主义”，呼吁以美国自身利益为基础的单边主义行动。后来，总统小布什、副总统切尼及其对外政策团队的其他成员抱怨，国际组织并不有利于美国，反而为敌对政府提供了一个平台，从而联合起来对付美国。这些敌人不仅是那些欠发达国家，它们在大多数政府间组织里占多数，也包括法国等富国，它们公然攻击美国人的“超级大国”（hyperpower）。2001 年 1 月小布什执政时，信息是明确的：美国将会主要关心自身利益，无论何时需要，美国都会单独行动而保护这些利益。在其任内，现实主义而非理想主义将会主导美国对外政策。尽管如此，小布什最初并没有宣布一个新的对外政策“理论”，为其行动提供明确的基础。

恐怖袭击正好提供了这个机会，为总统及其顾问长期以来宣称的全球威胁不断增加这一灰暗景象增加了可信度。当 9 月 11 日这些威胁成为现实时，几乎没有人怀疑美国对外政策目的和手段的新大战略、新表述。但是，新大战略使小布什面临两个巨大困境。首先，尽管 9 月 11 日小布什悲观的世界观已得到确认，但相比于全球关切，他先前更关注美国自身利益，疏远了外国领导人，然而美国需要他们的支持。在这个新时代的许多其他颇具讽刺意味的事件之中，如果没有小布什总统在其竞选期间曾经嘲弄的国际社会的大力支持，美国无法赢得反恐战争。

第二个困境更加根深蒂固。小布什信奉最低限度的现实主义、国家利益以及实现手段的冷静考量，这与美国长期坚持的普世性道德目的观相冲突。美国人总是将美国视为一个例外国家，不仅是维护自己的领土完整。在美国人看来，世界政治根本上涉及价值观而不是原始权力（raw power）的冲突。美国政治自由、宗教宽容和经济机会的核心价值观，注定要输出。它们在海外被接受代表着美国历史使命的完成，而不是小布什国家安全顾问赖斯所认为的“二阶效应”（second-order effect）。[29] 因此，新大战略必须对比美国更广泛的社会有吸引力。它必须高举那些超越美国自身利益的价值观和原则。

对小布什而言幸运的是，这两个困境的解决方法可以在本 · 拉登让人憎恨的意识形态、在塔利班拷打犯人的囚牢、最重要的是在“9 · 11”事件恐怖分子所犯下的大屠杀中找到。如同过去一样，在美国价值观遭弃的地方，暴政和屠杀会盛行。美国再次面临着一种外国运动——这一次是以宗教派别的形式——拒绝美国公民的价值观和生活方式、美国政府的政治原则、制度和行动。伊斯兰激进主义的门徒宣称，圣战不仅针对美国人，也针对其他所有不同意其激进意识形态教条的人。

这一最新挑战的性质，使小布什将其现实主义的本能和美国传统的理想主义结合起来，因而形成了美国对外政策的新基础。小布什宣称，美国卷入另一场善恶之间的战争。小布什在恐怖袭击后的第 9 天向国会声明：“自由和恐惧、正义和残酷总是处于战争状态，而且我们知道上帝在它们中间并非中立。”在其 2002 年 1 月《国情咨文》演讲中，小布什宣告美国面对着一个联系着伊朗、伊拉克和朝鲜三国政府的“邪恶轴心”，它与恐怖组织密谋在全球范围内摧毁美国。小布什认为，美国的任务已经远远不仅是抓住本 · 拉登和消灭基地组织。一场打击恐怖主义及其所代表的罪恶的全球战争必须在各条战线上展开。小布什回想起里根最初对苏联领导的“邪恶帝国”的控诉。小布什也重新提起了 55 年前“杜鲁门主义”，即“杜鲁门主义”设想了以自由为基础的、以仇恨和迫害为基础的两个全球体系的冲突。

这些论述形成了 2002 年 9 月正式公告的大战略的缘由。[30] 这个战略就是小布什主义，涵盖了对外政策的方方面面，影响着美国与每个国家、国际组织的关系。其两个支柱——美国首要地位的优点以及先发制人打击已察觉的威胁的权利——分别捕捉到新战略的根本目的和手段。

第一个支柱是美国首要地位，将单极均势视为冷战后以及新千年世界政治的典型特征。如小布什在其大战略的介绍中提到的，美国对法西斯主义和共产主义的胜利致使世界仅有“一个国家成功的唯一可持续性模式——自由、民主和自由企业”。作为这一模式的拥护者和化身，美国政府不会像以往的帝国那样，利用其优势专制地统治世界，而是塑造“有利于人类自由的均势”，从而服务于这些普世的利益。在单极世界里和美国相较量将是自掘坟墓，而且会把那些潜在挑战者本可以用于建设目的的资源转移走。“我们的军队强大到足以阻止那些希望超过或与美国力量相当的潜在敌人追求军事建设。”[31]

小布什主义的第二个支柱被称为先发制人的战争，即抢先攻击那些决心给美国造成迫在眉睫的威胁的敌人。对小布什政府来说，私人恐怖组织的兴起以及支持恐怖主义的国家改变着世界政治的脉络，传统的国家强制手段已不再适用。特别是，核威慑与遏制在自杀性爆炸、大规模杀伤性武器扩散的世界里已经空洞无物。[32] 在这个危险的新世界里什么才起作用呢？只有采取攻势：

> 美国长期保留着先发制人行动的选项，以反击那些对我们国家安全造成足够伤害的威胁。威胁越大，不作为的危险性就越大——我们就越被迫采取预期性行动以保卫我们自己，即便敌人袭击的时间和地点仍不确定。为了预防或预先制止我们敌人的这些敌对行动，如果必要的话，美国将会先发制人地行动。[33]

小布什主义为先发制人战争提供了正当性，挑战着国际法的核心原则，即民族国家合法地诉诸武力前，需要确认迫在眉睫的危险。小布什主义认为，这种明确是不可能的，因为大规模杀伤性武器能够轻易地隐蔽和运送，突然造成灾难性后果。先发制人战争的主张也对国家主权概念提出了质疑。3 个多世纪以来，主权成为民族国家体系的关键。如美国国务院政策规划主任理查德 · 哈斯（Richard Haass）先前所观察到的 ：“主权使义务成为必要。其一是并不屠杀自己的民众。其二是不以任何方式支持恐怖主义。如果一个政府未能完成这些义务，它会丧失主权的某些正常优势，包括在其自己领土上不被干预的权利。”[34]

美国人没有意识到，美国并非第一次提出以首要地位、先发制人为基础的战略。早在 10 年前，老布什政府的官员曾设计了一个相似的计划。保罗 · 沃尔福威茨（Paul D. Wolfowitz）写道 ：“我们的战略现在必须重新关注于阻止任何未来全球竞争者的兴起上。”他当时担任国防部负责政策的副部长，2001 年成为国防部长拉姆斯菲尔德的副手。美国领导人“必须建立并保护新秩序，以劝说潜在竞争者无需期望更大的角色”。[35] 尽管获得时任国防部部长切尼的支持，但此“防卫大纲”被泄露给媒体并激起大众控诉老布什寻求世界霸权之后，被一个更温和的版本取而代之。[36] 小布什政府几乎原封不动地重组这一战略，而且恐怖袭击则为其提供了一个迫不得已的借口，这一新大战略的时机终于到来了。

实际上，小布什主义要求美国无限期地成为国家间体系的保护国，可能是永久性的。这一大战略所宣称的目标——美国首要地位——想必会受到海外领导人的欢迎。他们可以把自己的防卫需要交给美国全球警察的手上。在这一方面，美国的首要地位会把美国的安全“保护伞”全球化，然而美国早先免除了对北约国家和日本的国防重任。与美国一样，认为纯粹的防御姿态在恐怖主义时代是自杀的盟国，想必会支持新战略的手段——对那些威胁世界秩序的人开展先发制人的战争。在得出这个结论时，外国政府将面对很少的危险，因为美国将会解决那些棘手的问题。

在美国外交史上，门罗主义等文件未曾做出如此大胆的假设或提出如此有抱负的主张。确实，新大战略的范围在世界史上是前所未有的。几乎没有什么辩论或宣传，这一新战略就被国会、媒体和公众所接受。这一事实为“9 · 11”袭击事件后，在整个美国所感受到的狂妄自大或无限的热情提供了强有力的证据。

但是，小布什主义出炉了，因为全球动荡不断加剧，对暴力盘旋上升的恐惧日益加重了。尽管反恐战争抓到了数位高官，但没有摧毁基地组织，也没有阻止恐怖分子在世界各地制造灾难性袭击。与此同时，世界经济进一步衰退，而且世界贫富差距越来越大，从而进一步抑制着稳定的前景。这一新大战略通过宣称世界上最强大国家的善意，从而达到稳定国际体系的目的，但最初似乎产生相反的效果。如下一章所提到的，当美国的反击从阿富汗扩展到伊拉克时，全球焦躁感进一步加深。

注释

[1] U.S. Arms Control and Disarmament Agency, *World Military Expenditures and Arms Transfers* (Washington, D.C.: USACDA, 1998), 40. 这 6 个国家中的 4 个——法国、日本、英国和德国（按开支总数高低排列）——在这一时期都是美国盟国。中国和俄罗斯分别位列第二和第三位。

[2] William Wohlforth, “The Stability of a Unipolar World,” *International Security* 24 (Summer 1999): 7.

[3] Steven W. Hook, “Domestic Obstacles to International Affairs: The State Department under Fire at Home,” *PS: Political Science and Politics* (January 2003): 23–29.

[4] 关于这一概念的应用，参见：Chalmers Johnson, *Blowback: The Costs and Consequences of American Empire* (Boston: Little, Brown, 2000)。

[5] 尽管有此丑闻，克林顿在这段时间依然获得大众的广泛支持，而且民调显示，大多数美国人认为参议院的弹劾案是被政治所驱动，是不公正的。参见：Nancy Gibbs and Michael Duffy, “The Great Disconnect,” *Time* (January 25, 1999)。众议院并没有对总统判罪，因而在 2001 年 1 月完成其第二任期。

[6] 1999 年 3 月这一条约生效，到 2006 年 148 个国家批准。最新数据，参见国际反地雷组织网站：www.icbl.org。

[7] Condoleezza Rice, “Promoting the National Interest,” *Foreign Affairs* 79 (January–February 2000): 45–62.

[8] 克林顿知道参议院很可能驳回这一条约，因而没有提交审议。参见：www.unfccc.int《京都议定书》全文。

[9] the Intergovernmental Panel on Climate Change, "Climate Change 2001: Impacts, Adaptation, and Vulnerability" (New York: United Nations, February 2001).

[10] Daniel Benjamin and Steven Simon, *The Age of Sacred Terror* (New York: Random House, 2002).

[11] White House, "U.S. Policy on Counterterrorism," Presidential Decision Directive 39 (June 21, 1995), www.fas.org/irp/offdocs/pdd39.htm.

[12] "Testimony of Richard A. Clarke before the National Commission on Terrorist Attacks upon the United States" (March 24, 2004), www.9-11commission.gov/hearings/hearing8/clarke_statement.pdf.

[13] National Commission on Terrorism, *Countering the Changing Threat of International Terrorism* (Washington, D.C.: National Commission on Terrorism, June 2000).

[14] Paul R. Pillar, *Terrorism and U.S. Foreign Policy* (Washington, D.C.: Brookings, 2001), 18–19.

[15] Gilles Kepel, *Jihad: The Trail of Political Islam* (Cambridge, Mass.: Belknap Press, 2002), chap. 13.

[16] 与基地组织有关的恐怖分子参与了 1993 年纽约市世贸中心爆炸案。因这次袭击而被定罪的拉姆齐·优素福（Ramzi Yousef）与其他基地组织成员共同策划了针对纽约市林肯隧道、荷兰隧道以及联合国总部的爆炸。纽约市基地组织分支由精神领袖谢赫·奥马尔·拉曼（Sheik Omar Abdel-Rahman）领导。他作为埃及伊斯兰圣战组织的成员，在"盲眼酋长"的年代里与基地组织领导人本·拉登发展了工作上的联系。Richard A. Clarke, *Against All Enemies: Inside America's War on Terror* (New York: Free Press, 2004), 78–79。

[17] 对于详述，参见：Walter Laqueur, *The New Terrorism: Fanaticism and the Arms of Mass Destruction* (New York: Oxford University Press, 1999); Bruce Hoffman, *Inside Terrorism* (New York: Columbia University Press, 1998)。

[18] *U.S. Code,* 22 (2000), § 2656f (d).

[19] Pillar, *Terrorism and U.S. Foreign Policy,* 24.

[20] Andrew Sinclair, *The Anatomy of Terror: A History of Terrorism* (New York: Macmillan, 2003).

[21] Benjamin and Simon, *Age of Sacred Terror,* 357–360.

[22] Rob de Wijk, "The Limits of Military Power," *Washington Quarterly* 25 (Winter 2002): 79.

[23] Barry R. Posen, "The Struggle against Terrorism: Grand Strategy, Strategy, and Tactics," *International Security* 26 (Winter 2001/2002): 39–55.

[24] James Risen, "In Hindsight, C.I.A. Sees Flaws That Hindered Effects on Terror," *New York Times* (October 7, 2001), A1, B2.

[25] U.S. Congress, Senate Select Committee on Intelligence and U.S. House Permanent Select Committee on Intelligence, *Joint Inquiry into Intelligence Community Activities before and after the Terrorist Attacks of September 11, 2001* (107th Cong., 2nd sess., December 2002), xvii.

[26] Jeffrey Goldberg, "The Unknown," *New Yorker* (February 10, 2003): 42–43.

[27] "Text: President's Daily Brief on August 6, 2001," *Washington Post* (April 10, 2004), www.washingtonpost.com/ac2/wp-dyn/A2285-2004Apr10?language= printer.

[28] 这一法案的正式名称是《2001 年为制止与抵御恐怖主义提供所需的适当之手段以团结和强化美国法案》(the Uniting and Strengthening America by Providing Appropriate Tools Required to Intercept and Obstruct Terrorism Act of 2001)，参见第十三章。

[29] Rice, "Promoting the National Interest," 47.

[30] White House, "The National Security Strategy of the United States of America" (September 2002).

[31] Ibid., 30.

[32] 对近年来使用最为普遍的手段——自杀性恐怖袭击的分析，参见：Robert Pape, "The Strategic Logic of Suicide Terrorism," *American Political Science Review* 97 (August 2003): 343–361。

[33] White House, "National Security Strategy," 15.

[34] Nicholas Lemann, "The Next World Order: The Bush Administration May Have a Brand-New Doctrine of Power," *New Yorker* (April 1, 2002): 45.

[35] "Excerpts from Pentagon's Plan: Prevent the Re-emergence of a New Rival," *New York Times* (March 8, 1992): A14.

[36] David Armstrong, "Dick Cheney's Song of America: Drafting a Plan for Global Dominance," *Harper's* (October 2002): 76–82.

第十二章

阿富汗和伊拉克的热战

2002 年 11 月，美国陆军第 82 空降师的士兵徒步行走在阿富汗的山路上，搜寻塔利班、基地组织军队。但是，他们在阿富汗扫荡性行动事实上是无用的，因为敌军仍然控制着阿富汗和巴基斯坦边界的险峻山区。

在全球“反恐战争”之前，小布什总统迫不及待地将其对外政策新原则公之于众。如 2001 年 11 月美国入侵阿富汗所表明的，美国必须追捕和摧毁当年“9·11”恐怖袭击事件的策划者，以实现小布什维持国内安全、在国外维系美国首要地位的大梦。但在中东，萨达姆·侯塞因领导的伊拉克迅速成为小布什主义真正的试金石。始于2003年3月的伊拉克战争引起美国白宫的关注——还包括美国军事权力、经济财富以及外交影响力。没有联合国安理会的应允，美国侵袭伊拉克，致使其孤立于国际社会之外。最糟糕的是，与阿富汗和伊拉克叛乱者的作战，限制着美国处理世界上其他动荡地区的能力。

尽管美国以不同的短期目标侵袭阿富汗和伊拉克，分别是：摧毁基地组织的藏身之处，消除萨达姆的大规模杀伤性武器。但其长期目标则是一致的：阿富汗和伊拉克这两个世界上最专制的国家必须“因民主而安全”。从北非起经中东而至西南亚的穆斯林地带，抵制着20世纪末席卷其他发展中国家的民主改革趋势。小布什政府的国防部副部长道格拉斯·J.菲斯（Douglas J. Feith）认为，由新近被赋予权利的公民统治的、民享的伊拉克“或许会对整个中东地区的民众产生激励作用，竭力增加其所拥有的自由”。[1]

最初由艾森豪威尔总统应用于越南战争中的“多米诺骨牌理论”（参见第四章），在反恐战争中重获生机。但是这一次，骨牌大概会以有利于美国国家利益和道德使命的情况而倒下。民主向阿富汗和伊拉克的扩展会激起其他伊斯兰国家的民主革命，即便是以美国军队的方式。它们不仅彼此建立互惠互利的关系，而且按照民主和平论，它们会修补与西方国家的关系，包括美国。

阿富汗战争

在“9·11”恐怖袭击事件之后，美国军队首先以阿富汗政府为目标，因为如果美国抓获阿富汗的基地组织恐怖分子，那阿富汗政府的垮台则被视为必要。小布什最初对阿富汗领导人的要求是“交出恐怖分子”或“遭受同样的命运”，但这迅速地让位于一个更具侵略性的战略，要将阿富汗政权推翻。不管怎样，美国部队很快进入到阿富汗山区，进入到难以逾越的部落社会中，然而正是这些部落社会，曾经挫败了英国和苏联的帝国野心。

21 世纪，阿富汗因 20 年的战争而完全精疲力竭，起初反抗苏联占领军，继而反抗国内军阀、权力追逐者。阿富汗大部分基础设施——道路、桥梁、电力设施、通信系统、学校和医院，或在冲突中受损，或毁于一旦。与此同时，阿富汗人有世界上最短的预期寿命（43 岁）、低于 40% 的识字率、少于 1000 美元的人均年收入。数以十万计的阿富汗人丧生于 20 世纪 90 年代的部落暴力冲突中；数百万人逃离了阿富汗而成为难民。即便如此，新千年的曙光并没有赋予阿富汗复兴的时间，因为阿富汗迅速成为美国反恐战争的首要目标。

冷战后善意的忽视

如上所述，卡特总统、里根总统拒不承认苏联 1979 年对阿富汗的入侵，这次入侵是由喀布尔亲苏政权的解体所引起的。20 世纪 80 年代，美国中央情报局代表阿富汗圣战者（即美国后来所知的“自由战士”）在阿富汗进行了秘密行动，这些行动在削弱苏联势力范围方面是至关重要的。里根政府的中情局局长威廉 · 凯西（William Casey）视苏联干预为重大失误，是美国在南亚获得战略优势的黄金时机。阿富汗不仅变成了苏联的越南，而且苏联占领所付出的经济和军事代价也耗尽了其仅有的一点力量。因此对美国领导人而言，即便其中一些资金资助了本 · 拉登等身份不明的人物，但支持圣战者所花费的数十亿美元也是有价值的。

但是，1989 年苏联坦克一撤离阿富汗，加之苏联经济下滑，美国政府的目的便模糊化了。像世界其他地方一样，在南亚，冷战的结束重塑了美国利益。美国国务院发现，自己正在哈萨克斯坦等苏联国家设立外交办事处，同时放松了美国与其他政府的联系。老布什总统全神贯注于俄罗斯和东欧，对苏联撤退后的阿富汗没有什么兴趣。在他看来，美国在阿富汗的使命已经完成，随后是阿富汗人的事情了。[2]

这项善意忽视的政策，是美国在重大冲突后的典型特征，再次困扰着美国领导人。甚至在最后一支苏联部队离开之前，曾一度联合起来对抗其共同苏联敌人的阿富汗地区军阀便自相残杀。在从南部平原普什图族人到北方乌兹别克人与塔吉克人的支持下，所谓的北方联盟等装备精良的民兵组织都试图保护他们的领土飞地，尽可能地扩大其势力范围。控制喀布尔的中央政府只是次要问题，因为在苏联占领和武装冲突长达 10 年之后，喀布尔变成了废墟。

阿富汗仍处于摇摇欲坠的马克思主义政权手中，直到 1992 年 2 月才最终垮台。当时艾哈迈德 · 沙赫 · 马苏德（Ahmad Shah Massoud）领导的北方叛军武力占领了总统府。虽然马苏德宣扬国家统一的福音，但缺乏阿富汗分裂的社会的支持。由此，阿富汗很快陷于内战和无序之中。海洛因和鸦片成为阿富汗的主要出口产品，包括在后占领时期不再需要的、大量成堆的苏制、美制武器。这些武器许多仍在阿富汗亡命之徒手中，他们填补了政府控制的空白。

无政府状态持续到 1996 年 9 月。当时一个有组织良好的政治和宗教运动团体塔利班在喀布尔掌权，逐渐残忍地建立起整个阿富汗的秩序。塔利班（意为“宗教学生”）实施了严格的伊斯兰教法（Sharia），使其成为政府政策的基础。妇女被禁止入学、从事职业工作、或在没有男性亲戚的陪同下离开家。男人被迫留着一定长度的胡须。放风筝和打牌等“轻佻”的活动被禁止，还有看电视、演奏音乐和使用互联网亦被禁止。塔利班通过在足球场公开鞭打、截肢以及进行大规模处决来执行这些法律。与此同时，政府还镇压那些不遵循伊斯兰教法原则的宗教运动，驱逐数十个国际援助机构离开阿富汗。

美国总统克林顿关注着这些进展，但由于最初在阿富汗缺少稳健的联系人试图与塔利班发展友好关系。在克林顿看来，新统治者至少似乎有能力维持阿富汗的秩序，可能关闭其泛滥的毒品贸易。虽然领导塔利班的逊尼派穆斯林（Sunni Muslims）得到巴基斯坦和沙特阿拉伯的支持，但看不起统治伊朗的什叶派神职人员（Shiite clerics），所以一个统一的伊斯兰神权政体不太可能出现在整个中亚大地上。或许，往往美国，这个政权不共戴天的仇敌，能够与喀布尔的宗教狂热分子找到共同事业。

当时克林顿主要关注本·拉登及其基地组织的追随者。他们以暴力手段寻求伊斯兰的“净化”，在阿富汗找到了安身之所。克林顿已经将基地组织与日渐高涨的反美恐怖袭击浪潮联系在一起，向塔利班提出一笔交易：以美国政治经济的支持换取本·拉登的投降。但在克林顿的国家安全委员会中，只有最天真的成员期望对方接受这一提议。塔利班的精神和政治领袖毛拉·穆罕默德·奥马尔（Mullah Mohammad Omar）否认与本·拉登的密切关系。为了激励伊斯兰世界的圣战者，基地组织开办了许多训练营。基地组织的影响日益增大，这与奥马尔的保证相悖。

克林顿的国内问题，尤其是第二届任期内与莱温斯基的性丑闻，使其没有得到所需的政治支持，以强有力地消灭塔利班、基地组织。由于共和党在国会占主导地位，因而国会议员批评克林顿政府的国防部在美国驻肯尼亚和坦桑尼亚大使馆遇袭之后，于 1998 年 8 月发射的巡航导弹攻击中没有击中基地组织的目标。克林顿也关注其他对外政策关切，如美中贸易、科索沃战争等。这些分心弱化了基地组织威胁在最高决策者中的地位。当 2001 年 1 月小布什当选总统后，他将伊斯兰恐怖组织视为重要但并不迫切的问题，并采用了如下策略，即在阿富汗马苏德军队的帮助下追捕基地组织人员，并为中情局注入巨额资金。但在 2001 年 9 月 9 日，这一策略便无效了。当时，基地组织成员伪装成惺惺相惜的阿拉伯记者在马苏德的家里谋杀了他。他的遇刺致使美国在阿富汗失去了颇具影响的朋友，失去了遏制本·拉登狂妄野心的任何希望。

第一阶段：推翻塔利班

“9·11”袭击事件的罪犯直接被追查到阿富汗，使美国不可避免地大规模侵袭阿富汗。反击将以两个阶段展开。首先，美国部队帮助阿富汗反政府武装推翻了塔利班政权，围捕对“9·11”袭击事件负责的基地恐怖分子。然后，美国政府与联合国共同致力于建立一个新的民主政权，使其不再威胁邻国或成为伊斯兰恐怖分子的避难所。在第一阶段军事指挥官的目标是以足够的力量推翻塔利班，而不是使用更多武力使其伊斯兰邻国感到威胁。“永久自由行动”（Operation Enduring Freedom）作战计划要求美国地面部队仅限于特种行动，如为空中打击确认目标。阿富汗本地军队进行地面攻势，包括北方联盟、南部普什图人部队的第二纵队。美国空中轰炸和地面压力致使敌人逃向巴基斯坦避难。敌军在巴基斯坦被抓而转交美国。

在“9·11”恐怖袭击事件不到两周后的2001年9月22日，美国发起了对阿富汗塔利班政权的攻势，而且北方联盟开始攻击政府所在地。10月初，美国和英国空军开始轰炸阿富汗。第一波攻击使塔利班在坎大哈和喀布尔市区中心的交通和通信网络瘫痪了。随后北方联盟的部队横扫了卡拉夫干、马扎里沙里夫，几乎没有遇到任何抵抗就控制了这两个战略性城市。11月12日首都喀布尔被攻陷，阿富汗摆脱了塔利班政权的统治。

好几个因素导致了塔利班出乎意料的迅速投降。在战斗的第一阶段，美英空军出动了2万多架次飞机，超过了1995年波斯尼亚和1999年科索沃打击塞族目标空袭数量的总和。激光制导的“地堡克星”（bunker busters）摧毁了许多庇护塔利班政权的地下洞穴，而且美国军械库里最大的常规炸弹毁掉了大部分地面部队，即重达15000磅的“雏菊剪”（daisy cutters）。无人侦察机增援轰炸行动，在目标上空盘旋，为美国和英国飞行员提供精确坐标。在史无前例的技术贡献中，其他无人机可以向敌方目标发射制导导弹，其中包括基地组织指挥人员。估计 15000 敌军丧生于美国领导的攻击之下，而且约 7000 人被送往古巴关塔那摩湾美军基地的临时监狱营中。但美国部队的死亡总数远少于此——约为 50 人。[3]

将基地组织领导人绳之以法的中心任务依然未竟，而且这事实上更加困难。军事行动的第二阶段“蟒蛇行动”（Operation Anaconda）意在围捕本 · 拉登等恐怖分子，但任务失败了。因为当时他们逃离了总部和训练中心。在关键的托拉博拉战役（battle at Tora Bora），本 · 拉登的武装支持者在崎岖的山巅上打败了美军特种部队。与此同时，所谓亲美的阿富汗民兵并没有阻止基地组织人员逃往巴基斯坦。因此，本 · 拉登，这个曾被认为只能在这一地区坐以待毙的恐怖分子头子逃跑了。甚至美国为抓他而给

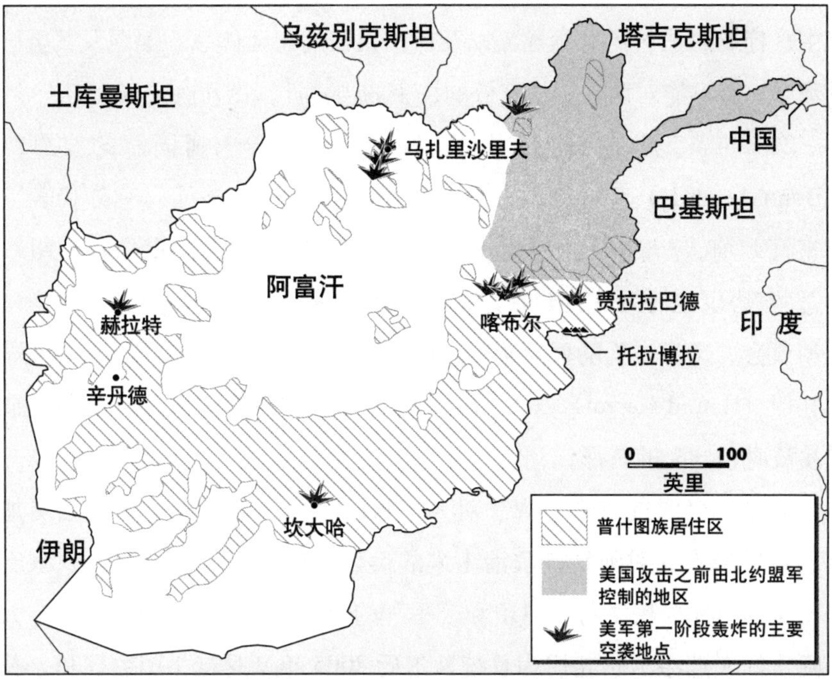

地图 12–1　2001 年秋，阿富汗战争

出 500 万美元的悬赏事实上都是不够的，因为本 · 拉登在这一地区仍得到广泛的支持。美国公众没见到基地组织领导人被捕的新闻报道，反而看到本 · 拉登大肆吹嘘“9 · 11”袭击事件并发誓，美国人“做梦也别想得到安全，直到这帮异教徒军队离开穆罕默德的土地”，这显然意指本 · 拉登的出生地沙特阿拉伯。

第二阶段：崎岖地带的国家重建

即使美国部队已经抓住了本 · 拉登，美国也必须重新整合阿富汗。西方一个常见的说法似乎是恰当的：“谁损坏，谁负责。”它源自陶瓷谷仓（Pottery Barn）公司的标志，国务卿鲍威尔时常提及。因此，不管军事行动的后果是什么，喀布尔需要一个新政权以行使政府职能，而且要承担起合作性国际“公民”的角色。在美国领导人看来，阿富汗必须转型为西方民主，拥有宪法、民选领导人以及保护人权的司法体系。美国及其盟国帮助建立一个可能对西方更加友好的民主的阿富汗，因而会更安全。

2001 年 12 月，由联合国支持并被地区领导人所同意的波恩协议（Bonn Accords）呼吁建立一个“两性平等、种族多元、充分代表”的阿富汗政府，“与国际社会合作，共同打击恐怖主义、毒品和有组织犯罪”。[4] 协议也呼吁成立过渡政府以维持国家正常运转，直到选举产生总统和议会。选举过程的监督重任落到了普什图族部落的领导人哈米德 · 卡尔扎伊（Hamid Karzai）身上。卡尔扎伊与西方的友好关系自然使其成为过渡政府领导人的选择。

但是，全国选举这一观念对大多数阿富汗人非常陌生，他们更加认同部落领导人。对阿富汗政治未来的设计者来说，真正的代议制政府意味着面向全体公民举行“自由和公平”的全国选举。2004 年 10 月，大部分阿富汗人选举卡尔扎伊为总统，尔后 2005 年 9 月选举国会议员。新当选立法者的四分之一必须是女性。她们承认自己甚至“不知道民主的基本知识，尤其是西方议会的运转方式”[5]。但是，她们愿意学习，这就是西方国家重建者希望的由来。政治改革使阿富汗军事控制权的问题悬而未决，主要是南方普什图族人和北方联盟的成员之间，仍深陷于地方派系的权力斗争中。塔利班仍是个问题。像苏联占领期间的圣战者那样，塔利班领导人退入周围的山川峡谷，重整部队并密谋东山再起。卡尔扎伊的权威几乎不会超出喀布尔城市。在这些环境下，任何中央政府无法长期存在下去。

因此，美国和英国部队面对着一项长期的任务，防止阿富汗新政府屈从于内部压力。2003 年，这两个盟国向北约组织寻求帮助，因而北约向阿富汗派军，这是联盟历史上第一次向“境外”派军。北约部队最初仅限于喀布尔和阿富汗西北部地区，美军则巡逻危险的南部地区以及巴基斯坦边界。到 2007 年，北约承担起在阿富汗的全部责任。对美国而言，北约部队为其在阿富汗的任务增添了信心。此外，增援部队使美国国防部可以将其精力和资源重新投向到其他地方。

仍不明确的是，只有 15000 人的北约部队如何有望控制阿富汗。阿富汗与美国德克萨斯州相当，但有大量的崎岖地形。2006 年，塔利班袭击的增多表明了其耐力。尽管历史几乎不会提供乐观的理由，但美国以政权更迭、民主改革、美国军事经济援助的方式而稳定阿富汗的战略似乎做得足够好了。阿富汗民众以高投票率表达出，他们愿意给予民主一个机会。所有其他方案——新的内战、塔利班统治的复辟或由基地组织恐怖分子接管阿富汗——对阿富汗的未来更加险恶，尽管这并非难以置信。到 2008 年末，塔利班控制着阿富汗南部大部分地区，本 · 拉登及其基地组织人员仍在巴基斯坦崎岖边境的安全区——美军和北约部队依然对此鞭长莫及。要控制这一难以驾驭之地，更大的军事行动是必需的。

伊拉克战火再燃

美国侵袭阿富汗之后不久，小布什的对外政策顾问转向了反恐战争的第二战场——伊拉克。先发制人战争是小布什主义的核心要素，但是备受争议，因为根据国际法，除非首先受到攻击或面临近乎确定无疑的即刻打击，否则一国不能入侵别国。源自中世纪的正义战争理论仍是个普遍的参照点，禁止使用武力，除非所有的和平方案已然用尽。但从小布什的立场来看，在恐怖主义时代坐等遇袭只会招致侵犯，这是从"9·11"事件惨重代价得到的教训。

先发制人战争理论似乎是为伊拉克量身定制的。[6] 尽管在联合国数年制裁之后，伊拉克军事力量和经济实际上崩溃了，但萨达姆·侯赛因依然牢牢控制着伊拉克。虽然美英空军在伊拉克境内大多数地方严格执行禁飞区政策，以严密封锁伊拉克，但他们对萨达姆的遏制并没有削弱他的决心。相反，伊拉克领导人更加坚定、更加残暴地压制国内异见者，更加蔑视美国和其他西方国家。1998 年，他拒绝了联合国武器核查人员。此后，外界观察员便不可能知道伊拉克是否重装了联合国人员先前发现并移除的大规模杀伤性武器库。同样不清楚的是，用以制造生化武器的大量危险材料处于什么情况。以往的经验、伊拉克政府的绝密、萨达姆的挑衅姿态均表明，萨达姆仍掌握着这类武器，将会肆无忌惮地使用，一如既往。

克林顿总统在其整个任期，都令人沮丧并且最终徒劳地努力对付萨达姆、代表其权力基础的逊尼派所领导的复兴党，处理联合国制裁伊拉克的混乱局面。与乔治·凯南对苏联的策略非常相似，克林顿的遏制政策认为外部的孤立最终会扼杀敌人。但是，在伊拉克的例子中，美国才是那个日益精疲力竭的一方。但由于全神贯注地处理着科索沃危机及其自己的政治问题，克林顿仍坚守其遏制政策。

2000 年 11 月小布什当选、"9·11"恐怖袭击事件发生之后，一些美国官员如此急切地入侵伊拉克，他们呼吁在阿富汗战役**之前**便入侵伊拉克。据报道，2001 年 9 月 15 日，国防部副部长保罗 · 沃尔福威茨（Paul Wolfowitz）向小布什军事内阁提议。记者伍鲍勃 · 德沃德（Bob Woodward）报道 :“他担心 10 万名美军士兵会在未来 6 个月时间里陷入阿富汗的山地战。”“相反，伊拉克是个脆弱的专制政权，或许会轻易地被推翻。这是可行的。” [7] 尽管阿富汗确实排在首位，但美国白宫也很快转向了伊拉克。2002 年 8 月 26 日，副总统切尼告知退伍老兵 :“简而言之，毫无疑问萨达姆 · 侯赛因现在拥有大规模杀伤性武器。”“毫无疑问，他正积蓄这些武器用以对付我们的朋友、我们的盟国以及我们自己。” [8]

政权更迭的支持者认为，萨达姆的垮台不仅会消除对伊拉克武器的恐惧及其与基地组织紧密联系，而且还有其他好处。首先，军事行动向其他“流氓国家”发出明确的信号，即美国已经采取攻势。其次，这一行动会增强联合国的合法性。因为如果他没有与武器核查人员全面合作，联合国安理将会以“严重后果”威胁萨达姆。第三，接管伊拉克会为美军在中东核心地区提供一个前进集结地，以此开展其他反恐行动。第四，随着新生政权的诞生，伊拉克人会免于更多的独裁统治、经济贫困以及对人权的践踏，赢得自身的道德胜利。[9] 最后，如上所述，伊拉克的民主转型在阿拉伯世界引发民主的“多米诺骨牌效应”，伊拉克会成为该地区其他政治改革者的行为榜样。

但是，一系列政治问题抵消了 2003 年伊拉克战争带来的所谓的好处。重大战略关切是，伊拉克的军事行动将会使美国政府不再关注反恐战争，政权更迭的战术障碍也存在。即便侵袭行动没有太多抵抗而成功，但尚不明朗的是战后的占领会持续多长时间，开销几何，而且谁又会为此买单。外交障碍进一步提出了疑问。当美国几乎没有阻止以色列镇压巴勒斯坦人时，温和派阿拉伯国家也并不认可美国领导的入侵伊拉克。其他大部分国家也怀疑美国入侵伊拉克的计划，甚至北约盟国也犹豫不决。在其他主要大国中，只有英国首相布莱尔支持白宫。但布莱尔因承诺代表英国与美国的“特殊关系”，这使其在政治上受挫。

战争的借口

这些关切并没有使小布什停止其更迭伊拉克政权的计划。美国白宫认为，持续不断的遏制政策注定会失败，因为经济制裁的约束力日渐削弱，而且越来越多的国际压力也趋于减缓，或甚完全消除。小布什也拒绝威慑政策，因为萨达姆以往反复无常，可能向恐怖分子提供其大规模杀伤性武器。伊拉克异见人士发动政变的秘密行动并未被视为一项选择，因为萨达姆仍然完全控制着其国内政敌。由于没有更好的选择，先发制人战争便成为“最不坏”的方案。[10]

虽然小布什依然决定驱逐萨达姆，但他开始屈服于多边解决方式的压力。在回应大多数外国领导人表示的关切时，国防部长鲍威尔坚持美国要获得联合国安理会对伊拉克军事行动的支持。鲍威尔认为，如果没有这种支持，美国入侵会缺少合法性，也会使世界上大多数人转而反对这些自诩为巴格达的“解放者”。因此，小布什勉强同意和支持联合国决议，再给萨达姆一次、也许是最后一次放下武器的机会。2002 年 9 月 12 日，在联合国大会演讲中，小布什总统发出了一个直接的挑战：“世人面临着一次考验，联合国也面临着一个艰难的关键时刻。安理会决议是会得到尊重和执行，还是会被毫无后果地弃之不顾？联合国是会为其创立之初的目标而奋斗，抑或只是无关紧要的存在？”

美国白宫战争借口的力度取决于萨达姆所造成的威胁的最新情报。国防部官员怀疑中情局、甚至是国防部情报机构并非定论的调查结果。因此，2002 年 9 月他们设立了自己的机构“特别计划办公室”（Office of Special Plans），其调查并不限于传统的情报源，也包括伊拉克流亡人士。这些流亡人士长期以来主张推翻萨达姆，其中最著名的人士艾哈迈德 · 沙拉比（Ahmed Chalabi），他频繁与美国官员会面，在白宫被广泛认为萨达姆的理想继任者。[11] 伊拉克流亡人士所提供的情报成为美国 10 月份所发布的《国家情报评估》（National Intelligence Estimate，NIE）的一部分，其开场白概述了反对萨达姆的借口：

> 伊拉克无视联合国决议和规定，一直进行大规模杀伤性武器计划。伊拉克拥有生化武器以及超过联合国规定射程的导弹，如果不经检查，它很可能在十年内拥有核武器。巴格达藏匿了伊拉克大部分大规模杀伤性武器。海湾战争后泄露的信息明确显示，伊拉克竭力否认这些信息。1998 年核查结束以来，伊拉克继续其化学武器项目，启动了导弹计划，并斥巨资研发生物武器。大多数分析专家估计，伊拉克正在重启其核武器计划。[12]

当小布什向伊拉克宣战时，政治风向也对其有利。中期选举定在 11 月 5 日，而且国会议员明白，反对战时一位受欢迎的总统将是一场政治自杀。10 月 7 日，小布什在辛辛那提直接向选民呼吁："美国切不可忽视针对我们的威胁。在危险的明确证据面前，我们不能等到决定性证据——确凿的证据，因为那可能会是一朵蘑菇云。"数天之内，国会批准了一项联合决议案，要求不管有没有联合国的支持，都要对伊拉克展开军事行动。共和党候选人席卷了 11 月的大部分竞选活动，确保了对国会两院的控制以及达成针对伊拉克的联合战线。

小布什的选举胜利，促成了其 11 月 8 日在联合国的成功。在美国分治政府并未出现的情况下，联合国安理会宣布伊拉克"实质违背"了联合国先前的决议，要求萨达姆"立刻、无条件、无限制的"允许核查先前禁止联合国进入的政府部门、军事设施、工厂和数十处总统官邸。如果伊拉克未与核查人员合作，将面临"严重后果"。虽然这些后果并不明确，但毫无疑问它们将是如下情形：美国及其追随的任何国家会对伊拉克发动全面进攻。

作用与影响

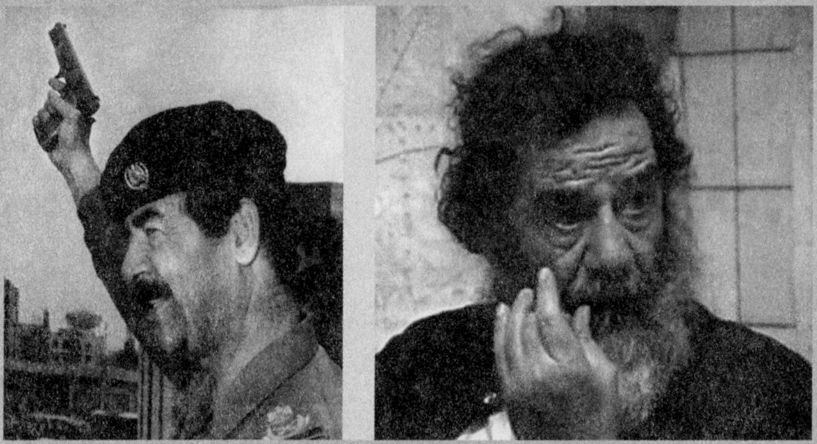

萨达姆·侯赛因

尽管作为冷战后世界上“唯一超级大国”的美国拥有全部优势，但美国也无力阻止敌对的外国领导人引发地区冲突及其美国军事力量的干预。在这些领导人中，伊拉克总统萨达姆·侯赛因1990年下令入侵科威特，并威胁控制波斯湾巨量石油供应，引发了后冷战时期第一次危机。

萨达姆最初作为阿拉伯民族主义运动复兴党的领导人而崭露头角。1979年在伊拉克掌权之后，他很快备军入侵邻国伊朗，推翻其视为威胁的伊朗伊斯兰新政府。随之发生的两伊战争造成了数十万人伤亡。紧随其后的是另一场冲突，即伊拉克入侵科威特。美国所领导的联合国联军击退了伊军。战败后，尽管联合国对伊拉克实施了严厉的经济制裁，但萨达姆依然牢牢地掌握着权力。2001年9月的恐怖袭击促使小布什总统入侵伊拉克。萨达姆为避敌而东躲西藏，直到2003年12月被捕。随后，他因反对其伊拉克政敌的罪行而受审，被处决。

联合国决议使萨达姆采取一种最终会削弱其控制伊拉克的策略。根据美国侵袭后得到的情报，2002 年 12 月，萨达姆秘密告知其军事指挥官，伊拉克大规模杀伤性武器早已销毁，以使美国失去合法的战争借口或理由。萨达姆命令其指挥官在全国范围内清除，“使联合国核查人员不会发现任何过去大规模杀伤性武器的痕迹”[13]。但萨达姆与武器核查人员联系时依然推诿。他这种立场的原因是显而易见的：他希望在与其邻国伊朗的较量中维持均势，在两伊战争 14 年后，他依然视伊朗为伊拉克的首要威胁。萨达姆为其所谓的大规模杀伤性武器留下怀疑的空间，在与伊朗的第二次战争时感到安全。但是，他以此为美国入侵及其自己的倒台打开了大门。

小布什并不知道萨达姆的秘密会议，他自信满满地认为，联合国核查人员在 2002 年 12 月和 2003 年 1 月没有通知的情况下，进入 300 个可疑地点后会证实其对伊拉克大规模杀伤性武器的判断。但小布什总统也打出了军事牌，他命令近 20 万美军前往波斯湾，包括 4 个陆军师、5 个航母战斗群、600 架战斗机、30 艘发射巡航导弹的军舰。英国政府也调动了 3000 人的部队和大量轰炸机前往波斯湾。小布什宣称，这为联合国的最后通牒提供了必需的支持力量。预先部署也是必要的，因为冬春两季的军事行动将会优于在伊拉克闷热的夏天作战。

与萨达姆的秘密策略相一致，期待已久的联合国核查员中期报告从各方面都没有提供明确的证据。1 月 27 日，联合国核查团团长汉斯 · 布利克斯（Hans Blix）告知安理会，他在伊拉克没有发现证明军事行动正当性的大规模杀伤性武器。但是，这一发现并不意味着萨达姆全面配合了核查人员，或消除了对其核武器的所有疑惑。相反，布利克斯谴责伊拉克领导人阻碍核查行动，没有充分解释生化制剂的可疑隐蔽地点，阻止布利克斯在没有政府“看守者”在场时采访其技术人员。国际原子能机构（International Atomic Energy Agency，IAEA）总干事穆罕默德 · 巴拉迪（Mohamed ElBaradei）也报告了复杂的结果。他的核查人员没有找到伊拉克核武器计划的任何痕迹。与布利克斯相似的是，他也要求更多的时间以进行更多的核查行动。

不过白宫拒绝了这些要求，宣称进一步的拖延只会延长萨达姆20世纪90年代业已精通的猫捉老鼠的游戏，但小布什总统面对着联合国安理会的强烈反对。法国总统希拉克郑重宣告要动用否决权以挫败战争决议，而且德国领导人也拒绝在没有伊拉克违约的进一步证据的情况下支持战争。随后，美国国防部长拉姆斯菲尔德斥责法国和德国为“旧欧洲”的残余，把德国的反对比作利比亚和古巴的行为。2002年11月，北约同意新一轮东扩[14]，致使当时大西洋联盟内部的紧张关系大白于天下。

在联合国安理会，法国、中国和俄罗斯均反对针对伊拉克的行动。这三个国家都与萨达姆保持着政治和经济联系，担心这场入侵之后，自己国内爆发恐怖袭击。国务卿鲍威尔担负着说服安理会的重任，2月5日在安理会发表了演讲。他转述了美国情报机构的报告，称萨达姆“为火箭发射装置和包含生化制剂的弹头支付了大笔经费”，在火车车厢中建立大规模杀伤性武器实验室，为了制造核燃料而运输铝管到伊拉克。鲍威尔总结到：“让萨达姆继续持有数月或数年的大规模杀伤性武器，是不可接受的，尤其在‘9·11’事件之后的世界里。”[15]但他的发言没有说服安理会，即联合国即便扩大核查，采用更“灵巧”的制裁也无法遏制伊拉克。[16]

美国显然在世界公共舆论战中战败了。2月15日，整个欧洲都举行了大规模反战集会。鉴于战争那时尚未爆发，这确实是个奇特景象。近100万抗议者出现在伦敦，60万人涌上了罗马街头，50万人在柏林举行集会。这些潜在盟友的重要关切是，如果政府支持对伊拉克的预防性战争，那其公民会起来反抗。土耳其立法者十分担心与美国结盟，他们拒绝为打击伊拉克建立一条北方战线而提供其领土。大规模示威也发生在美国。芝加哥、底特律、洛杉矶和费城等100多个城市议会通过决议，反对在没有联合国支持的情况下进攻伊拉克。虽然大多数民意测验显示美国人支持伊拉克政权更迭，但民意测验者一般更偏爱得到联合国同意以及重要盟国支持的战争。

2月，美国国防部的内部争论也出现在公众的视野里。2月25日陆军参谋长埃里克·辛塞奇（Eric Shinseki）告诉参议院军事委员会（Senate Armed Services Committee），“几十万人”的部队才能推翻萨达姆，维持秩序，并提供安全保障直到足以选出一个承担主权权威的新政府。2天以后，国防部副部长沃尔福威茨反驳这位陆军参谋长，称他的估计“完全不着边际”。最后，作战部队由不到20万士兵组成，不到1991年海湾战争时作战部队的一半。

伊拉克自由行动

2003年3月20日凌晨，代号为“伊拉克自由行动”（Operation Iraqi Freedom）的对伊军事行动开始了。美国试图摧毁伊拉克。情报报告显示，萨达姆及其两个儿子库赛（Qusay）和乌代（Uday）正在巴格达城外的多拉农场军营中会面。小布什总统批准使用2000磅的“地堡克星”以及其他巡航导弹突袭营地。尽管炸弹确实击中了目标，但后来才清楚这份情报报告是错误的，萨达姆及其儿子当时并没有在军营里。即使没有击中目标，但炸弹发出了雷鸣般的信号：侵袭伊拉克行动已然开始。

3月21日，美军指挥官称之为“震慑行动”（shock and awe）的持续轰炸随之展开。同时，联军沿着从科威特穿过沙漠直到巴格达的路线上进行大规模地面攻势。在美军第三步兵师的坦克于4月6日驶向巴格达时，英国部队控制了巴士拉，这个位于波斯湾附近的伊拉克第二大城市。伊拉克部队初期的抵抗很快减弱了，为进军伊拉克首都扫清了道路。4月9日，美国海军陆战队在巴格达推倒了萨达姆的雕像。与此同时，萨达姆依然下落不明，而且没有人确切知道他是生是死。但不管萨达姆的状况如何，其恐怖统治已经终结了。“伊拉克自由行动”的成功再次表明了美国军事权力的主导地位。地空协同作战使联军在败退的伊拉克部队毁掉伊拉克油田之前夺取了它们。到4月底，伊拉克所有主要城市都已在联军控制之下。5月1日，小布什总统穿着飞行服，突然降落在加利福尼亚海岸附近的航空母舰上，以此庆祝萨达姆政权的倒台。在一幅标明“功成身退”的横幅下，小布什宣布“在伊拉克的主要战斗行动已经结束”。

但是，萨达姆政权的溃败并未解决问题。联军并未像其12年前那样仅仅宣布胜利而后返乡。部队不得不恢复秩序，从而最终重建伊拉克城市。城市不仅出现欢庆场面，而且也普遍出现了趁乱打劫、针对萨达姆支持者的暴力性报复、袭击美军士兵的情况。持枪的伊拉克人洗劫商店、政府部门、医院、军事设施、伊拉克国家博物馆。他们对广播系统和电力设施的袭击使巴格达完全陷入黑暗之中，也使其丧失了电话网络和其他国内通信手段。巴格达和其他城市的混乱局面，为占领军揭示了一个更黑暗的现实：他们并没有像副总统切尼在侵袭前所预测的那样，“作为解放者而受到欢呼”。

小布什政府的占领后计划要求美军短时期的军事占领，随后起草宪法并举行全国大选。传统上国务院负责冲突后的恢复工作，但小布什没有将之交付于国务院，而是命令国防部承担起这一责任。但是，军方领导人很快深陷治理伊拉克的各种要求中。退役中将杰伊·加纳（Jay Garner）被指派监管战后伊拉克，但他仅在这一职位上坚持了一个月。4月21日，其接替者保罗·布雷默（L. Paul Bremer）建立了驻伊拉克临时权力机构（Coalition Provisional Authority），掌管重建事务，7月组建了伊拉克管理委员会（Iraqi Governing Council），参与者大部分是那些同样憎恨萨达姆的地方领导人。虽然这一委员会表面上提供了权力分享，但在关于伊拉克未来的事务上都是布雷默自己单独做出决定。即使在伊拉克沙漠的炎炎热浪里，他也穿着细条纹西装，展现出一副殖民地总督的形象。

美国的占领很快面临新问题。与小布什政府保证的相反，按照中情局局长乔治·约翰·特尼特的话，发现伊拉克大规模杀伤性武器的证据是“轻而易举的事”，但武器核查人员却在入侵后的数周、数月都没有找到任何大规模杀伤性武器。如果没有大规模杀伤性武器，美国白宫入侵伊拉克的理由就不充分了。到 2003 年末，由于没发现任何这类武器，首席武器检查员戴维·凯（David Kay）在国会作证说，战前情报“几乎全错了”。然后白宫马上将战争理由转向了建立民主国家。尽管这一目标是战争原因最初的一部分，但低于对大规模杀伤性武器的关切、萨达姆与“9·11”袭击中恐怖分子所谓的联系。

但对联军和雇佣来重建伊拉克的民间承包商而言，甚至国家重建很快也被证明是不可能的。因为装备精良的叛乱分子持续不断地袭击联军和承包商，主要以自杀性爆炸和引爆“简易爆炸装置”的方式。8 月、10 月叛乱分子分别用炸弹袭击了位于巴格达的联合国指挥部、国际红十字会总部。叛乱分子袭击军队和警察的招募点，向伊拉克人传达出不同的信息：若与外国入侵者合作，你就会被杀死。2003 年 12 月 13 日，萨达姆被捕，使联军暂时松了口气。他藏在自己家乡提克里特附近的一个地窖里。但是，关于失败的大规模杀伤性武器调查、逐步升级的叛乱以及上升的伤亡人数——到年末已近 500 人。这些新闻报道证实，伊拉克战争已经危机四伏，偏离了正道。

叛乱分子是何许人呢？其中许多被确认为萨达姆政府、复兴党和共和国卫队的成员。这些逊尼派穆斯林仅占伊拉克总人口的 20%，却在其中央区域（参见伊拉克地图）的属地统治伊拉克数十年。他们在萨达姆倒台中损失最大，却从阻止民主政府的建立中获益最大，因为民主政府几乎使其没有政治权力。一些叛乱分子为什叶派领袖穆克塔达·萨德尔（Moqtada Sadr）而战。其余的叛乱分子则与伊拉克北部的库尔德激进分子结盟。总而言之，叛乱分子挫败了联军在萨达姆倒台后控制整个伊拉克的努力。确实，美国战略几乎完全集中在夺取巴格达上。相对而言，它很少关心占领和重建伊拉克。

美国领导人两项致命的决策推波助澜了叛乱。第一，国防部长拉姆斯菲尔德派遣一支小型入侵军队，没有足够的部队控制伊拉克的外部边境。这一决定简直为萨达姆的外国支持者、伊斯兰主义者和雇佣兵打开了大门，使他们抓住这个黄金机遇而挫败美国所领导的占领行动。因此，如果“伊拉克自由行动”之前伊拉克不是一个“恐怖分子的巢穴”，那么被占领之后它就变成了这样的国家。第二，2003 年 5 月，布雷默决定即刻解散伊拉克军队和警察部队，使其成为吸引叛军的一大群本土后备力量。布雷默希望重新建立一支完全新的安全部队，却使 30 多万伊拉克人突然失去了工作而怀恨在心。然而，他们保留了自己的武器、自己的经验以及伊拉克社会的人脉。所有的这些人转而攻击入侵者和占领军。

当新的丑闻被披露出来时，白宫试图挽回占领一年后止步不前的伊拉克任务。2004 年 4 月，巴格达城外阿布格莱布监狱的美军士兵大规模虐待伊拉克人的照片充斥着报纸和各个网站。图片描绘了被绑的伊拉克囚犯遭受警犬的羞辱、被迫赤裸地躺在光地板上以及受到电击的情形，而且美国宪兵在旁冲着镜头微笑并竖起大拇指。[17] 美国政府宣称自己将文明和法治带到了伊拉克，然而这些形象的图片却直接地驳斥了这些宣言，引发全世界的反美情绪。

2004 年下半年，小布什总统竞选力求连任之时，他坚称美军在对伊拉克叛军中占据上风。小布什批判了其对手马萨诸塞州参议员约翰 · 克里（John Kerry），因为克里在美军仍处于危险中时，却质疑战争行动。当在竞选最后一周民意测验显示克里领先时，小布什得到了最难以置信的帮助：奥萨马 · 本 · 拉登。选举前三天，这位基地组织领导人在录像带里嘲讽自己的美国敌人，预言自己终将赢得反恐战争。许多公民认为，小布什在战争行动上比克里更强硬，因而小布什获得了足够多的支持，赢得了第二届任期，并在下一个任期中在伊拉克实现了自己的目标。

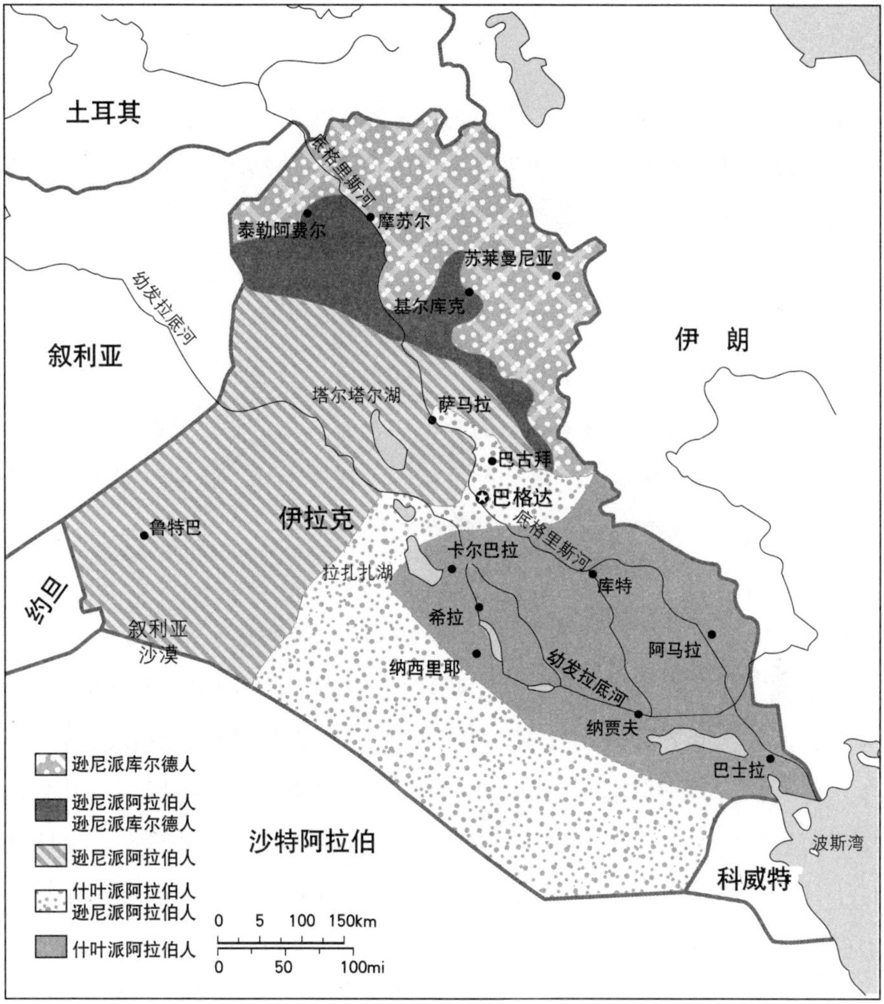

地图 12–2 伊拉克种族与宗教团体

与时间赛跑

小布什政府在伊拉克以抢时间的方式开始了其第二任期。美军继续与叛乱者的袭击相斗争，而且大多数大城市依然混乱不堪，很大程度上难以管制。但是，2004 年 6 月伊拉克正式恢复其主权。2005 年 1 月，第一轮立法机构选举吸引了800多万伊拉克人参与投票。手指沾有紫色墨迹就证明了他们参加了选举，这马上成为伊拉克政治自由的象征。投票选民几乎达到了60%，比二战以来大多数美国全国大选的比例还高。

但是，对那些寻求权力和平过渡的人而言，选举的结果传递出更为麻烦的消息。什叶派候选人赢得了70%以上的议会席位，其中大部分倾向于建立一个严格遵循伊斯兰法律和习俗的政府，效仿1979年革命以来统治着伊朗的神权政体。另外四分之一的席位归于北方的库尔德人，他们对伊拉克国家的愿望则是授予其几乎完全的自治权。逊尼派和被推翻的萨达姆复兴党成员的选票明显缺少，因为他们抵制这场选举。总的来说，对美国所设想的团结伊拉克人的温和的世俗国家模式而言，这些结果不是好兆头。确实，这些结果似乎确定了伊拉克的分裂。

2006年2月，到战争第三年末时，约2300名美国人在伊拉克丧生，近17000名美国人受伤（参见图12–1）。这些数字损害着小布什，使其公众支持率跌到了2005年的40%以下，到2006年已低于30%。大部分美国人在问卷调查中答到，他们觉得伊拉克战争是个错误。这一情绪随着死亡人数增多而不断高涨。大部分被调查者首次质疑小布什将国家引向战争的诚信。国会议员也厌倦了美国在伊拉克部署部队。2005年11月15日，参议院通过一项决议，要求2006年在“伊拉克完全主权”方面取得更大进展。

更为麻烦的是，小布什的战争联盟正在萎缩。2004年好几个国家撤回了自己的部队。这些变节者里最为突出的是西班牙。2004年3月11日，多起恐怖袭击发生在西班牙国内，造成了近200名平民丧生。2005年，意大利、新西兰、荷兰、葡萄牙、泰国、乌克兰等国相继撤军。2005年7月，伦敦的一系列恐怖袭击使英国公民处于危险之中，但布莱尔首相拒绝背弃自己参战的承诺。

伊拉克重建中持续不断的问题进一步显示，美国越来越难以在时限内

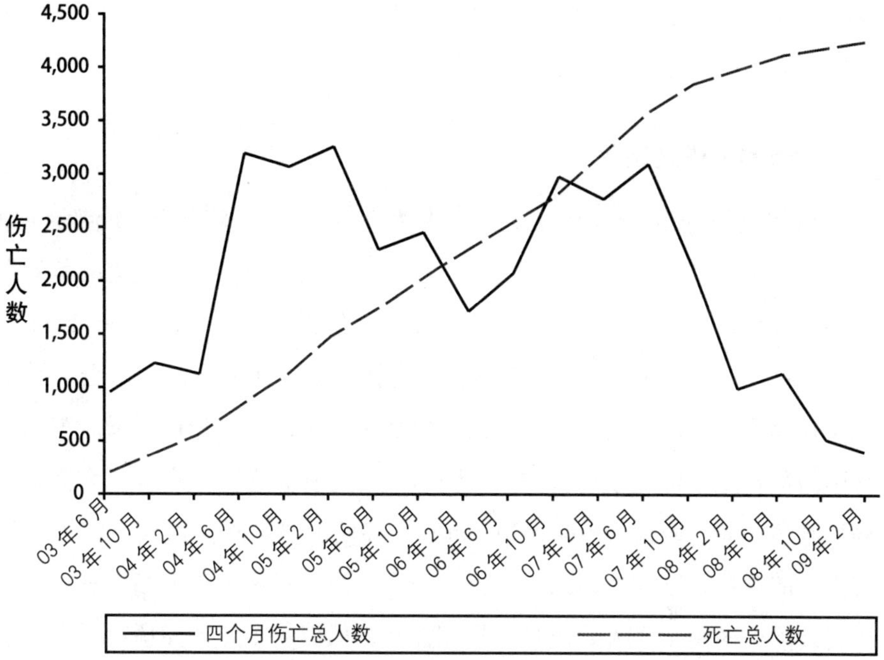

图 12–1　2003 年 3 月至 2009 年 2 月，美国在伊拉克战争中的伤亡

来源：Iraq Coalition Casualty Count, http://icasualties.org/Iraq/index.aspx。

注：Casualties include both dead and wounded. Totals are cumulative for four-month intervals, beginning with March 2003。

达成目标。2006 年 1 月，在一份美国政府报告中发现，许多项目的进度落后于计划，或者完全被取消了。[18] 美国的努力也深受普遍腐败的困扰。一些资金被转移给了叛乱分子，其他资金则付给了没履行合约义务的美国承包商。从发电到废水处理，再到道路养护，到 2006 年这些公共服务只达到了战前水平。在大部分时间里，巴格达市区许多地方几乎处于黑暗之中。对一个试图赢得人民“全心全意”支持的超级大国占领方来说，这不是好的迹象。与此同时，叛军的袭击继续以每周 300 多次的频率发生。曾作为高级顾问为驻伊联盟临时管理局服务的民主改革专家拉里 · 戴蒙德（Larry

Diamond）总结道："美国使伊拉克稳定并使其民主化的尝试，似乎正成为美国历史上重大海外失误之一。"[19]

"新的前进之路"

随着逊尼派和什叶派陷入了"伊拉克政治、经济权力的全面斗争中"[20]，2006 年这一困境更为恶化。在国内，美国公众对伊拉克战争的失望导致了小布什的政治危机及其伊拉克战略的根本转变。在 2006 年 11 月国会选举中，民主党重获其 12 年前在克林顿总统任内失去的国会多数地位。在投票后的民意测验中，反战者的数量极多。小布什在选举后第二天将国防部长拉姆斯菲尔德解职，从而承认了这种联系。小布什任命前中情局局长罗伯特·盖茨（Robert M. Gates）接任国防部长。盖茨对武力使用持谨慎的看法，这与拉姆斯菲尔德"强有力"的军事政策大相径庭。不出所料，国会内民主党人要求从伊拉克撤军，然而，布什也如预料中那样予以拒绝。不过小布什总统明白，自己在历史上的地位将由战争的结局所决定。由于害怕因"失去伊拉克"而被人所知，小布什更加愿意接受其新保守主义的白宫顾问之外的建议。

2006 年 12 月的两份报告提供了小布什所需要的指导。第一份报告是由伊拉克研究小组（Iraq Study Group）所提供的，由前国务卿詹姆斯·贝克（James Baker）、有对外事务专业知识的前民主党众议员李·汉密尔顿（Lee Hamilton）联合撰写。报告开头写道："伊拉克的局势暗淡且不断恶化。""确保胜利的方法并不存在，但其前景是可改善的。"[21] 该报告呼吁"新的前进之路"：降低对伊拉克民主改革的期望，反而强调加速将军权转交到伊拉克安全部队中。

第二份报告对小布什的战争策略甚至有更为重大的影响。受人尊敬的军队领导人大卫·彼得雷乌斯（David H. Petraeus）中将在一份修订版战地手册中根本性地改变了美国的反叛乱策略。从军事院校到前线的所有人都需要阅读这本手册。彼得雷乌斯和美国海军陆战队中将詹姆斯·阿莫斯（James F. Amos）共同执笔该报告，驳斥了美国军队传统上依赖压倒性力量赢得伊拉克和阿富汗等非常规战争。[22] 相反，美军应该走出其像堡垒一样的军事基地，生活在民众中间。[23] 美军使美国人“参与其中”，同时确保邻里免于恐怖袭击，这会得到平民的信任，使其转而反对叛乱分子。

两份报告都预期美军会大幅减少。但就当时而言，战争策划人员认为，伊拉克的稳定需要更多的部队。为此，2007 年 1 月小布什命令进行一次“大潮”似的增援，美军增加到近 17 万人。由约 30000 名士兵组成 5 个旅的部队支撑起美国在巴格达和其他被包围的城市。与此同时，彼得雷乌斯担任伊拉克美军司令官，确保美军在伊拉克街头的出现令人安心而不是令人提心吊胆。到彼得雷乌斯 2008 年 10 月离开伊拉克到另一个新职位——总部位于中东的美国中央司令部司令——赴任之时，恐怖袭击、平民死亡和美国伤亡的数量都已大幅下降。当小布什的总统任期临近尾声时，双方政府都赞同一个时间表，即美国作战部队将在 2009 年 6 月 30 日前从大部分城市撤出，于 2011 年 12 月 31 日前撤出伊拉克全境。美军即将离开伊拉克的消息使美国人松了口气，但没有什么东西能够确保持久的和平很快降临伊拉克，更不用说民主了。

越战的重现

美国人在伊拉克的经历引起了与越南战争（参见第四章）的对比。两场冲突造成了二战后美军最长时间的大规模部署，在许多方面是相似的。当伊拉克、阿富汗以及其他反恐战线上的斗争仍在继续之时，两场冲突的相似之处以及共有的教训值得深思。[24]

但是，这一讨论将首先认识伊拉克战争和越南战争的一些基本差异。

第一，在美国入侵越南之前，越南对大部分美国人来说很陌生，对美国也没有地缘政治利益。但是，伊拉克的情况正好相反，美国人非常熟悉萨达姆所领导的政权，而且不管是敌是友，其巨大的石油储量使其成为至关重要的美国利益。第二，两个国家的人口特征。越南人口种族单一，即便经历了数个世纪的殖民统治也依然维持着强烈的民族认同感。相反，伊拉克人分为阿拉伯人和库尔德人。甚至其阿拉伯人口也分为两大伊斯兰派别，缺少共同的身份认同。

每次美国干预的情况在一些重要的方面也迥然不同。越南反对派中出现了一个统合性的人物——胡志明，但萨达姆被推翻之后伊拉克并没有出现这样的领导人。相反，全然不同的叛乱是由各种各样的人物所领导的。从“萨达姆主义”的复辟到建立一个伊朗式神权政体或阿富汗式塔利班政体，他们为伊拉克设立了非常不同的目标。美国为了一个亲美政权而干预越南，因为它受困于国内的对手（越共）。但在伊拉克，美国推翻了一个敌对的政权，而且它的倒台及其导致的权力真空引发了以往沉寂的叛乱。这些差异为美国在越南和伊拉克提出了不同的问题。越南强烈的民族主义意识削弱了美国为赢得越南人“全心全意”支持的努力，但伊拉克人之间的分裂使其难以建立一个团结的中央政府。

总而言之，伊拉克战争与越南战争之间的相似之处更令人烦恼，因为越南战争的许多教训在伊拉克战争中被忽视了。二者有 5 点相似之处。第一，美国对外政策决策者将地区冲突置于全球争端的背景下，比如越战时期的冷战，伊拉克战争时期的反恐战争。决策者以这种方式架构战争，忽略了在每个社会中发挥作用的独特历史、文化和政治变化。越南民族主义使美国领导人感到惊讶，因为他们天真地认为这场战争只关乎意识形态。同样，与伊拉克的冲突也被仅仅视为美国反恐战争的一条战线。在这两场冲突中，美国人戴着跨文化有色眼镜，对这些问题的军事解决办法有着极高的信心，但这些问题却有着社会和文化的根源。在伊拉克，战争策划者没有预测到什叶派和逊尼派之间的派系冲突，因而他们对萨达姆倒台后伊拉克国家的和平、民主重建过于乐观了。

第二，在这两个案例中，决策者饱受“群体思维”（groupthink）之苦，即往往将外界的建议限于那些已经支持政府观点和政策偏好的人。该词的创造者心理学家欧文 · L. 詹尼斯（Irving L. Janis）发现，约翰逊政府内部的少数“圈内人士”（in-group）主导了对越南的政策，阻止“圈外人士”（out-group）中的怀疑者影响总统。[25] 在小布什政府中，同样的模式也很明显，与越战期间约翰逊和尼克松政府相似，小布什政府更容易接受军事顾问的指导而非国务院的建议。国务卿鲍威尔的办公室主任劳伦斯 · B. 威尔克森（Lawrence B. Wilkerson）发现，对伊拉克的关键决策是由国防部战略专家组成的一个“秘密的、鲜为人知的阴谋集团”所制定的。[26] 与其前任一样，小布什政府有选择地引用关于伊拉克的情报报告以支持其军事干预的观点，如鲍威尔向联合国安理会所展示的那样。[27]

军事对手的特点代表了越南战争和伊拉克战争的第三个相似之处。在两场战争中，相比于紧随其后的非对称战争，美军更善于进行常规战争。在非对称战争中，敌军以相对小的规模、缺乏正规的军事组织以及基层支持作为其战术优势。在越南，游击队战士融入富有同情心的平民百姓中，占着熟悉地形的优势，实施打了就跑的游击战术而非大规模地袭击美军。相似地，伊拉克叛军也采用了避实就虚的军事战术，以遥控炸弹杀死美军士兵，招募自杀人体炸弹摧毁军事和民用目标。美军在伊拉克没有处理好非常规战争，进一步表明国防部战略专家并没有铭记越战的教训。

第四，在越南和伊拉克进行军事部署的规模和时机都对叛乱分子有利。如上所述，美军以零散增兵的形式被派往越南，为越南独立同盟（Vietminh）动员和制定攻击计划留出了时间。这一经验促成了后越战时代的温伯格和鲍威尔主义（Weinberger and Powell Doctrines），即美国干预至少需要压倒性的军力。[28] 伊拉克战争的策划者忘记了这个教训。在入侵伊拉克后不久，很显然相对少的部队不足以维持秩序，也不足以为长期重建留有余地。按照国防部的主流意见，拉姆斯菲尔德认为美国应该使用更轻型、更具机动性的部队，这是其美国国防“转型”的关键所在。尽管这种部队极为轻松地夺取了巴格达，但他们却没有准备好处理紧随而来的叛乱。

最后，在这两个案例中美国行动的结果恰恰是其试图所避免的。在越南，共产主义政权掌握了权力，虽然并没有像美国领导人所预测的那样，会引发“多米诺骨牌”的连锁反应。在伊拉克，一个如此弱小的国家，取代了曾压制伊斯兰恐怖主义的专制却强大的国家，不管是以武力或是占领国反常地推行选举程序，它实际上都导致伊斯兰极端分子获得了政治控制。这些局势为美国在伊拉克退出策略的前景蒙上了更多的阴影，而这些策略可以实现美国的目标。

在这份历史相似之处的清单里，有人或许会加上另外一条：每场冲突都是以错误的借口而发动的。在《东京湾决议案》(Gulf of Tonkin Resolution) 中，美国国会授权约翰逊总统“使用所有必要手段”以保护美国在越南的部队——这一授权所基于的报告后来事实上是颇具误导性的。[29] 相似地，小布什政府有很多基于大规模杀伤性武器的战争理由，他们断言其在非洲有核交易、拦截的铝管、移动的细菌战实验室以及伊拉克—基地组织的联系人，这些理由大部分在战争开始后被驳倒。

充分了解评估阿富汗和伊拉克战争需要更多的证据。但是，至少美国领导人在策划两场战争时表现出了相当程度的天真，这与美国对外政策的传统特性是一致的。在美国看来，美国的战争目标必会达成，仅仅因为它们代表了普世的道德价值，如人类的自由、民主以及法律面前人人平等。根据 2006 年美国政府《国家安全战略》(National Security Strategy)，“美国必须捍卫自由和正义，因为这些原则对每个地方的所有人都是正确和真实的”[30]。美国“例外论”看似矛盾的成果进一步确保了成功：世界上最具生产力的经济与最具杀伤力的军队相结合。有了这些资源及其天意的恩典，为什么还要担心发电和污水处理等凡俗之事呢？这些细枝末节自然会处理好的。当美国干预提供了一个外国乐于接受的优秀模式时，为什么要试图理解外国文化或社会呢？

然后，很多人对维护美国民主自身也存在着担忧。政府窃听以及对个人自由的侵犯在越战期间引发了大规模抗议。在伊拉克战争及更广泛的反恐战争期间，这种侵犯再次兴起。确实，美国自身的道德准则和民主观念也受到了考验。和平共处的传统假设是作为世界政治的常态而非例外。如下一章所述，小布什总统的确没有功夫关注蹒跚不前的战争行动，他也需要关注其他地区冲突以及引发 2008 年全球金融危机的经济问题。总的来说，所有这些挑战进一步威胁到了小布什主义对美国首要地位、对建立一个美国式民主的世界、对一个世界和平与繁荣的新时代的看法。小布什的继任者巴拉克 · 奥巴马（Barack Obama）同样也面临着这些挑战。2011 年 1 月奥巴马就职时，面临着一个纷争的世界。

注释

[1] Nicholas Lemann, "After Iraq: The Plan to Remake the Middle East," *New Yorker* (February 17, 2003): 71–72.

[2] 老布什政府的国务卿詹姆斯 · 贝克（James Baker）在其长达 672 页的回忆录中仅两次提到阿富汗，其回忆录名为：*The Politics of Diplomacy: Revolution, War, and Peace, 1989–1992*, written with Thomas M. DeFrank (New York: Putnam, 1995)。

[3] Michael E. O'Hanlon, "A Flawed Masterpiece," *Foreign Affairs* (May–June 2002): 47–63.

[4] United Nations, "Agreement on Provisional Arrangements in Afghanistan Pending the Re-establishment of Permanent Government Institutions" (December 5, 2001).

[5] Carlotta Gall, "Afghan Legislators Get Crash Course in Ways of Democracy," *New York Times* (December 19, 2005), A11.

[6] 尽管小布什政府随心所欲地将先发制人战争理论运用到伊拉克，但 2003 年的入侵实际上构成了预防性——而非先发制人——的战争。先发制人战争是为了抵抗一个明确

要马上进攻己方领土的外国——意指其军队正准备攻入国界。萨达姆的部队并未对美国产生即刻的威胁。为了阻止伊拉克变成美国安全的长期威胁，美国推翻了萨达姆。

[7] Bob Woodward, *Bush at War* (New York: Simon and Schuster, 2002), 83.

[8] White House, "Vice President Speaks at VFW 103rd National Convention" (August 26, 2002).

[9] 2002年4月，联合国人权委员会谴责对伊拉克平民"无孔不入的镇压与压迫"。这是由"广泛的歧视和普遍的恐怖所维系的"。UN Commission on Human Rights, "Resolution: Situation of Human Rights in Iraq" (April 11, 2002)。

[10] 对此的详细论述，参见：Kenneth M. Pollack, *The Threatening Storm: The Case for Invading Iraq* (New York: Random House, 2002)。

[11] George Packer, *The Assassin's Gate: America in Iraq* (New York: Farrar, Straus and Giroux, 2005), 105–109.

[12] Director of Central Intelligence, "Iraq's Weapons of Mass Destruction Programs" (October 2002).

[13] Michael R. Gordon and Gen. Bernard E. Trainor, *Cobra II: The Inside Story of the Invasion and Occupation of Iraq* (New York: Pantheon, 2006), 119. On Iran, see ibid., 64–65.

[14] 2004年加入北约的新成员国有波罗的海诸国（爱沙尼亚、拉脱维亚和立陶宛）以及保加利亚、罗马尼亚、斯洛伐克和斯洛文尼亚。

[15] White House, "U.S. Secretary of State Colin Powell Addresses the UN Security Council" (February 5, 2003).

[16] 尽管这种批评一直盛行于自由主义者中，但许多现实主义者——他们通常喜欢坚持美国的力量——同样认为伊拉克并没有对美国产生紧迫的威胁。参见：John J. Mearsheimer and Stephen M. Walt, "Iraq: An Unnecessary War," *Foreign Policy* (January–February 2003): 50–59。

[17] Seymour M. Hersh, "Torture at Abu Ghraib," *New Yorker* (May 10, 2004).

[18] Special Inspector General for Iraq Reconstruction, "Quarterly and Semiannual Report to Congress" (January 30, 2006).

[19] Larry Diamond, *Squandered Victory: The American Occupation and the Bungled Effort to Bring Democracy to Iraq* (New York: Times Books, 2005), 279.

[20] Kenneth Katzman, "Iraq: Post-Saddam Governance and Security," *CRS Report for Congress* (Washington, D.C.: Congressional Research Service, October 2, 2008): 34.

[21] Iraq Study Group, *The Iraq Study Group Report* (Washington, D.C.: U.S. Institute of Peace, 2006), 6.

[22] David H. Petraeus and James F. Amos, *Counterinsurgency* (Washington, D.C.: U.S. Department of the Army, December 2006).

[23] 对于批判性观点，参见：Rajiv Chandrasekaran, *Imperial Life in the Emerald City*

(New York: Knopf, 2006)。

[24] 对于这些相似之处的详述，参见：Kenneth J. Campbell, *A Tale of Two Quagmires: Iraq, Vietnam, and the Hard Lessons of War* (Boulder, Colo.: Paradigm, 2007); John Dumbrell and David Ryan, eds., *Vietnam in Iraq: Tactics, Lessons, Legacies, and Ghosts* (New York: Routledge, 2006); Robert K. Brigham, *Is Iraq Another Vietnam?* (New York: Public Affairs, 2006)。

[25] Irving L. Janis, *Groupthink,* 2nd rev. ed. (Boston: Houghton Mifflin, 1973), chap. 5.

[26] Lawrence B. Wilkerson, "The White House Cabal," *Los Angeles Times* (October 25, 2005), B11.

[27] 到 2007 年，由于以往稳定和改革伊拉克的努力显然失败了，美国白宫克服了其团体迷思的问题。Thomas A. Ricks, *The Gamble* (New York: Penguin, 2009), chap. 4。

[28] 温伯格（Caspar Weinberger）曾任里根政府的国防部长。

[29] Stanley Karnow, *Vietnam: A History* (New York: Viking, 1983), 366–373.

[30] National Security Council, "National Security Strategy of the United States" (Washington, D.C.: White House, March 2006), 2.

第十三章
纷争的世界

2011年2月，在首都德黑兰的集会上，伊朗总统马哈茂德·艾哈迈迪－内贾德（Mahmoud Ahmadinejad）庆祝伊朗伊斯兰革命32周年纪念日。曾是美国盟国的伊朗，现在却由于其支持伊斯兰恐怖组织、威胁以色列、被指控进行核武器计划，一直遭到美国的强烈谴责。

正如在此前四章中所看到的，冷战后的许多动荡粉碎了和谐的“世界新秩序”带来的乐观情绪。1989 至 1991 年苏联和共产主义集团的解体，并未预示着康德所认为的永久和平的来临，反而点燃了霍布斯式军事冲突的熊熊烈火。此前两个超级核大国的僵持状态遏制住了这种冲突。1990 年伊拉克入侵科威特、南斯拉夫与索马里内战的相继爆发，揭示了世界上许多地区紧张局势的严重性。大屠杀也发生在俄罗斯车臣、前扎伊尔、印度尼西亚。1994 年，近 100 万人丧生于卢旺达和布隆迪的部落冲突；10 年之后，苏丹的阿拉伯政府屠杀了约 20 万非洲黑人，迫使近 300 多万人逃至邻国。

“9 · 11”恐怖袭击事件及其随后的阿富汗和伊拉克战争仅仅证实了，美国面对着一个纷争的世界。本章描述了两位不同的总统——小布什和巴拉克 · 奥巴马——如何抵御美国、盟国及其领导一个稳定的世界秩序的能力所面临的一系列挑战。美国的权力和原则支撑着这个世界秩序。美国建国者所热切盼望的这种世界秩序在二战之后似乎是触手可及的，但很快被冷战的分裂和要求蒙上了阴影。同样，冷战后对于世界秩序的巨大期望也很快让位于广泛存在的种族冲突、内战、美国白宫所正式认定的“全球反恐战争”。然而，美国拥有世界历史上最庞大的财富和军事权力。尽管美国领导人提出了迥然不同的美国对外政策观，但他们能找到方法克服美国所面对的与日俱增的挑战吗？

小布什时代的遗产

对小布什总统来说，伊斯兰恐怖主义事实上的威胁不仅威胁到美国利益。他的民主、繁荣的世界秩序观也处于危险之中，而世界秩序的稳定依靠美国军事实力的支持。理解美国当前的时机，一个人无需是世界政治领域的专家。消除源于各种各样的“失败国家”、排外国家和专制国家的威胁，会进一步推进苏联阵营解体伴随而来的自由的传播。随后，美国最终将会实现其建国者按照自己的形象重塑国际体系的雄心。以美国权力优势地位为基础的小布什主义将全球正义、和平、繁荣视为美国国家利益。简而言之，美国的利益是普世性的。

然而，小布什主义的总体效果却吓到了那些意在安抚的政府。无论一个国家所宣称的动机与目的是什么，任何单一国家主宰世界的前景并没有引起各国对美国的好感，反而困扰着大国与小国。一方面，美国是表率、公共物品的提供者、全球治理的积极倡导者。另一方面，美国领导人往往以政治高压和武力行使全球霸权。不过小布什总统、副总统切尼、白宫顾问坚信，反恐战争会打开美国新世纪的大门。2003 年入侵伊拉克的决定，呈现出他们在美国对外政策上从“实用主义者”到“出征者”集体转变的最重大形式。[1]

小布什的反恐战争将会对美国对外政策产生深刻却又不确定的影响。在美国国内外，这一冲突的遗产将会在今后许多年里一直存在。小布什时代的第二个遗产源于 2008 年几乎崩溃的美国金融体系，随之而来的“大衰退”伤害了大多数美国人，造成了他们长期质疑美国金融体系，引起了欧盟的第二次财政危机。

民主的国内威胁

由于国际体系中越来越多的国家仿效美国模式，美国政府便承担起符合自身民主标准的重任。如果美国没有满足这些标准，那不仅个人自由将会被侵犯，美国也会因行为伪善而受到普遍的中伤。然而在反恐战争中，一系列国内局势的发展威胁到这种道德地位。这些争论揭示出美国正义形象的核心内容——其世界权力的重要来源。美国民主所面临的国内威胁主要有三种形式：反恐战争中对总统战争权力的肯定、对个人自由和隐私权的限制以及对囚犯的处理。

小布什总统的反恐战争始于美国政府内部，他积极推动加强总统相对于国会的权力。这一努力的领导人切尼宣称越南战争中“不明智的妥协”侵蚀了“美国总统在这方面的权力和能力”。[2] 在他看来，在“9 · 11”恐怖袭击事件之后所批准的联合决议案中，国会已经实际上授予小布什无限的战争权力。这一决议案授权总统“对所查明的这次袭击的策划者、授权者、实施者或提供帮助者，使用所有必要的和适当的武力打击这些国家、组织和个人”。[3] 然而，白宫需要其所宣称的广泛战争权力的法律基础。小布什求助于司法部部长助理约翰 · 柳（John Yoo）。他在“9 · 11”恐怖袭击事件之后两周建议总统：全面反恐战争的宣言，实际上赋予总统保卫美国的无限权力。[4]

“9 · 11”恐怖袭击事件之后，小布什政府总结到，只有没有尽头的反恐战争才能使美国免于恐怖组织的威胁。在这种“生死存亡”的战争中，国家生存往往胜过民主自由，因为民主自由在更温和的条件下才是负担得起的奢侈品。[5] 美国白宫对这些自由的限制体现在美国《爱国者法案》中。“9 · 11”恐怖袭击事件之后的数周内，美国国会批准了该法案，并由小布什签署。该法案放宽了对美国国内监控的政府限制，允许联邦探员更容易获得公民的电话和医疗记录、商业交易以及电子邮件。该法案也允许在业主并不知情的情况下，“秘密”搜查私人财产。最后，该法案使联邦探员更容易拘留和遣返那些涉嫌支持或本身为恐怖分子的外国公民。尽管《爱国者法案》被辩护为是保护美国免于再次恐怖袭击的必然之路，但也使许多公民和团体惊恐。7 个州的立法机关和 396 个地方政府通过决议，宣称这一法案侵犯了公民自由，其中包括纽约市、洛杉矶和芝加哥的相关机构。

2005 年 12 月，民众对这个警察国家的恐惧更加升温。当时有消息披露，美国国家安全局 2002 年以来，在没有法院许可的情况下，窃听和截获了数千次国际电话和美国人的电子邮件。[6] 坐落在巴尔的摩附近的国家安全局高度保密，长期从事于海外电子监控。但是，国内谍报更加充满争议，因为美国人极为看重个人隐私和免于“老大哥”[7]的自由。数十年前，当联邦官员被发现正在监视民权倡导者和越战抗议者时，1978年国会批准了《外国情报监听法案》(Foreign Intelligence Surveillance Act)。该法案要求调查人员从一个新的秘密法庭申请搜查令，但小布什政府驳回了这个要求，声称申请法院命令来对付如此之多的潜在恐怖分子实在太麻烦了。

最后，美国白宫的战俘政策引起了人们对小布什主义践行的更多关切。2001年11月美军进入阿富汗后不久，小布什总统决定，俘虏的敌军不应该被视为“战俘”。他认为，他们大多数都没有正式为外国政府服役，反而与基地组织或其他恐怖组织有联系，尽管是松散的联系。作为“非法战斗人员”，这些战俘并不享有1949年《日内瓦公约》规定的对战俘的保护措施。美国是该公约的缔约国。[8]小布什的军事命令几乎没有提供任何有关细节，包括这些在押人员的拘留地或他们是怎样被处理的。

2002年1月，第一个问题的部分答案出现了。当时美国国防部设立了一个位于古巴关塔那摩湾的拘留中心，其位置在一个1898年以来在古巴运转的美国海军基地附近，约500名嫌疑恐怖分子被转移到这一中心内。[9]据推测，这些“很有价值”的囚犯与基地组织有关，他们戴上兜帽，被绑在自己的座位上，然后从8000英里外的阿富汗以及后来的伊拉克转移到古巴。人们并不知道随后“强制审讯”的程度，但美国官方承认，水刑、剥夺睡眠等刑讯逼供手段是常用的。[10]随后，2002年中情局得到了国家安全委员会的同意，对基地组织的嫌犯使用这些手段。司法部长约翰·阿什克罗夫特（John Ashcroft）和后来接替的白宫法律顾问阿尔韦托·冈萨雷斯（Alberto Gonzales）判定该项计划是法律允许的。

2004年5月，伊拉克阿布格莱布监狱虐囚事件的披露表明，美国白宫早已将其对拷问的狭隘定义应用于实践中。囚徒被接上电线、受军犬恐吓以及裸体相堆叠起来的图片一经泄露给媒体，便使全球媒体观众十分惊骇，而且进一步损害了美国在国际社会的形象。白宫坚称，如果发生了这种明目张胆的虐囚事件，军事监狱警卫将会受到惩罚，但美国仍会继续以“强制审讯”获得情报。2006 年 2 月，联合国人权委员会发现了在关塔那摩监狱虐囚的证据，并授权关闭该机构，要求正式控告、审讯或释放那里的囚犯。小布什没有被联合国的发现吓倒，2006 年 10 月 17 日签署了《军事委任法》(Military Commissions Act)，该法案废除了监狱里恐怖分子嫌犯的人身保护权利，其中大部分人都在没有审讯或审判的情况下被无限期关押。

在小布什执政的数年里，世界对美国的认同骤然下跌，这并不奇怪。2007 年 1 月，在对 24 个国家公民的问卷调查中发现，大部分人认为美国的全球影响“很大程度上是负面的”[11]。甚至北约盟国内部的公众舆论也表示不满，重要盟国的平均认同度从 1999 年至 2000 年的 67% 下降到了 2007 年的不到 40%（参见表 13–1）。

表 13–1　1999 至 2007 年，众叛亲离：北约盟国对美国的公共舆论（亲美比例）

国家	1999–2000 年	2003 年 4–5 月	2007 年 4–5 月
英国	83%	70%	51%
加拿大	71%	63%	55%
法国	62%	43%	39%
德国	78%	45%	30%
意大利	76%	60%	53%
西班牙	50%	38%	34%
土耳其	52%	15%	9%
平均值	67%	48%	39%

来源：Ole R. Holsti, *To See Ourselves as Others See Us* (Ann Arbor: University of Michigan Press, 2008), 19。

2008 年金融危机

尽管对自由贸易的质疑之声与日俱增，但美国市场经济的其他核心特征依然未变。私企及其高管享受着慷慨的减税政策。管制缩减，以推动商业发展。央行行长们维持低利率，从而使消费者们继续借贷和消费。外国经济也从美国对其公司的投资，以及为其挥霍无度的消费者不断进口中获益。

但是，当美国房地产市场的“泡沫”破灭时，所有这些都变了。接踵而至的经济崩溃使数百万美国人失去了房子，数百万工人失去了工作，也使全球经济面临 20 世纪 30 年代大萧条之后最为严重的危机。这一泡沫始于 20 世纪 90 年代的高科技繁荣。主要投资者基本上是拥有大量现金储备的东亚和波斯湾地区国家，它们通过投资于保证有适当回报的美国国债，寻求免于经济风暴。由于私人资本在美国银行大量积聚，政府官员放松了许多他们自己认为阻碍了经济增长的管制措施。如独立研究所（Independent Institute）所述的：“实际上，房屋贷款似乎几乎没有要求首付款；……相对于收入的每月分期付款金额几乎没有任何限制，对信用评级和工作经历也几乎没有审查。”[12]

管制的放松与白宫鼓励居者有其屋的政策相一致。这是美国梦至关重要的一部分，以“次级”抵押贷款利率受到资助。[13] 房产销售越来越快的步伐吹大了房地产的泡沫。即便经济指标发出了离麻烦不远的信号，但大多数大城市的房价也依然飙升。潜在危机的第一个迹象出现在 2008 年 7 月。当时美国联邦存款保险公司（Federal Deposit Insurance Corporation）接管了一家加利福尼亚银行，即印地麦克银行 (Indy Mac)。印地麦克银行损失了 320 亿美元资产，标志着美国历史上第二大银行的倒闭。到 2008 年 8 月，美国排名前一百的银行总共面临 5000 多亿美元的潜在坏账损失。在接下来的数周，这种恶性循环仍在继续：

• 9 月 7 日，美国财政部宣布接管两家政府赞助的抵押贷款公司，即联邦国民抵押贷款协会（Fannie Mae，房利美）和联邦住房贷款抵押公司（Freddie Mac，房地美）。其大规模投放的证券投资组合总额从 1350 亿美元增长到了 2004 年的 1.8 万亿美元左右，其中包括大部分贷给低收入购买者的、3000 多亿美元的“高风险贷款”。

• 9 月 15 日，投资银行雷曼兄弟公司 (Lehman Brothers) 宣布破产。公司资产损失约为 6500 亿美元，标志着美国历史上最大的财务危机。第二天，美国政府接管了保险业巨头美国国际集团公司（American International Group，AIG），其摇摇欲坠的资产包括被称作“信用违约掉期”的复杂投资计划。[14]

• 9 月 18 日，美国财政部提议给银行系统 7000 亿美元的紧急救助。这一提议要求政府购入威胁着摧毁数十家银行和其他金融机构的“不良资产”。10 月 3 日，小布什总统批准了《不良资产救助计划》（Troubled Asset Relief Program，TARP），标志着政府对经济史无前例的干预。

此次金融危机在许多方面影响了美国公民。许多人失业了；其他人失去了自己的房子，或看着自己的退休金及其为自己孩子存了许多年的大学学费近于消失；最不幸的人失去了所有这些，只能找一份最低工资的工作，避免破产。虽然美国人曾在过去十年期间几乎没存到钱，但数百万人曾投资股票和共同基金，直到情况逆转之前，这是一项赚钱的冒险事业。

2007 年 10 月，道琼斯工业平均指数（Dow Jones Industrial Average）达到最高的 14169 点，到 2008 年 2 月末已经跌破 7000 点。纳斯达克指数（NASDAQ index）曾在 20 世纪 90 年代末的网络繁荣中急剧上升，但 2000 年后便失去其总值的四分之三。外国股市在美国金融危机扩至全球之

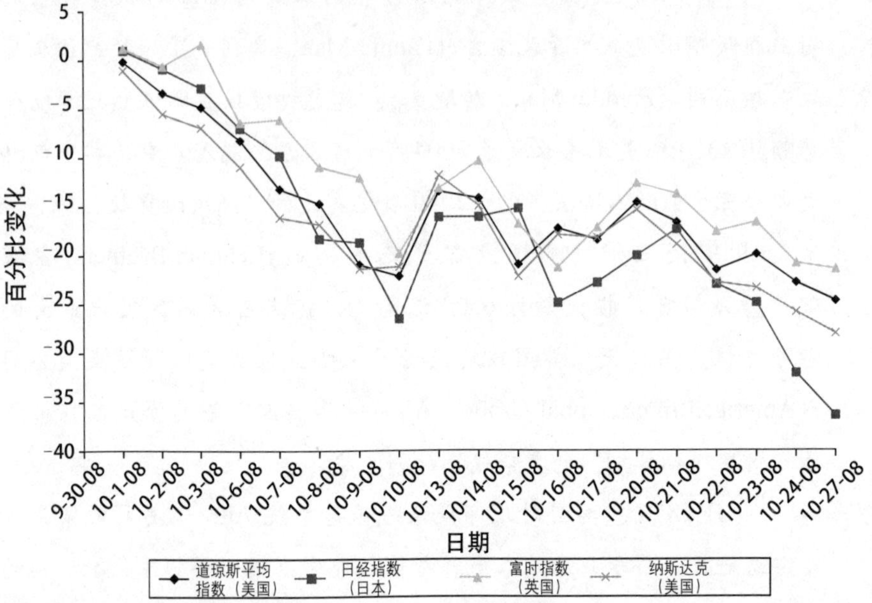

图 13–1　2008 年 9 月 30 日至 10 月 21 日，财富缩水：全球四大股票市场指数

来源：MSN.money. http://moneycentral.msn.com/detail/stock_quote。

时也骤然下跌，不祥地揭示了美国这个世界经济的“火车头”不仅传递繁荣，也会导致灾难性的列车事故（参见图 13–1）。

美国金融市场的动荡，由此产生了与艾森豪威尔所预见的截然不同的“多米诺骨牌效应”。这时“多米诺骨牌”不是冷战期间对共产主义革命的恐惧，而是整个工业化世界不断破裂的金融泡沫。从东京到伦敦，严峻的现实惊人相似：不断增多的资本储备、盲目的银行贷款、过热的市场以及崩盘后政府、全球金融机构对满目疮痍的经济的救助。仅 2008 年 10 月，国际货币基金组织为匈牙利、冰岛和乌克兰提供了紧急贷款。只有极端的措施才能使澳大利亚、智利、印度、哈萨克斯坦和俄罗斯免于金融灾难。[15] 恶性循环压垮了许多发展中国家。随着商品价格猛跌，外国投资外流，发展中国家较小规模的出口市场枯竭了。几乎没有人认为联合国会实现其千年发展目标中最重要的那项：到2015年将“极端贫穷”者（每天收入少于1美元）的比例减少一半。[16]

尽管海外经济管理者为自己的不幸承担了许多责任，但金融危机无疑产生在美国。10月，普京在克里姆林宫抱怨道：“现在经济和金融领域内的一切事情都始于美国。”“这不是具体个人的责任，而是声称领导地位的体系的不负责。这不仅是对某些个体的不负责任，更是对整个系统的不负责任。正如你所知，它还自称是领导。”[17]在普京言论的背后，这不断破裂的泡沫直接产生于华盛顿共识(Washington Consensus)错误的假设，即很少受管制的市场和全球资本的自由流动必然会带来繁荣，即便最贫穷的社会也是如此。这次危机表明，亚当·斯密的这只“看不见的手”（invisible hand）不仅会促进繁荣，也会在金融市场只由自身掌管之时造成严重破坏。

这场经济危机的范围如此之广，以至于经济复苏需要经历四个复杂的阶段。首先，政府一定要阻止金融崩盘的“蔓延”，以恢复市场的信心。其次，此次危机的直接后果——房产抵押赎回权丧失、企业破产和大规模裁员必须得到遏制。再次，银行业务必须被“再管制”，从而阻止危机再次发生。最后，世界领导人必须应对好这场危机长期的社会和政治影响，包括公众普遍的失望和不安。尽管2008年11月这些领导人同意了一项复苏计划，但他们却难以驯服已经失控的市场力量。

这场经济危机是对小布什总统职权的最后一击。它已经深受正在进行的阿富汗战争和伊拉克战争、对战俘待遇问题的争论之害。许多保守派谴责小布什为避免更大灾难所采取的措施，因为它实际上相当于金融体系的国有化。这些行为在历史上与社会主义经济相关，而非以“市场的魔力”为基础。但小布什对此别无选择，只有一项大规模政府紧急救助才能阻止“大萧条”的再次发生。

奥巴马呼吁“革新”

二战以来，美国对外政策的许多转向都源于公民在投票站里的选择。例如，1976年卡特当选总统，反映了选民从尼克松—基辛格岁月里的**权力政治**转向重新关注人权和联合国的愿望。4年以后，由于美国深陷经济困境和对外政策危机中（参见第六章），美国人转向了里根，因为他承诺复兴美国权力。这一钟摆似的模式不断再现。1992年，克林顿支持“全球治理”（global governance），然而2000年，总统候选人小布什誓言使美国主权从全球条约、联合国官僚的桎梏中解放出来。

2008年钟摆再次摆动，当时选民寻求小布什主义的替代方案。小布什主义强调美国的首要地位以及先发制人的战争，但事实上对美国而言，代价巨大。大多数选民将希望寄托在巴拉克·奥巴马身上。奥巴马呼吁结束伊拉克战争，不再虐待战俘，并改变美国对外政策中使自己朋友和敌人倍感惊恐的单边行动。2008年7月的一份民意测验，捕捉到了美国公众的情绪，发现“提升美国世界地位”是一般公众认为的美国对外政策的优先事项。[18]

奥巴马担任伊利诺斯州议员时，他的演讲技巧及成功使其得到了全国关注。2004年，民主党全国大会的主题演讲让他成为党内冉冉升起的新星。那年晚些时候，他当选为美国参议员，但事实上只是其通向白宫的另一块垫脚石。虽然入侵伊拉克期间奥巴马还没有步入国会，但他公开反对战争。因此，作为总统候选人，他没有伊拉克战争的政治包袱。2004年这种政治包袱曾经阻碍了参议员约翰·克里的竞选，因为克里曾投票授权使用武力攻击萨达姆·侯赛因。到2008年，参议员希拉里·克林顿背负着同样的政治包袱。她是奥巴马在民主党内总统初选中的对手，而且和克里一样曾投票支持战争决议案。奥巴马局外人的形象使其在与参议员约翰·麦凯恩（John McCain）竞争的大选中颇为受益。共和党候选人麦凯恩不仅被视为“华盛顿权势集团”（Washington establishment）的一员，而且与小布什政府不受欢迎的对外政策有关，因而被公众抛弃了。在选举前数周，近乎崩溃的美国金融体系已经锁定了奥巴马的胜局。

总统换届通常会导致目标、政治战略的重大变革以及高级职员的大量流动，然而这在美国始终是困难的。[19] 由于美国面临着许多问题，包括美国海外实力和地位的下降，使得奥巴马的道路尤为艰难。近来，没有任何一位总统在执政时面临如此令人望而却步的艰难险阻。越战以来，没有任何一位总统在复兴美国对外政策的权力和原则方面，面对过如此艰险的局面。尽管 2009 年 1 月 20 日奥巴马执政时奋力挽救处于崩溃边缘的经济，但他依然勾画了迥然不同的对外新政策。三项总目标主导着奥巴马总统新的议程。

第一，美国在数年的孤立之后重返国际社会。1 月 20 日，奥巴马在其就职典礼上指出 ：“美国是每个国家的朋友，而且我们已经准备好再次领导世界。”美国会再次拥护其领导人在二战后建立起来的“宪政”世界秩序。[20] 大多数国家参与这一秩序，接受由国际法以及联合国、世贸组织和国际州事法院等国际组织所支持的行为规范。小布什曾宣称这些组织限制了美国主权，然而其继任者则相信它们会使美国更加安全。在就职典礼三周后，副总统约瑟夫 · 拜登——前参议员和参议院外交关系委员会主席——便直接将这一信息传递给欧洲领导人 ：“我们认为，国际联盟和组织没有削减美国权力，反而有助于推进我们的集体安全、经济利益以及我们的价值观。所以，我们将交往，我们将倾听，我们将磋商。”

第二，奥巴马宣布，美国会依靠美国的“软权力”或“以吸引力而不是高压或惩罚的方式获得自己想要的东西的能力”，并将其作为推进其全球利益的主要手段。[21] 美国会践行自己的民主原则，率先垂范，鼓励海外政治改革。美国人仅仅在其公民社会的各个方面表达自己，包括政党、利益集团、宗教中心、艺术与新闻媒体以及网络，美国人会成为比美国政府最昂贵的国家重建计划更强有力的美国价值观的传递者。美国不再践行与美国国家价值观相冲突的对外政策，从而使海外那些威胁美国安全的反美运动处于困境中。

最后，奥巴马宣称，美国将会使外交重新成为其对外政策的核心工具。他在竞选辩论时指出自己会与任何外国领导人讨论双边问题，包括那些公开谴责美国的领导人，这令人震惊。他在其就职典礼上对全世界的观众说："如果你愿意松开拳头，我们会伸出援手。"

奥巴马一入主白宫，便将第一次受访的机会授予一家阿拉伯电视台，承诺"相互尊重"地对待其批评者。这一措辞严谨的信号使其与前任大为不同。他提议谈论与伊朗、叙利亚的争端，寻求与中国在经济和环境问题达成解决方案。甚至要会见阿富汗塔利班的温和派，如果这会改善饱受战乱的阿富汗和平前景。

这些总原则完全与美国对外政策传统相一致。由此观之，民主的世界秩序中发生战争将会是和平共处原则的罕见例外。与他国政府所存在的任何问题会以理性协商和妥协方式而解决。所有国家都会在一个稳定的国际体系和繁荣的世界经济中认识到自己的共同利益，而且这些利益也会促使各个国家在世界舞台上进行合作，而非竞争。2010 年 5 月奥巴马指出："美国从未在国际合作潮流之外获得过成功。""我们只有引导那些潮流奔向自由和正义时，我们才成功。"[22] 奥巴马承诺要重塑美国的道德领导地位，也要改造美国对外政策特性的关键要素。

奥巴马的对外政策团队负责将这个变革议程变成现实。希拉里 · 克林顿一经被选为奥巴马的国务卿，便立即着手开始亚洲的"倾听之旅"，向盟国以及普通公民保证，美国新政府会关注他们的关切。后来她访问了俄罗斯，在那里她说，现在该是在紧张的双边关系中按下"重置"按钮的时候了。奥巴马在其他各种对外政策岗位上任命许多著名的人权和全球治理倡导者，这些人包括萨曼莎 · 鲍尔（Samantha Power）。她在 2002 年出版的名为《来自地狱的问题》(*A Problem from Hell*)的书中，呼吁美国和其他大国采取积极行动以阻止种族屠杀。全球治理方面的知名专家安尼–玛丽·斯劳特 (Anne-Marie Slaughter) 接受了国务院政策规划主任的职位，这个职位曾由乔治·凯南担任。第三位获得任命的是哈罗德·科尔 (Harold Koh)，他对国际法的法律论述而广为人知。奥巴马为了表明自己决心“革新”美国对人权的承诺，在执政第一天就宣布，会在一年内关闭关塔那摩湾拘留中心，保证所有在反恐战争中被关押的人不会受到虐待。

在其他方面，奥巴马总统则表示其对外政策会与前任总统一致，继续关注美国在全球均势中首要地位。他决定留任小布什政府的国防部长罗伯特·盖茨，令参谋长联席会议和许多试图在安全问题上保持连续性的国会议会非常满意。新任国家安全顾问吉姆·琼斯 (Jim Jones) 将军也以积极维护美国国家利益而著称。鉴于国务院支持美国传统的道德使命感，然而国防部遵循现实主义的非道德路径，这些及其他任命都表明，奥巴马政府的美国对外政策未来的双向性。无论是在美国国内还是在许多远离美国的正在发生以及有潜在冲突的热点地区，这种分裂的个性在美国对外政策方面是会促成一致性还是会造成精神分裂，这一切都有待观察。

未竟的反恐事业

奥巴马呼吁彻底改革美国的对外政策，然而他的许多议程是由其入主白宫时美国所面临的迫切问题所决定的。金融危机在 2008 年奥巴马当选之时达到顶峰，有可能扩散到其他工业化国家。那么防止经济多米诺骨牌在世界范围内倒下，成为全球安全的当务之急。与此同时，奥巴马面临着源自于小布什全球反恐战争的各种问题和机遇。三项未竟之事引起美国白宫的关注：(1) 维持美国与巴基斯坦稳定的关系，因为它对美国在阿富汗的战争行动至关重要；(2) 抓捕奥萨马·本·拉登；(3) 兑现小布什总统在2011年末之前撤军的计划。

巴基斯坦火药桶

美军和北约部队在阿富汗仍深陷泥潭，这让奥巴马清楚地意识到，邻国巴基斯坦掌握着美国在该地区成败的钥匙。核武库、叛乱分子和伊斯兰恐怖分子已知的避难所、与邻国印度持续不断的对抗，进一步将巴基斯坦置于地区均势的中心位置。但巴基斯坦深受毁灭性的内部问题所困扰，其中包括大众穷困潦倒的问题，这严重限制了政府掌握自己命运的能力。如一位军事分析专家在2011年晚些时候所观察的，巴基斯坦“正迈向一场充满威胁的巨大风暴中，包括日渐兴起的极端主义、不断下滑的经济、长期的不发达以及一场激烈的战争，这导致了前所未有的政治、经济和社会动荡”[23]。

当1947年巴基斯坦成为民族国家时，地理或历史因素都对巴基斯坦不利。巴基斯坦与印度、阿富汗、伊朗和中国相邻，因而处于一个危险的周边关系中。在一场残酷的内战之后，巴基斯坦从印度独立，实际上确定了未来巴基斯坦的大多数穆斯林公民与占印度多数人口的印度教徒之间存在宗教矛盾。但是，冷战的紧张状态削弱了巴基斯坦政府处理这些压力的能力。当印度政府宣布“不结盟”，但却与苏联建立亲密联系时，巴基斯坦便加入了美国在南亚的反苏联盟。美国领导人在后冷战的岁月里，向巴基斯坦提供了大量军事援助，尽管其政府压制政治权利、深陷于泛滥的腐败中并且屈从于频繁的军事政变。巴基斯坦也对苏联怀有敌意，胜过美国对自己国内政治的关切，证实了“敌人的敌人就是朋友”这条外交原则。

“9 · 11”恐怖袭击事件之后，这种基于利害关系的联姻关系便再现了，因为美国和巴基斯坦发现了它们的共同事业，打击另一个共同的敌人：伊斯兰恐怖分子。其中许多都藏匿在巴基斯坦，试图推翻其世俗政府。1999年佩尔韦兹 · 穆沙拉夫（Pervez Musharraf）将军在军事政变中掌权，冒着风险与美国站在了一边。对这位巴基斯坦领导人而言，被暗杀的风险成为每天都要面对的现实。事实上，他不愿意或不能制止基地组织恐怖分子在阿巴边界广大部落地区的行动。他也不能阻止阿富汗叛乱分子，使巴基斯坦西部成为其避难所、武器来源地和集结待命区，以袭击政府目标和北约部队。穆沙拉夫很快成为美国的负担，因为他不能维持自己领土的治安，很快失去了民众对其仅有的一点支持。他在示威声中辞职，2008年由阿西夫·扎尔达里（Asif Zardari）接任。扎尔达里是在2007年下半年竞选总统之时被暗杀的前总理贝娜齐尔·布托（Benazir Bhutto）的丈夫。

2008年11月，伊斯兰恐怖分子对印度最大的城市孟买发动一系列连环袭击，加剧了民众对扎尔达里恢复巴基斯坦秩序的能力的质疑。袭击持续了四天，以多个公共聚集场所为目标，造成近500名平民伤亡，引发了全世界的声讨。尽管证据显示巴基斯坦的情报机关帮助策划了这次连环袭击，但美国领导人依然支持扎尔达里步履蹒跚的政权。[24] 确实，2010年美国对巴基斯坦的援助达到了创纪录的45亿美元。尽管巴基斯坦依然贫困而且缺乏外国投资，但几乎所有的援助都是安全援助而非发展援助。[25] 只有阿富汗接受了更多的美国外援，与巴基斯坦相似，阿富汗政府也难以控制其民众，更不用说成为一个可靠的盟国。

美国与巴基斯坦之间的猜疑体现在两个方面。巴基斯坦领导人抱怨，美国领导人没有认真对待自己，在美国军事行动很少咨询自己的意见，尤其是其对本·拉登藏身地的袭击更是如此（后文详述）。他们特别反对美国政府使用无人机轰炸阿巴边界上的可疑的恐怖分子藏身地。2004年至2011年，越来越多的无人机攻击表明美国对巴基斯坦政府缺乏信心，而且美国官员忽视了巴基斯坦政府对这种"幽灵战争"（phantom war）侵犯了自己主权的抱怨。[26] 对奥巴马而言，从结果来看无人机进行攻击事实上是正确的，其中包括杀死了数十个"高价值"的伊斯兰激进恐怖分子。但是，美国领导人在频繁发生的无人机错失目标而杀死无辜平民的事件中，更难以辩护。

2011年11月，这些紧张局势到达了紧要关头。当时北约部队轰炸、杀死了20多名巴基斯坦安全部队人员，因为他们被视为阿富汗的塔利班叛乱分子。在军方和愤怒公民的强大压力之下，扎尔达里谴责美国，命令自己的部队未来对这样的袭击进行报复，即便这会造成与美军的武装冲突。但是，他没有取消巴基斯坦与美国之间有利可图的援外合同，因为它会加强巴基斯坦自身、政府和军队的安全。在强大的公众压力之下，2012年4月扎尔达里政府通过一项决议，要求美国为11月的空袭道歉以及停止使用无人机袭击，并且在巴基斯坦的土地上不再进行“公开或秘密的行动”[27]。但是，即便在如此严重的压力之下，在两个不太可能是且互相猜疑的盟国之间，一切如常。

在阿富汗边境，美国与盟国部队抵御叛乱的努力似乎徒劳无功。根据该地区的北约副司令官的说法，到2009年1月，阿富汗南部的许多地方“门户大开”。塔利班战士以坎大哈地区为基地，以非法制造鸦片所得的约3亿美元利润换取了机关枪、炸弹和火箭发射器，以此袭扰和削弱扎尔达里的中央政府。[28] 塔利班与一批地方军阀结合在一起，几乎没有遇到阿富汗安全部队的抵抗。尽管美国和北约苦心训练，但阿富汗安全部队仍处于混乱之中。如4年前的伊拉克那样，2009年下半年，彼得雷乌斯将军组织了一支30000人的美军部队进入阿富汗。他的目的有两个方面：(1) 使用特别部队展开对高价值军事目标的袭击；(2) 保护阿富汗平民免于叛乱分子及其似乎随意的暴力行为，从而赢得平民们的“人心”。

最新一波增援为阿富汗南部边疆带来更多稳定。然而，阿富汗与巴基斯坦相邻的东部领土依然对叛乱分子开放。与此同时，由于北约成员没有在其任务的范围上达成一致，因此在阿富汗的任务失败了。大多数北约成员接受了更重要的任务，但德国、意大利、波兰和西班牙政府在其任务声明中写入了“注意事项”，以使自己的部队免于作战的义务。北约盟军和阿富汗安全部队之间逐渐增加的敌意进一步使任务复杂了。阿富汗部队中，一些人杀死盟军士兵以表达自己的不满。在这种混乱状态下，卡尔扎伊继续努力控制阿富汗，奥巴马宣布逐步撤军，到 2014 年完全撤出。但是，这一撤军时间并未使法国总统萨科齐满意，2012 年萨科齐宣布在 2013 年末前撤军。面对其他北约盟国可能出现的大规模撤军，2012 年 2 月美国国防部宣布，美国在阿富汗的“作战角色”将会于 2013 年结束。

随后，战场之外的一系列事件进一步危害了美国在阿富汗的干预行动。帕尔旺拘留中心的美军烧掉了伊斯兰圣典《古兰经》，引发了致命的骚乱和对美国撤军的呼吁。据称，美军上士罗伯特 · 贝尔斯（Robert Bales）在坎大哈的一个村落里屠杀了 17 名阿富汗平民，使反美情绪甚至更为强烈。就像在巴基斯坦一样，美国军事行动引起了从美国干预中获益的人的谴责，而非感激之情。美国似乎在努力为南亚内陆地区带来和平与自由的时候，反而搬起石头砸了自己的脚。甚至总统自己，这个曾经坚定支持阿富汗因民主而安全的人，也逐渐因没完没了、徒劳无功的冲突变得疲倦不堪。

目标：本 · 拉登

奥巴马总统无法忽视本 · 拉登所造成的持续性威胁。在美军和多个盟国政府的情报机构共同抓捕近 10 年后，拉登依然逍遥法外。抓住或杀死基地组织领导人，会为许多依然难以摆脱“9 · 11”恐怖袭击事件阴影的美国人带来某种安慰。这一目标的实现也向世界宣布，尽管美国因国内经济和政治斗争而有所削弱，但仍是外国需要认真对待的一支力量。

2009 年 6 月，奥巴马要求中情局局长莱昂 · 帕内塔（Leon Panetta）制定一份详细计划，以找到并抓捕本 · 拉登。就在起草计划之时，美国情报人员确认并找到了符合本 · 拉登通信员外貌的一个巴基斯坦司机。这个司机将美国特工引向了一个戒备森严的居民院子，它位于巴基斯坦首都附近的阿伯塔巴德小镇，也是巴基斯坦军事学院所在地。美国官员感觉很奇怪，这个由水泥墙围起来的院子只有这个通信员来访，并且这个院子没有电话或互联网连接，住户会烧掉自己的垃圾，而不是放到街上留待环卫收集。航空照片拍到了很可能是本·拉登的一个年长居民的照片。他偶尔会在笼罩天井中散步，但从来不会离开这个院子。[29]

越来越多的证据促使奥巴马命令准备军事袭击这个院子。好几项选择方案被考虑，其中包括一次大规模空袭。尽管空袭会消灭目标，但本·拉登是否在伤亡人员之中的问题仍有疑问。盖茨和其他军事领导人赞成这一计划，奥巴马却支持第二项选择，即训练有素的海豹突击队执行午夜直升机的袭击行动。总统的决定促成了经过数月准备而进行的“抓捕”行动。在北卡罗来纳州山区深处，突击队员复制了这个可疑的院落，并在场地里演练了袭击行动。2010 年 4 月，他们继续在内华达沙漠进行训练，在那里演习了空中袭击及其随后的撤离行动。

据说，战争的第一个阵亡者就是作战计划本身，这一现实再一次得以确认。5 月 2 日凌晨袭击期间，第一架直升机紧急迫降到了院落围墙之内。虽然海豹突击队员有能力继续袭击，第二架直升机却还是放弃了围绕院子盘旋并使用悬梯将突击队员放到屋顶的计划。直升机转而降落到附近的田地中，迫使海豹突击队员不得不使用炸药才进入了院子。

实际突袭只用了不到 20 分钟。美国国家安全委员会成员在白宫观看实时卫星影像的同时，海豹突击队员便强行降落并进入本·拉登居住的院落。在数次交火中，他们击毙了三个武装警卫，包括本·拉登的儿子哈立德。他们攻击了本·拉登三楼的套房，开枪击中了本·拉登一位妻子的小腿，她站在自己丈夫和突击队员之间。最后，一名美国狙击手开枪击毙了这个垂垂老矣、满脸胡须的男人，正是他 10 年前将全球恐怖带到了美国。本·拉登之死以及随后将其抛尸红海，结束了美国对外政策中惨不忍睹的一章。

本·拉登的死讯在世界各地引发了庆祝活动，然而美国领导人面临着数个问题。在短期内，本·拉登的抓捕会导致针对美国的暴力报复和可能的恐怖袭击吗？更广泛地说，在发现“9·11”恐怖袭击事件以来，美国的头号公敌本·拉登，堂而皇之地长期居住在离伊斯兰堡一小时车程的高级社区之后，美国还信任巴基斯坦吗？基地组织会有什么变化？许多人认为，本·拉登在多年藏匿之后地位已经下降，但却发现，被抓捕时他还依旧积极地参与恐怖组织的日常行动。

随后，美国对基地组织的打击进一步耗尽其领导力。2011 年 8 月，一架无人机轰炸并杀死了基地组织的行动策划者阿提亚·阿布德·拉哈曼（Atiyah Abd al-Rahman）。10 月，无人机再次袭击，杀死了生于美国的伊斯兰教士安瓦尔·奥拉基（Anwar al-Awlaki）。他在基地组织的也门分部里是个强有力的角色。与普遍的担忧相反的是，本·拉登的突然死亡并没有导致预料中的恐怖袭击与报复浪潮。事实上，美国白宫收到了大多数国家政府的致谢声明，因为美国把本·拉登从其公敌名单中除去了。虽然这些结果令人心安，但本·拉登的继任者埃及医生艾曼·扎瓦希里（Ayman al-Zawahiri）发誓将继承本·拉登“将侵略者从伊斯兰的土地上赶出去”的使命。正如一位安全分析专家向国会作证时所说，扎瓦希里获得权力“表明本·拉登对袭击美国的关注在其死后仍会存在”[30]。

对奥巴马来说，杀死本·拉登极大缓和了美国国内长期问题，这些问题消耗了他大部分的精力，削弱了其大众支持率。奥巴马总统仍然意识到，与基地组织以及其他恐怖组织的战斗会无限期地持续下去。奥巴马在 2011 年 6 月的报告中指出，美国依然与基地组织处于“战争状态”，而且反恐仍是美国对外政策的核心内容。[31] 奥巴马以此提醒美国人，和平处于零星的常规战争造成的动荡之间，这种美国传统的和平观已成往事。除非美国的战略图景出现不太可能的变动，否则美国将一直与恐怖分子及其在世界与美国本土造成破坏的能力作战。

作用与影响

大卫·彼得雷乌斯将军

近来，在美国对外政策上，美国国防部领导人没有比大卫·彼得雷乌斯将军更有影响力的了。2007 年，彼得雷乌斯作为美国与盟国部队在伊拉克的指挥官，组织了一次“增兵”，逐渐减缓了叛乱分子、伊拉克部队和美国领导的盟军之间的暴力程度。他的增兵战略——以合作性支持赢得厌战的伊拉克平民“人心”——偏离了小布什政府先前所强调的策略，即以压倒性的军力打击叛乱分子，甚至在人口密集的中心地区。随后彼得雷乌斯担任美国中央司令部（U.S. Central Command）司令官，其辖区从埃及一直延伸到哈萨克斯坦，后又控制着阿富汗的北约部队和美军。

2011 年，奥巴马总统任命彼得雷乌斯为中央情报局局长。这象征着中情局在指导美国在世界各地军事行动方面扮演着越来越重要的角色。以往，武装部队受命执行军事行动，中情局的角色仅限于提供准确情报以指导美军。这种安排尤其应用在隐蔽（秘密）行动上，因此冷战期间中情局招致了公众和国会的批评。但是，现代技术在收集、使用情报方面进一步模糊了情报收集和战场作战之间的差异，比如无人机执行的空中侦查任务等。

从伊拉克撤军

对美国而言，最重要的未竟事业涉及伊拉克。奥巴马总统早期批评过美国的入侵行动，决定按照小布什的时间表，在 2011 年末前从伊拉克全部撤军。100 多万美国人在这场长达 9 年的战争中战斗过。其中约 4500 人阵亡，32000 多人受伤。尽管伊拉克部队和平民的伤亡还没有得出确切数字，但应该远超此数，而且 200 多万伊拉克人被迫流离失所。虽然伊拉克的未来依然有着高度不确定性，但这场战争的参与各方都被美国在伊拉克的军事行动搞得精疲力竭，因为 2001 年至 2011 年期间，花掉了美国纳税人 8000 多亿美元。[32] 因此，当 10 月 21 日奥巴马宣布“我们的部队绝对会在圣诞节假期前回家”时，他显然松了口气。

2003 年入侵时，美国政府有三个目标：解除伊拉克威胁着美国及其盟国的大规模杀伤性武器；推翻萨达姆·侯赛因的独裁统治；帮助伊拉克人建立一个民主和自治的政府。在发现萨达姆的大规模杀伤性武器库并不存在之后，第一个目标事实上无效了。2006 年 12 月 30 日萨达姆被处死的时候，第二个目标无疑已然完成。第三个民主建设的目标正在进行中。在持续不断的政治暴力中，一个代议制政府体系已成立，并为伊拉克公民提供了在多党选举中首次投票的机会。除此之外，伊拉克政府未向其民众提供任何基本服务。很快显而易见的是，新政治体系和立法机关激起了惨烈的竞争而非国家的统一。

奥巴马像其前任一样，自始至终设想在 2011 年近 40000 美军撤离后“剩余”一支美军留在伊拉克。但是，他没能说服伊拉克领导人向美军提供司法豁免权，因为美军需要以此来避免因军事行动而遭到起诉。其他盟国通常会赋予美国这种豁免权，允许美国部队在自己领土上提供安全援助。但是，政府内外的许多伊拉克人依然憎恨美国的入侵与占领。在他们看来，美军的继续存在只会延长美国对自己主权的侵犯。随后，美国的大规模撤军在伊拉克造就了一个权力真空，诱发了更惨烈的竞争以控制这个支离破碎的国家。

像美国入侵前那样，2012 年，伊拉克因逊尼派、最主要的宗教派系什叶派穆斯林、北部的伊拉克库尔德人而陷入分裂。库尔德人的种族认同与阿拉伯人不同，前者长期以来一直寻求建立自己的主权国家。美军压制着这些集团之间的紧张关系，尤其是占大多数的什叶派人对复兴党内逊尼派的仇恨。这些逊尼派曾以铁腕控制着萨达姆政府。正如许多人所担心的，恐怖分子在巴格达制造了数起袭击事件以回应美国的撤军。这些爆炸事件的受害者包括数百名什叶派朝圣者，2012 年初他们启程去伊斯兰的宗教圣地朝拜。恐怖分子可能蓄意为之，骚乱打破了总理努里 · 马利基（Nouri al-Maliki）和伊亚德 · 阿拉维（Ayad Allawi）仅存的一点善意。阿拉维是什叶派联盟的领导人，可能与马利基分权。

美军留下了一个陷入政治危机的伊拉克。这一事实使人深感忧虑，但鉴于漫长而痛苦的伊拉克战争的历史，一切也不那么令人诧异了。对小布什政府而言，只有用两个模棱两可的解释之一，才能理解其 2003 年 3 月入侵伊拉克的决定：或是美国和外国特工收集的情报错误，或是高级决策者为了向迷茫的公众“推销”战争，而操纵了可靠的情报。[33]

除了伊拉克内部的分裂之外，伊拉克会被伊朗人控制的前景令奥巴马政府更加警觉。但是，就当前来说，奥巴马总统愿意将伊拉克安全事务交给伊拉克自己的军队。美军曾经付出了巨大的代价去训练伊拉克军队。在这紧要关头，伊拉克的关键问题是，其民众内部持续性的敌对情绪将或被伊拉克脆弱的政治机构抚平，或以未来战场上的作战方式而抚平。无论哪种情况，这都是伊拉克人而不是美国人的决定。

持续不断的核扩散威胁

在全球反恐中取得优势，并不是美国领导人的唯一安全关切。“9 · 11”

恐怖袭击事件转移了对其他威胁的关注。这些威胁包括核武器可能扩散到其他许多国家，因为核“国家”的地位会制衡包括美国在内的对手。如第九章所述，1998 年印度和巴基斯坦跨过了这一门槛，加入了许多年来只有美国、俄罗斯、中国、法国、英国以及以色列的核俱乐部。这不仅使南亚地区局势的稳定更加复杂，也引起了人们对《核不扩散条约》（Nuclear Non-Proliferation Treaty，NPT）的质疑。这个条约签署于 1970 年，到 21 世纪之交时已有 190 个缔约国。对美国而言，在 21 世纪之初，伊朗和朝鲜作为核扩散国构成了最为严重的威胁。

伊朗对“核权利”的追求

2011 年 12 月，美国从伊拉克的撤军令邻国伊朗普天同庆。伊朗的什叶派人可能与伊拉克占多数的什叶派联合起来，将伊拉克化为伊朗的势力范围。对美国来说，这种权力游戏会严重威胁到伊拉克羽翼未丰的多党政府，代之以公开反对美国在中东利益的伊斯兰国家。随着伊拉克在美军 2011 年末撤离后陷入政治危机与混乱，伊朗成为地区霸权国的前景也与日俱增。

20 多年来，美国与伊朗的关系极具争议，在 2005 年 6 月艾哈迈迪·内贾德当选时，又达到了新的高潮。内贾德深得伊朗宗教势力的支持。他们知道内贾德极为痛恨以色列，呼吁将伊朗塑造为一个大国。内贾德上任伊始，便承诺以发展核电产业的方式使伊朗的能源多元化。虽然他的计划对这个盛产石油的国家而言非常奇怪，但它打动了许多伊朗人的心。对他们来说，“核权利”（nuclear rights）已经成为全民呼声，因此，伊朗这个《核不扩散条约》缔约国开启了铀浓缩进程，这是制造核燃料的关键步骤。2006 年 2 月，国际原子能机构宣布，制止伊朗核目标的措施事实上毫无效果。到 4 月，伊朗已经浓缩了足够的铀，可以在 2015 年前制造较少的、“可交付使用的”核弹头作为储备。与此同时，伊朗科学家研制出了可以袭击近东和南欧目标的远程弹道导弹。

虽然伊朗向核俱乐部的攀登并不会制造出第一枚“伊斯兰炸弹”，因为巴基斯坦早已取得了这一荣誉，但一个拥有核武器的伊朗会进一步使全球战略均势复杂化，激化中东地区的紧张局势。该地区埃及和沙特阿拉伯等其他伊斯兰国家将会由于对伊朗的敌意而忍不住跟随。许多年来，以色列深受伊朗所支持的恐怖组织的困扰，而且一个有核的伊朗也会直接威胁到其不共戴天的仇敌以色列。美国发现自己正陷入不得不与伊朗在核问题上摊牌的困境。经济制裁没有迫使伊朗让步，但美国大规模军事行动也是不可能的，因为美军正在伊拉克和阿富汗战场上。国际原子能机构向伊朗派出武器核查人员只会重温20世纪90年代和2003年伊拉克的噩梦。最后，联合国安理会也不可能全票通过袭击伊朗的重要决议，因为中国和俄罗斯必定会反对。由于没有别的更好的选择，白宫只能坚持其全球孤立伊朗的政策，并支持伊朗国内那些试图建立一个民主和更亲美政府的团体。

2009年6月的伊朗总统选举为奥巴马提供了一个绝佳时机，使其可以利用美国“软权力”向内贾德施压。内贾德战胜改革派候选人，随后公众普遍认为其选举舞弊，并要求重新计票。美国白宫公开支持越来越庞大的抗议者群体，其中许多人以脸谱网（Facebook）、推特（Twitter）以及其他社交媒体组织大规模的呼吁行动。2011年2月，对大规模抗议的残酷镇压破坏了“绿色运动”（Green Movement）的势头。尽管有选举舞弊的确凿证据，但内贾德还是执政了。

伊朗支离破碎的国内政治并未阻止政府官员继续其核计划。如国际原子能机构于2011年11月报告所指出的：“本机构对伊朗核计划中可能的军事活动表示严重关切……情报表明，伊朗已经开始了某些与发展核爆炸装置有关的活动。”[34] 这一报告马上便被伊朗抛之脑后，但它却引起了再次经济制裁伊朗的呼吁。当美国和欧盟同意新的进口制裁措施时，其最大的亚洲进口国——包括中国、日本和韩国——拒绝了新的制裁措施，因为这些国家非常依赖伊朗的石油。从它们的角度来看，石油供应短期中断的前景比伊朗原子弹的长期危险更重要。

由于这种对西方显而易见的制衡，内贾德加强了分化和攻克反伊联盟的措施。2011 年 12 月 27 日，他威胁封锁霍尔木兹海峡，这个位于波斯湾海口繁忙航线的咽喉之地。美国白宫马上告诉伊朗，驻扎在巴林岛附近的美国海军第五舰队会以军事手段回应，打破封锁并维持通过海峡的运油线路。国防部长盖茨告知伊朗领导人，双边关系有两条“红线”：伊朗不能封锁霍尔木兹海峡，不能成为一个核国家。这表明，石油与核政治这种火药桶式的组合将在未来很长时间里主导着美国的注意力。

朝鲜的核边缘政策

20 世纪 90 年代初，克林顿总统首次面临着朝鲜半岛的核扩散威胁。朝鲜统治者金日成（Kim Il Sung）不顾政府之前会尊重《核不扩散条约》的承诺，威胁制造核武器。由于数个原因，朝鲜拥有核武器的前景困扰着美国。该地区的突发危机或者政府官员的误判会造成数不清的屠杀、更大范围的战争。朝鲜 13000 门火炮能够很快摧毁韩国首都首尔的大部分地区，这一事实对卷入冲突的任何人都影响深远。拥有核武器的朝鲜也可能引起东亚的军备竞赛，因为韩国和日本不可能忽视这一对自己安全的威胁。更广泛地说，不管朝鲜的核武库多么小，这也会激励着其他反美政权寻求颠覆现有均势。

1994 年，克林顿派前总统卡特到朝鲜首都平壤，力求以谈判方式结束这一核威胁。但是，卡特能做的所有事情是希望金正日同意冻结朝鲜正在进行的核计划。这一协议达成的代价则令人难以想象：美国支付 40 亿美元建造两座轻水核电站，这两座核电站不会产生用于核武器的钚；免费供应 8 到 10 年的石油；建立与美国、日本的外交关系。为此美国的回报是什么呢？只有朝鲜的承诺，即朝鲜允许武器核查并关闭核燃料处理工厂，这个承诺后来便被抛弃了。朝鲜领导人掌握着少量核武器，然而如果他们随后决定加码，那么争取时间建造更多。

金日成核边缘政策的成功有利于自己朝鲜国内的利益。朝鲜旷日持久的饥荒造成200多万人丧生，引发了世界范围的救援工作。[35] 如已然消逝的苏联一样，朝鲜斯大林式政权甚至在民间经济挣扎求存之时，也善于制造军事武器装备用于出口。1998年，朝鲜工程师研制成功并发射了一枚飞越日本的三级导弹——这是一次花费巨大的成功，预示着它会支持朝鲜在世界弹道导弹市场占领一席之地。从各种令人憎恶的军火商手里得到核技术与诀窍，成为朝鲜领导人每天昼思夜想之事。

尽管美国与朝鲜的协议对双方都有利，但并没有解决核僵局。金正日（Kim Jong Il）在其父死后掌权，于2002年撕毁了美朝协议，驱逐国际武器核查人员，宣告退出《核不扩散条约》。朝鲜在冻结核计划之时便有足够的可裂变物质以制造数枚原子弹。在退出条约之后，朝鲜每年即可以制造更多的原子弹。2006年，金正日进行地下核试验，进一步增大砝码，正式宣称朝鲜加入核俱乐部。2007年，其核边缘政策的最新行动促成了一项新协议。该协议与当年卡特谈判所达成的协议非常相似。朝鲜再次同意取消核计划以换取一系列经济利益，包括暂停联合国的制裁。这些制裁对朝鲜造成了越来越大的损害。但是，这一协议事实上也是短命的。因为2009年5月朝鲜引爆了另一枚核装置。

因此奥巴马成为面对朝鲜核野心的第三位美国总统。尽管如此，2010年他所面对的前景依然逐步恶化。当时金正日命令进行一系列挑衅行为，包括击沉韩国军舰以及炮击韩国岛屿，从而造成了朝韩之间的火炮交火。2011年12月，局势越来越紧张，与此同时金正日去世，其子金正恩（Kim Jong Un）上台。虽然外界人士不太知道这位“伟大接班人”，但朝鲜军方领导人依然宣誓效忠于他，忠诚地支持其针对韩国的“先军”方针。

在每一次权力交接中，朝鲜依然是世界上最贫穷、最专制的国家之一。世界粮食计划署（World Food Programme）在2011年的一份报告发现，三分之一的朝鲜儿童营养不良，朝鲜人也都处于极为需要紧急食物援助的状态。与此同时，人权组织美国自由之家（Freedom House）恰如其分地总结了朝鲜政府对待其民众的暴虐行为："在国家各个层面上，腐败被视为司空见惯……所有广播媒体都由国家经营……国家集中的洗脑和压制阻止了宗教自由活动以及学术自由……结社的自由也未被认可，而且除了国家所建立的组织之外，其他协会或组织并不存在……这里没有迁徙的自由，然而强迫性的重新定居则极为常见……经济仍受中央控制，而且管理极为不善。"[36]

鉴于金正恩在朝鲜权力结构中安稳无忧的生活，几乎没有人觉得他会为其贫弱的国家勾画一条新道路。像其父亲和祖父，这位新领导人很可能维持政府对民众的严厉控制，维持与韩国的恶劣关系以及极其怀疑外部世界。几乎没有任何证据表明，他会背离赋予其唯一制衡美国和其他大国的核边缘政策。2012年4月，金正恩发射了三级弹道导弹，威胁到了近期美国向朝鲜提供食品援助的承诺。这说明，即便以自己忍饥挨饿的民众的生命为代价，他也会保持自己前任对待外部世界的敌对态度。[37]除非有不太可能的重大突破，否则仅仅设法处理朝鲜半岛正在进行的权力斗争，对美国对外政策而言依然是困境重重。

因此，正当奥巴马2012年11月开始自己的连任竞选之时，他发现自己要面对各种全球热点问题。巴基斯坦和阿富汗的混乱、伊拉克的权力真空、伊朗和朝鲜的核讹诈都威胁着奥巴马总统的连任。他上任时曾经承诺，在多年的孤立之后，要"革新"美国在国际社会中的身份，无论是朋友还是敌人，都要寻找共同立场。但是，美国对外政策的现实迫使奥巴马根据自身的条件去面对世界上的许多冲突。尽管推进美国的道德准则将会是总统的目标，但对美国军事力量的自信，仍是21世纪权力政治的核心特征。世界秩序的变革这个经久不衰的美国梦，有待未来实现。

注释

[1] 对于这些总统风格的详述，参见：John Stoessinger, *Crusaders and Pragmatists: Movers of Modern American Foreign Policy,* 2nd ed. (New York: Norton, 1985)。

[2] Charlie Savage, *Takeover: The Return of the Imperial Presidency and the Subversion of American Democracy* (New York: Little, Brown, 2007), 75.

[3] U.S. Congress, "Resolution on the Use of Military Force" (September 18, 2001).

[4] 约翰·柳的观点并没有引起太多的研究。5年前，他曾发表一篇文章论辩道，美国建国者完全希望总统在没有国会同意的情况下发动军事冲突。John C. Yoo, "The Continuation of Politics by Other Means: The Original Understanding of War Powers," *California Law Review* 84 (1996), 196–241。

[5] 所有政府在战时都面临这一困境。在一些情况下，对个人自由的限制已经成为日常生活的半永久性特征，例如以色列。德国政府目前正以国家安全的名义推动一项充满争议的限制自由的措施。

[6] James Risen and Eric Lichtblau, "Bush Secretly Lifted Some Limits on Spying in U.S. After 9/11, Officials Say," *New York Times* (December 15, 2005), A1. 白宫曾要求《纽约时报》不要发表这篇报道，担心它会危害到情报活动，但是《纽约时报》仍在一年的"补充报道"后将其发表。

[7] 英国作家乔治·奥威尔创作的《一九八四》是20世纪文坛反乌托邦三部曲之一，他在其中创造了"老大哥"一词。在该小说中"老大哥"被用来指代大洋国的领袖，是权力的象征和人民膜拜的对象，是通过各种手段监控人民的独裁者。"老大哥在盯着你"，已经成为被认定是侵犯隐私的监视行为的代名词。

[8] 美国也批准了《公民权利和政治权利国际公约》，而且是1948年《世界人权宣言》的创始缔约国。《宣言》在第五款宣布："人不应该受折磨，或成为残忍、不人道、侮辱性待遇或惩罚的对象。"

[9] 其他拘留中心的去向仍不清楚。美国官方后来证实，数个秘密监狱或"秘密据点"在东欧、阿富汗和泰国。Dana Priest, "CIA Holds Terror Suspects in Secret Prisons," *Washington Post* (November 2, 2005), A1。在其他情况下，美国政府会将恐怖分子嫌犯移交给那些对审讯犯人限制更宽松的盟国政府。

[10] U.S. Congress, "Inquiry into the Treatment of Detainees in U.S. Custody" (Senate Armed Services Committee, December 11, 2008).

[11] British Broadcasting Company, *World View of U.S. Role Goes from Bad to Worse* (London: BBC, January 2007).

[12] Stan J. Liebowitz, *Anatomy of a Train Wreck: Causes of the Mortgage Meltdown* (Oakland, Calif.: Independent Institute, October 3, 2008), 4.

[13] 2003年，传统的30年房屋抵押贷款利率达到了有史以来最低的5.25%。这一

年也见证了 25 年以来新房建设的最快速度。U.S. Congress, House of Representatives, Committee on the Budget, Republican Caucus, "Roots of the Financial Crisis: The Role of Government Policy" (January 8, 2009).

[14] 到 2007 年，这种金融"掉期"的总价值达到了 62 万亿美元，超过了当年美国经济总产值。Dick K. Nanto et al., "The U.S. Financial Crisis: The Global Dimension with Implications for U.S. Policy," *CRS Report for Congress,* Congressional Research Service (Washington, D.C., November 10, 2008), 9。

[15] Ibid, 14–40.

[16] 经济增长率每下降一个百分点，2000 多万人会陷入极端贫困。Jayshree Bajoria, "Financial Crisis May Worsen Poverty in India, China," *Backgrounder* (New York: Council on Foreign Relations, January 2009)。

[17] Suzy Jagger, "Vladimir Putin Blames America for World Economic Crisis," *TimesOnline* (October 2, 2008), http://business.timesonline.co.uk/tol/business/markets/russia/article4863967.ece.

[18] Chicago Council on Global Affairs, "Anxious Americans Seek a New Direction in United States Foreign Policy" (www.thechicagocouncil.org, 2009).

[19] 与他国相比，美国的独特之处在于总统竞选的时间跨度，也在于新总统当选后要等近 3 个月才能就任。参见：Kurt M. Campbell and James B. Steinberg, *Difficult Transitions: Foreign Policy Troubles at the Outset of Presidential Power* (Washington, D.C.: Brookings, 2008)。

[20] G. John Ikenberry, *After Victory: Institutions, Strategic Restraint, and the Rebuilding of Order after Major Wars* (Princeton, N.J.: Princeton University Press, 2001).

[21] Joseph S. Nye Jr., *Soft Power: The Means to Success in World Politics* (New York: Public Affairs, 2005), x. 约瑟夫·奈曾经数次担任美国对外政策制定者，后来创造了这一术语。根据他的观点，软权力"来自于一个国家的文化、政治理想和政策。当我们的政策在别人的眼里被视为正当时，我们的软权力就增强了"。

[22] Barack Obama, "Remarks by the President at United States Military Academy at West Point Commencement" (May 22, 2010).

[23] Anthony Cordesman, quoted in Aryn Baker, "Frenemies: The U.S.-Pakistan Relation is No Love Match," *Time* (May 23, 2011): 39.

[24] Chidanand Rajghatta, "Rana, Headley Implicate Pak, ISI in Mumbai Attack during ISI Chief's Visit to US," *The Times of India* (April 12, 2011).

[25] Susan B. Epstein and K. Alan Kronstadt, *Pakistan: U.S. Foreign Assistance* (Washington, D.C.: Congressional Research Service, July 28, 2011), 20.

[26] Peter Bergen and Katherine Tiedemann, "Washington's Phantom War," *Foreign Affairs* (July–August 2011), 12–18.

[27] Salmon Masood and Declan Walsh, "Pakistan Gives U.S. a List of Demands, Including an End to C.I.A. Drone Strikes," *New York Times* (April 12, 2012), A6.

[28] Dexter Filkins, "Taliban Fill NATO's Big Gaps in Afghan South," *New York Times* (January 22, 2009), A1.

[29] Nicholas Schmidle, "Getting Bin Laden: What Happened That Night in Abbottabad," *The New Yorker* (August 8, 2011). 根据施密德尔对许多美国政府官员和军官的采访，即便拉登在被捕时手无寸铁，海豹突击队仍授命杀死他。国防部则否认了这一说法。

[30] Brian Michael Jenkins, "Testimony to the House Armed Services Committee, Subcommittee on Emerging Threats and Capabilities" (June 22, 2011), 3.

[31] Barack Obama, *National Strategy for Counterterrorism,* (Washington, D.C.: White House, June 2011), 2.

[32] Amy Belasco, *The Cost of Iraq, Afghanistan, and Other Global War on Terror Operations since 9/11* (Washington, D.C.: Congressional Research Service, March 29, 2011), 17.

[33] 对于综合性的论述，参见：Bob Woodward, *State of Denial: Bush at War, Part III* (New York: Simon and Schuster, 2006)。

[34] International Atomic Energy Agency, *Implementation of the NPT Safeguards Agreement and the Relevant Provisions of Security Council Resolutions of the Islamic Republic of Iran* (November 8, 2011), 10.

[35] 对这场危机的原因以及救助不力的更多解释，参见：Andrew W. Natsios, *The Great North Korean Famine* (Washington, D.C.: U.S. Institute of Peace, 2001)。

[36] Freedom House, "Freedom in the World, 2011: North Korea," www.freedomhouse.org (accessed January 16, 2012).

[37] 这枚导弹在发射后很快爆炸，然而试验的失败并没有阻止朝鲜核试验的计划。

第十四章
变动中的均势

2011 年 2 月，在解放广场的集会上，埃及民众庆祝成功驱逐了长期统治的独裁者——胡斯尼·穆巴拉克（Hosni Mubarak）。“阿拉伯之春”运动燃起了北非和中东地区对民主自由的希望，这位独裁者的下台是其中一个里程碑。然而，由于政府的暴力抵制，“已变革”的国家没有能力击败国内对手，也没有确保所有公民的政治自由，使得许多国家的希望备受打击。

本书阐述了美国作为大国的行动方式，不仅在于在世界战争中打破僵局，而且在于实现以自身形象重塑世界体系的历史性目标。在第一篇的章节中，笔者考察了美国和苏联之间的冲突。长达半个世纪的冷战使所有其他国家卷入了两极均势之中，并且如美国遏制理论的提出者乔治·凯南所预测的那样结束了："不是以世界末日爆炸，而是以低声哀怨的方式；不是以你死我活的军事胜利，而是以苏联人的民主化和苏联的解体而结束。"

本书的第二篇涵盖较短的时间跨度，但有更为复杂的故事情节。与20世纪初两次世界大战一样，美国再次以胜利者的角色从冷战中脱颖而出。这一次，美国以无敌姿态站在了国家间体系的顶端。美国早期领导人的共同愿望是，"世界新秩序"将为世界政治带来全球和谐。与其相反，由于种族冲突问题复活，历史遗留问题尚待解决，而且伊斯兰恐怖主义对美国及西方盟友明显而现实的威胁，后冷战时代很快陷入困境。美国政府虽然再次赢得了大国战争，但结果却发现自己为随后的和平煞费苦心。

如上一章所述，奥巴马总统因抓获并杀死本·拉登等基地组织多名领导人，监督美国从伊拉克撤军，从而获得了支持。他不断地努力在阿富汗取得优势，但随着塔利班叛乱者的东山再起，美军行动激怒了阿富汗人与统治者，而非使其感激涕零，这些因素破坏了这种优势。和奥巴马竞选时的承诺相反，关塔那摩拘留中心在其任政期内依旧运转着，而且"高价值"的恐怖嫌犯分子仍然在军事法庭而不是联邦法院受到起诉。与此同时，奥巴马总统事实上没有能力说服四分五裂的国会，批准气候变化、核武器试验和国际刑事法院等多边条约。

尽管这些目标远未实现，但美国对外政策仍有许多机会。如本章所述，2011年，白宫全神贯注于一场在北非和中东自发的民主运动，这场运动后来被称为"阿拉伯之春"[1]。另一方面，奥巴马指示美国安全战略向亚太地区的地缘战略转向，因为美国意识到中国作为美国竞争对手的崛起，而且美国需要改变对欧洲、俄罗斯和中东地区的长期关注。在审视这些对外政策之前，本章将探讨美国在目前单极世界均势中所扮演的角色。本章对长久以来的美国对外政策“特性”做出最后评价，以此作为本章与本书的结语。

单极秩序的裂变

如本书第一章所述，美国对外政策的道德模式体现在一个绝对**非道德**的全球环境中。这种全球环境以相冲突的国家利益、权力斗争、有限资源的争夺为特征。在没有世界政府的情况下，国家领导人通常被迫猜疑他国政府，在地区或全球均势中寻求相对收益。从结构现实主义来看，由于民族国家体系的无政府本质，领导人会寻求合作和自我牺牲的对外政策，而将自己的主权和国家利益置于巨大危险之中。

冷战结束后，由美苏两大阵营对立的**两极**体系转变为由美国主导的**单极**世界体系。由于三个方面的预期，世界政治的结构理论不赞成这种均势。[2] 首先，主导性国家会利用弱国以自肥。第二，随着维系控制的代价不断增加，将不可避免地耗尽全球性霸权国，因此单极均势只是暂时的。最后，单极世界中的二流强国不会满足于这种安排，而且会寻求击败霸权国。向两极或有许多大国的多极世界的转变将会形成真正的均势。

尽管结构现实主义者借助当代历史而阐述了这些观点，但他们也没有解释产生更大期望的美国首要地位的独特性。如一位学者所观察的：“如果美国和西欧而不是苏联解体了，当前世界会迥然不同。”[3] 对美国来说，其对外政策公然服务于其价值观的扩展，那全球首要地位最好以自由主义世界秩序的形成而维系。在这种体系中，小国将会参与到全球治理网络中。这个全球治理网络遵守合作性行为的规则，制裁违反这些规则的国家。美国担负起自由主义秩序所要付出的代价，并且遵守为小国制定的规则。总而言之，美国承担起“自由主义利维坦”的统治，其至高无上的权力指向建设性的目的。[4] 这种体系会实现美国开国元老们的规范性目标，也使美国受价值观所推动的对外政策特性全球化。

由美国建构的自由主义世界秩序诞生于一战后，又在二战的灰烬中复兴。它有着自身的生命力，与冷战的开始并不直接相关。联合国为联大所有国家提供了“发言的机会”，也为安全理事会 5 个常任理事国提供了追求集体安全的机会。冷战期间，多边制度和协定的数量稳步增加。冷战结束之后，世界贸易组织、国际刑事法院和其他全球治理机构相继成立。成员仍保留自己的主权，然而，大多数国家小心翼翼地遵循自由主义秩序的规则以维持利润丰厚的贸易及其与他国政府的关系。

对于其所谓的所有优点而言，这种自由主义秩序依赖于美国持久的领导力、强有力的竞争者的缺失。然而，最近由于三个重要原因，这些条件事实上对美国来说是颇成问题的。首先，国际社会震惊于小布什主义。因为小布什主义更倾向于单边行动，而不是以外交协商和全球治理解决问题。历史经验表明，主导性国家的行为决定小国与其联盟在某种程度上或“追随”，或形成反对阵营与其相抗衡。如政治科学家史蒂芬 · 沃尔特（Stephen M. Walt）所观察的，如果最强大的国家“极具侵略性”，那么“其他国家不太可能追随它”。[5]

第二，大量国内问题削弱了美国权力。国防部因其在阿富汗和伊拉克的军事行动而精疲力竭，不仅耗尽美国许多能源和预算，而且导致成千美国人伤亡。与此同时，在 2008 年金融危机之后，美国经济也陷入混乱。在不断恶化的赤字和债务问题上，美国政治领导人事实上不愿意或没有能力达成一致的解决措施。确实，如果在奥巴马任职期间，美国政治体系是个角色模型，那么其主要特点是功能失调且停滞不前。

最后，世界上其他国家并不完全一致地遵从自由主义世界秩序中的政治和经济安排。发展中国家早已抵制“华盛顿共识”。这种经济增长模式强调私有化、政府福利支出的削减、对国外投资和进口的开放，即使这威胁到国内产业。最近，中国“国家资本主义”经济体系推动了经济的快速增长。史蒂文·韦伯（Steven Weber）和布鲁斯·W. 詹特森（Bruce W. Jentleson）总结道：“归根结底，世人在美国所领导的全球化时代并没有真正获益。”“那些非西方的胜利者在某种程度上从中受益，并不是由于自由国际主义或是美国模式，而是由于非自由主义政府所领导的国家资本主义。”[6]

尽管如此，美国仍然在经济产量上居世界第一。美国仍拥有世界上最强大的军事力量，以其活跃的公民社会、技术创新以及其他形式的“软权力”向海外施加着比任何其他国家都多的影响。单极世界格局及其自由主义世界秩序的持续时间，取决于美国领导人再次展示其社会、政治、经济模式优势的能力。如果对这一体系的信心不断弱化，这将对美国所创造和统治的自由主义世界秩序产生根本性、甚或暴力性的挑战。

“阿拉伯之春”以及美国的应对之策

如其前任一样，民主扩展是奥巴马对外政策的一项中心任务。然而，在美国塑造一个更为民主的世界的手段上，他不同于小布什。尤其是，奥巴马长期反对前任总统 2003 年推翻伊拉克政府以及后来国家重建的决定。这种国家重建方式依赖于美国军事力量迫使伊拉克进行民主改革。奥巴马总统认为，即便对出色的世界大国来说，这种方法也不可能成功。2009 年 6 月 4 日，他在埃及开罗向许多民众发表演说时阐明了这一观点。他说道：

> 任何政体形式都不能够或不应该被他国强加于一国。……美国并不自认为知道什么东西对所有人是最好的，就像我们不会主观选择和平选举的结果一样。但我确实坚信，所有人都渴望某些东西：自由表

达的能力以及在治理方式上有发言权；对法治以及司法公正有信心；政府是透明，不会对民众强取豪夺；选择自己生活方式的自由。这些不仅仅是美国人的发明，这些也是人权。这也是我们将在世界上每一个地方支持它们的原因。[7]

奥巴马总统在阿拉伯世界的中心发表这些评论是恰当的。因为该地区抵制着世界许多地方广泛传播的民主。根据政治科学家萨缪尔·亨廷顿所说，这种民主统治扩展在历史上有三波“浪潮”。第一波民主化浪潮发生在18世纪末、19世纪初。当时美国和西欧各国建立了立宪政府和代议制。第二波民主化浪潮发生在两次大战后，数个欧洲帝国的瓦解为主权民族国家让开了道路。最后，第三波民主化浪潮在冷战结束之时达到顶点，当时东欧的苏联卫星国走向多党民主制。[8] 许多国家经济的快速增长提高了大众的生活水平，大量中产阶级产生以及公共教育和不经审查的大众媒体向所有人开放等，这些因素推动了这波民主化浪潮。

根据著名人权组织“自由之家”的统计，到2010年，几乎一半的世界人口都生活在“自由”的政府之下，“与此同时，中东远离世界上其他地区，抵制公平选举、言论自由、少数民族权利、信仰自由和性别平等”。[9] 北非的阿拉伯国家也是如此。它们是世界上最为根深蒂固的独裁统治国家之一，比如利比亚的卡扎菲(41年)、埃及的穆巴拉克（29年)。出于许多原因，这些独裁者及其他阿拉伯领导人以各种各样的压迫政策，否认其公民最基本的政治权利和人权。

然而2011年初，不满的民众走上北非各国街头并引发一连串抗议活动，即所谓的“阿拉伯之春”运动，一切都变了。正如上一章所述，奥巴马发表开罗演讲之后不久，民主之火在伊朗点燃。多个城市的伊朗民众组织起来抗议充满黑幕的总统选举。即使伊朗安全部队粗暴地摧毁了“绿色运动”，但公民在最严酷的环境下也能使其声音广泛传播，这鼓舞了该地区其他地方的异见者。这些运动始于北非，传播到中东，挑战着所途经的专制国家、严格受控的社会。

世界上最具压制性的地区突然出现第四“波”民主化浪潮的前景。对亿万阿拉伯人民来说，这是值得庆祝的。但独裁政府的倒台解决了一个问题的同时，更为紧迫的是重新建立新政府带来的挑战。在几个世纪里，无论在伊斯兰教教法还是在君主和军事领导人的统治下，阿拉伯领导人通过禁止其民众建立公民社会的利益集团、公共服务机构、艺术媒体部门、政党以及其他代表公民在社会上发声的组织，从而垄断了政治权力。腐败的统治者使传统的阿拉伯经济处于瘫痪状态，进一步阻止公民获得挑战政府权威所需的资源和地位。伊斯兰学者第默尔 · 库兰（Timur Kuran）观察到，公民社会的这种长期软弱性“表明可行的阿拉伯民主制或民主治理的领导人将不会在短期内出现”[10]。然而，当阿拉伯世界公众唯一关注的就是赶其独裁者下台时，这种悲观观点丝毫不见踪影了。他们假设，船到桥头自然直，未来自然会好起来。2010 年 8 月，奥巴马在一份其高级顾问们题名为“中东和北非的政治改革”长达 5 页的备忘录中，预见了“阿拉伯之春”。他写到，“公民越来越不满意于当地政权”，预言“如果目前的趋势持续下去”，这些政府将“选择镇压而不是改革，以管理国内异见者”。奥巴马警告道：“如果我们被视为或被认为支持这些专制政权，而且忽略公民的愿望与权利，美国政府的地区和国际公信力将会遭到削弱。”[11]

鉴于美国在阿拉伯世界充满争议的历史和声誉，美国在这场意料之中的动乱中扮演适当角色是颇成问题的。美国除了对民主运动提供道德和言语上的支持，若有更加坚决的回应，则有被指控为美帝国主义的风险。然而，只是放任自流则可能会导致如下情况：更严重的混乱、长期内战以及其他大国企图利用地区动荡而谋求自己的私利。在备忘录中，奥巴马指示自己的顾问在这场民主起义事件中制定一种“国别”战略（“country-by-country” plan）。他总结道，任何一个战略计划不会充分服务于美国利益。

当专制政权的多米诺骨牌从突尼斯向东方倾倒的时候，奥巴马发现自己正在努力控制这一历史性转变。但是，无论好坏，这种转变很大程度上已不再其控制范围之内了。

突尼斯和埃及的政权更迭

阿拉伯民主的“觉醒”始于突尼斯，是位于北非地中海沿岸的前法国殖民地。1956 年摆脱法国殖民统治之后，突尼斯人饱尝专制统治和经济停滞之苦。其首位总统哈比卜 · 布尔吉巴（Habib Bourguiba）统治这个一党专政国家长达 30 年之久。由于美国及其冷战盟国的支持，他安然无恙。布尔吉巴强硬地镇压了阿拉伯民族主义、伊斯兰激进组织、最重要的是国际共产主义运动。为此，美国及其盟国深表感谢。然而，再多的外国援助也无法解决突尼斯内部腐烂的根源。其腐败的政府使许多突尼斯人失业了，甚至无法负担得起最基本的住房和食品需求。

2010 年 12 月 17 日，对突尼斯而言的关键时刻到来了。一个名为穆罕默德 · 布瓦吉吉（Mohamed Bouazizi）的街边小摊贩在西迪布济德省的乡镇因没有营业执照而被当地警察逮捕。他因拒绝贿赂而被警察没收了水果和蔬菜，这也意味着剥夺了他的唯一收入来源。怨恨使布瓦吉吉选择在拥挤的街道上自焚，牺牲自己以挑战政府。此事件的新闻报道很快在脸谱网站、其他社交媒体上像“病毒”一般传播开来，引发的抗议和示威游行与日俱增，并向其他城市传开，最终到达突尼斯首都。反抗的人群包括其他失业人员、学生、工会领导人以及人权运动者，他们要求 1987 年以来开始统治的突尼斯第二任扎因 · 阿比丁 · 总统本 · 阿里（Zine el-Abidine Ben Ali）立即辞职，以及进行一系列的政治和经济改革。

抗议者力量越来越大，并得到全世界关注，与此同时，政府也越来越暴力地镇压起义。2011 年 1 月 5 日，近 8000 名突尼斯律师罢工，表明其对民主运动团结一致的支持。政府努力每日实施宵禁，抑制对越来越庞大的抗议者群体的新闻报道，但事实上毫无效果。当越来越多的警察加入反对者队伍当中，突尼斯陆军参谋长发誓“捍卫革命”的时候，政府确实走投无路了。1 月 14 日，本 · 阿里由于失去了支持并担心自己的性命，从突尼斯逃到沙特阿拉伯。由于总统出逃，一个过渡政府成立了，承担起完成组织新选举和起草新宪法的任务。在世界上其他国家看来，突尼斯成为该地区其他地方民主运动的角色模型。

突尼斯“茉莉花革命”（Jasmine Revolution）和推翻埃及政府的运动几乎同时发生。1981 年安瓦尔 · 萨达特（Anwar Sadat）被暗杀后，埃及领导人穆巴拉克一直统治着埃及。与许多其他阿拉伯独裁者一样，穆巴拉克在位期间，埃及以再熟悉不过的国家暴行、猖獗的腐败和长期贫困并存为特点。然而，只要埃及能够继续按照 1978 年的《戴维营协议》（参见第五章）承认以色列，作为交换，埃及就能依靠美国政府提供的数以十亿计的美金外援维持其统治。与这个历史性协议之后的如意算盘相反，中东其他国家并未加入阿以和平进程。2011 年，白宫有理由担心埃及异见者夺得政权将不仅给开罗带来政治变革，也会使以色列及其美国失去重要的安全保障。

受到突尼斯“人民力量”成功的鼓舞，埃及专制政府的反对者在全国范围内紧密组织了大规模的群众集会。1 月 31 日，25 多万名反对者占领了埃及解放广场，并立誓直到穆巴拉克下台才离开。集会的队伍越来越壮大，因此穆巴拉克对抗议者的攻击也越来越有力。穆巴拉克完全依赖于埃及武装力量，已不再是个秘密，因此埃及军方开始控制政府以及大量社会部门。简而言之，在穆巴拉克和众多抗议者之间，现在只有军队了。抗议者不仅试图驱逐穆巴拉克，而且要起诉他，并施以严厉的惩罚。

原本对突尼斯持不干预态度的奥巴马政府，最初倾向于自己的盟国。1 月 25 日，国务卿希拉里 · 克林顿宣称：“我们的判断是，埃及政府是稳定的，并正在寻找方法满足埃及民众的合法要求和利益。”然而，当民众越来越强烈要求政府下台而且穆巴拉克也拒绝让步时，这种温和的口吻很快改变了。2 月 1 日，奥巴马表示自己对埃及领导者失去了信心，“有序的过渡必须是有意义的，必须和平进行，必须从现在开始”。

奥巴马的信息预先警告了以色列政府和其他顽固不化的中东国家。然而与此同时，穆巴拉克支持者的倒戈也注定了其政治避难的前景。2 月 11 日，穆巴拉克的下台使得解放广场和整个埃及叛乱者聚集之地成为一片欢乐的海洋。然而，如同在突尼斯那样，欢乐很快让位于对建立新政府和宪法的过程的质疑。当时，埃及军队依然是维持国家机构稳定的仅有手段，所以仍然控制着国家。有几个问题需要解答：谁会是国家未来的领导人？领导人什么时候或怎样被选出？穆斯林兄弟会，这个以埃及人为基础的、世界上最古老和最大的伊斯兰组织之一会控制政府吗？如果如此，这会给刚刚解放的埃及带来什么样的民主？所有这些问题在穆巴拉克退位后的一年内仍然没有答案。

北约对利比亚的策略

“阿拉伯之春”的民主革命也蔓延到利比亚。利比亚领导人卡扎菲代表了阿拉伯世界根深蒂固的独裁统治和残忍压迫。位于非洲北岸，处在突尼斯和埃及之间的利比亚将会上演这场政治大戏的下一幕。对美国而言，在二战后大部分时间里都是美国死敌的利比亚，将成为焦点。但毫无意外的是，卡扎菲不会轻易地离开。2011 年 2 月，民众走上街头抗议，然而卡扎菲的垮台历经 8 个月之久，远远超出了愤怒民众的齐心协力。

40 多年前，卡扎菲领导了一场推翻利比亚君主制的革命，很快宣称自己为利比亚的国父，然而这并没有迎来一个民主的新时代。卡扎菲行使着与国王相同的绝对权力。美国领导人谴责卡扎菲对民众的铁腕统治，但却容忍其暴政，因为卡扎菲拒绝与苏联密切联系。这种脆弱的谅解却并没有持续很久，因为卡扎菲与伊斯兰极端主义分子结盟。20 世纪 80 年代，伊斯兰极端分子针对美国和欧洲发起了一连串的恐怖袭击。1986 年 4 月，柏林一家夜总会发生爆炸，导致 3 人丧生，230 人受伤，其中包括很多美国人。尔后，里根总统下令进行的报复式空袭只不过坚定了卡扎菲的决心。

1988 年 12 月，这些恐怖袭击的杀伤力达到顶峰。当时一架商用喷气式飞机飞过苏格兰洛克比时，装有炸弹的旅行箱爆炸，造成 259 名乘客和机组成员全部丧生。这些遇难者中有 189 人是美国人，包括 4 名美国政府官员。从那时，卡扎菲统治的利比亚被贴上非法国家的标签，在外交和经济上陷于孤立。2003 年 12 月，因制裁而精疲力竭的卡扎菲最终屈服于美国和欧洲的要求，解除了核武器，取消了化学武器计划，宣布与恐怖主义断绝关系。作为回报，小布什总统同意将利比亚从支持恐怖主义国家的黑名单上除名，并恢复两国的贸易联系。

然而，在这些外交阴谋中，被忽略的是利比亚民众。他们仍然痛苦地生活在卡扎菲暴政统治之下，他们的不满被埃及穆巴拉克的下台点燃。与社交媒体相联系的民众组织了利比亚北部的群众游行示威。卡扎菲命令自己的部队向抗议者开火。2 月 17 日，国家的“愤怒之日”引发了广泛的暴力行为。几天内，反对派就掌握了数个利比亚城市及其东部地区。卡扎菲很快失去了对利比亚的控制，但他立誓要在那些与反对派联合的城市中大规模地屠杀民众。3 月 17 日，他在反叛者最大的据点班加西（Benghazi）警告其市民的时候，令人胆寒地明确指出：“今晚我们就来了，你们将从里面逃出来。为今晚做好准备吧，即使躲在衣柜里，我们也会找到你。”

大屠杀临近的景象使美国、加拿大和一些欧洲国家对利比亚发动空袭。这一行动已得到联合国的授权。[12]3 月 24 日，北大西洋公约组织承担起指挥此次行动，在利比亚设立了禁飞区，大规模空袭卡扎菲的军事基地、坦克部队和其他军事物资。禁飞区的设立得到了阿拉伯联盟 9 个成员方的支持，使得北约可以随心所欲地空袭利比亚。

鉴于美国与其他两个伊斯兰国家伊拉克和阿富汗仍处于战争状态，奥巴马干预利比亚的决定是有问题的。其以往的策略——与突尼斯和埃及的起义保持距离，任凭其自己发展——也不能用在盛产石油的利比亚。利比亚完全陷入军事冲突中，并处于大规模屠杀的边缘。奥巴马排除了美国袖手旁观和全面军事干预这两个选项之后，选择了第三条道路，即“美国将会插手，但仅会从空中和远处”。[13]“幕后领导”是用以描述奥巴马军事战略的术语。在这方面，国防部为北约的行动提供技术支持（指挥、控制、通信和情报），参与其他北约成员的空中和海上军事行动，将利比亚的地面战斗留给其反政府武装。鉴于美国军事和经济力量的下降，这一安排是有效的。当奥巴马宣称“这一责任不应仅由美国承担”，他就美国对外政策的局限，以及支配未直接威胁美国利益的遥远地区冲突的能力，传达出了更为广泛的信号。

奥巴马预测，北约的干预将会在“数天内而不是数周内”解决利比亚的冲突。但奥巴马的预测事实上过于乐观了，卡扎菲在军队内外联合了足够的追随者，继续掌权达 8 个月之久。然而 8 月，当反对派武装控制了的黎波里的大多数政府部门之时，卡扎菲的失败便确凿无疑了。卡扎菲很快被发现藏在其家乡苏尔特，由其最忠诚的安全部队保护着。他们宣誓决死一战，但根本不是复仇心切的反对派部队的对手。反对派已经包围了城市，紧紧地盯住这位利比亚领导人。10 月 20 号，卡扎菲被发现藏身于排水沟，对抗着其死敌。卡扎菲的死敌很快实现了其长期以来的誓言，亲手杀死了这位利比亚领导人。卡扎菲的突然死亡结束了这场内战，使北约使命得以完成，也终结了困扰利比亚两代人的恐怖统治。与其他地方一样，未来利比亚政府重建的道路尚不明朗。

在中东的蔓延

阿拉伯世界中，公众对自由的要求很快传播到中东，成为了世界上最动荡的地区之一。由于该地区与互联网密切相连，异见者采取了许多在突尼斯和埃及使用过的相同策略，以推翻稳固的独裁者，创建独立的政党，取得公民的自由权利。如北非一样，中东抗议者代表了新一代公民。他们拒绝接受贫困、恐惧以及梦想破灭的生活，虽然这对其长辈来说则习以为常。解放的时刻终于到了。

中东死亡人数最多且持续时间最长的起义发生在叙利亚。叙利亚与土耳其、伊朗、以色列、约旦和黎巴嫩接壤，是地区均势的关键因素。民主运动人士受到 2011 年初突尼斯事件的激励，掀起了反对叙利亚政府及其领导人巴沙尔 · 阿萨德（Bashar al-Assad）的示威运动。然而，抗议者遭到了叙利亚军队残忍的反击。到 2011 年年末，已有近 5000 名平民被杀。[14]鉴于叙利亚境内的派系分歧，阿萨德的反抗是意料之中的。1970 年其父亲哈菲兹 · 阿萨德（Hafez al-Assad）掌握政权，在新政府中大量任用阿拉维派官员。阿拉维派是穆斯林教派，但脱离了占人口多数的逊尼派穆斯林。因此，阿萨德王朝的政权便依赖于虐待逊尼派，因而逊尼派掌权后的首要任务可能是对其前任统治者实施血腥的报复。对阿萨德及其亲信而言，政治生命实际上是生死攸关的大事。

奥巴马难以在叙利亚危机中发挥影响。美国领导人长期以来将叙利亚视为“流氓国家”。叙利亚虐待其公民，资助巴以冲突中真主党、哈马斯等伊斯兰激进组织。然而，有别于埃及的穆巴拉克政权，叙利亚政府并不依靠美国的大量外援而维持政权。相反，阿萨德依靠自己装备精良的军队。叙利亚军队效忠于政府，保证坚决抵抗外国干预。美国对叙利亚的单边军事行动并没有成功的前景，也会产生许多风险，包括阿拉伯世界伊斯兰主义者的反美报复情绪。此外，美国不能依靠联合国安理会的支持，尤其是在 2012 年 2 月，中国、俄罗斯否决了一项呼吁对叙利亚采取集体行动的决议之后。

面对这些对美国行动的限制，奥巴马仅能鼓励这些自由战士，提供秘密经济援助，避免直接干预。与此同时，阿萨德围攻一些被认为“零星抵抗”的城市，造成越来越多的伤亡，包括成千上万未参与起义的平民。由于中国、俄罗斯等所有大国没有一致的决心，使得叙利亚独裁者可以任意践踏其民众的民主愿望。到 2012 年 4 月，平民死亡人数已达

9000 人。联合国的决议要求派出一个观察团以监督脆弱的停火协议的执行，这让人稍感安慰。这次俄罗斯、中国支持安理会其他成员同仇敌忾，这对于共同反对阿萨德而言是个有利的信号，因为阿萨德似乎无休止地袭击其民众。

中东的其他两个国家——也门和巴林——也面临着民众叛乱，但却产生了迥然不同的后果。在也门，连续数月的激烈抗议导致了阿里 · 阿卜杜拉 · 萨利赫总统（Ali Abdullah Saleh）于 2011 年 11 月初下台。萨利赫统治这个阿拉伯半岛小国 30 多年，长期以来得到美国政府背后的支持。因此，萨利赫支持美国在冷战期间反共以及“9 · 11”恐怖袭击事件之后打击伊斯兰恐怖主义。因而，在“阿拉伯之春”期间萨利赫以武力镇压自己的民众之前，奥巴马一直容忍着这位也门领导人。后来萨利赫面临着无法避免的下台，于是辞职并允许全国大选，最后副总统阿卜杜 · 拉布 · 曼苏尔 · 哈迪（Abed Rabbo Mansour Hadi）当选执政。

在巴林这个波斯湾小岛国，叛乱的结果不太有利。民主活动人士寻求使占人口多数的什叶派拥有更大的代表权，但遭到皇室支持的逊尼派穆斯林的镇压。由于巴林与沙特阿拉伯之间密切的外交关系，沙特为了其逊尼派盟友而进行军事干预，保证了武器和弹药的无限量供应。忠于皇室的政府武装无限制地使用着这些武器和弹药。奥巴马主要关心美国与沙特阿拉伯的密切关系及其巴林的主要海军基地，因此并没有阻拦。在这种情况下，奥巴马的现实主义胜过了其自由主义言论和对正义的呼吁。

这场动乱背后是以色列与阿拉伯邻国之间持续的斗争。许多以色列人庆祝埃及穆巴拉克的倒台，也害怕新政权会撕毁 1978 年《戴维营协议》，使以色列在其南部边界失去一个外交伙伴。与此同时，叙利亚逐步升级的暴力会轻易扩展到以色列北部边界，引起新一轮血腥杀戮。对以色列总理本杰明 · 内塔尼亚胡来说，这场民主运动演变成一场“穆斯林的、反西方的、反自由的、反以色列的浪潮”。由于伊朗的核目标及其对外部压力反弹的逐步增加，内塔尼亚胡的担心与日俱增。对内塔尼亚胡而言，如果美国不愿意或不能摧毁伊朗的核计划，那以色列已经准备好这么做了。

然而，以色列的主要问题仍然是与定居在其境内的近400万巴基斯坦人的关系。1993年签订的《奥斯陆协议》促成了西岸和加沙地带的巴勒斯坦临时政府的建立，使问题有所缓解。巴勒斯坦政府机构领导人马哈茂德·阿巴斯（Mahmoud Abbas）希望这个协议会形成"两国方案"，最终保障巴勒斯坦人的政治权利。然而，伴随着2006年哈马斯的选举胜利，民主进程向着另一个方向而发展。哈马斯是建立于加沙地带的伊斯兰政党，有很长的恐怖主义历史以及摧毁以色列的强烈要求。哈马斯领导人并非寻求和解与和平，而是驱逐其政敌并控制准军事部队以巩固自己的权力。2008年12月，哈马斯后来的越境袭击使以色列发起惩罚性的空袭和地面进攻，造成了1400多名巴勒斯坦人丧生。

在小布什时代，美国政府全神投入伊拉克和阿富汗的战争，几乎未能阻止以色列对加沙和黎巴嫩南部的袭击，而黎巴嫩真主党武装分子也时而袭击以色列。美国也未能阻止内塔尼亚胡在西岸争议领土建立新的以色列定居点。奥巴马就职时，誓言在阿以边界问题上敲定"最终解决方案"，派遣前参议员乔治·米切尔（George Mitchell）前往该地区主管美国的外交攻势。然而，正如以往的谈判一样，这位特使的努力事实上是无用的，因为以色列和巴勒斯坦都没有最低程度的互相信任，以达到突破性进展。尽管2012年初，阿巴斯与其竞争对手达成了一个建立联合政府的协议，但这协议几乎没有促成阿以和解的希望。与此同时，阿巴斯努力使联合国承认巴勒斯坦为主权国家，但因美国在联合国的否决权而落空。

正如我们看到的，"阿拉伯之春"及其极大的余波使世界上许多国家感到意外。但是，起义的种子深深地播撒在了经济贫困和政治隔阂中，这些情况，历史上曾经困扰着阿拉伯人。异见者走上街头，只不过是听从了国际社会对打破北非和中东暴政现状的呼吁。当美国领导人传播民主福音的时候，他们也向该地区的民主运动分子传递着复杂的信息。消灭伊斯兰主义反美新政府，即使这个政府是公平选举出来的；保留沙特阿拉伯专制统治；建立一个安全但并非完全民主的以色列。这些美国自身的利益再次揭示了美国对外政策中现实主义和道德主义的艰难共存。长期以来，美国对外政策特性导致了这些相互冲突的动机的形成。如果美国无法协调这些动机，那么这会削弱美国在世界上最易爆发冲突的地区克服自己言行不一致的能力。

中国在太平洋的挑战

二战后，美国对外政策制定者主要关注从北非跨越中东而延伸到南亚的“动荡弧”地区。中东的大量油田使该地区对所有工业化国家都至关重要。保护 1948 年建国后的以色列，对美国而言是其在该地区的第二大利益。只有冷战的重心欧洲，才在华盛顿重点地区清单上占有更高的位置。

然而，2011 年奥巴马总结道，全球均势的改变要求美国有新的地缘政治关切。11 月 17 日，在澳大利亚议会演讲中，他声明了这一新动向：“在我们打了两场在生命和财富上都牺牲巨大的 10 年战争后，美国将转向具有巨大潜力的亚太地区。”[15]

这一地缘政治的转变，得到了奥巴马对外政策顾问的大力支持。鉴于美国与东亚关系的历史，这种转变需要小心处理。美国与其欧洲盟国以各种各样的多边条约和联盟关系而联合起来。相比之下，日本、韩国等东亚盟国则与美国分别形成了双边关系。美国以这种“没有框架的轴辐”模式将彼此提防的东亚国家联合成一个集团。因此，美国的挑战是在东亚建立一个安全共同体，以克服这些内部的紧张关系而且使成员免于外部威胁。对国务卿希拉里·克林顿来说，“在该地区，我们是唯一拥有稳固联盟网络

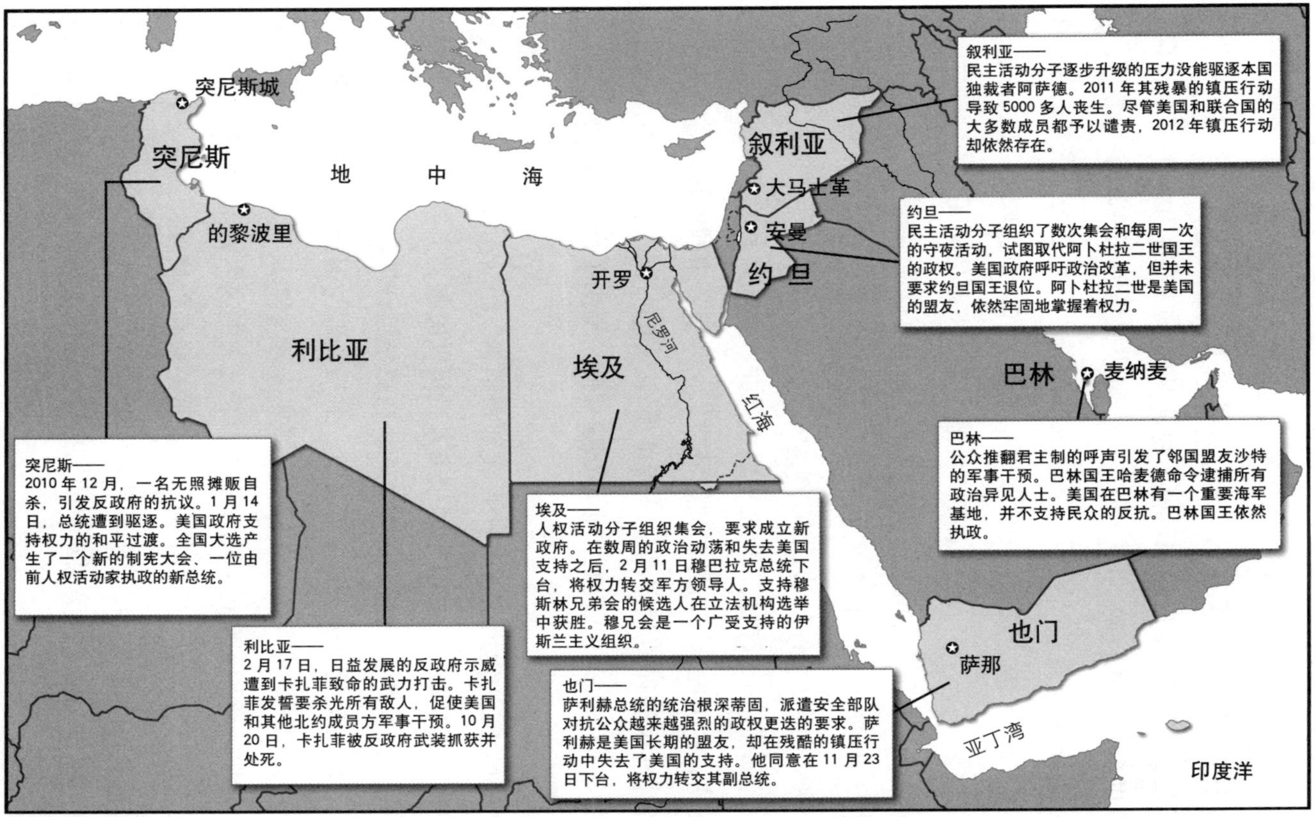

地图 14–1　2011 年，阿拉伯世界的民主抗争与美国的应对

的国家，我们没有领土野心，长期以来致力于提供共同利益”[16]。

尽管美国在大多数公开声明并未说明，但在东亚，美国盟国的主要挑战来自中国。20 世纪 80 年代以来，经济腾飞、军事发展使中国转变为美国的“竞争对手”。在此期间，中国经济保持平均每年 10% 的增长，但实际上是以美国为代价的。1980 年，美国对华保持着很小的贸易顺差。然而，到 2010 年顺差变成了 2730 亿美元的逆差，几乎占美国贸易总逆差的一半。[17] 加之美国的脆弱，中国政府购买了美国大量国库券，以补贴美国猛增的国债。2010 年，这些债券的价值已接近 1 万亿美元。中国领导人只要兑现其中一小部分，即使不使美国破产，也可以使其瘫痪。

在此期间，中国“国家资本主义”经济模式将中央计划的强有力的措施与积极参与全球出口市场相结合。尽管中国剥离了共产党的经济职能，但有效地加强了一党执政，因而中国仍是共产党国家。毛泽东的继任者邓小平支持私营企业、出口导向型经济增长，开启了中国的转型。邓小平的继任者江泽民遵循着相同的经济改革模式。如同冷战期间一样，20 世纪 90 年代中俄两国领导人进行了很多国事访问，催生了许多反对美帝国主义的长篇大论。

这些局势使美国预测“中美冲突即将到来”[18]。由此观之，当中国经济、军事越来越强大，而且中国领导人希望以民族主义取代共产主义时，他们将会主张中国成为亚洲的主导国。在克林顿任期内，他持有更为乐观的看法，后来奥巴马进一步发展了这一看法，即与**遏制**中国相比，**接触**中国更会增加中国国内自由，并使其更愿意与美国合作。2000 年，克林顿说服国会使中美贸易关系正常化，那些寻求进入中国巨大国内市场的美国公司广泛支持这一行动。虽然中美双边贸易关系有所突破，直接使中国成为世界贸易组织的成员。但尽管如此，中国仍反对单极均势体系中的美国霸权。中国领导人也限制美国对华的出口量，这使美国商业和政治领导人感到非常失望。

2001年1月，当小布什入主白宫时，他对北京采取了强硬的立场，将中国视为战略竞争对手，而不是伙伴。小布什抱怨不断扩大的贸易失衡，公开批评中国领导人实施的计划生育措施。他还指责中国领导人向伊朗等国出口尖端武器。然而，“9 · 11”恐怖袭击事件促使美国和中国在反恐战争方面达成了共识。小布什指望江泽民及其继任者胡锦涛提供帮助，抓捕恐怖分子和阻止其赞助国获得弹道导弹或大规模杀伤性武器。作为对中国帮助的回报，白宫保证不再对中国内政指手画脚，甚至支持北京夺得2008年奥运会东道主的资格。中美两国很清楚，与冲突相比，合作更服务于各自的利益。

然而，中国经济模式与美国开放市场的自由放任模式形成鲜明对比，而且中国的政治模式也挑战着自由主义的西方模式。如上所述，中国的工业早就私有化了，它的银行里尽是外国的投资，工人在劳务市场上自己找工作。群众似乎对居住在像上海这样的大都市普遍感到满意，在世界上最大的住房建设热潮期间，上海人口在2008年飙升至超过2000万人。他们感到满意是因为自己的生活水平一直在提高。即使是一间狭小的公寓，只要可以采暖、通自来水并邻近学校，对于他们之前在乡下生活的简朴条件来说，这已经是进步了。一份为出口装配汽车零件的卑微工作，要比吃苦受累而又不稳定的乡村生活要更安全和更有利。

奥巴马于2009年就职之后，恢复了克林顿和中国的接触政策。然而，美国受到全球金融危机的冲击，奥巴马对两大经济体之间的贸易，几乎没有什么优势。与此同时，中国着手军事现代化，研发了新一代核导弹、攻击潜艇和战斗机，从而支撑着中国的地面部队（2011年已超过120万人）。[19] 地区均势的这些现实，加速了奥巴马转向亚太的速度。历史上大国的崛起和衰落始终贯穿着冲突。鉴于此，“悲观主义者”预见了中美各方面愈来愈严重的竞争态势：在台湾方面，中国仍将其视为一个省份；在中国南海方面，中国宣称拥有其主权；在俄罗斯方面，中俄要求终结美国的首要地位；在非洲，中国实施一连串令人眼花缭乱的发展工程；在全球贸易谈判中；在联合国安理会上各种各样的事务上，比如伊朗、朝鲜和叙利亚问题。[20] 基辛格等“乐观主义者”坚信两个超级大国能够和平解决分歧，因为中美两国在稳定的、经济活跃的世界秩序中有着共同利益。[21] 从这个角度来看，中国全球目标的实现需要美国这个“自由主义利维坦”的支持，而不是抵制。

美国领导人在实施亚太战略方面面临着很多选择，然而中国领导人起初是以警惕的心态看待这些战略的。冷战期间，美国为阻碍中国的地区影响，与日本、韩国以及菲律宾等岛国建立了双边关系。但当中国与构成美国地区势力范围的东亚市场逐步确立联系时，这种模式过时了。日本正在奋力克服旷日持久的经济衰退，再也不能依赖于对美出口而解救自己了。韩国希望解决与朝鲜长期的对抗关系，这更多地取决于中国，而非美国的外交。在此背景下，“太平洋世纪”的管理必须是中美之间的合作性行动。尽管如此，奥巴马仍然决定在澳大利亚北部海岸部署美军小型分遣队，清楚表明美国领导人做好了准备，迎接中国在中美两国相重叠的势力范围所带来的任何挑战。

俄罗斯和“欧元区”的奋争

美国政府转向东亚，这必然以牺牲对其他地区的优先关注为代价。美国政府财政危机要求缩减国防预算，因而美国需要削减在许多地区的驻军。除了其他地区之外，俄罗斯也为美国对外政策提供了喘息之机。苏联解体之后，其武装部队在 20 年内减少了近 75%。俄罗斯国防工业的普遍腐败使得其士兵和军官士气低落。[22] 冷战期间克里姆林宫的主要财产，这个世界上第二大核军火库，已与其日常对外关系几乎没有关联了。除了这些问题之外，俄罗斯也深陷“似乎无休止的死亡危机”，这在日益恶化的健康条件和高死亡率中反映出来。[23] 与此同时，2010 年俄罗斯经济产值为 2.2 万亿美元，与美国 14.7 万亿的国内生产总值相形见绌。与中国不同，俄罗斯难以被视为美国的竞争对手。

在奥巴马上任之前，美国和俄罗斯的关系虽然亲密，但也笼罩着挥之不去的猜疑。俄罗斯总统普京援引自己政府受到的威胁，在“9 · 11”恐怖袭击事件之后，支持小布什的反恐战争。他也在阿富汗战争中为美国提供战术支持，并加入美国、欧盟和联合国所形成的外交“四重奏”，试图解决巴以冲突问题，尽管结果不是很成功。另一方面，普京经常抱怨北约东扩。他声称北约之所以东扩是害怕俄罗斯未来会扩张，这显然毫无根据。他也反对美国在波兰建立核导弹防御系统的计划，尽管美国宣称这是为了抵御伊朗和其他敌人，而非俄罗斯的袭击。2008 年，普京决定入侵邻国格鲁吉亚。这种高压攻势是为了彰显克里姆林宫的地区霸权地位，小布什严厉谴责了这一行为。由此产生的外交冰冻期也使奥巴马在一年以后呼吁“重新设定”两国友好关系。

俄罗斯不断增加的国内问题进一步弱化了向海外投放力量的能力。2008 年，普京亲手挑选的继任者德米特里 · 梅德韦杰夫（Dmitry Medvedev）上任，他任命普京为总理并允许其继续掌控俄罗斯对外政策。然而，这两位领导人都下定决心，要严格控制俄罗斯政府和社会。克里姆林宫不停攻击敌对政党，禁止新闻媒体报道异见人士，并控制着重要产业。压制的持续增多，导致俄罗斯人在 2011 年举行游行示威，这使人联想到了“阿拉伯之春”。但是，俄罗斯警方随后进行镇压，巩固了普京的政治统治。2012 年 5 月，普京重新担任总统一职。

作为欧亚国家，俄罗斯严重依赖于这两个地区的市场以销售其产品。特别是，俄罗斯经济处于垂死挣扎的边缘，巨大的石油和天然气储量成为其为数不多的增长点之一。由于俄罗斯和贸易伙伴之间的相互依赖日益增强，所以极其意愿维持一种外交合作的姿态，而不是卷入外国势力的斗争中，这尤其适用于俄罗斯在西欧的前敌对国家。西欧是俄罗斯出口的主要目的地，而且俄罗斯依然通过北约在安全问题上与西欧相联系。

如第十章所述，冷战之后北约盟国寻求以新使命代替先前遏制苏维埃政权的目标。在冗长的磋商之后，北约部长们认为，他们集体的军事权力可以建设性地用来平息其成员以外的内战和地区冲突。这些“境外”行动首先反映在20世纪90年代的巴尔干战争及其后来的阿富汗战争中。在阿富汗，北约部队作为盟军，加入美国与塔利班叛乱分子的战争中。然而，阿富汗任务每况愈下，因为反政府叛乱分子显然控制着喀布尔以外的许多领土。2011年北约对利比亚的干预仅限于数个北约成员，但结果更为成功，而且没有使用地面部队。然而，在俄罗斯威胁并不存在的情况下，大西洋两岸的领导人继续寻求北约扮演连贯一致的角色。

像俄罗斯一样，欧洲政府也受困于国内问题，抓紧机遇不再关注军事问题。2008年美国经历的“大衰退”也笼罩着欧盟。其27个成员都面临着失控的预算赤字和失败的金融机构，这两种因素使美国经济处于崩溃的边缘。欧洲经济不景气最严重的地区是“欧元区”。欧盟17个成员10年前采用了统一货币（欧元），希望经济一体化将促成地区繁荣的新时代。但像链条的强度往往取决于最弱的一环一样，欧盟经济任凭负债累累的成员摆布，这些成员包括被轻视的“欧猪五国”（葡萄牙、爱尔兰、意大利、希腊和西班牙）。

2010年，欧洲中央银行行长实施了大规模的紧急救助，要求负债累累的政府理顺自己的财务问题。作为欧洲地区的动力之源，德国并不情愿地提供了许多财政援助。这不仅是拯救这些欠债政府所需要的，也是拯救欧元所需要的。在27个欧盟成员中，欧元在17个国家流通。德国总理安吉拉·默克尔（Angela Merkel）、法国总统尼古拉·萨科齐坚持认为，债务人对自己的预算没有完全处置权。希腊领导人在拒绝这些要求后，2012 年同意在财政与金融政策方面分享主权，以换取另一项财政紧急救助。欧盟经济的长期复兴需要重新考虑欧洲慷慨的社会福利政策。但只有当欧洲制造业在世界市场竞争中占据有利地位时，欧盟才负担得起这些福利计划。当受东亚、印度、巴西及其他崛起的工业强国竞争者的侵袭之时，欧盟经济链条上最软弱的一环只得遵从其赞助国的领导，基本上别无选择。

美国曾经是欧洲经济增长火车头，但在欧盟财政危机久消不散时沦落为了旁观者。由于美国领导人无力控制自己的预算赤字和国债，因此也无力引领欧洲经济的复苏。尽管如此，美国日益在欧洲理事会所在地布鲁塞尔确立了影响。欧洲理事会监管着欧洲对财政危机的应对。欧美领导人显然意识到两个经济现实：在跨大西洋贸易中的彼此依赖以及不落后于中国和其他新兴金融竞争者的迫切需要。

重新认识美国

我们看到，美国对外政策仍然显示出其独特国家特性。由于受到启蒙时代理性主义思想、民主政治秩序可能性的塑造，这“第一个新国家”以独特的视角观察世界。由其来看，权力政治、暴力冲突的前景不会永远地困扰着无政府状态的民族国家体系。无政府状态正好形成合作的基础。美国能够与志同道合的国家构成一个国际共同体，因为他们对民主治理、人权和永久和平有共同关切。彼此尊重，自然而然地会产生这些结果。简而言之，美国价值观是普世的价值观；美国的使命是以自己的意象重塑世界秩序。

理念界定着美国人的身份认同，而非由领土控制、自然资源争夺或是权力机构的利益等物质关切所界定。在此意义上，早期领导人塑造了美国国民性格和美国人作为和谐世界秩序缔造者的自我意象。当美国从偏远的

作用与影响

弗拉基米尔·普京与德米特里·梅德韦杰夫

两位俄罗斯领导人——弗拉基米尔·普京和德米特里·梅德韦杰夫——控制俄罗斯政府长达10年之久，主导着与美国时而合作、时而冲突的对外政策。叶利钦在1991年苏联解体后领导了俄罗斯重建。1999年末，普京接任了叶利钦的总统一职。2008年5月，由于再次竞选的限制，普京担任总理，由梅德韦杰夫担任总统。2012年3月，尽管选举舞弊传闻广泛传播，但普京还是再次当选总统。

所有这些权谋，都发生在俄罗斯在全球均势中逐渐衰落之时。在近70年的社会主义统治后，俄罗斯经济处在一片混乱之中。俄罗斯军队也因20世纪80年代阿富汗旷日持久的、失败的战争而精疲力竭。对普京和梅德韦杰夫而言，首要任务是维持对俄罗斯人的严格控制。俄罗斯并非实行苏联解体后民众期盼的民主，仍进行政治压迫，压制新闻界，侵犯人权。虽然如此，今天的俄罗斯拥有巨大的石油储量和世界上第二大的核武库，并掌控着世界上最广袤的领土，这些因素确保了俄罗斯在世界大国中的一席之地。现在，普京的任期延长到了2018年，他很可能对俄罗斯人民继续进行铁腕统治，保卫克里姆林宫抵御可以预料到的来自外界的挑战，尤其是美国。

北美边区发展成一个地区性和全球性超级大国之时，这种世界观事实上具有相当的适应力。美国人自然而然地认为敌人在道德上有缺陷，而不仅仅视其为稀有资源的理性竞争者。美国人自然地为以压倒性力量征服敌人提供正当性，从而使世界秩序回到和平和谐的正常状态。

美国将世界政治视为善与恶之间的斗争。毫不奇怪，由于这种观点的社会化，美国在一战和二战中的胜利被归因于敌人的不道德行径。同样，冷战期间大众对苏联和其“无神论共产主义”的普遍看法也是如此。即使小布什将所谓的“邪恶轴心”限于伊朗、伊拉克、朝鲜，但他也将2011年9月11日美国遭到袭击归因于基地组织恐怖分子的道德缺陷。小布什以民主和平理论预测，美国所领导的伊拉克宪政共和国的转型将为中东带来持久的和平。小布什的前任总统比尔·克林顿及其继任总统巴拉克·奥巴马以不同的手段追求着相似的目的：“接触”所有国家并将其纳入全球治理网络中以实现一个更完美的世界。

然而，随着时间的推移，在美国对外政策“特性”中，许多紧张和矛盾日益显而易见。如第一章所述的，20世纪50年代修正主义历史学家开始揭示美国扩张、冷战期间及其后美国对外政策背后的物质利益。他们的主要观点都被传统历史学家轻视，在这些观点中，他们认为美国大陆扩张的方式一点也不高尚；在美国崛起为世界强国期间，与美国结盟的许多领导人也都不是神圣的。20世纪60年代，随着电视网络以及更重要的新闻媒体的出现，关于越战的错误说法、战术失策以及看似毫无意义的残酷行径逐渐为美国民众所知。

二战后，美国对外政策的其他方面与美国世界观的预期正相矛盾。冷战时期，受双方核军备竞赛的“确保相互摧毁”前景的约束，美国以常规战争手段无法轻易地战胜苏联。自称为现实主义者的亨利·基辛格当时担任尼克松的国家安全顾问和国务卿，他呼吁不管苏联共产党政府多么无神论，美国也要与苏联和平相处，但这偏离了美国对外政策的传统。另外，民主与和平之间所谓的相关性也需要密切关注。例如，甚至当埃及穆巴拉克的威权主义政府压制民众的权利和愿望时，他仍与他国和平相处。30年来穆巴拉克依然是美国的密友。

最后，作为世界上最强大的国家，美国再也不能在远离和参与全球对外事务之间摇摆不定了。尽管一些国会议员努力延迟交付联合国会费、反对多边条约并削减许多对外援助预算，但美国在21世纪之交已经精疲力竭。仅有的问题仍是：美国是以集体行动努力实现和平与合作的“制度化”，还是独自行动以单边的高压攻势促进其外交政策利益?

尽管美国对外政策的特性有很多矛盾，但仍是启发境外国家的强有力的来源。然而，美国的主导地位再也不是理所当然的了。将美国作为世界强国的重要成就及其缺陷协调起来，这种新的国家目标或许能使美国免于衰落，这种衰落在许多国家看来是不可避免的。然而，这种结果将取决于美国领导人及其民众重塑其**合众**国身份的能力。美国政治内斗、瘫痪无力显然已昭然于世，这只会引发对世界舞台上美国领导力的挑战。

正如卡特总统的前国家安全顾问兹比格涅夫·布热津斯基最近所观察到的：

> 美国人必须明白，我们在海外的实力将越来越取决于我们处理国内事务的能力。这需要美国人清醒地认识到自己国家最典型的缺点及其现有的全球优势。如果美国既要保护国内秩序的基本价值观又要维系全球领导的地位，那么冷静的判断对于必要的改革而言是必要的出发点。[24]

当今的领导人只有重新认识美国，汲取过去的经验，才能利用美国持久的潜力而保护美国人的安全，也使更广阔的世界富足。在二战的废墟中，杜鲁门总统公开从20世纪20、30年代美国的错误判断中寻求指导。近半个世纪之后，老布什从过去的帝国崩溃的悲剧结局中汲取教训，致力于和苏联建立合作与和平的关系。有着相似的后见之明，美国对外政策实践者和研究者们便能塑造未来的道路而实现美国的崇高抱负。

注释

[1] 分析家们也以阿拉伯“觉醒”或“起义”标明这些事件。

[2] 对于这个观点的早期论述，参见：Robert Gilpin, *War and Change in World Politics* (New York: Cambridge University Press, 1981); Kenneth Waltz, *Man, the State, and War* (New York: Columbia University Press, 1959)。

[3] Robert Jervis, “Unipolarity: A Structural Perspective,” *World Politics* (January 2009): 204.

[4] G. John Ikenberry, *Liberal Leviathan: The Origins, Crisis, and Transformation of the American World Order* (Princeton, N.J.: Princeton University Press, 2011).

[5] Stephen M. Walt, *The origins of Alliances* (Ithaca N. Y.: Cornell University Press, 1987), 26.

[6] Steven Weber and Bruce W. Jentleson, *The End of Arrogance: America in the Global Competition of Ideas* (Cambridge, Mass.: Harvard University Press, 2010), 178.

[7] The White House, Office of the Press Secretary, “Remarks by the President on a New Beginning” (June 4, 2009).

[8] Samuel P. Huntington, *The Third Wave: Democratization in the Late Twentieth Century* (London: University of Oklahoma Press, 1991).

[9] Freedom House, *Suffocated by Dictatorship: The Middle East's Freedom Deficit* (Washington, D.C.: Author, 2011), 2. 这个组织的年度调查应用了一种衡量政治自由的新公式，涵盖了选举、政治多元化、有效治理、自由表达、自由结社、法治以及个人自主等变量。

[10] Timur Kuran, “The Weak Foundation of Arab Democracy,” *New York Times* (May 29, 2011),WK8.

[11] Ryan Lizza, “The Consequentialist: How the Arab Spring Remade Obama's Foreign Policy,” *The New Yorker* (May 2, 2011).

[12] 联合国安理会拥有否决权的五个常任理事国中，美国、法国和英国支持军事干预的决议。虽然中国和俄罗斯反对这一行动，但它们没有使用否决权，从而实际上默许了干预行动。

[13] David E. Sanger, “Letting Others Lead in Libya,” *New York Times* (April 23, 2011), WK1.

[14] UN News Center, “As Syrian Death Toll Reaches 5,000, UN Human Rights Chief Warns About Key City” (December 12, 2011).

[15] “Remarks by President Obama to the Australian Parliament” (Washington, D.C.: Office

of the Press Secretary, November 17, 2011).

[16] Hillary Clinton, "America's Pacific Century," *Foreign Policy* (November 2011): 57.

[17] Wayne Morrison, *China-U.S. Trade Issues* (Washington, D.C.: Congressional Research Service, June 2, 2011), 2–5.

[18] Richard Bernstein and Ross H. Munro, *The Coming Conflict with China* (New York: Viking, 1997).

[19] Department of Defense, *Annual Report to Congress: Military and Security Developments Involving the People's Republic of China 2011* (Washington, D.C.: Office of the Secretary of Defense, August 24, 2011).

[20] Aaron Friedberg, *A Quest for Supremacy: China, America, and the Struggle for Mastery in Asia* (New York: Norton, 2011), and Martin Jacques, *When China Rules the World: The End of the Western World and the Birth of a New Global Order* (New York: Penguin, 2009).

[21] Henry Kissinger, *On China* (New York: Penguin, 2011).

[22] Jim Nichol, *Russian Political, Economic, and Security Issues and U.S. Interests* (Washington, D.C.: Congressional Research Service, November 4, 2011).

[23] Nicholas Eberstadt, "The Dying Bear," *Foreign Affairs* (November–December 2011): 97.

[24] Zbigniew Brzezinski, *Strategic Vision: America and the Crisis of World Power* (New York: Basic Books, 2012), 46.

附录 A
二战后美国历届政府

总统	国务卿	国防部长	国家安全顾问
哈里·杜鲁门 1945—1953	爱德华 · 斯退丁纽斯 詹姆斯 · 伯恩斯 乔治 · 马歇尔 迪安 · 艾奇逊	詹姆斯 · 福莱斯特 路易斯 · 约翰逊 乔治 · 马歇尔 罗伯特 · 洛维特	
德怀特·艾森豪威尔 1953—1961	约翰 · 杜勒斯 克里斯蒂安 · 赫脱	查尔斯 · 威尔逊 尼尔 · 麦克尔罗伊 托马斯 · 盖茨	罗伯特 · 卡特勒 迪伦 · 安德森 罗伯特 · 卡特勒 戈登 · 格雷
约翰·肯尼迪 1961—1963	迪安 · 腊斯克	罗伯特 · 麦克纳马拉	麦克乔治 · 邦迪
林登·约翰逊 1963—1969	迪安 · 腊斯克	罗伯特 · 麦克纳马拉 克拉克 · 克利福德	麦克乔治 · 邦迪 沃尔特 · 罗斯托
理查德·尼克松 1969—1974	威廉 · 罗杰斯 亨利 · 基辛格	梅尔文 · 莱尔德 爱略特 · 理查森 詹姆斯 · 施莱辛格	亨利 · 基辛格
杰拉尔德·福特 1974—1977	亨利 · 基辛格	詹姆斯 · 施莱辛格 唐纳德 · 拉姆斯菲尔德	亨利 · 基辛格 布伦特 · 斯考克罗夫特
吉米·卡特 1977—1981	赛鲁斯 · 万斯 埃德蒙 · 马斯基	哈罗德 · 布朗	兹比格涅夫 · 布热津斯基
罗纳德·里根 1981—1989	亚历山大 · 黑格 乔治 · 舒尔茨	卡斯珀 · 温伯格 弗兰克 · 卡鲁奇	理查德 · 艾伦 威廉 · 克拉克 罗伯特 · 麦克法兰 约翰 · 彭德克斯特 弗兰克 · 卡卢齐

（续表）

总统	国务卿	国防部长	国家安全顾问
乔治·H.W. 布什 1989—1993	詹姆斯 · 贝克 劳伦斯 · 伊格尔伯格	理查德 · 切尼	布伦特 · 斯考克罗夫特
比尔·克林顿 1993—2001	沃伦 · 克里斯托弗 马德琳 · 奥尔布赖特	莱斯 · 阿斯平 威廉 · 佩里、威廉 · 科恩	安东尼 · 雷克 桑迪 · 伯杰
乔治·W. 布什 2001—2009	科林 · 鲍威尔 康多利扎 · 赖斯	唐纳德 · 拉姆斯菲尔德 罗伯特 · 盖茨	康多莉扎 · 赖斯 斯蒂芬 · 哈德利
巴拉克·奥巴马 2009—	希拉里 · 克林顿	罗伯特 · 盖茨 莱昂 · 帕内塔	詹姆斯 · 琼斯 汤姆 · 多尼伦

附录 B

大事年表（1945 至 2011 年）

1945 年 雅尔塔会议寻求安排战后世界。

德国战败。

两颗原子弹在日本爆炸后日本战败。

总统富兰克林 · 罗斯福逝世；副总统哈里 · 杜鲁门继任总统。

联合国成立。

苏联军队占领波兰、罗马尼亚、保加利亚、匈牙利与捷克斯洛伐克。

1946 年 美苏在伊朗问题上对峙；莫斯科撤军。

英国战时首相温斯顿 · 丘吉尔在密苏里州富尔顿发表“铁幕”演说，警告苏联威胁。

美国外交官乔治·凯南提交了“长电报”，成为美国遏制苏联政策的基石。

1947 年 “杜鲁门主义”致使美国承担援助希腊与土耳其的义务。

国务卿乔治 · 马歇尔，前美国陆军参谋长与二战期间胜利的设计者，提出致力于西欧经济复兴的计划。

印度从英国殖民统治获得独立。

1948 年 苏联军事占领捷克斯洛伐克。

苏联人封锁联邦德国通往西柏林的所有地面交通；西方空运开始。

美国参议院的《范登堡决议案》使美国支持《布鲁塞尔协定》。

美国国会批准“马歇尔计划”。

朝鲜与韩国成立。

以色列成立，立即得到美国的承认。
杜鲁门赢得混乱的选举。
斯大林将南斯拉夫的铁托驱逐出共产主义阵营。

1949 年 北大西洋公约组织成立。
苏联不再封锁柏林。
民主德国、联邦德国成立。
苏联爆炸原子弹。
中华人民共和国成立。
美国军队撤离韩国。
杜鲁门宣布对发展中国家的四点援助计划。

1950 年 苏联与中国签署《中苏友好同盟互助条约》。
朝鲜跨过 38 线，进攻韩国。
美国代表韩国进行干预。
美军进入朝鲜临近中国边境之后，中国出兵。
参议员约瑟夫·麦卡锡攻击美国政府的背叛行为及其“对共产主义的纵容”。

1951 年 美日签署《安保条约》。
杜鲁门因麦克阿瑟将军建议美国袭击中国而解除他的指挥职务。
欧洲煤钢共同体成立。

1952 年 艾森豪威尔当选总统。
希腊、土耳其加入北约。
英国首次试验核武器。

1953 年 斯大林逝世。
《朝鲜停战协定》签订。
苏联干预民主德国，镇压叛乱。
美国支持推翻伊朗的民选政府。

1954 年 美国第一颗氢弹爆炸。

法国在印度支那奠边府战败。美国以干预相威胁。
在日内瓦会议上，越南以 17 线为界，分为南北两部分。
东南亚条约组织成立。
美韩签署《美韩共同防御条约》，以防止战争。
美国中央情报局颠覆危地马拉的左翼政府。

1955 年 中国政府炮击国民党（台湾）控制的金门与马祖。
《台海决议案》授权艾森豪威尔使用武力，如若必要，要保卫台湾免受中共攻击。
中东条约组织（巴格达条约组织）成立。
联邦德国加入北约，苏联人成立“自己的北约”——华沙条约组织。

1956 年 美国不再向埃及阿斯旺水坝提供资金。
埃及对苏伊士运河实行国有化。
以色列袭击埃及，第二次中东战争随即爆发；法国与英国进行干预。
联合国部队进驻埃及，维持埃及与以色列之间的和平。
苏联人镇压匈牙利的暴动，几乎要干预波兰。
苏联领导人在苏共二十大上批判斯大林。
艾森豪威尔再次当选总统。

1957 年 苏联试验洲际弹道导弹。
苏联人向太空发射了两颗卫星。
英国试验氢弹。
艾森豪威尔主义使美国援助中东国家，以抵御共产主义进攻。

1958 年 美国出兵黎巴嫩。
苏联宣布结束四国对柏林的占领，使西柏林成为“自由之城”。
欧洲经济共同体（共同市场）成立。
第一次柏林危机爆发。
中国再次炮击金门与马祖。

1959 年 赫鲁晓夫与艾森豪威尔在戴维营商讨柏林问题。

卡斯特罗执掌古巴。
中央条约组织取代中东条约组织。

1960 年 苏联人击落苏联上空的美国 U-2 侦察机，围绕此事件的巴黎首脑会议破产。
刚果从比利时获得独立，导致撒哈拉以南非洲的第一次大国危机。
联合国部队进驻刚果，解决危机。
法国成为核国家。
约翰·肯尼迪赢得总统选举。

1961 年 肯尼迪侵袭古巴猪湾，但失败。
肯尼迪提议拉美建立进步联盟。
苏联人将尤里·加加林送入太空。
肯尼迪与赫鲁晓夫在维也纳举行峰会。
肯尼迪首次向南越派遣军事顾问。
苏联人修建柏林墙。

1962 年 美国将约翰·葛兰送入太空。
在古巴导弹危机中，美国封锁古巴，迫使苏联人撤回导弹。
中印边境冲突爆发。

1963 年 法国总统戴高乐否决英国加入共同市场的申请。
白宫与克里姆林宫设立用于直接应急联络的“热线”。
《禁止核试验条约》签署。
肯尼迪总统惨遭暗杀，副总统约翰逊继任。

1964 年 美国国会批准《东京湾决议案》，承诺防卫南越。
赫鲁晓夫下台，苏联总理柯西金、苏共书记列奥尼德·勃列日涅夫取而代之。
约翰逊当选总统。

1965 年 美国开始轰炸北越，向南越派遣地面部队。
美国爆发反战抗议。

美国干预多米尼加共和国。
巴基斯坦与印度爆发战争。

1966 年 中华人民共和国成为核国家。
法国退出北约统一军事指挥，但仍是联盟成员。

1967 年 以色列与其阿拉伯邻国之间爆发第三次中东战争（六日战争）。
希腊上校上台执政。

1968 年 南越的“春节攻势”加剧了美国从越南撤军的要求。
约翰逊退出总统竞选。
尼克松当选总统。
越南和平会谈在巴黎开始。
《核不扩散条约》缔结。
苏联干预捷克斯洛伐克，镇压暴动。

1969 年 勃列日涅夫声称苏联有权干预其势力范围。
美国参议院批准反弹道导弹的部署。
美国试验了分导式多弹头导弹。
战略武器限制谈判开始。
“越南化”计划实施后，美国从南越撤军。
北越领导人胡志明逝世。
美国将人送上月球。
威廉·卡利中尉因美军在南越美莱村屠杀平民而受审。
第一次中苏边境冲突爆发。

1970 年 联邦德国、民主德国、苏联与波兰订立条约，承认波兰的边境以及德国的分裂。
美国参议院废止《东京湾决议案》。
美国入侵柬埔寨，引发广泛的学生抗议。美国国民警卫队在肯特州立大学杀害 4 名学生后，抗议升级。

1971 年 印度与巴基斯坦因孟加拉国（东巴基斯坦）独立而引发第三次印巴战争。
中华人民共和国恢复联合国合法席位。
四国达成柏林解决方案，确保西方进入柏林。

1972 年 尼克松访问中国，结束长达 20 年敌对状态，开启中美关系正常化的进程。
北越进攻南越。
尼克松实施报复，扩大对北越的空袭，并封锁海防港。
尼克松访问莫斯科，与苏联领导人举行峰会；签署《第一阶段限制战略武器条约》、《反弹道导弹条约》。
因警察逮捕 5 位试图闯入民主党总部的人员，水门事件发生。
苏联购买大量美国谷物，导致美国国内价格的上升。
巴黎和平会谈在近乎成功的情况下破裂；美国在圣诞假日轰炸北越。
尼克松在马萨诸塞州之外的所有州获胜，以压倒性的优势再次当选总统。

1973 年 亨利·基辛格担任国务卿，兼总统国家安全顾问。
越南和平协定签署。
美国与中国分别在华盛顿与北京设立联络处（即非正式大使馆）。
赎罪日战争在中东爆发。
石油输出国组织的阿拉伯成员因美国支持以色列而对美国禁运石油。
英国、丹麦、爱尔兰加入共同市场，使其成员增加到 9 个国家。
石油输出国组织将油价提高了四倍。
美苏相互均衡裁军谈判在欧洲启动。
联邦德国、民主德国相互承认并派遣大使，承认德国分裂为两个国家。
在尼克松否决的情况下，美国国会批准《战争权力决议案》。
副总统阿格钮辞职；美国众议院领袖福特继任。
美国支持推翻智利民选领导人阿连德。

1974 年 印度“和平”核装置爆炸。
美国国会宣称有权否决对他国的巨额军售。
尼克松与勃列日涅夫年度峰会进一步减少反弹道导弹的数量。
基辛格对以色列与埃及、叙利亚之间的第一项协议进行谈判，是其“渐进式”外交的重要组成部分，意在各地区实现全面和平。

尼克松受到弹劾威胁，辞职下台，福特成为未经竞选的总统。
福特、勃列日涅夫为第二阶段限制战略武器谈判确立海参崴方针。

1975 年 苏联因《杰克逊—瓦尼克修正案》拒绝美苏贸易协定。
南越解体；越南社会主义共和国统一。
柬埔寨陷入共产主义叛乱。
东西方国家发布了《赫尔辛基协定》，这个协定包括西方认可欧洲分裂（以及苏联对东欧控制）。

1976 年 苏联与古巴部队在安哥拉获胜，马克思主义者所领导的派系战胜亲西方的派系。
中国领导人毛泽东逝世。
吉米 · 卡特当选总统。

1977 年 卡特宣布美国从韩国撤军。
苏联谴责卡特的人权运动侵犯苏联主权。
卡特向苏联提交第二阶段限制战略武器谈判的新计划，苏联因该项计划并非以海参崴方针为基础而很快否决。
美国与巴拿马签署《巴拿马运河条约》。
梅纳赫姆 · 贝京当选以色列总理。
埃及总统萨达特历史性地访问以色列，带来和平与友谊。

1978 年 苏联与古巴军队干预埃塞俄比亚与索马里之间的战争。
苏联鼓动阿富汗发动政变。
美国、以色列与埃及代表在戴维营达成以色列与埃及之间的“和平框架”。
美国参议院批准《巴拿马运河条约》。

1979 年 伊朗国王穆罕默德 · 礼萨 · 巴列维离开伊朗。
美国正式承认中华人民共和国，随后终止与台湾当局的官方关系，终结《中美共同防御条约》。
中国反击越南，惩罚其入侵柬埔寨。
伊朗巴列维政权由霍梅尼领导的伊斯兰共和国所取代。

在巴列维在美国医院进行癌症治疗之后，美国驻德黑兰大使馆被激进学生占领，大使馆人员成为人质。

美国冻结伊朗在美国的资产，对伊朗石油实行禁运。

石油价格因伊朗石油产量锐减、世界供应紧缩而飙升。

勃列日涅夫与卡特在维也纳峰会上签署《第二阶段限制战略武器条约》。

苏联向阿富汗派遣8万军队，确保亲苏政权统治。

北约决定部署572枚战区核武器以反击苏联"欧洲战略性"导弹部署。

1980年 美军特种部队在到达大使馆之前，营救德黑兰人质的任务以灾难而告终。

在苏联入侵阿富汗之后，参议院授权卡特"暂时"退出《第二阶段限制战略武器条约》。

卡特对苏联谷物运输与高新技术实施禁运，宣布美国将抵制在莫斯科举办的夏季奥林匹克运动会。

如果波斯湾产油国受到外部威胁，卡特主义承诺将会义务保卫产油国的安全。

美国组织快速反应部队，支持卡特主义。

伊拉克袭击伊朗，引发长达8年的两伊战争。

里根当选总统。

1981年 里根就任总统后不久，美国人质被释放。

里根宣称美国不会允许沙特阿拉伯成为"另一个伊朗"。

贝京再次当选以色列总理。

埃及总统萨达特遇刺。

里根决定实施大项目，重塑美国的军事权力，包括100枚MX导弹以及100架B-1轰炸机。

波兰政府强制实施戒严令。

美国认为苏联幕后操纵波兰的镇压行动，对波兰与苏联实施经济制裁。

1982年 里根尽管受到国会批评，但仍宣布加勒比海区域（加勒比与中美洲）经济援助计划，支持萨尔瓦多政府对付叛军，试图孤立尼加拉瓜的桑地诺解放阵线。

以色列入侵黎巴嫩，试图摧毁巴勒斯坦解放组织。

美国海军被派往贝鲁特，作为多国维和部队，监管巴勒斯坦解放组织的撤离。
中国与美国就美国削减对台军售签署协议。
勃列日涅夫去世，苏联秘密警察前首脑尤里·安德罗波夫继任。
阿根廷侵占英属福克兰群岛，一直声称自己拥有该岛主权。英国重新占领了该岛。

1983 年 里根谴责苏联为“邪恶帝国”。
代表两党的斯考克罗夫特委员会建议部署 100 枚 MX 导弹，最终以移动的、更小型的分导式多弹头导弹取代单弹头导弹导弹。国会接受这些建议。
在主教信中，天主教主教斥责核威慑的非道德性。法国主教认为威慑“服务于和平”。
240 多名美国海军陆战队人员丧生于卡车炸弹自杀式袭击，这场袭击以美军在黎巴嫩军营为目标。
在载有 269 名乘客的韩国客机误入苏联上空之后，苏联将其击落。
美军入侵格林纳达岛，推翻其马克思主义政府。
美国在欧洲开始部署潘兴二型、陆基巡航导弹。苏联以中止所有军控会谈作出回应。

1984 年 中美洲政策两党委员会主席基辛格建议向中美洲提供大量经济与军事援助，以应对国内贫困以及苏联与古巴的干预。
安德罗波夫去世；勃列日涅夫的密友康斯坦丁·契尔年科继任。
何塞·拿破仑·杜阿尔特击败右翼候选人，赢得萨尔瓦多的总统职位。
美国国会中断对尼加拉瓜反政府游击队的所有军事援助。
里根再次当选总统。
美国宣称伊朗是国际恐怖主义的支持者。

1985 年 契尔年科去世，戈尔巴乔夫继任。
深陷内战的非洲（特别是埃塞俄比亚）遭受大面积的饥荒。
杜阿尔特所领导的基督教民主党在萨尔瓦多大选中赢得多数。
里根对南非实施经济制裁；美国国会于 1986 年实施更严厉的制裁。
里根、戈尔巴乔夫在瑞士日内瓦举行其首次峰会。

1986 年 菲律宾的费迪南德 · 马科斯、海地的让 – 克洛德 · 杜瓦利埃被迫逃离各自的国家；里根政府宣布其新的人权政策，是要反对左右翼的专制。

美国因恐怖主义行为袭击利比亚。

世界上最惨的核事故在乌克兰切尔诺贝利发生。瑞典宣布核辐射来自苏联。

里根与戈尔巴乔夫在冰岛会晤；里根拒绝以《战略防御计划》研究的限制交换大幅削减苏联战略导弹以及彼此消除欧洲所有中程导弹。

美国越过《第二阶段限制战略武器条约》约束，宣布未经批准的 1979 年条约不再“起作用”。

伊朗门事件发生。

西班牙与葡萄牙加入欧洲经济共同体。

1987 年 美国国会举行有关伊朗门事件的听证会。

美国与苏联同意在世界范围内禁止中短程导弹。

美国改变波斯湾地区科威特油船的注册国，为免受伊朗的袭击，以美国战舰护送。

巴勒斯坦人开始暴动，抗议以色列反对建立巴勒斯坦国。

戈尔巴乔夫在布尔什维克革命 70 周年纪念大会上谴责斯大林的历史遗产，为自己的改革计划而辩护。

1988 年 老布什当选总统。

戈尔巴乔夫提议苏联政府进行民主改革。

美国海军在波斯湾上空击落载有 290 名人员的伊朗商务飞机。

伊朗与伊拉克在八年战争后同意停火。

巴拿马领导人曼纽尔 · 诺列加因贩运毒品在美国受到指控。

巴勒斯坦解放组织与阿拉法特宣称中东地区所有国家有权以安全边境而和平相处，声称在西岸与加沙地带建立巴勒斯坦国，承认以色列，反对恐怖主义。

苏联波罗的海共和国要求自治，不然的话，就要独立。

戈尔巴乔夫单方面宣布裁军。

1989 年 戈尔巴乔夫当选苏联总统。

波兰自由选举导致波兰共产党的溃败。
匈牙利允许向西方移民。民主德国爆发大规模的游行示威,抗议政权成立 40 周年纪念会,内阁成员集体辞职。强硬的共产党领导人被取代。
捷克斯洛伐克、保加利亚紧随波兰、匈牙利与民主德国的改革之路。只有罗马尼亚政府反对,但是其领导人尼古拉 · 齐奥塞斯库被推翻且被处死。
苏联从阿富汗撤军。
戈尔巴乔夫在中立国芬兰指出,苏联并无干预其邻国事务的道德或政治权利。
鲁霍拉 · 穆萨维 · 霍梅尼在伊朗去世。
柏林墙倒塌,开启德国统一的进程。
美国推翻巴拿马的诺列加,将他拘往美国因贩运毒品而受审。

1990 年 立陶宛共产党脱离苏联共产党,代表独立的立陶宛。
戈尔巴乔夫谴责苏联共产党的独断专行,宣称自己支持多党制与私人企业。
东欧在春季的自由选举产生非共产党执政的政府,然而罗马尼亚与保加利亚的共产党改名后赢得大多数选票。
伊拉克军队入侵邻国科威特,导致联合国的谴责与经济制裁。
民主德国、联邦德国统一。德国新政府仍是北约成员。
苏联两个最大共和国俄罗斯与乌克兰宣布独立,声称其法律高于苏联法律。其他共和国纷纷效仿。
尼加拉瓜政府同意自由选举,败给敌对联盟。反政府游击队解散。

1991 年 伊拉克拒绝从科威特撤军,43 天后美国所领导的联合国盟军强迫其撤离。
美国与苏联签署《限制战略武器协议》,将战略武器削减到 30%。
华沙条约组织正式解散。苏联军队撤离匈牙利、捷克斯洛伐克。
戈尔巴乔夫的对手叶利钦成为有数千年历史的俄国的首位民选领导人。
戈尔巴乔夫的政敌发动政变。叶利钦反对政变,但是没有成功。
爱沙尼亚、拉脱维亚、立陶宛获得独立。在建立邦联的努力失败之后,俄罗斯、白俄罗斯、乌克兰形成独联体,宣布苏联不复存在。其他加盟共和国受邀参加。
欧洲自由贸易联盟包括奥地利、芬兰、列支敦士登、瑞典、瑞士(冷战期间的中立国)与挪威、冰岛(北约成员),与欧共体建立共同的自由贸易区。

苏联解体。戈尔巴乔夫辞职，将克里姆林宫让于叶利钦。

斯洛文尼亚、克罗地亚脱离南斯拉夫。塞族控制的南斯拉夫军队以武力反对分裂。

1992 年 萨尔瓦多政府与马蒂全国解放阵线达成协议，结束长达数十年的内战。

美国政府强迫遣返海地难民。

联合国维和部队干预巴尔干地区。波黑选民以公投方式赞成独立。欧共体与美国承认波黑、克罗地亚、斯洛文尼亚的独立。联合国接纳这三个国家为成员；联合国大会将南斯拉夫除名。

欧共体成员批准《马斯特里赫特条约》，意在推动欧洲联盟超越经济整合，迈向共同的对外与安全政策。

美国参议院与俄罗斯最高苏维埃批准《限制战略武器协议》。

美国、德国政府宣布 7 国集团的计划，向俄罗斯提供 240 亿美元的经济援助。

北约宣布从欧洲撤出所有陆基战术核武器。

亚太经合组织宣布该地区贸易自由化与扩大的计划。

菲律宾政府从美国手中接管苏比克湾的海军基地，结束美国长达一个世纪的驻军。

克林顿当选总统。

1993 年 欧盟启动单一市场。

美国、俄罗斯批准新的《限制战略武器条约》，呼吁进一步削减战略武器。

恐怖主义爆炸毁坏世界贸易中心，致 6 人丧生。

朝鲜政府宣布退出《核不扩散条约》。

美国保证尽快使被罢黜的海地领导人阿里斯蒂德重新执政。联合国安理会对海地军事政权实施经济制裁。

美国支持按照种族划分前南斯拉夫的《万斯－欧文计划》。美国向被围困的波斯尼亚穆斯林空运救济物资。

12 位美国士兵在索马里摩加迪休丧生。克林顿命令增兵，确定美国撤军的时间表。

以色列与巴勒斯坦解放组织签署和平条约。

美国国会批准《北美自由贸易协定》。

南非政府取消种族隔离，确定全国大选的议程。

1994年 美国中止将双边贸易与中国人权行为挂钩。

卢旺达总统被暗杀，引发大屠杀，致使近100万图西族人丧生。

朝鲜领导人金日成去世，由其儿子金正日接任。朝鲜同意冻结其核计划，以换取美国与其他国家的经济与技术援助。

关贸总协定进行“乌拉圭回合谈判”，产生多边贸易协定。

北欧国家（除挪威之外）同意加入欧盟。

美国开始“半准许”地占领海地。

伊拉克武装部队在科威特边境大规模集结。美军被派往波斯湾以阻止伊拉克入侵。

联合国宣布计划在1995年3月从索马里撤军。

民主党在中期选举中丧失在美国国会的多数席位。

1995年 车臣试图脱离俄罗斯，之后俄罗斯军队重新控制车臣首都格罗兹尼。

美国提供100亿美元的贷款以防止墨西哥经济的崩溃。

塞族人占领斯雷布雷尼察等地方的“安全区”，袭击萨拉热窝的平民，之后北约对塞族军队发动了空袭。

穆斯林恐怖主义者屠杀以色列公民，可能破坏以色列与巴勒斯坦解放组织之间的和平协议。以色列总理拉宾遭到暗杀，由竞争对手利库德集团的内塔尼亚胡继任。

穆斯林与克罗地亚军队对塞族人成功发起攻势，改变该地区的均势。各方在美国俄亥俄州代顿会晤，同意停火，并由北约暂时占领，成立波斯尼亚新政府。

1996年 美国国会批准与俄国的《第二阶段限制战略武器条约》。

美国回应中国在台湾海峡的军事演习，向台湾海峡派遣海军。

海地维和任务的控制权由美国交给联合国。

美国派遣海军以解救受困于利比亚的外国公民。

美国总统克林顿、俄罗斯总统叶利钦在莫斯科与西方工业化民主国家领导人会晤。

叶利钦再次当选俄罗斯总统。

伊拉克干预库尔德所控制的领土（西方国家视之为禁区）。美国以空袭伊拉克军事设施国回应。
克林顿签署《全面禁止核试验条约》，鼓励其他国家加入该条约，从而禁止核试验。
种族暴力从卢旺达、布隆迪扩展到中非其他地方。
克林顿再次当选总统。
美国政府努力让加纳科菲 · 安南取代加利任联合国秘书长。

1997 年 中国领导人邓小平逝世。
美国不承认世界贸易组织在反对美国经济制裁古巴问题上的权威。
克林顿与叶利钦在芬兰赫尔辛基会晤，同意新一轮的核武器削减，即《第三阶段限制战略武器条约》。
以色列宣布在东耶路撒冷设立新的犹太人定居点的计划，激起巴勒斯坦人的暴力游行示威，对和平进程带来新威胁。
英国工党领导人布莱尔取代保守党人约翰 · 梅杰担任首相。
泰国货币的贬值引发了东亚经济危机，很快扩展到俄罗斯与西方国家。
美国国会批准《化学武器公约》。
捷克共和国、匈牙利、波兰受邀加入北约。俄罗斯政府批准与北约的安全纲领，呼吁磋商、有限的安全合作。
中国政府收回前英国殖民地香港。

1998 年 教皇约翰 · 保罗二世首次访问古巴，批评卡斯特罗的共产党政府以及美国对古巴的经济制裁。
科索沃解放军对塞族警察发动袭击，在南斯拉夫科索沃省引发军事镇压。
克林顿总统访问非洲 6 国，谴责美国以往对非洲大陆专制政权的支持。
在美国调停者的支持下，标志性的和平协定在北爱尔兰达成，为英国领土中更多的自治开辟道路。
11 个西欧国家同意采用共同货币欧元。
印度与巴基斯坦的地下核试验激起世界范围的谴责。
印度尼西亚长期执政的军事独裁者苏哈托在 23 年后交出权力。
克林顿访问中国，声明要维系两国之间密切的经济联系。
伊拉克领导人中止与联合国武器核查人员合作。

美国驻肯尼亚、坦桑尼亚的大使馆受到恐怖主义炸弹袭击。美国以轰炸苏丹、阿富汗可疑的恐怖主义基地为报复。
朝鲜向日本发射三级弹道导弹。
以色列与巴勒斯坦领导人就可能的巴勒斯坦国“最终地位”启动磋商。
美国轰炸机袭击伊拉克司令部、情报机构以及武器工厂，以回应萨达姆对联合国武器核查的公然蔑视。
美国众议院就克林顿总统的性丑闻事件进行投票弹劾。

1999年 北约在成立50周年之际，东扩至包括捷克共和国、匈牙利与波兰在内的地区。
北约轰炸机对塞尔维亚成百个目标实施空袭。南斯拉夫总统米洛舍维奇将100多万阿尔巴尼亚人赶出科索沃作为回应。北约持续不断的轰炸迫使米洛舍维奇将科索沃置于联合国与北约维和部队的监管之下。
以色列工党领导人巴拉克当选总理，许诺寻求以色列及其邻国之间“真正的、持久的和平”。
东帝汶居民表决脱离印度尼西亚。印度尼西亚政府努力阻止分离，导致联合国在该地区部署维和部队。
俄罗斯部队进一步镇压车臣分裂主义者。
美国参议院否决1996年克林顿及其150多个外国政府领导人所签署的《全面禁止核试验条约》。
抗议者中断世界贸易组织在西雅图召开的年会。
美国军队、联合国及其美洲国家组织的人权观察员放弃在海地的维和任务。
叶利钦辞去俄罗斯总统，提名总理普京为其继任者。

2000年 中国台湾选民选举陈水扁为台湾地区领导人。
朝鲜与韩国领导人同意举行首次峰会。
非洲总统们寻求联合国的帮助，终止刚果民主共和国的内战。
美国政府保证提供10亿多美元，支持柬埔寨遏制非法毒品的行动。
俄罗斯批准《第二阶段限制战略武器条约》、《全面禁止核试验条约》。
欧盟支持中国加入世界贸易组织。美国国会表决确立美中永久的正常贸易关系。
以色列军队从1978年以来占领的黎巴嫩南部的缓冲区撤军。

恐怖主义分子对“科尔”号驱逐舰的袭击，致17名美国海员丧生、39人受伤。
联合国千年峰会的世界领导人赞成2015年前全球减贫的一系列措施。
小布什在颇有争议的总统选举中宣布获胜。

2001年 前军方领导人沙龙当选以色列总理。
小布什宣布自己并不要求参议院批准《京都议定书》。
美国海军飞机在侦察行动期间与中国飞机相撞后，被迫在中国降落。
美国机组人员滞留了近2个星期。
联合国人权委员会并未给予美国席位。
前南斯拉夫总统米洛舍维奇因战争罪被引渡到海牙受审。
俄罗斯与中国领导人签署《睦邻友好合作条约》。
美国与以色列代表退出联合国资助的世界反种族主义大会，以抗议其他代表企图将犹太复国主义等同于种族主义。
9月11日，伊斯兰恐怖主义者劫持了4架美国客机，袭击纽约的世界贸易中心、华盛顿附近的五角大楼。第四架在宾夕法尼亚紧急降落。袭击致几千人丧生，引发了美国的“反恐战争”。
涂有炭疽热细菌的信件被邮寄到若干联邦机构、媒体机构及其他地方。5人丧生。
小布什签署《美国爱国法案》，意在加强国内安全。
美国入侵阿富汗，推翻了塔利班政权，瓦解了与“9 · 11”恐怖袭击有关的基地组织。
巴勒斯坦恐怖主义者的自杀式爆炸促使以色列领导人升级对巴勒斯坦权力机构的军事攻势。
小布什宣布美国打算退出1972年与苏联签署的《反弹道导弹条约》。

2002年 小布什在《国情咨文》的演讲中，斥责伊朗、伊拉克、朝鲜为“邪恶轴心”。
美国军队在阿富汗东部发动“蟒蛇行动”，却未抓获基地组织领导人拉登。
小布什下令对外国钢铁实施更高的关税以保护国内生产者。
委内瑞拉民粹主义者查韦斯在全国暴乱期间辞职，但是在过渡政府失败之后重新执政。
美国与俄罗斯同意在未来10年更多削减其核武库。

卡尔扎伊当选为期两年的阿富汗过渡政府总统。
美国国会批准一项决议案，呼吁（如果必要以武力的方式）解除伊拉克武装。
与基地组织有关的恐怖主义者轰炸印度尼西亚巴厘岛的两个夜总会，致使近200人丧生。
联合国安理会要求伊拉克解除武装，接受新的武器检查人员核查。如果伊拉克不遵守，《1441号决议》以“严重后果”相威胁。

2003年 朝鲜退出《核不扩散条约》。
联合国武器核查人员报告，在伊拉克未找到大规模杀伤武器。
“哥伦比亚”号航天飞机在重返大气层时解体。7位航天员全部遇难。
国务卿鲍威尔敦促联合国安理会授权对伊拉克开战。
胡锦涛接任江泽民，担任中国国家主席。
美国与英国领导入侵伊拉克，推翻萨达姆。占领激起广泛的抢劫以及不断发展的叛乱。
巴勒斯坦首位总理阿巴斯就职。
伊朗被发现正在研制用于核武器的物质。
北约接管在阿富汗的维和部队。
土耳其伊斯坦布尔的恐怖袭击致50多人丧生、数百人受伤。
小布什因世界贸易组织的压力，暂停对外国钢铁的高关税。
驻伊拉克的美军抓获萨达姆。
伊朗的地震致使4万民众丧生。

2004年 伊拉克武器核查人员认为大规模杀伤性武器存在。
基地组织炸弹袭击致使西班牙马德里的市郊往返列车上200多人丧生。
北约接纳7个新成员国：保加利亚、爱沙尼亚、拉脱维亚、立陶宛、罗马尼亚、斯洛伐克、斯洛文尼亚。
伊拉克阿布格莱布监狱囚犯受虐待的照片引发反美抗议。
由于塞浦路斯、捷克共和国、爱沙尼亚、匈牙利、波兰、拉脱维亚、立陶宛、马耳他、斯洛伐克以及斯洛文尼亚的加入，欧盟拥有25个成员。
美国政府将伊拉克的管控权交由过渡政府。
参议院情报委员会发现战前对伊拉克大规模杀伤性武器的估计“言过其实”。
美国委员会责备政府对“9·11”恐怖袭击的反应。

联合国安理会命令苏丹政府停止屠杀平民。
小布什解除对利比亚的贸易限制。
小布什再次当选总统。
巴勒斯坦领导人阿拉法特在巴黎去世。
印度洋的强震引发海啸，致使 22 万多人丧生，南亚与大洋洲的沿海社区受损。

2005 年 800 多万伊拉克公民在广为存在的暴力中参与议会选举投票。
有关全球变暖的《京都议定书》在美国没有参加的情况下生效。
教皇约翰·保罗二世去世，由约瑟夫·拉辛格（教皇本笃十六世）接任。
约翰·内格罗蓬特担任首任国家情报总监。
伦敦的恐怖袭击致使 56 位月季票乘客丧生，700 多人受伤。
美国与印度在印度未放弃其核武器情况下，就印度核能项目开发达成一致。
美国历史上最具破坏性的灾难卡特里娜飓风肆虐墨西哥湾地区，致使新奥尔良大部分地区为水所淹。
大陪审团指控副总统切尼的办公室主任刘易斯·利比将中情局女特工瓦莱丽·普拉马的身份泄露给新闻媒体。
伊拉克选民批准宪法，选举产生常设的国民大会，然而美军死亡总数超过 2000 人。

2006 年 以色列总理沙龙身患中风，由代总理埃胡德·奥尔默特接任。
哈马斯（长期以来发动恐怖袭击的巴勒斯坦政党）赢得议会选举，掌管巴勒斯坦权力机构。
联合国人权委员会援引对可疑恐怖分子虐待的报道，呼吁关闭美国在古巴关塔那摩湾的拘押中心。
伊朗政府宣布自己拥有足够的铀为核电站提供燃料。
美国国家安全局承认监控国内数百万的电话通信，但只选择监听可疑恐怖分子的国际电话通信。
美国严守墨西哥边境以限制非法移民。
朝鲜向日本海试射 6 枚远程导弹。
以色列袭击黎巴嫩南部，击退叙利亚所支持的黎巴嫩真主党恐怖主义组织的打击。

萨达姆被控有罪，因反人类罪被处决。
北约负责针对阿富汗塔利班与基地组织的战争。
民主党人赢得国会多数席位，终结共和党长达 14 年的控制。
因公众反对伊拉克战争及其对战犯的虐待国防部长拉姆斯菲尔德在中期选举之后辞职。
联合国安理会对伊朗实施新的经济制裁，以回应德黑兰不断发展核研究项目。

2007 年 小布什宣布向伊拉克“增兵”以减少叛乱分子的袭击。
朝鲜同意拆除其核设施以换取美国、日本、韩国以及若干欧洲国家提供 4 亿美元的经济援助。
俄罗斯总统普京中止 1990 年《欧洲常规武装力量条约》。
30 个国家承诺向黎巴嫩提供援助，以在黎巴嫩与以色列战争之后重建。
在美国的欧洲盟国的权力交接中，萨科齐当选法国总统，戈登 · 布朗取代布莱尔担任英国首相。
土耳其议会授权出兵伊拉克，以对抗库尔德民族主义者的恐怖袭击。
美国扩大对苏丹的经济制裁，以回应穆斯林政府在达尔富尔省发动针对非洲黑人的种族屠杀。

2008 年 在一场有争议的肯尼亚总统选举之后，上百人丧生。长期执政的津巴布韦统治者穆加贝靠镇压反对者维系权力，在其选举之后骚乱随之而来。
中国（汶川）大地震致使上万人丧生，引发世界范围的救援行动。
卡斯特罗在执政 49 年之后辞去古巴总统的职务。
俄罗斯军队干预格鲁吉亚共和国，以保护亲莫斯科的分离主义者。
伊拉克战争中，美军的死亡总数达到 4000 人。
小布什否决国会法案（禁止对可疑恐怖分子的“强制审讯”）。
北约邀请克罗地亚、阿尔巴尼亚加入军事联盟。
普京所选择的总统梅德韦杰夫赢得俄罗斯大选，随后选择普京担任总理。
伊朗试射远程导弹，射程可达以色列。
国际刑事法院以种族屠杀的罪名控诉苏丹总统哈桑纳尔 · 巴希尔。
美国与伊拉克就美军于 2011 年末撤离的时间表达成一致。
扎尔达里（被杀害的总统候选人贝娜齐尔 · 布托的丈夫）取代穆沙拉

夫，担任巴基斯坦领导人。

作为平壤同意暂停其核计划的回应，美国国务院不再将朝鲜列入支持恐怖主义的国家名单之中。

美国猖獗的抵押贷款止赎与银行倒闭，引发蔓延全世界的经济危机。

奥巴马当选美国总统。

巴基斯坦的伊斯兰恐怖主义者袭击印度孟买的西方酒店、旅行者以及犹太中心，致使近 200 人丧生，成百人受伤。

2009 年 奥巴马宣布计划关闭古巴关塔那摩湾拘押中心，停止强制审讯战俘。

联邦法院确认以国家安全为目的的国内窃听。

美国股票市场跌至 1997 年以来的最低点。

联邦安全部队被派往墨西哥边境以反击毒品走私者之间的暴力。

朝鲜发射飞越日本的洲际弹道导弹。朝鲜最高人民会议再次进行选举，已数月未露面的金正日担任为期 5 年的国家领导人。

海豹突击队营救在索马里附近的美国货船船长，杀死将船长扣押为人质的海盗。

伊朗试射潜在射程达 1200 英里的弹道导弹。

美国与俄罗斯重启 1991 年《战略武器削减条约》。

奥巴马宣布对汽车燃料消耗的新限制，以遏制全球变暖。

朝鲜第二次引爆地下核装置，试射多弹头短程导弹，以抗议联合国制裁与国际压力。

奥巴马取消所有到古巴探亲访友与汇款的旅行限制。

2010 年 海地地震致使 30 万人丧生，引发全球救援行动。

美国及其盟军在阿富汗发动自 2011 年战争开始以来最大的攻势。

国防部长盖茨宣布“伊拉克自由行动”结束，命令伊拉克美军削减到 5 万人。

冰岛火山爆发产生大量火山灰，迫使欧洲航空暂停。

美国与俄罗斯批准一项军备控制的新条约，将会促使核弹头与核发射器的大幅削减。

墨西哥湾钻井平台的倒塌，致使漏油持续近 3 个月。

英国保守党人卡梅伦取代布朗，成为首相。

在伊朗所声称的核武器计划日趋紧张的情况下，美国、俄罗斯、中国与其他大国同意对伊朗实施新的制裁。

朝鲜军队袭击韩国延坪岛，系 1953 年朝鲜战争结束以来首次针对平民运用军事力量。
欧盟与国际货币基金组织向爱尔兰提供 1140 亿美元紧急援助，以防止爱尔兰政府的破产。
突尼斯心怀不满的街头小贩的当众自杀激起了全国范围的抗议，引发“阿拉伯之春”运动。

2011 年 对突尼斯日益高涨的反对导致其总统辞职，为多党选举与政治自由开辟道路。
在几十年的专制统治之后，埃及总统穆巴拉克被迫下台；2011 年、2012 年全国大选的时间表得以确立。
大众游行示威从北非蔓延到中东，产生不同的结果。也门独裁者惨遭驱逐；巴林政府军镇压民主抗议；叙利亚总统阿萨德下令袭击政治反对者，据估计截止 2012 年中，约有 9000 人丧生。
日本地震与海啸导致大量伤亡与破坏，可能导致日本福岛核电站的毁灭。
美国与北约军队打击利比亚的军事目标，支持民众起义。卡扎菲随后被利比亚反叛军抓获、折磨并处死。
奥巴马签署法案，决定将《美国爱国者法案》延期 4 年。
美国突击队袭击拉登在巴基斯坦的庄园，处死基地组织领导人，将其葬入大海。
美国航天飞机“亚特兰蒂斯”在佛罗里达着陆，在 30 年之后结束航天飞机计划。
美国无人机杀死基地组织领导人奥拉基（一名出生于美国的也门裔伊斯兰教士）。
欧洲领导人批准一揽子银行救助，呼吁紧缩以结束欧洲地区的债务危机。
奥巴马向乌干达派遣了 100 名军人，以援助针对反政府武装的斗争。
107 个联合国成员投票支持巴勒斯坦国，美国此后收回对联合国教科文组织的资助。
北约军队在一次意在以基地组织与塔利班激进分子为目标的袭击中杀死 24 位巴基斯坦军人。
最后一波美军撤离伊拉克，结束五角大楼长达 9 年在伊拉克的军事行动。
朝鲜领导人金正日去世；其儿子金正恩继任。

附录 C
参考书目

下面的参考书目收录了一些著作。如果读者希望浏览美国对外政策方面的期刊，可以阅读《外交》(Foreign Affairs)、《对外政策分析》(Foreign Policy Analysis)、《世界政治》(World Politics)、《国际组织》(International Organization)、《国际安全》(International Security)、《国际研究季刊》(International Studies Quarterly)。除了这些原始文献之外，国会研究处（the Congressional Research Service）所出版的对外政策报告及其美国科学家联合会（the Federation of American Scientists）所编撰的对外政策报告亦是必要的资料(www.fas.org/sgp/crs/index.html)。

美国社会与对外政策特性

Almond, Gabriel A. *The American People and Foreign Policy.* New York: Praeger, 1960.

Bacevich, Andrew J. *The New American Militarism.* New York: Oxford University Press, 2005.

Boorstin, Daniel J. *The Genius of American Politics.* Chicago: Phoenix Books, 1953.

Boot, Max. *The Savage Wars of Peace.* New York: Basic Books, 2002.

Brands, H. W. *What America Owes the World.* New York: Cambridge University Press, 1998.

Dallek, Robert. *The American Style of Foreign Policy.* New York: Knopf, 1983.

Ekbladh, David. *The Great American Mission: Modernization, and the Construction of an American World Order.* Princeton, N.J.: Princeton University Press, 2010.

Fukuyama, Francis. *America at the Crossroads: Democracy, Power, and the Neoconservative Legacy.* New Haven, Conn.: Yale University Press, 2006.

Hartz, Louis. *The Liberal Tradition in America.* New York: Harvest Books, 1955.

Hofstadter, Richard. *The Paranoid Style in American Politics.* New York: Vintage Books, 1967.

Hunt, Michael H. *Ideology and U.S. Foreign Policy.* New Haven, Conn.: Yale University Press, 1987.

Ignatieff, Michael, ed. *American Exceptionalism and Human Rights.* Princeton, NJ: Princeton University Press, 2005.

Ikenberry, G. John. *Liberal Leviathan: The Origins, Crisis, and Transformation of the American World Order.* Princeton,

N.J.: Princeton University Press, 2011.
Kane, John. *Between Virtue and Power: The Persistent Moral Dilemma of U.S. Foreign Policy.* New Haven, Conn.: Yale University Press, 2008.
Kennan, George F. *American Diplomacy, 1900–1950.* Chicago: University of Chicago Press, 1951.
Kohut, Andrew, and Bruce Stokes. *America Against the World: How We Are Different and Why We Are Disliked.* New York: Times Books, 2006.
Leuchtenburg, William Edward. 2009. *In the Shadow of FDR: From Harry Truman to Barack Obama.* Ithaca, N.Y.: Cornell University Press, 2009.
Lind, Michael. *The American Way of Strategy: U.S. Foreign Policy and the American Way of Life.* New York: Oxford University Press, 2006.
Lippmann, Walter. *U.S. Foreign Policy: Shield of the Republic.* Boston: Little, Brown, 1943.
Lipset, Seymour Martin. *American Exceptionalism.* New York: Norton, 1996.
McDougall, Walter A. *Promised Land, Crusader State.* Boston: Houghton Mifflin, 1997.
Mead, Walter Russell. *Special Providence.* New York: Knopf, 2001.
Morgenthau, Hans J. *In Defense of the National Interest.* New York: Knopf, 1951.
Ninkovich, Frank. *Global Dawn: The Cultural Foundations of American Internationalism.*
Cambridge, Mass.: Harvard University Press, 2009.
Nye, Joseph S., Jr. *Soft Power.* New York: Public Affairs, 2004.
Osgood, Robert. *Ideals and Self-Interest in America's Foreign Relations.* Chicago: University of Chicago Press, 1953.
Potter, David M. *The People of Plenty.* Chicago: Phoenix Books, 1954.
Smith, Tony. *America's Mission.* Princeton, N.J.: Princeton University Press, 1994.
Trubowitz, Peter. *Defining the National Interest.* Chicago: University of Chicago Press, 1998.
Weber, Steven, and Bruce W. Jentleson. *The End of Arrogance: America in the Global Competition of Ideas.* Cambridge, Mass.: Harvard University Press, 2010.

冷战期间美国对外政策

Bell, Coral. *The Diplomacy of Detente.* New York: St. Martin's Press, 1977.
Bosterdoff, Denise M. *Proclaiming the Truman Doctrine: The Cold War Call to Arms.*
College Station: Texas A&M University Press, 2008.
Craig, Campbell, and Sergey Radchenko. *The Atomic Bomb and the Origins of the Cold War.*
New Haven, Conn.: Yale University Press, 2008.
Fulbright, J. William. *The Crippled Giant.* New York: Vintage Books, 1972.
___. *The Arrogance of Power.* New York: Vintage Books, 1967.
Gaddis, John Lewis. *We Now Know: Rethinking Cold War History.* New York: Oxford University Press, 1997.
___. *Strategies of Containment.* New York: Oxford University Press, 1982.
___. *Russia, the Soviet Union, and the United States.* New York: Wiley, 1978.
___. *The United States and the Origins of the Cold War, 1941–1947.* New York: Columbia University Press, 1972.
Glad, Betty. *An Outsider in the White House: Jimmy Carter, His Advisers, and the Making of American Foreign Policy.* Ithaca, N.Y.: Cornell University Press, 2009.
Gordin, Michael D. *Red Cloud at Dawn: Truman, Stalin, and the End of the Atomic Monopoly.* New York: Farrar, Straus, and Giroux, 2009.
Halle, Louis J. *The Cold War as History.* New York: Harper and Row, 1967.

Hoffman, David. *The Dead Hand: The Untold Story of the Cold War Arms Race and Its Dangerous Legacy*. New York: Doubleday, 2009.
Hoffmann, Stanley. *Gulliver's Troubles, or the Setting of American Foreign Policy.* New York: McGraw-Hill, 1968.
Jablonsky, David. *War by Land, Sea, and Air: Dwight Eisenhower and the Concept of Unified Command.* New Haven, Conn.: Yale University Press, 2010.
Larson, Deborah Welch. *Origins of Containment.* Princeton, N.J.: Princeton University Press, 1985.
Leffler, Melvyn P. *A Preponderance of Power.* Stanford, Calif.: Stanford University Press, 1992.
Mandelbaum, Richard, and Strobe Talbott. *Reagan and Gorbachev.* New York: Vintage Books, 1987.
Matlock, Jack F., Jr. *Reagan and Gorbachev: How the Cold War Ended.* New York: Random House, 2004.
Muravchik, Joshua. *The Uncertain Crusade.* New York: Hamilton Press, 1985.
Schulzinger, Robert D. *The Wise Men of Foreign Affairs.* New York: Columbia University Press, 1985.
Steel, Ronald. *Pax Americana.* New York: Viking Press, 1967.
Stuckey, Mary E. *Jimmy Carter, Human Rights, and the National Agenda.* College Station: Texas A&M University Press, 2008.
Yergin, Daniel. *Shattered Peace.* Boston: Houghton Mifflin, 1977.
Zelizer, Julian E. *Arsenal of Democracy.* New York: Basic Books, 2010.

冷战后美国对外政策

Allman, T. D. *Rogue State: America at War with the World.* New York: Nation Books, 2004.
Anonymous. *Imperial Hubris: Why the West Is Losing the War on Terror.* Washington, D.C.: Brassey's, 2004.
Bergen, Peter L. *The Longest War: Inside the Enduring Conflict between America and Al-Qaeda Since 9/11.* New York: Free Press, 2011.
Brooks, Stephen G., and William C. Wohlforth. *World Out of Balance: International Relations and the Challenge of American Primacy.* Princeton, N.J.: Princeton University Press, 2008.
Brzezinski, Zbigniew. *Strategic Vision: America and the Crisis of Global Power*. New York: Basic Books, 2012.
___. *Second Chance: Three Presidents and the Crisis of American Superpower.* New York: Basic Books, 2007.
Brzezinski, Zbigniew, and Brent Scowcroft. *America and the World: Conversations on the Future of American Foreign Policy.* New York: Basic Books, 2008.
Campbell, Kurt M., ed. *Climatic Cataclysm: The Foreign Policy and National Security Implications of Climate Change.* Washington, D.C.: Brookings, 2008.
Daalder, Ivo H., and James M. Lindsay. *America Unbound.* Washington, D.C.: Brookings, 2003.
Ferguson, Niall. *Colossus: The Price of America's Empire.* New York: Penguin, 2004.
Gaddis, John Lewis. *The United States and the End of the Cold War.* New York: Oxford University Press, 1992.
Gray, Colin. *War, Peace, and Victory.* New York: Simon and Schuster, 1990.
Halberstam, David. *War in a Time of Peace.* New York: Scribner, 2001.
Hirsh, Michael. *At War with Ourselves.* New York: Oxford University Press, 2003.
Hogan, Michael J., ed. *The End of the Cold War.* New York: Cambridge University Press, 1992.
Hyland, William G. *Clinton's World.* Westport, Conn.: Praeger, 1999.
Ikenberry, G. John, ed. *America Unrivaled.* Ithaca, N.Y.: Cornell University Press, 2002.
Kagan, Robert. *The World America Made*. New York: Knopf, 2012.
Kapstein, Ethan B., and Michael Mastanduno, eds. *Unipolar Politics: Realism and State Strategies after the Cold War.* New York: Columbia University Press, 1999.

Katzenstein, Peter J., and Robert O. Keohane. *Anti-Americanisms in World Politics.* Ithaca, N.Y.: Cornell University Press, 2007.

Kolodziej, Edward A., and Roger E. Kanet, eds. *From Superpower to Besieged Global Power: Restoring World Order after the Failure of the Bush Doctrine.* Athens: University of Georgia, 2008.

Kupchan, Charles A. *The End of the American Era.* New York: Knopf, 2002.

Leffler, Melvyn P., and Jeffrey W. Legro. *To Lead the World: American Strategy after the Bush Doctrine.* New York: Oxford University Press, 2008.

Lieber, Robert J. *The American Era.* New York: Cambridge University Press, 2005.

Lynch, Timothy J., and Robert S. Singh. *After Bush: The Case for Continuity in American Foreign Policy.* New York: Cambridge University Press, 2008.

Mandelbaum, Michael. *The Case for Goliath.* New York: Public Affairs, 2005.

McFaul, Michael. *Advancing Democracy Abroad: Why We Should and How We Can.*

Lanham, Md.: Rowman and Littlefield, 2010.

Mead, Walter Russell. *Power, Terror, Peace, and War: America's Grand Strategy in a World at Risk.* New York: Knopf, 2004.

Muravchik, Joshua. *The Imperative of American Leadership: A Challenge to Neo-Isolationism.*

Washington, D.C.: American Enterprise Institute, 1996.

Nye, Joseph S., Jr. *The Paradox of American Power.* New York: Oxford University Press, 2002.

Oberdorfer, Don.*From the Cold War to a New Era.* Baltimore: Johns Hopkins University Press, 1998.

Odom, William E., and Robert Dujarric. *America's Inadvertent Empire.* New Haven, Conn.: Yale University Press, 2004.

Peleg, Ilan. *The Legacy of George W. Bush's Foreign Policy: Moving Beyond Neoconservatism.* Boulder, Colo.: Westview Press, 2009.

Prestowitz, Clyde. *Rogue Nation.* New York: Basic Books, 2003.

Prybyla, Lan S. *The American Way of Peace.* Columbia: University of Missouri Press, 2005.

Ripley, Randall B., and James M. Lindsay, eds. *U.S. Foreign Policy after the Cold War.* Pittsburgh, Penn.: University of Pittsburgh Press, 1997.

Rubenstein, Alvin Z., et al., eds. *The Clinton Foreign Policy Reader.* Armonk, N.Y.: M. E. Sharpe, 2000.

Schulz, William F., ed. *The Future of Human Rights: U.S. Policy for a New Era.* Philadelphia: University of Pennsylvania Press, 2008.

Steel, Ronald. *Temptations of a Superpower.* Cambridge, Mass.: Harvard University Press, 1995.

Sweig, Julia E. *Friendly Fire: Losing Friends and Making Enemies in the Anti-American Century.* New York: Public Affairs, 2006.

Tucker, Robert W., and David C. Hendrickson. *The Imperial Temptation.* New York: Council on Foreign Relations, 1992.

Walt, Stephen M. *Taming American Power.* New York: Norton, 2005.

Zakaria, Fareed. *The Post-American World: Release 2.0.* New York: Norton, 2011.

外交史

Ambrose, Stephen E. *Rise to Globalism: American Foreign Policy since 1938.* 7th ed. rev. New York: Penguin, 1993.

Anderson, Fred, and Andrew Cayton. *The Dominion of War.* New York: Viking, 2005.

Bagby, Wesley M. *America's International Relations since World War I.* New York: Oxford University Press, 1999.

Bailey, Thomas. *A Diplomatic History of the American People.* 10th ed. Englewood Cliffs, N.J.: Prentice Hall, 1980.

Clarfield, Gerard. *U.S. Diplomatic History.* 2 vols. Englewood Cliffs, N.J.: Prentice Hall, 1992.

Combs, Jerald A.*The History of American Foreign Policy.* 3rd ed. Armonk, N.Y.: M. E. Sharpe, 2008.

Fleming, D. F. *The Cold War and Its Origins, 1917–1960.* 2 vols. Garden City, N.Y.: Doubleday, 1961.
Gaddis, John Lewis. *The Cold War: A New History.* New York: Penguin Press, 2005.
Herring, George C. *From Colony to Superpower: U.S. Foreign Relations since 1776.* New York: Oxford University Press, 2008.
Jentleson, Bruce W., and Thomas G. Paterson, eds. *The Encyclopedia of U.S. Foreign Relations.* 4 vols. New York: Oxford University Press, 1997.
Jones, Howard. *Crucible of Power: A History of American Foreign Relations from 1897.*
Lanham, Md.: Rowman and Littlefield, 2008.
Kempe, Frederick. *Berlin 1961: Kennedy, Khrushchev, and the Most Dangerous Place on Earth.* New York: Putnam, 2011.
Kissinger, Henry. *Diplomacy.* New York: Simon and Schuster, 1994.
Kunz, Diane B., ed. *The Diplomacy of the Crucial Decade.* New York: Columbia University Press, 1994.
McCormick, Thomas J. *America's Half-Century.* 2nd ed. Baltimore: Johns Hopkins University Press, 1995.
McMahon, Robert J. *The Cold War: A Very Short Introduction.* New York: Oxford University Press, 2003.
Melanson, Richard A. *American Foreign Policy since the Vietnam War.* 3rd ed. Armonk, N.Y.: M. E. Sharpe, 2000.
Merry, Robert W. *A Century of Vast Designs: James K. Polk, the Mexican War, and the Conquest of the American Continent.* New York: Simon and Schuster, 2010.
Offner, Arnold A. *Another Such Victory: President Truman and the Cold War, 1945–1953.*
Stanford, Calif.: Stanford University Press, 2002.
Plokhy, S. M. *Yalta: The Price of Peace.* New York: Penguin, 2011.
Schulzinger, Robert D. *U.S. Diplomacy since 1900.* 5th ed. New York: Oxford University Press, 2002.
Stueck, William. *Rethinking the Korean War.* Princeton, N.J.: Princeton University Press, 2004.
Winkler, Allan A. *The Cold War: A History in Documents.* 2nd ed. New York: Oxford University Press, 2003.
Wood, Gordon S. *Empire of Liberty: A History of the Early Republic, 1789–1815.* New York:
Oxford University Press, 2009.

修正主义学派的解释与争论

Alperovitz, Gar. *Atomic Diplomacy.* New York: Vintage Books, 1967.
Bacevich, Andrew J. *Washington Rules: America's Path to Permanent War.* New York: Metropolitan Books, 2010.
Barnet, Richard. *Roots of War.* New York: Atheneum, 1972.
Beinart, Peter. *The Icarus Syndrome: A History of American Hubris.* New York: Harper, 2010.
Campbell, David. *Writing Security.* Rev. ed. Minneapolis: University of Minnesota Press, 1998.
___. *United States Foreign Policy and the Politics of Identity.* Minneapolis: University of Minnesota Press, 1992.
Chomsky, Noam. *9-11.* New York: Seven Stories Press, 2002.
Gardner, Lloyd. *Architects of Illusion.* Chicago: Quadrangle Books, 1970.
Hixson, Walter. *The Myth of American Diplomacy: National Identity and U.S. Foreign Policy.*
New Haven, Conn.: Yale University Press, 2008.
Hodgson, Godfrey. *The Myth of American Exceptionalism.* New Haven, Conn.: Yale University Press, 2009.
Hoff, Joan. *A Faustian Foreign Policy: From Woodrow Wilson to George W. Bush.* New York: Cambridge University Press, 2008.
Immerman, Richard H. *Empire for Liberty: A History of American Imperialism from Benjamin Franklin to Paul Wolfowitz.* Princeton, N.J.: Princeton University Press, 2010.
Johnson, Chalmers A. *The Sorrows of Empire: Militarism, Secrecy, and the End of the Republic.* New York:

Metropolitan, 2004.
___. *Blowback: The Costs and Consequences of American Empire.* New York: Metropolitan, 2000.
Kagan, Robert. *Dangerous Nation: America's Place in the World, from Its Earliest Days to the Dawn of the 20th Century.* New York: Knopf, 2006.
Kolko, Gabriel. *The Roots of American Foreign Policy.* Boston: Beacon Press, 1969.
Kwitny, Jonathan. *Endless Enemies.* New York: Penguin, 1984.
LaFeber, Walter. *The New Empire.* Ithaca, N.Y.: Cornell University Press, 1963.
Mason, David S. *The End of the American Century.* Lanham, Md.: Rowman and Littlefield, 2009.
McMahon, Robert J. *The Cold War on the Periphery.* New York: Columbia University Press, 1994.
Melanson, Richard A. *Writing History and Making Policy.* Lanham, Md.: University Press of America, 1983.
Mertus, Julie. *Bait and Switch: Human Rights and U.S. Foreign Policy.* 2nd ed. New York: Routledge, 2008.
Nieto, Clara. *Masters of War: Latin America and United States Aggression from the Cuban Revolution through the Clinton Years.* New York: Seven Stories Press, 2003.
Parenti, Michael. *Against Empire.* San Francisco: City Lights Books, 1995.
Peck, James. *Ideal Illusions: How the U.S. Government Co-Opted Human Rights.* New York: Metropolitan, 2010.
Sanders, Jerry W. *Peddlers of Crisis.* Boston: South End Press, 1983.
Smith, Tony. *A Pact with the Devil: Washington's Bid for World Supremacy and the Betrayal of the American Promise.* New York: Routledge, 2007.
Thrall, Trevor A., and Jane K. Cramer, ed. *American Foreign Policy and the Politics of Fear: Threat Inflation since 9/11.* New York: Routledge, 2009.
Wallerstein, Immanuel. *The Decline of American Power: The U.S. in a Chaotic World.* New York: New Press, 2003.
Weldes, Jutta. *Constructing National Interests.* Minneapolis: University of Minnesota Press, 1999.
Williams, William Appleman. *The Tragedy of American Diplomacy.* New York: Norton, 1988.

美国军事战略

Art, Robert J. *America's Grand Strategy and World Politics.* New York: Routledge, 2009.
Bacevich, Andrew J. *The Limits of Power: The End of American Exceptionalism.* New York: Metropolitan Books, 2008.
Bellany, Alex J. *Security and the War on Terror.* New York: Routledge, 2008.
Benjamin, Daniel, and Steven Simon. *The Next Attack.* New York: Times Books, 2005.
___. *The Age of Sacred Terror.* New York: Random House, 2002.
Brigham, Robert K. *Is Iraq Another Vietnam?* New York: Public Affairs, 2006.
Brzezinski, Zbigniew. *Strategic Vision: America and the Crisis of Global Power.* New York: Basic Books, 2012.
Buckley, Mary, and Robert Singh. *The Bush Doctrine and the War on Terrorism: Global Responses, Global Consequences.* New York: Routledge, 2006.
Buley, Ben. *The New American Way of War: Military Culture and the Political Utility of Force.* New York: Routledge, 2007.
Campbell, Kenneth J. *A Tale of Two Quagmires: Iraq, Vietnam, and the Hard Lessons of War.*
Boulder, Colo.: Paradigm, 2007.
Daalder, Ivo H., Nicole Gnesotto, and Philip H. Gordon, eds. *Crescent of Crisis: U.S.*
European Strategy for the Greater Middle East. Washington, D.C.: Brookings, 2006.
Dobbins, James, Michele A. Poole, Austin Long, and Benjamin Runkle. *After the War:*
Nation-building from FDR to George W. Bush. Santa Monica, Calif.: RAND, 2008.
Doyle, Michael W. *Striking First: Preemption and Prevention in International Conflict.*

Princeton, N.J.: Princeton University Press, 2008.

Drezner, Daniel W. *Avoiding Trivia: The Role of Strategic Planning in American Foreign Policy.* Washington, D.C.: Brookings, 2009.

Dumbrell, John, and David Ryan, eds. *Vietnam in Iraq: Tactics, Lessons, Legacies, and Ghosts.* New York: Routledge, 2006.

English, Richard. *Terrorism: How to Respond.* New York: Oxford University Press, 2009.

Freedman, Lawrence. *The Evolution of Nuclear Strategy.* 3rd ed. New York: Palgrave Macmillan, 2003.

Gaddis, John Lewis, Philip H. Gordon, Ernest R. May, and Jonathan Rosenberg, eds. *Cold War Statesmen Confront the Bomb: Nuclear Diplomacy since 1945.* New York: Oxford University Press, 1999.

George, Alexander L., and Richard Smoke. *Deterrence in American Foreign Policy.* New York: Columbia University Press, 1974.

Gordon, Michael R., and General Bernard E. Trainor. *Cobra II: The Inside Story of the Invasion and Occupation of Iraq.* New York: Pantheon, 2006.

Hersh, Seymour M. *Chain of Command: The Road from 9/11 to Abu Ghraib.* New York: HarperCollins, 2004.

Jordan, Amos A., William J. Taylor Jr., Michael J. Meese, and Suzanne C. Nielsen. *American National Security.* 6th ed. Baltimore: Johns Hopkins University Press, 2009.

Kaplan, Fred. *The Wizards of Armageddon.* New York: Simon and Schuster, 1983.

Keller, William W., and Gordon R. Mitchell, eds. *Hitting First: Preventive Force in U.S.*

Security Strategy. Pittsburgh, Penn: University of Pittsburgh Press, 2006.

Kissinger, Henry A. *Nuclear Weapons and Foreign Policy.* New York: Harper and Brothers, 1957.

Levy, Adrian, and Catherine Scott-Clark. *Deception: Pakistan, the United States, and the Secret Trade in Nuclear Weapons.* New York: Walker and Company, 2007.

Luttwak, Edward N. *The Pentagon and the Art of War.* New York: Simon and Schuster, 1985.

Naftali, Timothy J. *Blind Spot: The Secret History of American Counterterrorism.* New York: Basic Books, 2005.

Nichols, Thomas M. *Eve of Destruction: The Coming Age of Preventive War.* Philadelphia: University of Pennsylvania Press, 2008.

Norrlof, Carla. *America's Global Advantage: US Hegemony and International Cooperation*. New York: Cambridge University Press, 2010.

O'Hanlon, Michael. *The Wounded Giant: America's Armed Forces in an Age of Austerity*.

New York: Penguin, 2011.

Pillar, Paul R. *Terrorism and U.S. Foreign Policy.* Washington, D.C.: Brookings, 2001.

Power, Samantha. *"A Problem From Hell": America and the Age of Genocide.* New York: Basic Books, 2002.

Prados, John. *Safe for Democracy: The Secret Wars of the CIA.* Chicago: Ivan R. Dee, 2006.

Preble, Christopher A. *The Power Problem: How American Military Dominance Makes Us Less Safe, Less Prosperous, and Less Free.* New York: Cornell University Press, 2009.

Ricks, Thomas E. *Fiasco: The American Military Adventure in Iraq.* New York: Penguin, 2006.

Risen, James. *State of War: The Secret History of the CIA and the Bush Administration.* New York: Free Press, 2006.

Talbott, Strobe. *Deadly Gambits.* New York: Knopf, 1984.

Viotti, Paul R. *American Foreign Policy and National Security: A Documentary Record.*

Upper Saddle River, N.J.: Pearson/Prentice Hall, 2005.

White House. *National Security Strategy.* Washington, D.C.: Author, 2010.

Wirls, Daniel. *Irrational Security: The Politics of Defense from Reagan to Obama.* Baltimore: Johns Hopkins University Press, 2010.

Woodward, Bob. *The War Within: A Secret White House History, 2006–2008.* New York: Simon and Schuster, 2008.
___. *State of Denial: Bush at War, Part III.* New York: Simon and Schuster, 2006.
___. *Plan of Attack.* New York: Simon and Schuster, 2004.
___. *Bush at War.* New York: Simon and Schuster, 2002.
___. *The Commanders.* New York: Simon and Schuster, 1991.

美国对欧洲及苏联政策

Arbatov, Alexei, and Vladimir Dvorkin. *Beyond Nuclear Deterrence: Transforming the U.S.-Russian Equation.* Washington D.C.: Carnegie Endowment for International Peace, 2006.
Aybet, Gülnur, and Rebecca R. Moore. *NATO: In Search of a Vision.* Washington, D.C.: Georgetown University Press, 2010.
Balis, Christina V., and Simon Serfaty, eds. *Visions of America and Europe.* Washington, D.C.: CSIS Press, 2004.
Benjamin, Daniel. *Europe 2030.* Washington, D.C.: Brookings, 2010.
Bugajski, Janusz. *Cold Peace: Russia's New Imperialism.* Westport, Conn.: Praeger, 2004.
Daum, Andreas W. *Kennedy in Berlin.* New York: Cambridge University Press, 2007.
Dunlop, John B. *The Rise of Russia and the Fall of the Soviet Empire.* Princeton, N.J.: Princeton University Press, 1993.
Foglesong, David. *The American Mission and the "Evil Empire": The Crusade for a Free Russia since 1881.* New York: Cambridge University Press, 2007.
Fromkin, David. *Kosovo Crossing.* New York: Free Press, 1999.
Goldgeier, James M., and Michael McFaul. *Power and Purpose: U.S. Policy toward Russia after the Cold War.* Washington, D.C.: Brookings, 2003.
Hunter, Robert E. *European Security and Defense Policy: NATO's Companion or Competitor.* Santa Monica, Calif.: RAND, 2002.
Jack, Andrew. *Inside Putin's Russia.* New York: Oxford University Press, 2004.
Judah, Tim. *Kosovo: War and Revenge.* New Haven, Conn.: Yale University Press, 2000.
Kagan, Robert. *Of Paradise and Power.* New York: Knopf, 2003.
Kaplan, Lawrence S. *The Long Entanglement: NATO's First Fifty Years.* Westport, Conn.: Praeger, 1999.
Kaplan, Robert D. *Balkan Ghosts.* New York: St. Martin's Press, 1993.
Kashmeri, Sarwar A. *America and Europe after 9/11 and Iraq.* Westport, Conn.: Praeger, 2007.
Khlevniuk, Oleg V. *Master of the House: Stalin and His Inner Circle.* New Haven, Conn.: Yale University Press, 2008.
Majone, Giandomenico. *Europe as the Would-Be World Power: The EU at Fifty.* New York: Cambridge University Press, 2009.
Malia, Martin E. *Russia under Western Eyes.* Cambridge, Mass.: Belknap Press, 1999.
Marquand, David. *The End of the West: The Once and Future Europe.* Princeton, N.J.: Princeton University Press, 2011.
Miller, John J., and Mark Molesky. *Our Oldest Enemy: A History of America's Disastrous Relationship with France.* New York: Doubleday, 2004.
Mitchell, Lincoln A. *Uncertain Democracy: U.S. Foreign Policy and Georgia's Rose Revolution.* Philadelphia: University of Pennsylvania Press, 2009.
Norris, John. *Collision Course: NATO, Russia, and Kosovo.* Westport, Conn.: Praeger, 2005.
O'Clery, Conor. *Moscow, December 25, 1991: The Last Day of the Soviet Union.* New York: Public Affairs, 2011.
Shleifer, Andrei. *A Normal Country: Russia after Communism.* Cambridge, Mass.: Harvard University Press, 2005.
Snyder, Timothy. *Bloodlands: Europe Between Hitler and Stalin.* New York: Basic Books, 2010.
Thies, Wallace J. *Why NATO Endures.* New York: Cambridge University Press, 2009.

Vladislov, M. Zubok. *A Failed Empire: The Soviet Union in the Cold War from Stalin to Gorbachev.* Chapel Hill, N.C.: University of North Carolina Press, 2007.

Wilson, Andrew. *Virtual Politics: Faking Democracy in the Post-Soviet World.* New Haven, Conn.: Yale University Press, 2005.

美国的东亚政策

Ali, S. Mahmud. *U.S.-China Relations in the "Asia-Pacific" Century.* New York: Palgrave Macmillan, 2008.

Becker, Jasper. *Rogue Regime: Kim Jong Il and the Looming Threat of North Korea.* New York: Oxford University Press, 2005.

Bernstein, Richard, and Ross H. Munro. *The Coming Conflict with China.* New York: Knopf, 1997.

Calder, Kent E. *Pacific Alliance: Reviving U.S.-Japan Relations.* New Haven, Conn.: Yale University Press, 2009.

Chinoy, Mike. *Meltdown: The Inside Story of the North Korean Nuclear Crisis.* New York: St. Martin's Press, 2008.

Cumings, Bruce. *Korea's Place in the Sun.* New York: Norton, 1997.

Fishman, Ted C. *China, Inc.* New York: Scribner, 2005.

Foot, Rosemary, and Andrew Walter. *China, the United States, and Global Order.* New York: Cambridge University Press, 2010.

Friedberg, Aaron. *A Contest for Supremacy: China, America, and the Struggle for Mastery in Asia.* New York: Norton, 2011.

Gardner, Lloyd C., and Ted Gittinger, eds. *Vietnam: The Early Decisions.* Austin: University of Texas Press, 1997.

Gelb, Leslie, et al. *The Pentagon Papers.* New York: Bantam Books, 1971.

Halberstam, David. *The Best and the Brightest.* New York: Random House, 1969.

Harrison, Selig S. *Korean Endgame.* Princeton, N.J.: Princeton University Press, 2002.

Hess, Gary R. *Vietnam: Explaining America's Lost War.* Malden, Mass.: Blackwell, 2009.

Hunt, Michael H. *Lyndon Johnson's War.* New York: Hill and Wang, 1996.

Jacques, Martin. *When China Rules the World.* New York: Penguin, 2009.

Karnow, Stanley C. *Vietnam.* New York: Viking Press, 1983.

Kimball, Jeffrey P. *The Vietnam War Files.* Lawrence: University Press of Kansas, 2004.

Kissinger, Henry. *On China.* New York: Penguin, 2011.

___. *Ending the Vietnam War.* New York: Simon and Schuster, 2003.

McFarland, Keith. *The Korean War: An Annotated Bibliography.* 2nd ed. New York: Routledge, 2009.

McMahon, Robert J., ed. *Major Problems in the History of the Vietnam War: Documents and Essays.* 3rd ed. Boston: Houghton Mifflin, 2003.

Medeiros, Evan S., et al. *Pacific Currents: The Reponses of U.S. Allies and Security Partners in East Asia to China's Rise.* Santa Monica, Calif.: RAND, 2008.

Prados, John. *Vietnam: The History of an Unwinnable War, 1945–1975.* Lawrence: University of Kansas Press, 2009.

Rosencrance, Richard, and Gu Guoliang. *Power and Restraint: A Shared Vision for the U.S.- China Relationship.* New York: Public Affairs. 2009.

Schaffer, Howard B. *The Limits of Influence: America's Role in Kashmir.* Washington, D.C.: Brookings, 2009.

Schaffer, Teresita C. *India and the United States in the Twenty-First Century.* Washington, D.C.: Center for Strategic and International Studies, 2009.

Sheehan, Neil. *A Bright Shining Lie.* New York: Random House, 1988.

Swaine, Michael D., and Zhang Tuosheng, eds., with Danielle F. S. Cohen. *Managing SinoAmerican Crises: Case Studies and Analysis.* Washington, D.C.: Carnegie Endowment for International Peace, 2006.

Tucker, Nancy B. *Strait Talk: United States-Taiwan Relations and the Crisis with China.*
Cambridge, Mass.: Harvard University Press, 2009.
___. *Dangerous Strait: The U.S.-Taiwan-China Crisis.* New York: Columbia University Press, 2005.
Wainstock, Dennis D. *Truman, MacArthur, and the Korean War.* Westport, Conn.: Greenwood Press, 1999.

美国的中东与南亚政策

Allawi, Ali A. *The Occupation of Iraq: Winning the War, Losing the Peace.* New Haven, Conn.: Yale University Press, 2007.
Allen, Michael J. *Until the Last Man Comes Home: POWs, MIAs, and the Unending Vietnam War.* Chapel Hill: University of North Carolina Press, 2009.
Baxter, Kylie. *United States Foreign Policy in the Middle East: The Roots of Anti-Americanism.*
New York: Routledge, 2008.
Chandrasekaran, Rajiv. *Imperial Life in the Emerald City: Inside Iraq's Green Zone.* New York: Knopf, 2006.
Clark, Victoria. *Allies for Armageddon: The Rise of Christian Zionism.* New Haven, Conn.: Yale University Press, 2007.
Cockburn, Patrick. *Muqtada: Muqtada al-Sadr, the Shia Revival, and the Struggle for Iraq.*
New York: Scribner, 2008.
Cole, Juan. *Engaging the Muslim World.* New York: Palgrave Macmillan, 2009.
Coll, Steve. *Ghost Wars.* New York: Penguin, 2004.
Diamond, Larry. *Squandered Victory.* New York: Times Books, 2005.
Dreyfuss, Robert. *Devil's Game: How the United States Helped Unleash Fundamentalist Islam.* New York: Metropolitan Books, 2005.
Duffield, John S., and Peter J. Dombrowski. *Balance Sheet: The Iraq War and U.S. National Security.* Stanford, Calif.: Stanford University Press, 2009.
Friedman, Thomas L. *From Beirut to Jerusalem.* New York: Anchor Books, 1989.
Galbraith, Peter W. *The End of Iraq: How American Incompetence Created a War without End.* New York: Simon and Schuster, 2006.
Ganguly, Sumit, and S. Paul Kapur. *India, Pakistan, and the Bomb.* New York: Columbia University Press, 2010.
Gasiorowski, Mark J. *U.S. Foreign Policy and the Shah.* Ithaca, N.Y.: Cornell University Press, 1991.
Graham-Brown, Sarah. *Sanctioning Saddam.* New York: St. Martin's Press, 1999.
Hadar, Leon T. *Sandstorm: Policy Failure in the Middle East.* New York: Palgrave Macmillan, 2005.
Hanson, Victor David. *Between War and Peace: Lessons from Afghanistan to Iraq.* New York: Random House, 2004.
Herring, Eric, and Glen Rangwala. *Iraq in Fragments: The Occupation and Its Legacy.* Ithaca, N.Y.: Cornell University Press, 2006.
Jentleson, Bruce W. *With Friends like These.* New York: Norton, 1994.
Keegan, John. *The Iraq War.* New York: Knopf, 2004.
Kinzer, Stephen. *Reset: Iran, Turkey, and America's Future.* New York: Times Books, 2010.
Kurtner, Daniel C., and Scott B. Lasensky. *Negotiating Arab-Israeli Peace: American Leadership in the Middle East.* Washington, D.C.: U.S. Institute of Peace, 2008.
Lacey, Robert. *Inside the Kingdom: Kings, Clerics, Terrorists, Modernists, and the Struggle for Saudi Arabia.* New York: Viking, 2009.
Lieven, Anatol. *Pakistan: A Hard Country.* New York: Public Affairs, 2011.
Limbert, John W. *Negotiating with Iran.* Washington, D.C.: U.S. Institute of Peace, 2009.

Little, Douglas. *American Orientalism: The United States and the Middle East since 1945.*
Chapel Hill: University of North Carolina Press, 2002.
Lynch, Mark. *The Arab Uprising: The Unfinished Revolutions of the New Middle East.* New York: Public Affairs, 2012.
Miller, Aaron David. *The Much Too Promised Land: America's Elusive Search for Arab-Israeli Peace.* New York: Bantam Books, 2008.
Ovendale, Ritchie. *The Origins of the Arab-Israeli Wars.* New York: Pearson Longman, 2004.
Packer, George. *The Assassins' Gate: America in Iraq.* New York: Farrar, Straus, and Giroux, 2005.
Parsi, Trita. *A Single Roll of the Dice: Obama's Diplomacy with Iran.* New Haven, Conn.: Yale University Press, 2012.
Pipes, Daniel. *Militant Islam Reaches America.* New York: Norton, 2002.
Pollack, Kenneth M. *A Path Out of the Desert: A Grand Strategy for America in the Middle East.* New York: Random House, 2008.
___. *The Persian Puzzle.* New York: Random House, 2004.
Randal, Jonathan. *Osama: The Making of a Terrorist.* New York: Knopf, 2004.
Riedel, Bruce. *Deadly Embrace: Pakistan, America, and the Future of Global Jihad.*
Washington, D.C.: Brookings, 2011.
Ross, Dennis, and David Makovsky. *Myths, Illusions, and Peace: Finding a New Direction for America in the Middle East.* New York: Viking, 2009.
Safran, Nadav. *Intifada.* New York: Simon and Schuster, 1989.
___. *Israel: The Embattled Ally.* Cambridge, Mass.: Harvard University Press, 1978.
Schaeffer, Howard B., and Teresita C. Schaeffer. *How Pakistan Negotiates with the United States: Riding the Roller Coaster.* Washington, D.C.: Brookings, 2011.
Scheuer, Michael. *Marching toward Hell: America and Islam after Iraq.* New York: Free Press, 2008.
Shaffer, Brenda, ed. *The Limits of Culture: Islam and Foreign Policy.* Cambridge, Mass.: MIT Press, 2006.
Sifry, Micah L., and Christopher Cerf, eds. *The Gulf War Reader.* New York: Random House, 1991.
Takeyh, Ray. *Guardians of the Revolution: Iran and the World in the Age of the Ayatollahs.*
New York: Oxford University Press, 2009.
Wright, Robin, ed. *The Iran Primer: Power, Politics, and U.S. Policy.* Washington, D.C.: Institute of Peace Press, 2010.

美国的非洲政策

Anstee, Margaret Joan. *Orphan of the Cold War.* New York: St. Martin's Press, 1996.
Bowden, Mark. *Black Hawk Down.* New York: Atlantic Monthly Press, 1999.
Brautigam, Deborah. *The Dragon's Gift: The Real Story of China in Africa.* New York: Oxford University Press, 2009.
Clarke, Walter, and Jeffrey Herbst, eds. *Learning from Somalia.* Boulder, Colo.: Westview Press, 1997.
Cockett, Richard. *Sudan: Darfur and the Failure of an African State.* New Haven, Conn.: Yale University Press, 2010.
Cohen, Herman J. *Intervening in Africa.* New York: St. Martin's Press, 2000.
Davis, John, ed. *Africa and the War on Terrorism.* Burlington, Vt.: Ashgate, 2007.
Forest, James J. F., and Matthew V. Sousa. *Oil and Terrorism in the New Gulf: Framing U.S. Energy and Security Policies for the Gulf of Guinea.* Lanham, Md.: Lexington Books, 2006.
Harbeson, John W., and Donald Rothchild, eds. *Africa in World Politics: Reforming Political Order.* Boulder, Colo.: Westview Press, 2008.
Lyman, Princeton N. *Partner to History: The U.S. Role in South Africa's Transition to Democracy.* Washington, D.C.: U.S. Institute of Peace Press, 2002.

Packenham, Robert A. *Liberal America and the Third World.* Princeton, N.J.: Princeton University Press, 1973.

Reyntjens, Filip. *The Great African War: Congo and Regional Geopolitics, 1996–2006.* New York: Cambridge University Press, 2009.

Rothchild, Donald, and Edmond J. Keller, eds. *Africa-U.S. Relations: Strategic Encounters.*

Boulder, Colo.: Lynne Rienner, 2006.

Stevenson, Jonathan. *Losing Mogadishu.* Annapolis: Naval Institute Press, 1995.

Thomson, Alex. *U.S. Foreign Policy toward Apartheid South Africa, 1948–1994: Conflict of Interests.* New York: Palgrave Macmillan, 2008.

美国的拉美政策

Barshefsky, Charlene, and James T. Hill. *U.S.-Latin American Relations: A New Direction for a New Reality.* New York: Council on Foreign Relations, 2008.

Bowden, Mark. *Killing Pablo.* New York: Atlantic Monthly Press, 2001.

Carpenter, Ted Galen. *Bad Neighbor Policy.* New York: Palgrave Macmillan, 2003.

Corrales, Javier, and Michael Penfold. *Dragon in the Tropics: Hugo Chavez and the Political Economy of Revolution in Venezuela.* Washington, D.C.: Brookings, 2010.

Crandall, Britta H. *Hemispheric Giants: The Misunderstood History of U.S.-Brazilian Relations.* Lanham, Md.: Rowman and Littlefield, 2011.

Crandall, Russell. *The United States and Latin America after the Cold War.* New York: Cambridge University Press, 2008.

Draper, Theodore. *The Dominican Revolt.* New York: Commentary, 1968.

Grayson, George W. *Mexico: Narco-Violence and a Failed State?* Pascataway, N.J.: Transaction, 2009.

Grow, Michael. *U.S. Presidents and Latin American Interventions: Pursuing Regime Change in the Cold War.* Lawrence: University of Kansas Press, 2008.

Gutman, Roy. *Banana Diplomacy.* New York: Simon and Schuster, 1988.

Haney, Patrick J., and Walt Vanderbush. *The Cuban Embargo: The Domestic Politics of an American Foreign Policy.* Pittsburgh, Penn: University of Pittsburgh Press, 2005.

Hirst, Monica. *The United States and Brazil.* New York: Routledge, 2005.

Holden, Robert H., and Eric Zolov. *Latin America and the United States: A Documentary History.* 2nd ed. New York: Oxford University Press, 2010.

Immerman, Robert H. *The CIA in Guatemala.* Austin: University of Texas Press, 1982.

Jones, Howard. *The Bay of Pigs.* New York: Oxford University Press, 2008.

LaFeber, Walter. *Inevitable Revolutions.* New York: Norton, 1983.

Lake, Anthony. *Somoza Falling.* Boston: Houghton Mifflin, 1989.

LeoGrande, William M. *Our Own Backyard.* Chapel Hill: University of North Carolina Press, 1998.

Lowenthal, Abraham F., Theodore J. Piccone, and Laurence Whitehead, eds. *Shifting the Balance.* Washington, D.C.: Brookings, 2010.

McPherson, Alan. *Yankee No! Anti-Americanism in U.S.–Latin American Relations.*

Cambridge, Mass.: Harvard University Press, 2003.

Pastor, Robert A. *Whirlpool.* Princeton, N.J.: Princeton University Press, 1993.

___. *Condemned to Repetition.* Princeton, N.J.: Princeton University Press, 1987.

Pérez, Louis A. *Cuba in the American Imagination: Metaphor and the Imperial Ethos.* Chapel Hill: University of North Carolina Press, 2008.

Schlesinger, Stephen, and Stephen Kinzer. *Bitter Fruit.* Garden City, N.Y.: Anchor Books, 1982.
Sigmund, Paul. *The Overthrow of Allende and the Politics of Chile.* Pittsburgh, Penn.: University of Pittsburgh Press, 1977.

美国与国际政治经济

Ahamed, Liquat. *Lords of Finance: The Bankers Who Broke the World.* New York: Penguin, 2009.
Baldwin, David A. *Economic Statecraft.* Princeton, N.J.: Princeton University Press, 1985.
Bergsten, C. Fred, ed. *The United States and the World Economy.* Washington, D.C.: Institute for International Economics, 2005.
Cohen, Edward S. *The Politics of Globalization in the United States.* Washington, D.C.: Georgetown University Press, 2001.
Destler, I. M. *American Trade Politics.* 4th ed. Washington, D.C.: Institute for International Economics, 2005.
Eichengreen, Barry. *Exorbitant Privilege: The Rise and Fall of the Dollar and the Future of the International Monetary System.* New York: Oxford University Press, 2011.
Friedman, Thomas, and Michael Mandelbaum. *That Used to Be Us.* New York: Farrar, Strauss, and Giroux, 2011.
Hubbard, R. Glenn, and William Duggan. *The Aid Trap: About Ending Poverty.* New York: Columbia Business School Publishing, 2009.
Krugman, Paul. *The Return of Depression Economics and the Crisis of 2008.* New York: Norton, 2009.
Lind, Michael. *Land of Promise: An Economic History of the United States* (New York: HarperCollins, 2012).
Mandelbaum, Michael. *The Frugal Superpower.* New York: PublicAffairs, 2010.
Noah, Timothy. *The Great Divergence: America's Growing Inequality Crisis and What We Can Do About It* (New York: Bloomsbury Press, 2012).
Prestowitz, Clyde. *Three Billion New Capitalists: The Great Shift of Wealth and Power to the East.* New York: Basic Books, 2005.
Reinhart, Carmen M., and Kenneth S. Rogoff. *This Time is Different: Eight Centuries of Financial Folly.* Princeton, N.J.: Princeton University Press, 2009.
Ruland, Jurgen, Theodor Hanf, and Eva Manske. *U.S. Foreign Policy toward the Third World: A Post–Cold War Assessment.* Armonk, N.Y.: M. E. Sharpe, 2006.
Sachs, Jeffrey. *Common Wealth: Economics for a Crowded Planet.* New York: Penguin, 2008.
___. *The End of Poverty.* New York: Penguin, 2005.
Sorel, Eliot, and Pier Carol Padoan, eds. *The Marshall Plan: Lessons Learned for the 21st Century.* Paris: Organisation for Economic Co-operation and Development, 2008.
Stiglitz, Joseph E. *Freefall: America, Free Markets, and the Sinking of the World Economy.*
New York: Norton, 2010.
___. *Globalization and Its Discontents.* New York: Norton, 2002.
Wolf, Martin. *Why Globalization Works.* New Haven, Conn.: Yale University Press, 2004.
Yergin, Daniel. *The Quest: Energy, Security, and the Remaking of the Modern World.* New York: Penguin, 2011.
Zakaria, Fareed. *From Wealth to Power.* Princeton, N.J.: Princeton University Press, 1998.

美国与国际组织

Byers, Michael, and Georg Nolte. *United States Hegemony and the Foundations of International Law.* New York: Cambridge University Press, 2003.

Feinstein, Lee, and Tod Lindberg. *Means to an End: U.S. Interest in the International Criminal Court.* Washington, D.C.: Brookings, 2009.
Holsti, K. J. *Taming the Sovereigns.* New York: Cambridge University Press, 2004.
Ikenberry, G. John. *After Victory.* Princeton, N.J.: Princeton University Press, 2001.
Keck, Margaret, and Kathryn Sikkink. *Activists beyond Borders.* Ithaca, N.Y.: Cornell University Press, 1998.
Luck, Edward C. *Mixed Messages: American Politics and International Organization, 1919–1999.* Washington, D.C.: Brookings, 1999.
McCleary, Rachel M. *Global Compassion: Private Voluntary Organizations and U.S. Foreign Policy since 1939.* New York: Oxford University Press, 2009.
Patrick, Stewart. *The Best Laid Plans: The Origins of American Multilateralism and the Dawn of the Cold War.* Lanham, Md.: Rowman and Littlefield, 2009.
Patrick, Stewart, and Shepard Forman, eds. *Multilateralism and U.S. Foreign Policy.*
Boulder, Colo.: Lynne Rienner, 2002.
Posner, Eric A. *The Perils of Global Legalism.* Chicago: University of Chicago Press, 2009.
Sinno, Abdulkader H. *Organizations at War in Afghanistan and Beyond.* Ithaca, N.Y.: Cornell University Press, 2007.
Slaughter, Anne-Marie. *A New World Order.* Princeton, N.J.: Princeton University Press, 2004.
Thompson, Alexander. *Channels of Power: The UN Security Council and U.S. Statecraft in Iraq.* New York: Cornell University Press, 2009.

国内政治与美国对外政策

Adams, Gordon, and Cindy Williams. *Buying National Security: How America Plans and Pays for Its Global Role and Safety at Home.* New York: Routledge, 2009.
Allison, Graham T., and Philip Zelikow. *Essence of Decision.* 2nd ed. New York: Longman, 1999.
Bamford, James. *A Pretext for War: 9/11, Iraq, and the Abuse of America's Intelligence Agencies.* New York: Doubleday, 2004.
___. *Body of Secrets: Anatomy of the Ultra-Secret National Security Agency.* New York: Doubleday, 2001.
Baum, Matthew A., and Tim J. Groeling. *War Stories: The Causes and Consequences of Public Views of War.* Princeton, N.J.: Princeton University Press, 2009.
Betts, Richard K. *Enemies of Intelligence: Knowledge and Power in America National Security.*
New York: Columbia University Press, 2007.
Chatterjee, Pratap. *Halliburton's Army: How a Well-Connected Texas Oil Company Revolutionized the Way America Makes War.* New York: Nation Books, 2009.
Diamond, John. *The CIA and the Culture of Failure: U.S. Intelligence from the End of the Cold War to the Invasion of Iraq.* Stanford, Calif.: Stanford University Press, 2008.
Foyle, Douglas C. *Counting the Public In.* New York: Columbia University Press, 1999.
Friedberg, Aaron L. *In the Shadow of the Garrison State.* Princeton, N.J.: Princeton University Press, 2000.
Gelpi, Christopher, Peter D. Feaver, and Jason Reifler. *Paying the Human Costs of War: American Public Opinion and Casualties in Military Conflicts.* Princeton, N.J.: Princeton University Press, 2009.
Halperin, Morton H. *Bureaucratic Politics and Foreign Policy.* Washington, D.C.: Brookings, 1974.
Hamilton, John Maxwell. *Journalism's Roving Eye: A History of American Foreign Reporting.*
Baton Rouge: Louisiana State University Press, 2009.
Haney, Patrick J. *Organizing for Foreign Policy Crises.* Ann Arbor: University of Michigan Press, 1997.
Henkin, Louis. *Foreign Affairs and the U.S. Constitution.* 2nd ed. Oxford: Clarendon Press, 1996.

Herspring, Dale R. *The Pentagon and the Presidency.* Lawrence: University Press of Kansas, 2005.
Hess, Gary R. *Presidential Decisions for War: Korea, Vietnam, the Persian Gulf, and Iraq.*
2nd ed. Baltimore: Johns Hopkins University Press, 2009.
Holsti, Ole R. *To See Ourselves as Others See Us: How Publics Abroad View the U.S. after 9/11.* Ann Arbor: University of Michigan Press, 2008.
Janis, Irving L. *Groupthink.* 2nd ed. Boston: Houghton Mifflin, 1983.
Kull, Steven, and I. M. Destler. *Misreading the Public.* Washington, D.C.: Brookings, 1999.
Lindsay, James M. *Congress and the Politics of U.S. Foreign Policy.* Baltimore: Johns Hopkins University Press, 1994.
Lowenthal, Mark M. *Intelligence: From Secrets to Policy.* 3rd ed. Washington, D.C.: CQ Press, 2006.
Mann, James. *Rise of the Vulcans.* New York: Viking, 2004.
Marrar, Khalil. *The Arab Lobby and U.S. Foreign Policy: The Two-State Solution.* New York: Routledge, 2008.
Mayer, Jane. *The Dark Side: The Inside Story of How the War on Terror Turned Into a War on American Ideals.* New York: Doubleday, 2008.
Mearsheimer, John J., and Stephen Walt. *The Israel Lobby and U.S. Foreign Policy.* New York: Farrar, Straus, and Giroux, 2007.
O'Hanlon, Michael E. *Budgeting for Hard Power: Defense and Security Spending under Barack Obama.* Washington, D.C.: Brookings, 2009.
Pious, Richard M. *Why Presidents Fail: White House Decision Making from Eisenhower to Bush II.* Lanham, Md.: Rowman and Littlefield, 2008.
Preston, Thomas. *The President and His Inner Circle.* New York: Columbia University Press, 2001.
Richelson, Jeffrey T. *The U.S. Intelligence Community.* 5th ed. Boulder, Colo.: Westview Press, 2008.
Risen, James. *State of War: The Secret History of the CIA and the Bush Administration.* New York: Free Press, 2006.
Rothkopf, David J. *Running the World: The Inside Story of the National Security Council and the Architects of American Power.* New York: Public Affairs, 2005.
Sapolsky, Harvey, Eugene Gholz, and Caitlin Talmadge. *U.S. Defense Politics: The Origins of Security Policy.* New York: Routledge, 2009.
Scahill, Jeremy. *Blackwater: The Rise of the World's Most Powerful Mercenary Army.* New York: Nation Books, 2008.
Schafer, Mark, and Scott Crichlow. *Groupthink vs. High-Quality Decision Making in International Relations.* New York: Columbia University Press, 2010.
Schlesinger, Arthur, Jr. *The Imperial Presidency.* Boston: Houghton-Mifflin, 1973.
Shuman, Howard E., and Walter R. Thomas. *The Constitution and National Security.*
Washington, D.C.: National Defense University Press, 1990.
Simmons, Beth. *Mobilizing for Human Rights: International Law in Domestic Politics.* New York: Cambridge University Press, 2009.
Snyder, Richard C., et al. *Foreign Policy Decision-Making.* Rev. ed. New York: Palgrave Macmillan, 2002.
Stanger, Allison. *One Nation Under Contract: The Outsourcing of American Power and the Future of Foreign Policy.* New Haven, Conn.: Yale University Press, 2009.
Sutter, Robert G. *U.S. Policy toward China: An Introduction to the Role of Interest Groups.*
Lanham, Md.: Rowman and Littlefield, 1998.
Treverton, Gregory F. *Intelligence for an Age of Terror.* New York: Cambridge University Press, 2009.
Weiner, Tim. *Legacy of Ashes: The History of the CIA.* New York: Anchor Books, 2008.
Wills, Garry. *Bomb Power: The Modern Presidency and the National Security State.* New York: Penguin, 2010.

Yetiv, Steve A. *Explaining Foreign Policy: U.S. Decision-Making and the Persian Gulf War.* Baltimore: Johns Hopkins University Press, 2004.

Zegart, Amy B. *Spying Blind: The CIA, the FBI, and the Origins of 9/11.* Princeton, N.J.: Princeton University Press, 2007.

___. *Flawed by Design: The Evolution of the CIA, JCS, and NSC.* Stanford, Calif.: Stanford University Press, 1999.

美国领导人的回忆录与传记

Acheson, Dean. *Present at the Creation.* New York: Norton, 1969.

Baker, James A., III. *The Politics of Diplomacy.* New York: Putnam, 1995.

Blackman, Ann. *Seasons of Her Life: A Biography of Madeleine Korbel Albright.* New York: Scribner, 1998.

Blix, Hans. *Disarming Iraq.* New York: Pantheon, 2004.

Bremer, L. Paul. *My Year in Iraq.* New York: Simon and Schuster, 2006.

Broadwell, Paula. *The Education of General David Petraeus.* New York: Penguin, 2012.

Brzezinski, Zbigniew. *Power and Principle.* New York: Farrar, Straus, and Giroux, 1983.

Bumiller, Elisabeth. *Condoleezza Rice: An American Life.* New York: Random House, 2007.

Bundy, McGeorge. *Danger and Survival.* New York: Random House, 1988.

Bush, George H. W., and Brent Scowcroft. *A World Transformed.* New York: Knopf, 1998.

Bush, George W. *Decision Points.* New York: Crown, 2010.

Carter, Jimmy. *Keeping Faith.* New York: Bantam Books, 1982.

Chace, James. *Acheson.* New York: Simon and Schuster, 1998.

Cheney, Dick. *In My Time: A Personal and Political Memoir.* New York: Simon and Schuster, 2011.

Chollet, Derek, and Samantha Power. *The Unquiet American: Richard Holbrooke in the World.* New York: PublicAffairs, 2011.

Christopher, Warren. *In the Stream of History.* Stanford, Calif.: Stanford University Press, 1998.

Clarke, Richard A. *Against All Enemies: Inside America's War on Terror.* New York: Free Press, 2004.

Eisenhower, Dwight D. *Waging Peace.* New York: Doubleday, 1965.

Frick, Daniel. *Reinventing Nixon: A Cultural History of an American Obsession.* Lawrence: University Press of Kansas, 2008.

Gaddis, John Lewis. *George F. Kennan: An American Life.* New York: Penguin, 2011.

Gates, Robert M. *From the Shadows.* New York: Simon and Schuster, 1996.

Goldstein, Gordon M. *Lessons in Disaster: McGeorge Bundy and the Path to War.* New York: Times Books, 2008.

Greenspan, Alan. *The Age of Turbulence: Adventures in a New World.* New York: Penguin Press, 2007.

Guhin, Michael. *John Foster Dulles.* New York: Columbia University Press, 1972.

Hanhimaki, Jussi M. *The Flawed Architect: Henry Kissinger and American Foreign Policy.*
New York: Oxford University Press, 2004.

Holbrooke, Richard C. *To End a War.* New York: Random House, 1998.

Immerman, Richard H. *John Foster Dulles and the Diplomacy of the Cold War.* Princeton, N.J.: Princeton University Press, 1990.

Isaacson, Walter. *Kissinger.* New York: Simon and Schuster, 1992.

Isaacson, Walter, and Evan Thomas. *The Wise Men.* New York: Simon and Schuster, 1986.

Johnson, Lyndon B. *The Vantage Point.* New York: Popular Library, 1971.

Kearns, Doris. *Lyndon Johnson and the American Dream.* New York: Harper and Row, 1976.

Kennan, George F. *Memoirs.* Boston: Little, Brown, 1967.

Kennedy, Robert F. *Thirteen Days.* New York: Norton, 1971.

Kissinger, Henry A. *Years of Upheaval.* Boston: Little, Brown, 1982.

___. *The White House Years.* Boston: Little, Brown, 1979.

Knock, Thomas J. *To End All Wars: Woodrow Wilson and the Quest for a New World Order.* New York: Oxford University Press, 1992.

Lippmann, Thomas W. *Madeleine Albright and the New American Diplomacy.* Boulder, Colo.: Westview Press, 2000.

Lukacs, John. *George Kennan: A Study of Character.* New Haven, Conn.: Yale University Press, 2007.

Mann, James. 2009. *The Rebellion of Ronald Reagan: A History of the End of the Cold War.* New York: Viking, 2009.

Mansoor, Peter R. *Baghdad at Sunrise: A Brigade Commander's War in Iraq.* New Haven, Conn.: Yale University Press, 2008.

Maraniss, David. *First in His Class: A Biography of Bill Clinton.* New York: Simon and Schuster, 1995.

McCullough, David. *Truman.* New York: Simon and Schuster, 1992.

McNamara, Robert S. *In Retrospect: The Tragedy and Lessons of Vietnam.* New York: Vintage, 1996.

Miscamble, Wilson D. *George F. Kennan and the Making of American Foreign Policy, 1947– 1950.* Princeton, N.J.: Princeton University Press, 1992.

Nixon, Richard. *RN.* New York: Grosset and Dunlap, 1978.

Paulson, Henry M. *On the Brink: Inside the Race to Stop the Collapse of the Global Financial System.* New York: Business Plus, 2010.

Peters, Charles, Arthur M. Schlesinger, Jr., and Sean Wilentz. *Lyndon B. Johnson.* New York: Times Books, 2010.

Pogue, Forrest C. *George C. Marshall.* New York: Viking Press, 1987.

Powell, Colin L. *My American Journey.* New York: Random House, 1995.

Remnick, David. *The Bridge: The Life and Rise of Barack Obama.* New York: Knopf, 2010.

Ross, Dennis. *The Missing Peace: The Inside Story of the Fight for Middle East Peace.* New York: Farrar, Straus, and Giroux, 2004.

Rubin, Robert E., and Jacob Weisberg. *In an Uncertain World: Tough Choices from Wall Street to Washington.* New York: Random House, 2003.

Rumsfeld, Donald. *Known and Unknown: A Memoir.* New York: Sentinel, 2011.

Schulzinger, Robert D. *Henry Kissinger.* New York: Columbia University Press, 1989.

Smith, Gaddis. *Dean Acheson.* New York: Cooper Square Publishers, 1972.

Sorensen, Theodore C. *Kennedy.* New York: Bantam Books, 1966.

Talbott, Strobe. *The Russia Hand.* New York: Random House, 2002.

Tenet, George. *At the Center of the Storm: My Years at the CIA.* New York: HarperCollins, 2007.

Thompson, Nicholas. *The Hawk and the Dove: Paul Nitze, George Kennan, and the History of the Cold War.* New York: Henry Holt, 2009.

Truman, Harry S. *Memoirs.* 2 vols. New York: New American Library, 1965.

Truman, Harry S., Dean Acheson, and David McCullough. *Affection and Trust: The Personal Correspondence of Harry S. Truman and Dean Acheson, 1953–1971.* New York: Knopf, 2010.

Vance, Cyrus. *Hard Choices.* New York: Simon and Schuster, 1982.

Weinberger, Caspar W. *Fighting for Peace.* New York: Warner, 1990.

Wilentz, Sean. *The Age of Reagan: A History, 1974–2008.* New York: Harper, 2008.

附录 D
网站精选

对于美国对外政策的学习者而言，下面的网站或许有用——或作为本书的补充或作为研究项目的资源。这个列表并非是详尽无遗的。然而，这是提供相关网站与信息来源的途径。每个网站应该前缀 http://。

美国政府：行政部门

白宫 (www.whitehouse.gov)
商务部 (www.commerce.gov)
国防部 (www.defenselink.mil)
国防情报局 (www.dia.mil)
参谋长联席会议 (www.jcs.mil)
北大西洋公约组织 (www.nato.int)
美国空军 (www.af.mil)
美国陆军 (www.army.mil)
美国海军陆战队 (www.marines.mil)
美国海军 (www.navy.mil)
国土安全部 (www.dhs.gov)
运输安全管理局 (www.tsa.gov)
国务院 (www.state.gov)
美国国际开发署 (www.usaid.gov)
联邦调查局 (www.fbi.gov)
千年挑战公司 (www.mcc.gov)
国家安全局 (www.nsa.gov)

国家安全委员会 (www.whitehouse.gov/nsc)
国家情报总监办公室 (www.dni.gov)
中央情报局 (www.cia.gov)
美国驻联合国大使 (www.un.int/usa)
美国贸易代表 (www.ustr.gov)

美国政府：立法部门

国会预算办公室 (www.cbo.gov)
国会图书馆 (www.loc.gov)
国会研究处 (www.loc.gov/crsinfo)
美国众议院 (www.house.gov)
众议院军事委员会 (www.armed-services.senate.gov)
众议院国际关系委员会 (www.house.gov/international_relations)
美国参议院 (www.senate.gov)
参议院军事委员会 (www.senate.gov/~armed_services)
参议院对外关系委员会 (www.foreign.senate.gov)

美国政府：司法部门

美国国际贸易法院 (www.cit.uscourts.gov)
美国联邦法院 (www.uscourts.gov)

国际政府组织

亚太经济合作组织 (www.apec.org)
东南亚国家联盟 (www.aseansec.org)
欧洲联盟 (www.europa.eu)
联合国国际法院 (www.icj-cij.org)
国际刑事法院 (www.icc-cpi.int)
国际刑警组织 (www.interpol.int)
国际金融公司 (www.ifc.org)
国际劳工组织 (www.ilo.org)

国际货币基金组织 (www.imf.org)
经合组织 (www.oecd.org)
美洲国家组织 (www.oas.org)
石油输出国组织 (www.opec.org)
联合国 (www.un.org)
世界银行 (www.worldbank.org)
世界贸易组织 (www.wto.org)

重要非政府组织

美国以色列公共事务委员会 (www.aipac.org)
大赦国际 (www.amnesty.org)
公司观察 (www.corpwatch.org)
自由之家 (www.freedomhouse.org)
绿网 (www.gn.apc.org)
绿色和平组织 (www.greenpeace.org)
人权观察 (www.hrw.org)
国际商会 (www.iccwbo.org)
国际红十字会 (www.icrc.org)
国际政策态度项目 (www.pipa.org)
塞拉俱乐部 (www.sierraclub.org)
斯德哥尔摩国际和平研究所 (www.sipri.org)
世界野生动物基金会 (www.wwf.org)

智库与基金会

美国企业研究院 (www.aei.org)
布鲁金斯学会 (www.brookings.edu)
卡内基国际和平基金 (www.carnegieendowment.org)
卡托研究所 (www.cato.org)
国防情报中心 (www.cdi.org)
美国外交关系协会 (www.cfr.org)
经济政策研究所 (www.epi.org)

美国科学家联合会 (www.fas.org)
外交政策聚焦 (www.fpif.org)
全球政策论坛 (www.globalpolicy.org)
遗产基金会 (www.heritage.org)
国家科学基金会 (www.nsf.gov)
新美国世纪工程 (www.newamericancentury.org)
兰德公司 (www.rand.org)
美国和平研究院 (www.usip.org)

附录 E

美国对外政策的博客精选

美国外交 (www.unc.edu/depts/diplomat)：美国对外政策实践者及其知名学者的评论。

民主兵工厂 (www.democracyarsenal.org)：国家安全网络（National Security Network）的分析与评论，以“连贯性与战略性地关注国家安全界”。

对外政策协会 (www.fpa.org/blogs)：专家对一系列广泛的政策议题的日常分析，以服务于协会公共教育的目标。对于学生与研究者而言是重要的资源。

对外政策观察 (www.fpwatch.blogspot.com)：有关全球议题与美国对外政策的广泛文章，期待读者的评论。

合理的对外政策 (www.justforeignpolicy.org/blog)：与对外政策有关的文章超链接到一系列新闻报道、非政府组织研究、政府文件。

通行证 (blog.foreignpolicy.com)：新闻资讯，附有托马斯·里克斯（Thomas Ricks）、丹尼尔·德茨纳（Daniel Drezner）、斯蒂芬·沃尔特（Stephen Walt）等知名分析者的评论，是浏览量最多的美国对外政策博客之一。

联合国速递 (www.undispatch.com)：全球与区域性议题的基本信息来源。由联合国职员编辑。

华盛顿笔记 (www.thewashingtonnote.com)：有关美国对外政策许多方面见多识广的评论与有用的视频资料。由新美国基金会（New America Foundation）赞助。

旋转视图 (www.whirledview.typepad.com/whirledview)：“解读世界政治与其他所有事情”，涉及分析以及一系列与思想库、政府文件及其对外政策博客的链接。

英汉词语对照表

Alliance for Progress 进步联盟
American foreign policy 美国对外政策
American International Group (AIG) 美国国际集团
American primacy 美国首要地位
Antiballistic missile (ABM) 反弹道导弹
Antinuclear movement 反核运动
ANZUS alliance 澳新美同盟
Arab League 阿拉伯联盟
Arab Spring 阿拉伯之春
Arms control agreement 军备控制协议
Arms sales scandal 军售丑闻
Asia-Pacific Economic Cooperation (APEC) 亚太经济合作组织
Assertive multilateralism 肯定性多边主义
Association of Southeast Asian Nations (ASEAN) 东南亚国家联盟
Asymmetric warfare 非对称战争
Axis of evil 邪恶轴心

Balance of power 均势
Balfour Declaration《贝尔福宣言》
Baruch Plan 巴鲁克计划
Battle of Kosovo 科索沃战役
Bay of Pigs incident 猪湾事件

Benign neglect policy 善意忽视政策
Berlin airlift 柏林空运
Berlin Wall 柏林墙
Biological Weapons Convention《生物武器公约》
Blowback 反制
Bonn Accords 波恩协议
Bretton Woods system 布雷顿森林体系
Brussels Pact《布鲁塞尔公约》
Bush Doctrine 布什主义

Camp David Accords 戴维营协议
Central Intelligence Agency 美国中央情报局
Central Treaty Organization (CENTO) 中央条约组织
Chemical Weapons Convention《化学武器公约》
Christmas Bombing 圣诞节大轰炸
Coalition Provisional Authority 驻伊联盟临时管理局
Coercive interrogation 强制审讯
Collateral damage 附带损害
Common currency 共同货币
Commonwealth of Independent States (CIS) 独立国家联合体
Comprehensive Test Ban Treaty (CTBT)《全面禁止核试验条约》
Containment strategy 遏制战略
Conventional Armed Forces in Europe (CFE) 欧洲常规武装力量
Convention on Biological Diversity《生物多样性公约》
Cooperative for American Relief Everywhere 美国援外合作署
Council for Mutual Economic Assistance (CMEA) 经济互助委员会
Credit default swap 信用违约掉期
Crony capitalism 权贵资本主义

Dayton Accords《代顿协定》
Defense Intelligence Agency (DIA) 美国国防情报局
Department of Defense (DOD) 美国国防部

Department of Homeland Security 美国国土安全局
Détente strategy 缓和战略
Domino Theory 多米诺骨牌理论
Dow Jones Industrial Average 道琼斯工业平均指数

Earth Summit 地球峰会
Economic Cooperation Act 经济合作法案
Eisenhower Doctrine 艾森豪威尔主义
Ethnic cleansing 种族大清洗
European Coal and Steel Community (ECSC) 欧洲煤钢共同体
European Economic Community (EEC) 欧洲经济共同体

Failed nation-state 失败国家
Fannie Mae 房利美
Federal Bureau of Investigation (FBI) 美国联邦调查局
Federal Deposit Insurance Corporation (FDIC) 美国联邦存款保险公司
First World country 第一世界国家
Foreign Intelligence Surveillance Act (FISA) 外国情报监视法案
Fourteen Point plan 十四点计划
Four tigers 亚洲“四小龙”
Freddie Mac 房地美
Freedom House 自由之家

Garrison State 军事独裁国家
General Agreement on Tariffs and Trade (GATT) 关税及贸易总协定
Glasnost and perestroika program 公开性与新思维计划
Good Neighbor Policy 睦邻政策
Green Movement 绿色运动
Groupthink 群体思维
Guerrilla warfare 游击战争

Hard power 硬权力（硬实力）

Humanitarian intervention 人道主义干涉
Human rights policy 人权政策

Imperial presidency 总统皇权
Improvised explosive device (IED) 即时爆炸装置
Inter-American Treaty of Reciprocal Assistance《美洲国家间互助条约》
Intercontinental ballistic missiles (ICBM) 洲际弹道导弹
Intergovernmental Panel on Climate Change (IPCC) 政府间气候变化专门委员会
International Atomic Energy Agency (IAEA) 国际原子能机构
International Bank for Reconstruction and Development (IBRD) 国际复兴开发银行
International Covenant on Civil and Political Rights《公民权利和政治权利国际公约》
International Criminal Court 国际刑事法庭
International Monetary Fund (IMF) 国际货币基金组织
International Trade Organization (ITO) 国际贸易组织
Inter-Services Intelligence (ISI) 三军情报局
Iran-Contra scandal 伊朗门事件
Iraqi Governing Council 伊拉克临时管理委员会
Isolationism 孤立主义

Jasmine Revolution 茉莉花革命
Joint Chiefs of Staff 参谋长联席会议
Just-war doctrine 正义战争理论

Kellogg-Briand Pact《非战公约》
Kosovo Liberation Army (KLA) 科索沃解放军
Kyoto Protocol《京都议定书》

League of Nations 国联
Liberal internationalism 自由国际主义

Maastricht Treaty《马斯特里赫特条约》
Manifest Destiny 天定命运论

Marshall Plan 马歇尔计划
Military Commissions Act《军事审判委员会法令》
Military expenditure 军费开支
Military-industrial complex 军工联合体
Military intervention 军事干预
Ministry of International Trade and Industry (MITI) 日本国际贸易与工业部
Monroe Doctrine 门罗主义
Montreux Convention《蒙特勒公约》
Most-favored-nation (MFN) 最惠国
Mutual defense treaties《共同防御条约》

NASDAQ index 纳斯达克指数
National Commission on Terrorism 美国国家恐怖主义委员会
National Economic Council 美国国家经济委员会
National Intelligence Council 美国国家情报委员会
National Salvation Front 救国阵线
National Security Act《国家安全法案》
National Security Agency (NSA) 美国国家安全局
National Security Council (NSC) 美国国家安全委员会
National style 国家特性
Neomercantilism 新重商主义
Neutrality Acts《中立法案》
Newly industrialized country (NIC) 新兴工业化国家
Nongovernmental organization (NGO) 非政府组织
Non-Proliferation Treaty (NPT) 核不扩散条约
North American Free Trade Agreement (NAFTA) 北美自由贸易协定
North Atlantic Council 北大西洋理事会
North Atlantic Treaty Organization (NATO) 北大西洋公约组织
Northern Alliance 北方联盟

Office of Special Plans 特别计划办公室
Office of Strategic Services (OSS) 战略情报局

Operation Allied Force 盟军行动
Operation Desert Fox 沙漠之狐行动
Operation Desert Shield 沙漠之盾行动
Operation Desert Storm 沙漠风暴行动
Operation Enduring Freedom 永久自由行动
Operation Iraqi Freedom 伊拉克自由行动
Operation Restore Hope 重拾希望行动
Organization for European Economic Cooperation (OEEC) 欧洲经济合作组织
Organization of Economic Co-operation and Development (OECD) 经济合作与发展组织
Organization of American States (OAS) 美洲国家组织
Organization of the Petroleum Exporting Countries (OPEC) 石油输出国组织
Oslo Declaration of Principles《奥斯陆原则宣言》
Ottawa Convention《渥太华条约》

Palestine Liberation Organization (PLO) 巴勒斯坦解放组织
Paris Peace Conference 巴黎和会
Peace, Prosperity, and Democracy Act《和平、繁荣和民主法案》
Persian Gulf War 海湾战争
Platt Amendment《普拉特修正案》
Population Reference Bureau 美国人口资料局
Powell Doctrine 鲍威尔主义
Power politics 权力政治
Preemptive warfare 先发制人战争

al Qaeda 基地组织

Reagan Doctrine 里根主义
Rio Treaty《里约条约》
Rogue state 流氓国家

Sacred terror 神圣恐怖

Second World country 第二世界国家
Senate Select Committee on Intelligence 美国参议院情报委员会
Six-Day War 六日战争
Smart power 巧权力（巧实力）
Soft power 软权力（软实力）
Southeast Asia Treaty Organization (SEATO) 东南亚条约组织
Strategic Arms Limitation Talks (SALT) 战略武器限制谈判
Strategic Arms Reduction Talks (START) 削减战略核武器谈判
Strategic Defense Initiative 战略防御计划
Supply-side economics 供给学派经济学

Tet Offensive 春节攻势
Third World country 第三世界国家
Treaty of Dunkirk《敦刻尔克协定》
Treaty of Versailles《凡尔赛条约》
Troubled Asset Relief Program (TARP) 不良资产救助计划
Truman Doctrine 杜鲁门主义

Unconventional warfare 非常规战争
UNICEF 联合国儿童基金会
Unipolar balance of power 单极均势
United Nations Conference on Environment and Development 联合国环境与发展大会
United Nations Framework Convention on Climate Change《联合国气候变化框架公约》
United Nations General Assembly 联合国大会
United Nations Human Rights Commission 联合国人权委员会
United Nations Population Fund 联合国人口基金会
United Nations Security Council 联合国安全理事会
United Nations Special Commission (UNSCOM) 联合国特别委员会
Universal Declaration of Human Rights 世界人权宣言
Unlawful combatant 非法战斗人员

U.S. Agency for International Development 美国国际开发署
USA PATRIOT Act《美国爱国者法案》
U.S. Arms Control and Disarmament Agency 美国军控与裁军机构
U.S. foreign aid 美国对外援助

Vietnam syndrome 越南综合征
Vietnam War 越南战争

War on terror 反恐战争
War Powers Resolution 战争权力决议案
Warsaw Treaty Organization/Warsaw Pact 华沙条约组织
Watergate scandal 水门事件
Weapons of mass destruction (WMD) 大规模杀伤性武器
World Food Programme 世界粮食计划署
World-order politics 世界秩序政治
World Trade Organization (WTO) 世界贸易组织

Yalta Conference 雅尔塔会议
Yom Kippur War 赎罪日战争

Zero-zero option 零零方案